玉谿生年譜會箋

張爾田編著

中華書局印行

玉谿生年譜會箋目次

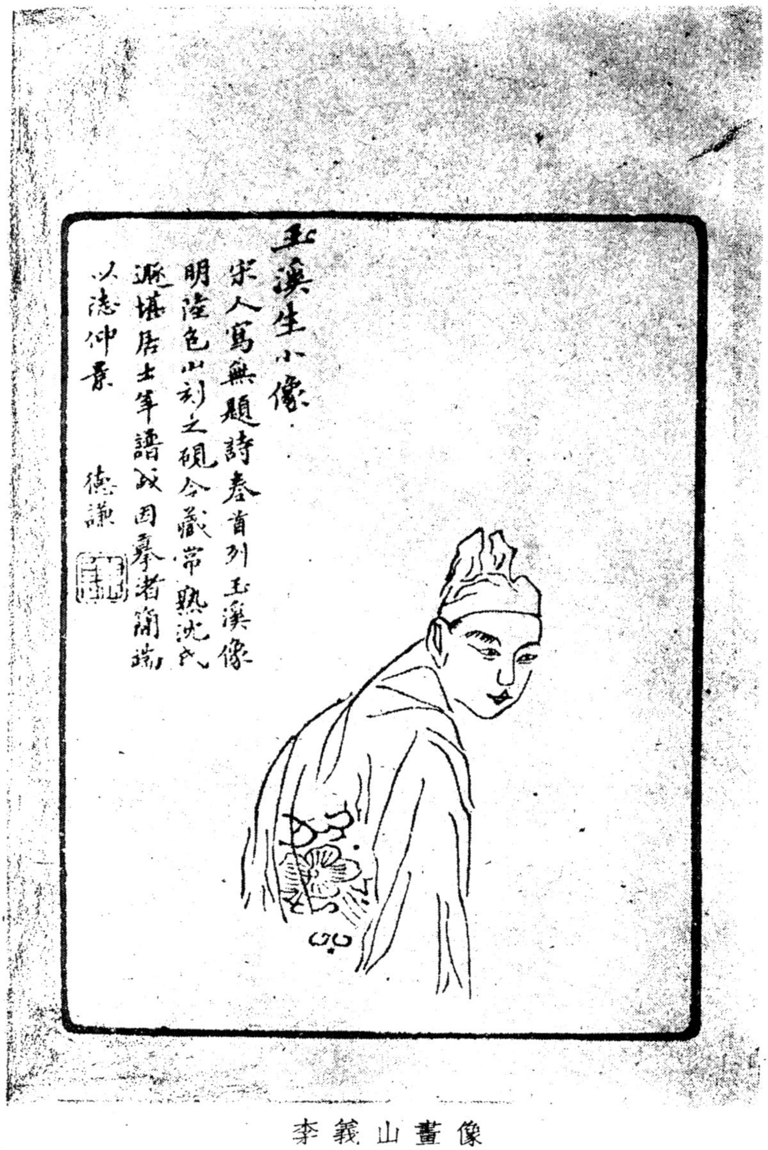

李義山畫像

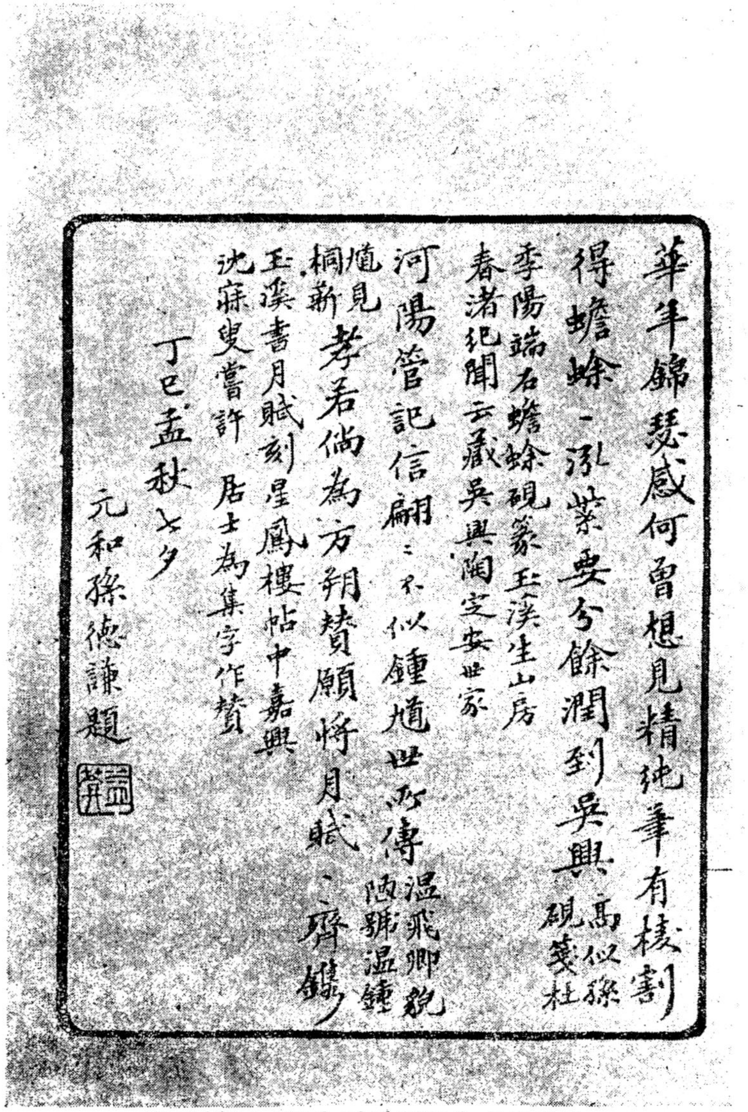
華年錦瑟感何曾想見精純筆有棱劃
得蟾蜍一泓紫要分餘潤到吳興高似孫硯箋杜
季陽端石蟾蜍硯篆玉溪生山房
春渚紀聞云藏吳興陶定安世家
河陽管記信翩翩不似鍾馗世所傳温飛卿貌陋號温鍾馗見桐新
孝若倘為方朔贊願將月賦齊鑣
玉溪書月賦刻星鳳樓帖中嘉興
沈寐叟嘗許　居士為集字作贊
丁巳孟秋七夕
元和孫德謙題

孫德謙題玉谿生硯及玉谿生書月賦詩

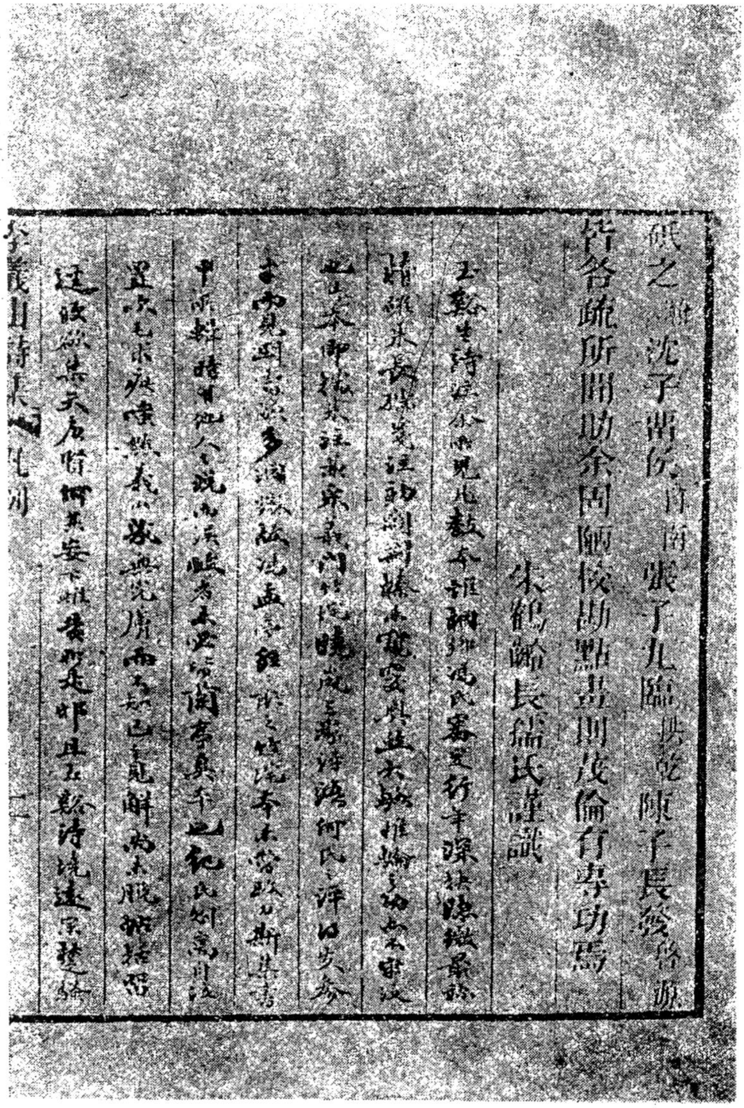

砥之[illegible]沈子雷侯[illegible]張子九臨[illegible]陳子長發[illegible]

皆各疏所聞助余因爲校勘點竄則皆有專功焉

朱鶴齡長孺氏謹識

李義山詩集　凡例　二

張爾田手批李義山詩注墨跡之一

張爾田手批李義山詩注墨跡之二

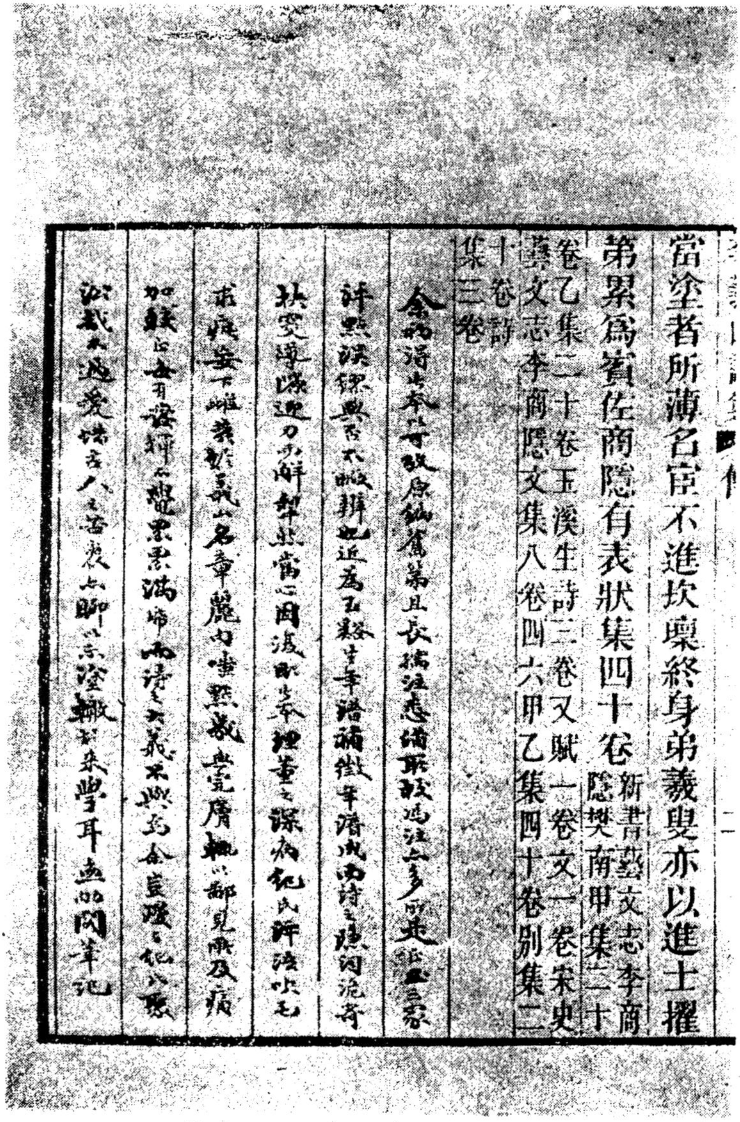
當塗者所薄名宦不進坎壈終身弟義叟亦以進士擢第累爲賓佐商隱有表狀集四十卷新書藝文志李商隱樊南甲集二十卷乙集二十卷玉溪生詩三卷又賦一卷文一卷宋史藝文志李商隱文集八卷四六甲乙集四十卷別集二十卷詩集三卷

張爾田手批李義山詩注墨跡之三

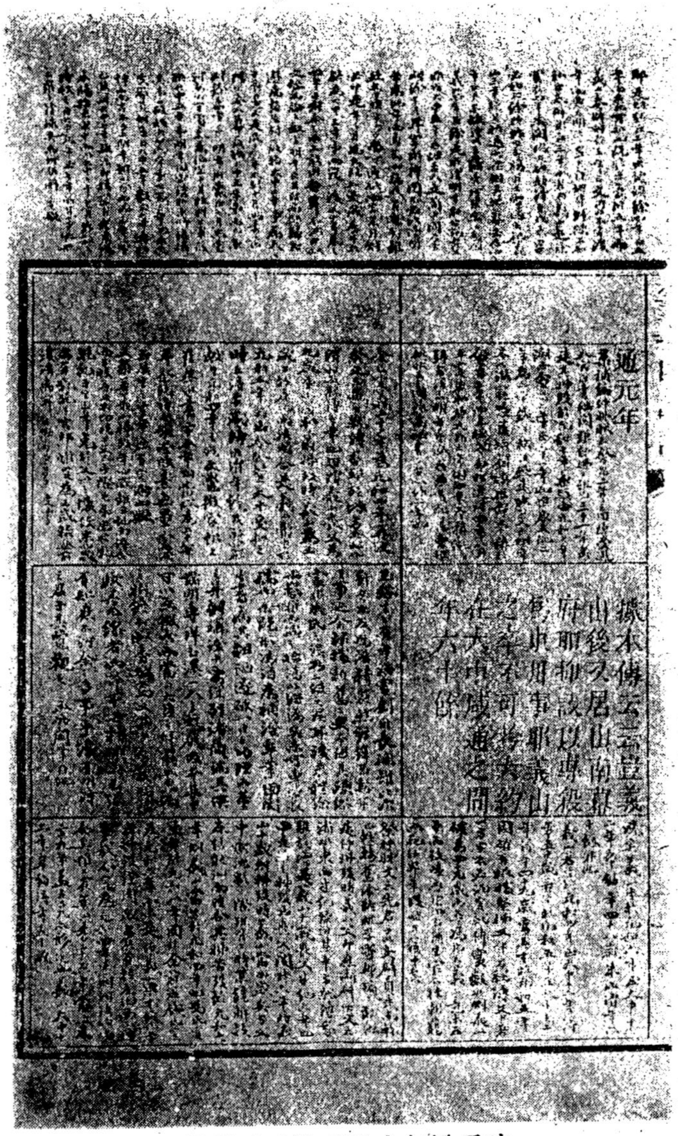

張爾田手批玉谿生年譜墨跡

前言

李商隱年譜晚近流傳的有三家：一是朱鶴齡的李義山詩譜；一是馮浩的玉谿生年譜；另一就是這本張爾田的玉谿生年譜會箋。三家之中，朱氏是草創，於商隱生平出處，漏略很多。馮譜則鈎沈索隱，號稱精確；但晚出的樊南文集補編，却不及見，所以仍有不少舛誤的地方。張箋是在馮譜的基礎上刪繁補缺，重行編定的。於前此各家的誤箋，糾正頗多；也有不少創獲，在上述各譜中，是較爲精審的一本；可爲研究李義山生平、作品的重要參考。

張爾田，浙江錢塘人（一八六二——一九四五）。學識很廣博，於羣經、子、史以至詩、詞、佛學，都有研究。他所受浙東、西學派的影響較深，融貫了浙西治學的專精，和浙東博通的長處。於會稽章實齋之學則尤爲服膺，所以在舊史學方面，造詣頗深。所著的史微是他推闡章氏學說的一部重要著作。清史稿的樂志稿和后妃列傳別稿也是他寫的。在文學方面，他早年就喜愛商隱的詩，自謂『行走常以自隨』。他的株昭集就是學習商隱詩體的集子。這部會箋則體現着他十多年研究商隱詩的成就。

本箋對譜主所經歷的唐代文、武、宣三朝的時事，編寫得翔實有體。凡是當時外族的侵擾，藩鎮的專横，大臣的除罷，朋黨的鬥爭等事，條分件繫，記載得簡而不遺其要。岑仲勉在會箋平質中說：『其年譜部分，應有盡有，弗蔓弗枝，誠不愧譜之正宗。史文每條下鈎稽條貫，曲達旁通，唐集人事之討究，自今以前，無有若是之詳盡，豈徒愛玉谿詩文者，必案置一冊，亦讀文、武、宣三朝史者必備之參考書。』這些話並沒有過譽。評語末句，蓋指張氏糾正和補充了新、舊唐書紀、傳上許多錯失而說的。如會昌四年杜悰入相，舊紀書七月，新紀書閏七月，箋從舊紀；會昌五年李回入相，舊紀書三月，新紀書五月，箋據樊南文集補編上李相公狀從新紀。王秉恩序謂與家藏傳抄本宋次道唐大詔令闇合，可見其甄錄的不苟。如大中元年二月，李執方為昭義節度使，紀、傳失書，箋據舊唐書盧鈞傳、本集、李執方華岳題名記把漏略補足。又如會昌三年九月，王宰充澤潞南面招討使，兼領河陽行營諸軍攻討使，舊紀但書『以宰充南面招討使』而漏寫『兼領河陽行營』，新紀但書『兼河陽行營攻討使』而漏寫『招討』，箋據會昌一品集、王宰靈石縣記石糾正了兩紀的誤奪。凡此之類，對新、舊唐書有關文、武、宣三朝史事記載，有訂譌補缺之功。

重視譜主身世的攷訂，可說是本箋比較突出的一面。張氏於此，用力最勤，而收穫也很豐富。箋中關於商隱的受知令狐，就婚王氏，移家關中，定居東洛，以及晚年的南下桂嶺，西遊巴蜀，其間的因緣去就，都詳加攷核，使讀者得以瞭解他的政治抱負。尤其在黨爭劇烈的局勢中，他周旋於兩派間所處的態度，所遭的打擊，和他那窮困飄泊的身世，複雜矛盾的心情，從而便於探討他篇章中的隱詞詭寄之所在，這對讀者是有幫助的。至於張氏在鉤稽攷索的過程中，往往用『細案行年，曲探心跡』的方法，這在編寫年譜中還是創格。當然，如果離開了知人論世的原則而片面地憑主觀去推測，就會流於穿鑿，這在張氏，亦所不免。

自亭林年譜創爲譜主附載編年詩文題後，這種方式，已成爲作譜家的通例，本箋於此，則有所發展。張氏於詩文題下逐篇注明了編年的依據，並且還作了細緻的箋釋。如會昌五年編年詩春日寄懷下云：『義山會昌元年丁母憂，至是閒居已四年矣，故曰「我獨邱園坐四春」也。馮編於會昌六年，非是。』又如大中三年編年詩和孫朴韋蟾孔雀詠云：『詩全以孔雀自喻，起二句謂自桂還京。「西施」句，爲人所得。「秦客」句，受人之欺，暗指令狐也。「可在」句言己之文采如此，屬望遠大。「瘴氣」四句，言流落南荒，徒矜遠客。「都尉」四句，指京尹留管章奏。「屏風燭釦」，「捍撥香臍」，謂風韻不減疇曩也。「舊思」四句，尚未滿足之恨。「地錦」四句，謂內廷相隔，無異外曹。「妒好」二句，聊自慰藉。結即「豈無雲路分，相望不應迷」之意』云云，這一部分實質上給讀者提供了一部新注。

關於商隱的生年，朱氏定在貞元十一、二年間，誤據舊唐書本傳，不足信。馮氏據商隱上崔華州書定爲元和八年，又與仲姊誌狀『距仲姊之歿三十一年』句不合。本箋則定元和七年爲商隱生年。張氏手批義山詩，初從錢振倫說，定爲元和六年；繼據祭仲姊文姊歿至父喪閱時六年的推斷，定爲元和四年；後又據祭文『半紀飄泊』，『年方就傅』句，驕兒詩『憔悴欲四十』句，提出元和五年的論斷。批本攷證爛然，幾經改易，最後才定今說。這雖然還未必能作爲定論如汪榮寶、岑仲勉等所說（汪說見手批本跋文，岑說見附刊會箋平質），但亦未嘗不可見張氏治學的探討之勤，下斷之愼了。

這次排印的會箋是據吳興劉氏求恕齋叢書本整理的。其後附刊的李義山詩辨正是從張氏手批本輯錄的，內容是駁正何焯、朱彝尊、紀昀的三家詩評的。岑仲勉的玉谿生年譜會箋平質則採自歷史語言研究所集刊第十五本。

辨正是張氏編寫會箋後的另一著作，和會箋有密切的關係，兩者合讀，可以看出作者鑽研的經過和各家評語的得失。

總的來說，辨正中張氏對各家評語的論斷，基本上是公允的。其中最可注意的是他批駁一家評語時，常能指出他致誤的根源。如曲池詩紀昀譏它是『但取姿媚而乏筋骨』。張氏謂：『晚唐詩派，多有此種看似姿媚無骨，實則潛氣內轉，迥非後世滑調所能假託。紀氏一概詆之。此未能致力唐賢詩律，所以語不中肯。』其次是他的評語能時時揭示出商隱詩的特點。如謂『義山七律往往以末句爲一篇主意，掉轉全篇，此是玉谿創格』；謂『律詩中能寓比興，得騷人九辨之遺音，有唐一代，惟玉谿一人，此所以獨成宗派』；謂『無題詩格，創自玉谿。此體祇能行之七律，方可宛轉動情』。復次是辨別深細，能解人所不能解。如辨子初全溪作詩爲子初和作，非義山詩；解謁山詩的『山』字謂『山』卽義山，詩是暗記令狐綯來謁之事。以上所說，是本編的精彩處。但是，張氏此編也有缺點：評語多有說服力不強者，亦有過於苛刻，近於謾罵者。如駁紀評公子詩謂『此而謂之不雅，不知何者謂之雅也』；謂『紀氏祇讀唐詩三百首，便自詡通人』，則文人相輕之習，張氏亦未能免。

岑仲勉的平質對會箋作了全面的評價。岑氏是研究隋唐史的專家，熟於名物、制度，地理、掌故，於張氏失攷處，頗有是正。如以史官纂修實錄以詔令爲依據的規律正張氏大臣除拜據赴任時月的臆說；據唐代考試制度和登科記攷正義山太和六年、八年應舉的失實；以白居易貶江州，刺杭州所取路徑正五松驛詩注『由京東還』里地的錯誤；以上河陽李大夫狀及上忠武李尙書狀稱李執方二十五翁正招國李十將軍的非執方；以新唐書宰相杜系表正爲濮陽公上白、杜、崔、馬、鳳翔崔五相賀正啓中的馬相公實係韋相公琮等條，確屬信而有徵，無可置辨的事實，足以糾正張箋。它如補釋和韋潘前輩詩的『前輩』，祭外舅文中的『旋衣朱紱』，贈司勳杜十三員外詩注中的『未敘朝散』等，都能獲祛疑解惑之益。至於辨周墀入相，宣武王彥威卒，四皓廟、王母廟詩的編年各條，以及某些失證、漏略之處，則書藏有缺，依據有差，或領會不同，可備爲一家之說，似乎還難作爲定論。

最後，有一點必須說明：前人著書，往往因行文之便將引文任意刪節，爲了弄清眉目，這裏仍用引號標出，不加刪節號，並改正了明顯的錯字。其它標點、校勘，亦有漏失、錯誤的地方，竭誠希望學術界惠予指正。

本局編輯部

序

子輿氏有言：『誦其詩，讀其書，不知其人，可乎？是以論其世也。』有宋以來，嗜古之士，往往於詩家者流，爲之編纂年譜者，殆深得尙論之義乎？然詮題歲月，不盡疑年；綴述生平，豈必闡隱？苟非融洽詩旨，覃思寫精，取證史聞，裁爲實錄，未有獲也。義山之詩，韜華燿采：促絃錦瑟，自寫其牢愁；香灶哀箏，非關於附物。遺山論詩絕句惋歎鄭箋之無人，其以是乎？年譜之作，託始吳江朱氏，椎輪大輅，實啓山林。至桐鄉馮氏，一字嚴爲增挹，九章抉其離憂，自謂所採史事，惟取詩文印合，斯固然矣。若乃燕臺興詠，適當感遇之秋；蜀川徂征，詎在悼亡之後？凡諸乖迕，猶俟擘覈，把翫辭意，未足懸符，亦由補編晚出，不經目寓故也。吾友張君孟劬，始自綺歲，輒喜箋謳，抗心所希，便以樊南爲祖。於是通意內之隱，索絃外之趣，高桐霏霧，識棲託之無從；衰柳斜陽，慟年芳之易晚。史公所云『好學深思，心知其意』，庶幾遇之。幽賞既眞，玄解自闢，積稔斯久，遂成年譜會箋四卷。謂之會箋者，蓋以握睇篇翰，整比歷牒，博綜往聞，義取甄表也。夫撰述年譜，徵之史傳，其要宜矣。然史家載筆，粗立條流，敷陳梗略，如是而已。若詩人者，其憂生念亂，陳古諷今，輿航登涉之勞，紵縞交游之契，未必悉詳其籍記也。語曰：『說詩者以意逆志，是謂得之。』作譜之法，不在玆乎？此書於朔雁傳書，自悲失路；舊鶯回夢，致慨無衣。凡扶牀縋解之辰，入洛賦歸之際，一游一豫，胥有據依。使非精於詩者，其所以隱詞詭寄，安能體知幾探賾之心，緝仁軌行年之記？是可爲治譜學者別開戶牖，昭示津塗也。孟劬著述閎富，已傳世者，史微而外，復有白喉通考，余皆爲一辭之贊，附驥而彰。今以此編弁言，來相敦促。反復循誦，竊歎魯眚而後，綴學孳多，搖裂紙札，猶覺此祕未睹也。不辭序之，其詞云爾。丙辰夏六月隘堪居士孫德謙序。

序

善哉，孟子之言詩也！曰：『故說詩者不以文害辭，不以辭害志，以意逆志，是爲得之。』顧意逆在我，志在古人，果何修而能使我之所意不失古人之志乎？其術孟子亦言之，曰：『誦其詩，讀其書，不知其人可乎？是以論其世也。』是故由其世以知其人，由其人以逆其志，則古人之詩，雖有不能解者，寡矣。漢人傳詩，皆用此法。故四家詩皆有序，序者，序所以爲作者之意也。毛序今存。魯詩說之見於劉向所述者，於詩事尤爲詳盡。及北海鄭君出，乃專用孟子之法以治詩。其於詩也，有譜、有箋。譜也者，所以論古人之世也；箋也者，所以逆古人之志也。故其書雖宗毛公，而亦兼採三家，則以論世所得者然也。其易毛之最著者，毛詩序以小雅十月之交、雨無正、小旻、小宛四篇爲刺幽王作，鄭君獨據國語及緯候以爲刺厲王之詩，於譜及箋並加釐正。爾後王基、王肅、孫毓之徒，申難相承，洎於近世，迄無定論。逮咸豐間函皇父敦出於關中，而毛鄭是非，乃決於百世之下。敦銘云：函皇父作周娟盤、盉、尊器、敦，鼎自豕鼎降十，又兩罍、兩壺，周娟其萬年子子孫孫永寶用。周娟猶言周姜，卽函皇父之女，歸於周，而皇父爲作媵器者。十月之交：豔妻，魯詩本作閻妻，皆此敦函之假借字。函者，其國或氏；娟者，其姓。而幽王之后，則爲姜爲姒，均非娟姓。鄭長於毛，卽此可證。信乎，論世之不可以已也！故鄭君序詩譜曰：『欲知源流淸濁之所處，則循其上下而省之；欲知風化芳臭氣澤之所及，則旁行而觀之。』治古詩如是，治後世詩，亦何獨不然？余讀吾友張君孟劬玉谿生年譜會箋而益信此法之不可易也。有唐一代，惟玉谿生詩詞旨最爲微晦，遺山論詩，已有『無人作鄭箋』之歎。三百年來，治之者近十家，蓋未嘗不以論世爲逆志之具。然唐自大中以後，史失其官，武宗實錄亦亡於五季，故新舊二書，於會昌後事，動多疏舛。後世注玉谿詩者，僅求之於二書，宜其於玉谿之志，多所扞格也。君獨旁蒐遠紹，博采唐人文集說部及金石文字，以正劉、宋二書之失。宋次道之補亡，吳廷珍之糾繆，君殆兼之，而一寄於此書。以古書例之，朱、馮諸君之書，齊、魯、韓、毛之序也；君書則鄭君之譜與箋也。其所攷定者，固質諸古而無疑；其未及論定者，亦將得其證於百世之下，鄭君說小雅十月之交，其已事也。君嘗與余論浙東、西學派，謂浙東自梨洲、季野、謝山，以訖實齋，其學多長於史；浙西自亭林、定宇，以及分流之皖、魯諸派，其學多長於經。浙東博通，其失也疏；浙西專精，其失也固。君之學固自浙西入，而漸漬於浙東者。君曩爲史微，以史法治經、子二學，四通六闢，多發前人所未發。及爲此書，則又旁疏曲證，至纖至悉，而孰知其所用者，仍周、漢治經之家法也。故述孟子、鄭君之言，以序君書，意亦君之所首肯乎。丁巳六月海甯王國維。

序

遯堪居士博極羣書，好湛深之思，而尤邃於史。玉谿生年譜會箋俶落於辛亥，削稿於丙辰。吳興劉郎中翰怡付之殺青。既成，居士以書屬爲審閱，因取家藏傳鈔宋次道唐大詔令勘之。有冥心創獲，與之闇合者；亦有小小罅漏，足以迻補者。如會昌五年李回入相，舊紀書三月，新紀在五月，譜據樊南補編上李相公狀，從新紀。大詔令有李回平章事制，注：『會昌五年五月乙丑』，則正與新紀合。新紀李回書戶部侍郎，舊紀書兵部侍郎，大詔令結銜則正作戶部侍郎，譜疑舊紀爲是，蓋未見此書也。大中五年魏謩入相，舊紀書五月，新紀則在十月，譜據宰相表，從新紀。大詔令有魏謩平章事制，注：『大中五年十月戊辰』，亦與新紀合。大中元年李德裕貶潮，舊紀書七月，新紀則在十二月戊午，譜從新紀。大詔令有李德裕潮州司馬制，注：『大中元年十二月。』亦與新紀合。樊南補編爲河東公上鄭相公狀，錢榜仙箋據舊紀大中七年四月以御史大夫鄭朗爲中書同平章事，謂以時攷之，柳仲郢正在東川，鄭相公卽鄭朗。譜既駁正錢說，謂河東爲濮陽之誤，鄭相公當爲鄭覃，而猶載舊紀之文備參。大詔令有鄭朗平章事制，注：『大中十年正月丁巳。』新書宰相表亦同。朗於大中十年始入相，其時仲郢已罷東川矣，安得有此狀？是舊紀實不足信，益知鄭相公之必爲鄭覃。仲郢由東川內召，譜載於大中九、十兩年間，其充諸道鹽鐵，譜據會要及宰相表，謂代裴休，書於大中十年十月，而又疑休於八年罷使。大詔令有裴休宣武節度平章事制，注：『大中十年六月。』與宰相表月雖不同而年合。而結銜但書中書侍郎、兼戶部尚書、同中書門下平章事、集賢殿大學士，不書鹽鐵轉運使，則休洵於八年罷使，而代之者爲韋有翼，有翼出鎭東川，而代之者始爲仲郢。譜中十月字雖不免小疏，而所揣適符。李回之貶賀州，譜謂其與衞公貶崖同時。大詔令有李德裕崖州司戶制，又有李回賀州刺史制，皆在大中二年九月，正與同時。魏謩之入相，在大中五年十月，其兼集賢殿大學士，譜謂其或稍在後。大詔令有魏謩平章事制，制中實無兼集賢文。此皆與古闇合者也。至譜中小有罅漏，可藉以補之者：杜悰入相，譜據舊紀書會昌四年八月，攷大詔令杜悰平章事制，則實在閏七月甲辰。李德裕貶崖，譜據舊傳渾書大中二年冬，攷大詔令德裕崖州司戶制，則實在九月。會昌三年討澤潞，削奪劉稹官爵制，譜據會昌一品集渾書於八月，攷大詔令討潞州制，則實在七月。會昌三年河陽置孟州，譜據通鑑書於九月，攷大詔令置孟州敕，則實在十月。杜悰之稱僕射，令狐綯之充太淸宮使、兼弘文館大學士，譜不詳其年月，攷大詔令有杜悰右僕射崔鉉戶部尚書制，注：『會昌五年四月，』有魏謩監修國史等制云：「綯可守本官、充太淸宮使，謩可守本官、監修國史。」注：『大中九年九月七日。』又有令狐綯弘文館大學士制，注：『大中九年九月三十日。』舊紀武宗改名，立光王爲太叔，皆蒙『三月壬寅帝不豫』書之，大詔令則有日月：一在三月十二日，一在三月二十一日。舊紀敬宗卽位，在正月癸酉，大詔令冊文則云：『正月二十六日景子。』攷正月辛亥朔，其二十六日安得爲癸酉？新紀：正月，穆宗崩。癸酉，門下侍郞平章事李逢吉攝冢宰。丙子，皇太子卽皇帝位。與大詔令同。舊紀盡誤以攝冢宰之日爲卽位之日也。凡此，皆當據詔令以糾正史文者也。若夫譜中所采新舊二書，與大詔令符合者尤多。如舊紀文宗卽位在十二月乙巳，大詔令有册文，首云：『維寶曆二年，歲次景午，十二月甲午朔，十二日乙巳。』舊紀武宗會昌二年上尊號在四月戊寅，大詔令有册文，首云：『維會昌二年，歲次壬戌，四月乙丑朔，十四日戊寅。』舊紀武宗會昌五年上尊號在正月，大詔令有册文，首云：『維會昌五年，歲次乙丑，正月己酉。』舊紀開成三年皇太子薨於少陽院，在十月庚子，大詔令有册文，首云：『維大唐開成三年，歲次戊午，十月乙酉朔，十六日庚子。』舊紀立陳王成美爲皇太子，在開成四年十月丙寅，大詔令有制，注：『開成四年十月十四日。』舊紀立潁王瀍爲太弟，在開成五年正月，大詔令有敕，注：『開成五年正月二日。』舊紀、通鑑令狐楚平章事在元和十四年七月丁酉，大詔令有制，注：『元和十四年七月。』舊紀陳夷行平章事在開成二年四月，大詔令有制，注：『開成二年四月。』舊紀楊嗣復、李珏平章事在開成三年正月戊申，大詔令有制，注：『開成三年正月。』兩紀魏扶平章事在大中三年四月，大詔令有制，注：『大中三年四月。』舊紀李石出爲荆南節度在開成三年正月丙子，大詔令有制，注：『開成三年正月。』舊紀李德裕出爲荆南節度在會昌六年四月丙子，大詔令有制，注：『會昌六年四月。』舊紀令狐楚降宣歙池觀察使在元和十五年七月丁卯，大詔令有制，注：『元和十五年七月。』舊紀李回宣諭河朔幽鎭在會昌三年七月戊了，大詔令有赦，注：『會昌三年七月。』無不與史所書合，足見譜中甄錄之不苟。大抵李唐一代，簡策遺落，理董綦難。劉昫舊史，成於石晉，其時方宇崩析，遺書祕而未出。迨歐陽永叔、宋子京續脩所見，已廣於前矣。惜二公但知簡嚴文章，事實多所刊落，年月疏舛，猶其小焉者也。居士此書，搜剔於故冊叢殘之中，鉤稽探討，左右采獲，已費苦心，豈獨爲玉谿一家發微，實乃有功史學甚大，而猶飲然不自足，因發篋藏，以佐鐵畚，而著其可以庀史者如此。其玉谿詩之沈博，及所箋之潛研眇慮，超軼孟亭，諸序言之備矣，不贅及云。丁巳秋七月華陽王秉恩撰。

序

玉谿生年譜會箋四卷，張君孟劬治鄭學之餘緒也。鄭氏治詩，有箋有譜。孔氏正義於譜云：『譜者，普也，注序世數，事得周普。』於箋云：『鄭以毛學審備，遵暢厥旨，所以表明毛意，記識其事，故特稱爲箋。』皆據文心雕龍書記篇爲說，可見鄭氏家法，唐、六朝猶能言也。惟鄭氏詩譜，與箋別行。據正義所言：『旣譜鄶事，然後譜鄭。』及『王詩次在鄭上，譜退豳下』，知譜不必依風之先後；又言：『淸人刺文公，文公詩也，鄭於左方中，以此而知』，知譜不必依詩之次第，而箋則風之先後，詩之次第，悉從毛傳。故十月之交四篇，但云『當爲刺厲王，作詁訓傳時移其篇第，因改之耳』，顧於編次仍舊也。然則箋之與譜異矣。孟劬夙治鄭學，又篤好玉谿生詩，援孟子論世知人之義，舉本朝諸家注本，惟於馮浩年譜，剔抉幽隱，蒐羅遺墜，條分件繫，以成斯箋。其書鄭氏箋體也，其意則釋文敍錄所云：『鄭氏詩譜二卷，徐整暢、太叔求隱之類，箋年譜，非箋詩也。元忠嘗謂：玉谿生詩，於周官太師所教六詩，比興爲多。雖北宋楊億、劉筠、錢惟演，以至王安石璧，遞相祖述，然於其深文奥旨，無所謂師說也。故金元好問論詩，有『詩家總愛西崑好，獨恨無人作鄭箋』之語。今去遺山，又七百有餘歲矣。孟劬獨能好學深思，以意逆志，詳爲之說。取馮浩注本爲主，義若隱略，則更表明，如有不同，卽下己意，使可識別，叵與鄭六蓺論自言注詩之旨，無少出入，蓋箋年譜而箋詩之體具焉。非深於鄭學，何能至此？抑更有言者，今所傳鄭氏詩譜，歐陽修補亡本也。直齋書錄解題載其序云：『慶曆四年至絳州得之，有注而不見名氏。譜序自周公致太平已上皆亡，取孔氏正義補足，因爲之注。自此已下，即用舊注。』所謂舊注，非徐整，即太叔求耳。以隋書經籍志『詩譜三卷，太叔求及劉炫注』言之，其稱爲注，似太叔求爲是，而詩譜卒賴其注本以存。吾安知夫馮浩所爲玉谿生年譜，他日不重賴會箋以傳哉？則孟劬又不僅爲玉谿生功臣也已。丁巳十月乙亥望吳縣曹元忠序。

舊唐書文苑傳

李商隱，字義山，懷州河內人。曾祖叔恆，年十九登進士第，位終安陽令。（令誤。）祖俌，位終邢州錄事參軍。父嗣。商隱幼能爲文，令狐楚鎮河陽，以所業文干之，年纔及弱冠。楚以其少俊，深禮之，令與諸子遊。楚鎮天平、汴州，（汴州字疑誤衍。）從爲巡官，歲給資裝，令隨計上都。開成二年方登進士第，釋褐祕書省校書郎，調補弘農尉。會昌二年又以書判拔萃。王茂元鎮河陽，辟爲掌書記，得侍御史。茂元愛其才，以子妻之。（馮氏云：數語從茂元鎮河陽敘下多誤。）茂元雖讀書爲儒，然本將家子，李德裕素厚（一本無厚字。）遇之。時德裕秉政，用爲河陽帥。德裕與李宗閔、楊嗣復、令狐楚大相讎怨，商隱既爲茂元從事，宗閔黨大薄之。時令狐楚已卒，子綯爲員外郎，以商隱背恩，尤惡其無行。俄而茂元卒，來遊京師，久之不調。會給事中鄭亞廉察桂州，請爲觀察判官，（馮氏云：判官誤。）檢校水部員外郎。大中初白敏中執政，令狐綯在內署，共排李德裕，逐之。亞坐德裕黨，亦貶循州刺史。商隱隨亞在嶺表累載。（桂管僅一年，累字誤。）三年入朝，京兆尹盧弘正（馮氏云：尹爲弘正誤。）奏署掾曹，令典牋奏。明年，令狐綯作相，商隱屢啓陳情，綯不之省。弘正鎮徐州，又從爲掌書記。（馮氏云：掌書記誤。）府罷入朝，復以文章干綯，乃補太學博士。會河南尹柳仲郢鎮東蜀，辟爲節度判官、檢校工部郎中。大中末，仲郢坐專殺左遷，（馮氏云：誤。）商隱廢罷還鄭州，未幾病卒。商隱能爲古文，不喜偶對，從事令狐楚幕，楚能章奏，遂以其道授商隱，自是始爲今體章奏。博學強記，下筆不能自休。尤善爲誄奠之辭，與太原溫庭筠、南郡段成式齊名，時號三十六。文思淸麗，庭筠過之，而俱無特一作持。操，恃才詭激，爲當塗者所薄，名宦不進，坎壈終身。弟羲叟亦以進士擢第，累爲賓佐。商隱有表狀集四十卷。

新唐書文藝傳

李商隱，字義山，懷州河內人，或言英國公世勣之裔孫。馮氏云：誤。令狐楚帥河陽，奇其文，使與諸子遊。楚徙天平、宣武，皆表署巡官。歲具資裝，使隨計。開成二年高鍇知貢舉，令狐綯雅善鍇，奬譽甚力，故擢進士第，調弘農尉。以活獄忤觀察使孫簡，將罷去，會姚合代簡，諭使還官。唐才子傳姚合傳：開成間，李商隱尉弘農，以活囚忤觀察使孫簡，將罷去。會合來代，一見大喜，以風雅之契，即諭使還官，人雅服其義。所載較傳為詳。又試拔萃，中選。王茂元鎮河陽，愛其才，表掌書記，以子妻之，得侍御史。茂元善李德裕，而牛李黨人李謂宗閔。蚩謫商隱，以為詭薄無行，共排笮之。茂元死，來遊京師，久不調，更依桂管觀察使鄭亞府為判官。亞謫循州，商隱從之，馮氏云：誤。凡三年乃歸。馮氏云：凡字誤。亞亦德裕所善，綯以為忘家恩，放利偷合，謝不通。馮氏云：未至謝不通也，三字誤。京兆尹盧弘止案弘止舊書作弘正，世系表亦同，通鑑考異云，實錄作弘止。表為府參軍，典箋奏。綯當國，商隱歸窮自解，綯憾不置。弘止鎮徐州，表為掌書記。久之還朝，復干綯，乃補太學博士。柳仲郢節度劍南東川，辟判官、檢校工部員外郎。府罷，客滎陽卒。商隱初為文瑰邁奇古，及在令狐楚府，楚本工章奏，因授其學。商隱儷偶長短，而繁縟過之。時溫庭筠、段成式俱用是相夸，號三十六體。馮氏云：傳中既承舊書之誤，亦自有誤者。案二傳誤處固多，疏漏處尤夥，當於譜中具出也。

元辛文房唐才子傳

商隱，字義山，懷州人也。令狐楚奇其才，使遊門下，授以文法，遇之甚厚。開成二年高鍇知貢舉，楚與鍇善，新傳作令狐綯雅善鍇，此屬之楚，亦可互證。獎譽甚力，遂擢進士，又中拔萃。義山兩被公選，一釋褐，在開成四年，一會昌二年。此敍於擢進士下，當指釋褐而言，而又漏會昌二年拔萃，殊不明晰。楚又奏爲集賢校理。誤。楚出王茂元鎮興元，王茂元未爲山南西道，興元當是涇原聲訛。素愛其才，表掌書記，以子妻之，此雖以成婚屬之興元，較新舊二傳屬之河陽者，爲得其實。除侍御史。誤。茂元爲牛李黨此處襲新傳，而語意不了。一林嗤摘商隱，以爲白圭有玷，共疏遠之。來京都，久不調，更依桂林總管總管，唐中葉無此官，當是桂管二字誤衍。鄭亞府爲判官。後隨亞謫循州，三年始回，誤沿新傳。求援於宰相綯。綯薄其無骨幹，隨波逐靡，從小人之辟，遂謝絕之。後於重陽日重又趨謁，留題云：『十年泉下無消息，九日樽前有所思』，又云：『郎君官重施行馬，東閣無因許再窺』，綯見之惻然，迺補太學博士。此據唐詩紀事，敍次小誤，具詩箋。柳仲郢節度中州，中州當是梓州字誤。辟爲判官。商隱廉介可畏，出爲廣州都督，人或袖金以贈，商隱曰：『吾自性分不可易，非畏人知也。』新書李尚隱傳：『其先出趙郡，徙貫萬年，還廣州都督五府經略使，及還，人或袖金以贈，尚隱曰：吾自性分不可易，非畏人知也。』此誤尚隱爲商隱。未幾，入拜檢校吏部員外郎。入拜字誤。吏部，新舊二傳皆作工部。罷，客滎陽卒。商隱工詩，高邁奇古，言深旨遠，及從楚學，則華實並茂，青出於藍。新傳瓌邁奇古，乃指義山之文，此專謂詩，似小誤。每喜用典，於寫景言情之外，必旁徵遠引，精切不移，人人謂其橫絕前後。時溫庭筠、段成式各以濃豔相勝，號三十六體，三十六體亦指文言。評之者謂：『此詩如百寶流蘇，千絲鐵網，綺麗鮮妍，未可與商隱同年而語也。』隱初得名，商隱二字名，省稱隱非。 薄遊長安，尙希知識，因投宿逆旅，有衆客方酣飲，賦木蘭花詩，就呼與坐，不知爲商隱也。隱和一詩云：『洞庭波冷曉侵雲，日日征帆送遠人。幾度木蘭船上望，不知元是此花身。』客問姓名，大驚稱罪。此據唐詩紀事，古今詩話同，又西谿叢語：唐末館閣諸公泛舟，以木蘭爲題，忽一貧士登舟作詩云云，諸公大驚，物色之，乃義山之魄，時義山下世久矣，皆不可信。 時白樂天致仕，極喜商隱文章，謂曰：『我死後，得爲爾兒足矣。』白死數年，隱生子，遂以白老名之。既長，殊鄙鈍，温飛卿戲曰：『如爾爲侍郎後身，不亦忝乎？』隱又生子，名袞師，異常聰俊，商隱詩云：『袞師我驕兒，英秀乃無匹』，此或白之後身也。此據蔡寬夫詩話，又見集有驕兒詩，遂分袞師、白老爲二子耳。馮氏云：後人又有以薛逢子廷珪見新舊書傳、北夢瑣言者爲義山子，更謬。 商隱自號玉谿子，子是生誤。其文自成一格，學者謂爲西崑體也。四庫提要云：唐書但有三十六體，無西崑字。楊億稱取玉山策府之名，題曰：西崑酬唱集，則三十六體與西崑各爲一事，後人往往沿誤。 有樊南甲集二十卷，乙集二十卷，玉谿生詩三卷，又賦一卷，文一卷，並傳於世。案辛氏書雜采唐書、唐詩紀事、諸家詩話而成，雖亦有可補本傳處，然不勝其誤之多也。今訂正之，載附本傳後。

同時贈挽詩

案諸詩皆義山同時人所作，與年譜可以印證，特載卷首。至詩話、詩評，具見諸家注本，概不羼入。

贈李商隱　喻鳧

羽翼恣搏扶，山河使筆驅。月疏吟夜桂，龍失詠春珠；草細盤金勒，花繁倒玉壺：徒嗟好章句，無力致前途！馮氏云：惜其未第之作。案鳧開成五年進士第，見唐才子傳，詩意慨李，兼自慨也。

重送徐州李從事商隱　薛逢

晚乘征騎帶犀渠，醉別都門慘袂初。蓮府望高秦御史，柳營官重漢尚書。斬蛇澤畔人煙曉，戲馬臺前樹影疏。尺組挂身何用處？一作說。古來名利盡邱墟！案薛逢字陶臣，河東人，會昌末進士釋褐，見舊書文苑傳。

秋日旅舍寄義山李侍御　溫庭筠

一水悠悠隔渭城，渭城風物近柴荆。寒蛩乍響催機杼，旅雁初來憶弟兄。自爲林泉牽曉夢；不關砧杵報秋聲。子虛何處堪消渴？試向文園問長卿。案此寄義山東川者。

哭李商隱　崔珏

成紀星郎字一作李。義山，適歸黃一作高。壤抱長歎！詞林枝葉三春盡，學海波瀾一夜乾。風雨已吹燈燭滅，姓名長在齒牙寒。只應一作應游。物外攀琪樹，便著霓裳上絳壇。一作蜺衣上玉壇。虛負淩雲萬丈才，一生襟抱未曾一作嘗。開。鳥啼花落一作發。人何在？竹死桐枯鳳不來。良馬足因無主踠，舊交心爲絕絃哀。九泉莫歎三光隔，又送文星入夜臺。

馮氏云：新書藝文志：崔珏詩一卷，字夢之，大中進士第。宰相世系表：崔氏清河小房珏。北夢瑣言：珏嘗寄家荊州。崔八早梅有贈兼示詩自注之崔落句，唐音戊籤采入崔珏逸句。李頻有漢上逢同年崔八詩，李爲大中八年進士，其詩意謂已方作客，羨崔還家，與珏之寓荊州第進士頗相似。李羣玉集在長沙裴幕時，亦有崔八，約在會昌、大中間，然皆不書其名。新書表所列：珏與邠鄠酈鄅同房，而分支七八世，邠鄠輩子孫極盛，子名皆從玉旁，而珏兄弟行絕少，若無他據，而僅以義山集注合之，則本集固分標崔八、崔珏，似明是兩人也。案詩集早梅有贈之崔八，當即同詣藥山之崔八，余疑爲桂管補巡官之崔兵曹，與崔珏或非一人。馮說甚通，寄此辨之。

玉谿生年譜會箋

錢塘張爾田編纂

晚唐之有玉谿生詩也，拓宇於騷辨，接響於漢魏樂府，與昌谷錦囊、溫尉金荃，同爲詞苑之鉅宗，文藝之極軌，非李杜後詩家所能逮也。顧長吉、飛卿二集，賦體尙多於比興；而玉谿則隱辭詭寄，哀感縣眇，往往假閨襜瑣言，以寓其憂生念亂之痛，苟非細審行年，潛探心曲，有未易解其爲何語者。年譜之作，創始長孺，椎輪甫闢，閟奧未窺。程氏、徐氏繼之，均有疏舛。其後桐鄉馮氏注出，始本新舊二史，參以文集，爲之疏通證明，於當日大臣之拜罷、黨局之始終，尤致意焉，而後玉谿一生之事履，可以按籍而求矣。惟馮氏論詩，長於鉤稽，短於意逆；又樊南補編文二百三篇，出永樂大典，爲當時所未見，故攷索之功，雖百倍於諸家，而經緯年歷，仍不免臆決而誤。近錢氏楞仙注補編，曾於馮譜駁正數條。余生平篤嗜玉谿詩，瀏覽既久，亦頗有奧痦。嘗以爲學玉谿詩者，非詳箋不能領其旨趣之遙深；非先按行年，亦不能會其命意之所在。

既合校詩文，爲之補箋矣，因復取朱氏以下諸譜，理而董之，訂其譌、增其闕、修其繁，務使行藏隱晦，與作者曲衷謎語，不隔一塵，而大旨則實以馮氏爲據依。書成，定今名。而以詩文諸箋，移綴每年譜下，條分件繫，遠紹旁搜，雖無託始之勞，庶効一愚之得，匪敢謂度越前修也。如有紕繆，來哲匡焉。

李商隱，字義山，懷州河內人。原譜據本傳。凡稱原譜，指馮譜；其不具者，采田所補也；稱參某某書者，原譜太略，從而加詳者也。後倣此。

案唐之李氏，與皇室同族者，皆以隴西著郡望。史記：李將軍廣，隴西成紀人也。晉書：涼武昭王暠，廣之十六世孫也。舊書紀：高祖神堯皇帝，涼武昭王七代孫也。義山詩曰：『我系本王孫。』又曰：『我家在山西。』漢書注：隴坻，即隴山，隴西郡在隴山之西，故曰山西。山西即隴西也，北夢瑣言記九日樽前事，即稱義山爲隴西。而崔珏哭商隱詩亦曰：『成紀星郎字義山。』是玉谿乃唐宗室，惟同源分流，遷徙異地，故屬籍失編。新傳『或言英國公世勣之裔孫』一語誤甚，朱氏已駁之矣。朱氏曰：英國公孫敬業，則天時起義，事敗被誅，復姓徐氏，新傳乃言是其裔孫，不足信也。馮氏曰：李勣本徐氏，曹州離狐人，隋末徙滑州之衞南，義山非其裔，誠不足辨。攷樊南補編有請盧尚書撰叔父故處士誌文狀，畧曰：『姑臧李某。』又請撰仲姊誌文狀曰：『昔我先君姑臧公以讓弟受封，故子孫代繼德禮，蟬聯之盛，著於史諜。』新書宰相世系表：『李氏姑臧大房，出自興聖皇帝第八子翻，翻子寶，寶子承，號姑臧房。』北史序傳：『涼武昭王李暠子翻，晉昌郡太守。翻子寶，魏太武時授沙州牧燉煌公。長子承，太武賜爵姑臧侯，遭父憂，承應傳先封，以自有爵，乃以本封讓弟茂，時論多之。』義山所謂『讓弟受封』者，指此。此可證玉谿生家世所從出。李翺故歙州長史隴西李府君墓誌銘云：『府君諱則，字某，涼武昭王十三世孫。』又云：『次女婿桂州觀察使杜式方。幼子克恭，寶曆三年三月奉府君夫人之喪，歸葬於鄭州某縣岡原。』義山祖自懷遷鄭，而述德抒情詩稱杜悰爲外兄，悰，式方子，於義山爲中表，則李則必義山大父行。（據曾祖妣誌狀：『安陽君一子，邢州錄事參軍。』而處士房姑臧李某誌狀則云：『祖諱某，皇安陽縣尉，父諱某，皇郊社令。』是安陽不只一子，李則疑與邢州、郊社輩爲兄弟也。）至舊書傳：『李元道隴西人，世居鄭州；李揆隴西成紀人，家於鄭州，代爲冠族。』與義山恐非近屬。（新書宰相世系表：元道、揆皆祖姑臧房，而世次已遠。祭處士房叔父文有『澤底名家』，『山東舊族』語，約略李氏族望言之，不必泥也。）馮氏泛引以當之，雖欲無謬，不可得也。（文集祭韓氏老姑文云：『猗歟我家，世奉元德，讓弟受封，勤王賜國』，與仲姊誌狀可以參觀。此篇當是義山自祭，所祭當是義山族姑嫁韓氏者，馮氏謂代西平家作，誤矣。）

又案義山爲懷州河內人，新舊二傳，皆無異詞。惟馮氏據哭蕭遂州詩『爲邦屬故園』，蕭澣太和七年爲鄭州刺史，自注：『余初謁於鄭舍。』及祭叔父文『壇山舊塋』，馮注：水經注·濟水條下，『索水流逕京縣故城西，城故鄭邑也，城北有壇山罡。』元和郡縣志：『京縣故城在鄭州滎陽縣東南二十里。』壇山卽檀山，新書劉禹錫傳，『葬滎陽檀山原』是也。因謂義山必舊居鄭州，遷居懷州，故有習業於玉陽王屋之跡，而譏二傳爲小疏，而不知二傳固未嘗疏也。攷補編請盧尙書撰曾祖妣誌狀曰：『夫人姓盧氏，年十七，歸於安陽君。安陽年二十九棄代，祔葬於懷州雍店之東原先大夫故美原令之左次，其墓長樂賈至爲之銘。一子，邢州錄事參軍。始夫人既孀，教邢州君以經業得祿，寓居於滎陽。不幸邢州君亦以疾早世，夫人忍晝夜之哭，撫視孤孫，家惟屢空，不克以邢州歸祔，故卜葬於滎陽壇山之原上，俾自我爲祖，百世不遷。後十年，夫人始以壽歿。諸孤且幼，亦未克以夫人之柩合於安陽君。懷、鄭相望，二百里而遠，仍世多故，塋兆尙離，日月遄移，將逾百歲。』又曰：『尅以來年正月日，啓夫人之櫬，歸合於懷之東原。』是李氏實自懷徙鄭，至義山已閱三世，則所謂『故園』、『舊塋』之語，本無可疑；祭姪女文：『滎水之上，壇山之側，汝乃曾乃祖，松檟森行。』祭仲姊文：『壇山滎水，實爲我家。』皆指鄭州先隴而言。而曾祖妣必由壇山歸祔雍店之東原，蓋仍以懷州爲本籍也。二傳各以其原貫書之，洵爲得其實矣。舊傳云『還鄭州，未幾病卒』，以其占籍已久也。新傳云『客滎陽卒』，以其本懷州人也。二文並通。

又案：義山早年習業玉陽王屋山，自號玉谿生，後即以名其詩集。開成三年奠令狐文云：『故山峩峩，玉谿在中』，又以玉谿弟子自署。大中元年敍四六甲集則自稱『樊南生』，馮氏引耶律楚材詩謂玉谿當在懷州。馮氏詩注云：水經注：『河水自潼關東北流，玉澗水注之，水南出玉谿，北流逕皇天原西，又北逕閿鄉城西，又北注於河』，此與義山所云固相隔。又云：『河水又東，永樂澗水注之』，此亦稱永樂溪水，而初無玉谿之名，乃會昌間義山曾寄居永樂，後人遂以此爲玉谿，亦非也。三水小牘云：『高平縣西南四十里，登山越玉谿』，此與玉陽王屋地雖相接，界似稍踰。近讀元耶律文正王屋道中詩云：『行吟想像覃懷景，多少梅花坼玉谿？』玩其詞意，實有玉谿屬懷州，近王屋山者，雖未能指明細處，必即義山之玉谿矣。又引張禮遊城南記謂：樊南指京郊。馮氏文注云：『元和郡縣志：「樊川在萬年縣南三十五里。」蓋其地當京城之南，唐人居城南者甚多。而樊南之字，如張禮遊城南記云：「西倚高厓，東眺樊南之景。」地志諸書，亦屢見也。義山未第之前，往來京師，文名已著，及開成中移家關中，必居樊南之地，故以自稱。文所云「十年京師寒且餓，樊南窮凍，人或知之」，而詩有云「白閣自雲深」，又「迴望秦州樹如薺」，實指京郊所居景物無疑。或謂：懷州河內縣本漢野王縣，左傳杜注：樊一名陽樊，野王縣西南有陽城，似義山仍從懷州取義，必不然也。』二說均極明確，特附著之。

高祖涉，美原令；曾祖叔恆，安陽縣尉；本傳作安陽令。攷縣令正五品至從七品，縣尉從八品至從九品。唐時進士登科，銓授縣尉，列傳中屢見。新書選舉志：『凡出身秀才，上上第正八品上，上中第正八品下，上下第從八品上，中上第從八品下；明經，上上第從八品下，上中第正九品上，上下第正九品上，中上第從九品下；進士明法，甲第從九品上，乙第從九品下。』從無釋褐七品者。曾祖妣誌狀云：『安陽君年十九，一舉中進士第，始命於安陽。』叔恒既由進士授官，則必非縣令明矣。今從集。祖傋，邢州錄事參軍；父嗣，殿中侍御史。本傳，參本集。

案曾祖叔恆、祖傋、父嗣，俱見舊書本傳。補編叔父誌狀曰：『曾祖諱某，皇美原令；祖諱某，皇安陽縣尉。』曾祖妣誌狀曰：『夫人姓盧氏，曾祖諱某，某官；父諱某，兵部侍郎、東都留守。』題下原注：『故相州安陽縣姑臧李公夫人，范陽盧氏北祖大房。』新書世系表：『盧氏出自姜姓，秦有博士敖，子孫家於涿水之上，遂爲范陽涿人。裔孫勖，居巷南，號南祖；偃居北，號北祖。偃子邈，生玄，子度世，四子陽烏、敏、昶、尙之，號四房盧氏。』夫人爲北祖大房，則系出陽烏之後。攷表中大房無官兵部侍郎及東都留守者，惟第三房弘愼兵部侍郎，世數雖近，而支派不同。他若盧奐開元二十四年召爲兵部侍郎，盧從愿以工部尙書留守東都，皆難強合，容俟再訂。原注安陽縣下，疑脫一尉字。夫人兵部第三女，年十七，歸於安陽君，諱某，字叔洪。錢氏曰：『本傳：曾祖叔恆，位終安陽令。既字叔洪，似無諱叔恆之理。唐人名與字同者甚多，洪、恆音近，或文避穆宗諱耶？』案錢氏說近是，叔恆蓋以字行者也。姑臧李成憲、成憲，新書世系表未載。滎陽鄭欽說等十人，舊書韋堅傳：『殿中侍御史鄭欽說貶夜郎尉』，新傳作『右補闕內供奉鄭欽說』，卽此人。皆僚壻也。安陽君年十九，一舉中進士第。與彭城劉長卿、新書藝文志：『劉長卿集十卷，字文房，至德監察御史，以檢校祠部員外郎爲轉運使判官、知淮西鄂岳轉運留後，終隋州刺史。』中山劉昚虛、唐詩紀事：『劉昚虛，江東人，爲夏縣令。與賀知章、包融、張旭，號吳中四士。』淸河張楚金齊名，張楚金無攷。錢氏注引忠義傳張楚金。案新書忠義傳：『張道源族孫楚金有至行，武后時歷秋官尙書，爵南陽侯，爲酷吏所搆，流死嶺表。』叔洪生玄宗時，年次不相及，必非一人。始命於安陽。年二十九棄代，祔葬於懷州雍店之東原先大夫故美原令之左次。美原諱某，字旣濟，其墓長樂賈至爲之銘。新書賈曾傳：『子至，解褐單父尉，從玄宗幸蜀，拜起居舍人、知制誥。大曆七年，以右散騎常侍卒，年五十五。』叔洪之歿，以此狀『塋兆尙離，將逾百歲』語推之，當在天寶四五年間，時賈至必已解褐矣。狀文會昌三年作。一子，邢州錄事參軍，諱某，字叔卿。』仲姊誌狀曰：『王考糾曹君，以隱德不耀，俛仰於州縣。』通典：『錄事參軍，晉置，掌總錄衆曹文簿，舉彈善惡，故錄事參軍稱糾曹，以其主糾彈之職也。』吳郡志載唐趙居貞春申君新廟記有『表授廣陵糾曹張禺爲判官』語，是唐人往往有此稱。皆與本傳語合，而事實較詳。美原諱某，字既濟，文不署名。考新書宰相世系表姑臧大房李氏下書『涉，美原令』，涉與既濟名字相配，必系義山之祖。茲據以補之。案大曆時亦有一李涉，官國子大學博士，渤之兄，寶曆元年坐武昭事流康州，有集三卷。非一人。惟父嗣，本傳不詳其所至官。據仲姊誌曰：『先君子罷宰獲嘉，將從他辟。』祭仲姊文曰：『恭維先德，實紹元風，良時不來，百里爲政。』又曰：『先君子以交辟員來，南轅已轄。』又曰：『淛水東西，半紀漂泊。』是嗣曾令獲嘉，以文中用典推之，是令非尉，馮氏謂嗣爲簿尉之流，誤。後又爲鎭淛者所辟也。乃狀又稱：『烈考殿中君，以知命不撓，從容於賓介。』殿中蓋指殿中侍御史。新書百官志：『御史臺，其屬有三院：一曰臺院，侍御史隸焉；二曰殿院，殿中侍御史隸焉；三曰察院，監察御史隸焉。』唐時幕僚，兼殿中侍御史者，列傳中極多。殿中侍御史，唐初本丞相府掾，武德元年改殿中侍御史，武后文明元年置殿中裏行，後又置內供奉。中葉以來，多爲幕職遷轉之階。若殿中省下尙食、尙藥、尙衣、尙乘、尙舍、尙輦之屬，皆內

職，例不得奏兼也。（錢氏箋補編，引舊書職官志注此文，誤甚。）如李翺韓弇妻京兆韋氏墓誌銘：『弇爲朔方節度請掌書記，
得祕書省校書郎，累遷殿中侍御史』，而誌中統稱『殿中君』可證。嗣既爲兩淛從事，
意者殿中兼銜，必當日循例奏加者耳。

憲宗元和七年壬辰　是歲義山生。（參本集。）

案玉谿生年無明文，本傳既有誤，而朱氏、程氏、徐氏年譜，更不足據。桐鄉馮氏因祭
仲姊文『靈有行於元和之年，返葬於會昌之歲，光陰迭代，三十餘秋』及『寓殯獲嘉，向
經三紀』語，定元和八年爲生年；近錢楞仙注補編，又謂當酌移於元和六年，而不知
皆非也。本集可據攷年齒者有四：一爲會昌三年仲姊誌狀，一爲會昌四年祭仲姊文，
一爲開成元年上崔華州書，一爲大中三年賦驕兒詩。仲姊誌狀曰：『返葬之禮，闕然
不修。至會昌三年，商隱受選天官，正書祕閣，將謀龜兆，用釋永恨，會允元同謁，又
出宰獲嘉，距仲姊之殂，已三十一年矣。神符夙志，卜有遠期，而罪釁貫盈，再丁艱
故，且兼疾瘵，遂改日時。明年冬，以潞寇憑陵，擾我河內，懼惟樊（二字當作羅焚。）發，載軫肝

心，遂泣血告靈，攝緌襄事，卜以明年正月日歸我祖考之次，滎陽之壇山。』錢氏補箋據舊書紀，澤潞之亂在會昌三年四月，是年冬命將進討，四年八月平。此文既言『會昌三年』，至明年冬劉稹已平，不當更云『潞寇憑陵』，因改會昌三年爲二年，並引曾祖妣誌狀『曾孫商隱，以會昌二年由進士第判入等，授祕書省正字』爲證。由會昌二年逆溯三十一年，仲姊當歿於元和七年。不知古人文簡，往往有倒插追敘之法。此文『會昌三年』至『距仲姊之殂已三十一年矣』爲一段；『罪釁貫盈』至『卜以明年正月』爲一段。『三十一年』句直承『會昌三年』，中間『商隱受選天官，正書祕閣』等語，乃追敍之詞。『罪釁貫盈』，謂丁母艱。義山丁母艱在會昌二年，所謂『明年冬』者，承上文，仍指三年而言。至『卜以明年正月』云云，始實指會昌四年也。三十一年，若由會昌三年數之，則仲姊之歿，實爲元和八年。誌狀又曰：『時先君子罷宰獲嘉，將從他辟，遂寓殯於獲嘉之東。』祭文亦曰：『時先君子以交辟員來，南轅已轄，接舊陰於桃李，寄暫殯之松楸。』又曰：『淛水東西，半紀漂泊，某年方就傅，家難旋臻。』是姊亡未久，義山之父卽赴淛辟，在淛六年，旋丁父憂也。義山之父赴淛，當在姊歿後一年，數至六年，義山九歲，與『年方就傅』語合。方，將也，謂將及就傅之年也，不必泥看。由此推之，姊歿時義山必已周歲，祭文所謂『靈沈緜之際，殂背之時，某初解扶牀，猶能記面』也。扶牀記面，非周歲無此情景。義山既周歲姊歿，姊歿於元和八年，則義山之生，必在元和七年壬辰無疑矣。再以上崔華州書及驕兒詩證之。書曰：『愚生二十五年矣。』又曰：『凡爲進士者五年，始爲故賈相國所憎，明年病不試，又明年復爲今崔宣州所不取。』攷舊書紀：『開成元年十二月以中書舍人崔龜從爲華州防禦使。二年正月以吏部侍郎崔鄲爲宣歙觀察使。』此書當上於開成元年冬間。舊書賈餗傳：『太和時，凡典禮闈三歲。』崔鄲傳：『太和八年權知禮部。』文中『始爲故賈相國所憎』，賈餗太和九年預甘露之禍，此書開成元年上，故稱故相。『又明年復爲今崔宣州所不取』，指此。舊紀大臣除拜，往往據赴任時月，如令狐楚傳：十一月除天平，而紀書十二月，崔鄲當是開成二年正月赴宣歙觀察使任，其被命實在元年十二月，文所以稱今崔宣州也。若開成二年，義山已得第，安用上書求舉哉？元和七年，下推至開成元年，義山正二十五歲也。賦驕兒詩時在大中三年，義山罷桂管，由洛赴京後。詩曰：『青春妍和月。』又曰：

『春勝宜春日。』必作於春時。攷大中二年春，義山在桂管，大中四年春，義山在徐幕，惟二年冬，攜家由洛赴選，三年春正在京居，與此寫景相合也。詩有『況今西與北，羌戎正狂悖』語，指宣宗朝黨項寇邊，及回紇遺種逃附奚部事。義山時三十八歲，故自歎『憔悴欲四十』。會昌四年祭姊及姪女寄寄時，衮師未生。祭徐氏姊文曰：『息胤猶闕，家徒索然。』祭小姪女寄寄文曰：『況吾別娶以來，胤緒未立，猶子之義，倍切他人。』祭裴氏姊文曰：『世緒猶闕，家徒屢空，載惟家長之寄，偷存晷刻之命。』諸祭文皆會昌四年居母憂時作。驕兒詩述其美秀嬉戲形狀，則衮師必已四歲，韻語陽秋云：『作驕兒詩時，衮師方三四歲爾。』不知詩中固已云『文葆未周晬，固已知六七。四歲知名姓，眼不視梨栗』矣。其生當在會昌六年後。在東川上河東公啓曰：『或小於叔夜之男。』啓有『悼傷已來，光陰未幾』語，悼亡在大中五年，則此啓必是年初至梓幕時作，衮師至此六七歲矣。此尤義山生於元和七年之的據，參互攷證，砉然通解，故敢定元和七年壬辰爲玉谿生年，正不必如馮氏說以崔華州書爲開成二年所上，亦不必如錢氏說改『愚生二十五年』爲二十七年，始無牴牾也。

元和八年癸巳　義山二歲。

是年裴氏仲姊歿。父嗣時爲獲嘉縣令。本集。

案補編請盧尙書撰李氏仲姊河東裴氏夫人誌文狀曰：『惟我仲姊，實漸清訓。年十七八，歸於河東裴允元，故侍中耀卿之孫也。裴耀卿，唐書有傳；允元，宰相世系表未載。既歸逢病，未克入廟。實歷周歲，奄歸下泉。時先君子罷宰獲嘉，將從他辟，遂寓殯於獲嘉之東。』又曰：『仲姊生稟至性，幼挺柔範，潛心經史，盡妙織紝，鍾曹禮法，劉謝文采，顧此兼美，自乎生知；而上天賦壽，不及二紀，此羣弟不肖之所延累也。』蓋其姊十八歲適人，未歸夫族，而仍卒於母家，據祭文云：『靈有行於元和之年，返葬於會昌之歲，光陰迭代，三十餘秋，得不以既笄闕廟見之儀，故卜吉舉歸宗之禮。』又曰：『愛女二九，思託賢豪。誰爲行媒？來薦之子。雖琴瑟而著詠，終天壤以興悲。』則裴氏仲姊，當是大歸而卒於母家者，誌狀所謂『既歸逢病，未克入廟』語，蓋飾詞耳。否則會昌二年允元與義山同調選，又出宰獲嘉，仲姊自當由夫族遷祔，安得歸葬女氏之黨哉？觀『實歷周歲』語，則歿時當十九歲矣。裴氏仲姊因所適非人而死，故祭文較諸篇亦倍極沈痛，義山長於哀感之文，信然。又案裴氏仲姊之外，有徐氏姊，見祭文；文亦稱仲姊。有伯姊，見祭小姪女寄寄文及祭裴氏仲姊文。祭姪女文云：『伯姑、仲姑，冢墳相接。』祭仲姊文云：『伯姊在前，猶女在後。』義山有弟羲叟，見本傳。祭仲姊文：『此際兄弟，尙皆乳抱。』祭徐氏姊文：『始某兄弟初遭家難。』又云：『仲季二人，亦志儒墨。』當是兼羲叟而言。羲叟當生於元和八年仲姊歿時，義山周歲，羲叟方數月，故有乳抱之言。其後年長矣，所謂『仲季二人，亦志儒墨』，仲弟必指羲叟也。處士房姑臧李某誌狀即稱羲叟爲仲弟。而祭文又敍丁母憂曰：『今者苴廡假息，糞土偷存，不即殞傷，蓋亦有以。伏以奉承大族，載屬衰門，三弟未婚，一妹處室，息胤猶闕，家徒索然。』祭裴氏仲姊文亦曰：『天神降罰，艱棘再丁。弱弟幼妹，未笄未冠。』是義山三姊一弟而外，更有三弟一妹也。寄寄爲羲叟之女，祭文云：『自爾歿後，姪輩數人，紛吾左右。』又寄太原盧司空詩云：『羲之當妙選。』自注：『小弟羲叟，早蒙眷以嘉姻。』盧司空即盧鈞，則羲叟已前娶，上謂『三弟未婚』者，不數羲叟也。此亦玉谿兄弟姊妹之可攷見者，故附載之。

元和九年甲午　義山三歲。

父嗣，罷獲嘉令，爲鎭淛者所辟，義山隨父赴淛。本集。

案仲姊誌狀曰：『時先君子罷宰獲嘉，將從他辟，遂寓殯於獲嘉之東。』祭文曰：『淛水東西，半紀漂泊，某年方就傅，家難旋臻。』半紀爲六年，六年專指漂泊而言，父喪當在半紀之外，若連在淛數之，蓋得七年。時義山將近十歲，則赴淛約在姊歿後一年也。祭文雖以『繼以沈恙，奄忽凋違』與『交辟員來，南轅已轄』並敍，而下即接以『接舊陰於桃李，寄蹔殯之松楸。』蓋因寓殯獲嘉，聯及其赴淛，不妨距姊歿稍後也，細玩自見。況仲姊之歿，不詳何月，安知非八年冬暮耶？故參以祭文，分載於此。攷舊書紀：『元和九年九月戊戌，以給事中孟簡爲越州刺史浙東觀察使』，嗣當爲簡所辟。孟簡九月赴任，則義山之父抵潤，必在是年之冬。如此下數七年，義山正十歲矣，尤與『年方就傅』句合也。

元和十年乙未　義山四歲。

元和十一年丙申　義山五歲。

元和十二年丁酉　義山六歲。

案舊書紀：『元和十一年十月庚午，以京兆尹李翛爲潤州刺史浙西觀察使。』孟簡傳：『十二年入爲戶部侍郎。』紀書於八月庚申。義山之父當於是年孟簡府罷，由越至潤，赴李翛之辟，祭文所謂『潤水東西』也。惟唐會要載浙東觀察使孟簡授代事在十三年二月，與紀又不同，記此以備參攷。

元和十三年戊戌　義山七歲。

十一月丁未，以華州刺史令狐楚爲懷州刺史充河陽三城懷孟節度使。原譜據舊紀、通鑑，參楚傳。案傳云：『元和十三年四月，出爲華州刺史；其年十月，皇甫鎛作相，其月，以楚爲河陽懷節度使。』較紀所書差一月，蓋據被命時言也。馮氏曰：本傳皆言受知令狐，始自河陽，今則其誤不待辨矣。案本傳，河陽疑河南之譌，說詳後。

元和十四年己亥　義山八歲。

七月丁酉，以河陽三城懷州節度使令狐楚朝議大夫、守中書侍郎、同中書門下平章事。原譜據舊紀、通鑑。

元和十五年庚子　義山九歲。

正月庚子，憲宗崩。閏月丙午，穆宗即位。原譜據舊紀、通鑑。

五月庚申，葬憲宗於景陵。舊紀。

七月丁卯，門下侍郎平章事令狐楚爲宣州刺史、兼御史大夫，充宣歙池觀察使。八月己亥，再貶衡州刺史。原譜據舊紀傳、通鑑。

穆宗長慶元年辛丑　義山十歲。

四月辛卯，令狐楚量移郢州刺史。是年，遷太子賓客分司東都。原譜據舊紀傳。

義山喪父，奉母歸鄭州。本集。

案仲姊誌狀曰：『厥弟不天，旋失所怙。』祭文：『某年方就傳，家難旋臻，躬奉板輿，以引丹旐。四海無可歸之地，九族無可倚之親，既祔故邱，便同逋駭。』述丁父憂事甚悉，在淛約六年有奇。又案補編叔父誌狀曰：『商隱與仲弟義叟、再從弟宣岳等親授經典，教爲文章，生徒之中，叨稱達者，引進之德，胡甯忘諸？』祭處士房叔父文曰：『更思平昔之時，兼預生徒之列。陸公賜杖，念榮益以何成？殷氏著文，媿獻酬而早屈。引進之恩方極，禍凶之感俄鍾！』義山受經叔父，不詳何年。攷處士以太和三年卒，年四十三，其生當在貞元三年。狀又曰：『年十八，能通五經，始就鄉里賦，會郊祀，違恙出太學，還滎山就養二十餘歲，乃丁家禍，廬於壙側，日月有制，俛就變除。遂誓終身，不從祿仕。』由貞元三年數至長慶元年，義山奉喪還里，正處士就養滎陽之時，則受經必在此數年間。祭徐氏姊文所謂『始某兄弟，初遭家難，內無强近，外乏因依，及除常制，方志人曹，以頑陋之姿，辱師友之義。』卽追敍其事也。

長慶二年壬寅　義山十一歲。

三月癸丑，徐州節度使崔羣爲副使王智興所逐。己未，以智興檢校工部尚書、兼徐州刺史，充武寧軍節度使。舊紀。

十月丙辰，令狐楚授陝虢觀察使。十一月丁卯，復爲太子賓客分司東都。原譜據舊紀傳。

十二月己酉，以前天平軍節度使馬總檢校左僕射、守戶部尚書。舊紀。

長慶三年癸卯　義山十二歲。

八月，戶部尙書馬總卒，贈右僕射，謚曰：懿。舊紀參傳。案總二年已加左僕射矣，而新舊傳皆云：『卒贈右僕射。』補編爲馬懿公郡夫人王氏黃籙齋文書：『故戶部尙書、贈左僕射臣馬總。』紀、傳文疑互誤。

義山父喪除後，卜居洛陽。本集。

案祭裴氏仲姊文曰：『及衣裳外除，旨甘是急，乃占數東甸，傭書販舂。』占數謂占戶籍之數，東甸，東洛也。馮氏泥於會昌四年移家永樂詩『昔去』、『今來』之句，因疑父喪除後，始居蒲之永樂。且謂：『蒲州在西京東北三百里外，貞觀中昇爲四輔，故曰東甸。』又謂：『懷州近在東都之東，似亦可謂鄭州無可歸，始著籍爲懷州人也。』二說皆誤。近得馮氏樊南文集注初稿云：『東都之甸，當指汴州。』亦誤。義山之先，本自懷遷鄭，詳見曾祖妣誌狀，非至義山始著籍也；至永樂，則寓居耳。玩『昔去驚投筆，今來分挂冠』句意，蓋謂從前就幕，今始賦閒，去來之言，未嘗專指永樂，安可憑虛臆決哉？近錢氏年譜訂誤曰：『義山之移家，當以父喪除服爲始，桂管就辟爲終。祭姊文：「占數東甸，傭書販舂。」偶成轉韻詩：「明年赴辟下昭桂，東郊痛哭辭兄弟。」東甸、東郊，皆洛下也。補編上李舍人狀云：「方還洛下。」又云：「自還京洛。」上韋舍人狀云：「淹滯洛下。」是義山之定居東都，確無疑義。惟其定居之後，遷濟上、遷關中、遷永樂，轉徙不常，猝難攷其蹤跡。今於此處定爲遷洛，此後較有端緒可尋也。』是說也，視馮氏爲得其實矣。又案『占數東甸』事，或當在此年之後，祭文雖與除服聯敍，不必泥也，觀下云『日就月將，漸立門構，淸白之訓，幸無辱焉』等語，可以參悟，今姑載此。

長慶四年甲辰　義山十三歲。

正月壬申，穆宗崩。癸酉，敬宗卽位。原譜據舊紀。

三月，太子賓客令狐楚爲河南尹。原譜據舊紀及傳。

八月乙巳，宣武軍節度使韓充卒。舊紀。

九月庚戌，以河南尹令狐楚檢校禮部尙書、汴州刺史、宣武軍節度、宋汴亳觀察等使。原譜據舊紀及傳。

敬宗寶曆元年乙巳　義山十四歲。

五月庚戌，幸魚藻宮觀競渡。七月己未，詔王播造競渡船二十隻供進。八月戊午，遣中使往湖南、江南等道及天台山採藥。舊紀。案敬宗荒淫，備詳紀傳，茲略采與詩相印證者，餘具箋。

寶曆二年丙午　義山十五歲。

四月戊戌，橫海軍節度使李全略卒，子同捷擅領留後事，朝廷經年不問。原譜據舊傳。

五月戊寅，幸魚藻宮觀競渡。六月，減放苑內役人二千五百，帝性好土木，自春至冬，興作相繼。九月丁丑，大合宴於宣和殿，陳百戲，自甲戌至丙子方已。舊紀。

十二月辛丑，帝夜獵還宮，與中官打毬，軍將飲酒，遇弑。乙巳，文宗卽位。原譜參舊紀。

文宗太和元年丁未　義山十六歲。

五月，以前攝橫海節度副使李同捷爲兗海節度使。七月，同捷不受詔。八月，削同捷官爵，發諸道兵討之。原譜據舊紀及通鑑。

是年義山徐氏姊卒。本集。案文集祭徐氏姊文曰：『追訣慈念，一十八年。』祭文會昌四年作，數之當在此年。祭徐姊夫文：『二十年已來，雖事睽而意通，跡遙而誠密。』則舉成數也。

案樊南甲集敍：『樊南生十六能著才論、聖論，以古文出諸公間。後聯爲鄆相國、華太守所憐，居門下時敕定奏記，始通今體。』此可攷義山爲文之始。又無題：『八歲偷照鏡，長眉已能畫；十歲去踏青，芙蓉作裙衩；十二學彈箏，銀甲不曾卸，十四藏六親，懸知猶未嫁；十五泣春風，背面鞦韆下。』寫少年淟涊依人之態，與上崔華州書『五年讀經書，七年弄筆硯』，及甲集敍寓意相合，亦當作於此年。馮氏謂初應舉時，非也。

【編年詩】陳後宮玄武開新苑。陳後宮茂苑城如畫。箋曰：二詩以陳後宮爲題，斷非詠史，與隋宮、楚宮別也。徐湛園謂刺敬宗。其解前詩云：『舊書紀：寶曆時幸魚藻宮觀競渡，又發神策六軍穿池於禁中，又詔淮南王播造競渡船供進，前四句所云也。五謂惑於道士劉從政等，求訪異人，冀獲靈藥。六謂教坊供奉，及諸道所進音聲女樂也。熊望傳云：昭愍嬉遊之隙，以翰林學士崇重，不可褻狎，乃議別置東頭學士，以備曲宴賦詩。劉栖楚以望名薦送，事未行而昭愍崩，則其時定有詞臣爲狎客者，如末二句所云也。』其解後詩云：『紀書：命中使往新羅求鷹鷂，則中國珍禽，不待言矣。杜陽編載：南昌國進浮光裘，以紫海水染色五彩，蹙成龍鳳，飾以眞珠，「侵夜」二句，謂此類也。』比附頗精，惟不類少作，姑編於此。覽古箋曰：馮氏謂痛敬宗，精矣。次聯『頳壤』文飛，慨土木之無藝，『黃旗』運去，悲天命之靡常，方與下『瓦飛』、『鐘墮』相應，不必泥蕪城、江左言也。結則事取對照，語抱奇悲。何義門謂指文宗，然甘露之變，事異荒淫，帝之崩御，非有他故，參諸隸典，沈痛之中，別有含意，殆不然也。無題八歲偷照鏡。案舊本連幽人不倦賞一首，爲無題二首。戊籤分之，細味幽人一首，與此意境不同。馮氏附編謂：指同應舉失意者，恐誤。今仍分之，解詳譜。

太和二年戊申　義山十七歲。

四月壬午，以邕管經略使王茂元爲容管經略使。舊紀。補編：祭外舅文：『容山至止，郎宿去思。』是茂元自邕移容，未嘗別爲他官。舊紀於太和元年四月書：『以前亳州刺史張遵爲邕管經略使。』余疑遵卽代茂元者，而舊紀年歲必有一誤，今姑據所見書之。

案茂元爲本集最主要之人，義山去牛就李，一生關鍵，實繫於此。惜茂元以前所歷官爵事實，本傳太略，今粗以祭外舅文及爲濮陽公各表攷之。陳情表云：『自薦之書，朝投象魏；殊常之澤，暮降芸香。』新書傳：『茂元少好學，德宗時上書自薦，擢試校書郎，改太子贊善大夫』，此指其事。傳又云：『呂元膺留守東都，署防禦判官，淄青留邸卒謀亂，元膺率兵圍之，士無敢先者。茂元取一人斬之，衆乃進，賊遂出奔。』舊書元膺傳亦云：『元和十年鄆州李師道留邸伏甲謀亂，元膺進兵圍之半月，無敢進攻者。防禦判官王茂元殺一人而進，賊衆突出，望山而去。元膺圍於谷中，盡獲之。』所載從元膺事止此。惟祭文述之最詳，文云：『輟春闈之贊謁，佐夏口以觀風。』此指茂元自贊善大夫出佐元膺鄂岳幕也。云：『復因所託，往保於東。齊師拒召，洛邸興戎。公請於帥，願當其鋒。纔餘數刻，盡翦羣兇。』此指爲判官討淄靑留邸亂事也。陳情表曰：『呂元膺東周保釐之日，李師道天平畔換之時，潛入其徒，盈於留邸。臣此時尚持白簡，猶著靑袍。元膺知臣傳劍論兵，本於仁信；佩韃插羽，亦識孤虛。俾以發姦，假之捕盜，幸無容刃，以及焚巢。』與祭文同。判官例帶御史銜，故此云『白簡』、『靑袍』也。云：『尚跪跡於天朝，更從公於蒲阪。』此指又從元膺河中也。攷元膺爲鄂岳觀察使在元和五年，元膺留守東都在元和九年。元膺傳云：『數年改河中尹，充河中節度等使。』不詳何年。而許孟容於元和十二年爲東都留守，當是代元膺，則元膺必於是年改河中。茂元之從元膺，卽在此數年可知。陳情表云：『旋帶銀章，俄分竹使，隼旟楚峽，出以分憂。』馮注據本集爲外姑祭張氏女文『秭歸爲牧』及英華茂元三閭祠堂銘云『元和十五年，余刺建平之再歲也』，謂茂元嘗爲歸州刺史，最確，故祭文亦有『乃乘驄馬，來臨秭歸』語。然上云『旋衣朱紱，入謁皇闈』，參以表中『旋帶銀章』，似有入爲京職之事，舊書茂元傳：『元和中爲右神策將軍。』案茂元以右金吾衞將軍爲嶺南節度使在太和七年，非元和時也，詳文中『朱紱』『銀章』語，亦與右神策將軍不符，傳文恐誤。當是於元和十三年由河中入朝，十四年出刺歸州也。其後又有歷守郢州、移刺蔡州等跡，祭文云：『遷去郎城，仍臨蔡壤。』陳情表云：『熊軾郎城，忽然通貴。』皆不詳其何年。其授邕管，當亦非久，玩『豈意復踰五嶺，更授再麾』語可見。檢本紀：『長慶二年十一月以前安南都護桂仲武爲邕管經略使』，而罷任年月無攷，大要在長慶、寶曆之間，意者茂元之授邕管，卽代仲武爲使者耶？劉禹錫有太和六年祭福建桂尙書文，桂尙書當卽仲武：文云：『交趾化行，容州績宣，凡曰循吏，莫居我先。太和之初，再遂良覿，分務東洛，門里同陌。』則仲武似於長慶末年罷使，惟紀作邕管，而祭文云容州，未知孰誤。又案權德輿故鄜州伏陸縣令贈左散騎常侍王府君神道碑銘云：『公諱崇術，字敬方。其先太原晉陽人，中以閥閱，徙於帝邱。曾王父皇集州司倉參軍元素，元素生朝散大夫滑州衞南縣令瓌，瓌生蔚州司法參軍宏敎。公卽司法府君之子。有子三人：長曰奇哲；次曰棲榮；幼曰棲曜，爲鄜坊丹延等州節度、觀察等使，就加禮部尙書。』又曰：『尙書旣得吉卜，累章請乞親壤樹土，以戎閫委重，俾其子正元往襄事焉。』茂元旣爲棲曜子，則正元當是其兄。文集爲濮陽公遺表又有『與季弟參元，俱以詞場就貢』語，困學紀聞引義山誌王仲元云：『第五兄參元敎之學。』參元事又見義山所作李賀小傳，及柳河東集、書史會要。茂元家世，略具於是。

十月癸酉，徵令狐楚爲戶部尙書。舊紀。案劉禹錫令狐集序曰：『文宗纂服三年冬，上表以大臣未識天子，願朝正月。制曰：可。操節入覲，遷戶部尙書，俄爲東都留守。』與紀合。舊傳作太和二年九月徵爲戶部尙書，小誤，今從紀。

時河南、北諸軍討同捷，久未成功，每有小勝，則虛張首虜，以邀厚賞。朝廷竭力奉之，江淮爲之耗弊。原譜據通鑑。

太和三年己酉　義山十八歲。

三月辛巳，令狐楚檢校兵部尚書、東都留守、東畿汝都防禦使。原譜據舊紀。案劉禹錫令狐先廟碑上述『今上元年七月立廟』事，下云：『明年十月，公由浚郊以介圭入覲，眞拜戶部尚書，爵爲魯侯。』又云：『留爲常伯，旋命居守。』與舊紀皆合。碑爲太和三年二月立，故銘中言：『時惟仲月，龍集己酉。』蓋楚已被命，尚未赴洛時作也。

十一月，令狐楚進檢校右僕射、天平軍節度、鄆曹濮觀察使。原譜據舊傳。案本紀作十二月己丑，當指赴任時而書。

十二月癸酉，以吏部郎中宇文鼎爲中丞。原譜據舊紀。案舒元輿御史臺新造中書院記：『聖唐太和三年己酉歲，天子擢尚書吏部郎中河南宇文公爲御史中丞。』與紀合。

是年，處士房叔父卒，義山從令狐楚天平幕辟，署巡官。本集參傳。

案補編請盧尚書撰故處士姑臧李某誌文狀曰：『處士諱某，字某，郊社令第二子也。』又曰：『時重表兄博陵崔公戎、表姪新野庾公敬休、敬休，舊唐書忠義傳有傳。平陽之郡等，句有譌脫。以中外欽風，處在師友，誘從時選，皆堅拒之。益通五經，咸著別疏。注撰之暇，聯爲賦、論、歌、詩，合數百首。未嘗一爲今體詩。小學通石鼓篆，與鍾蔡八分，正楷、散隸，咸造其妙』，又曰：『長慶中，來由淮海，途出徐州，時有人謂徐帥王侍中曰：王智興，太和初，進位侍中，見舊傳，此追稱也。

「李某，眞處士也。」遂以賓禮，延於逆旅，顧枉上介，與爲是邦。處士謂徐帥曰：「從公非難，但事人匪易。」長揖不拜，拂衣而歸。其詞蓋譏其崔國事也。復歸滎上，講道如初。享年四十有三，以太和三年三月二十六日棄代，以其年十月卜葬於滎陽壇山原，夫人滎陽鄭氏合焉。二男瑊項，時甚幼孺，瑊項即祭仲姊文所稱胡子彭兒。猶子思晦，實尸其禮。』敍述處士高風亮節綦詳。時義山尙寓東洛，未從令狐辟也。又案義山從令狐之辟，新舊二傳皆繫諸楚鎭河陽時，自馮氏駁正諸譜，始闢坦途。然馮氏僅據本集祭令狐文，文云：『天平之年，將軍樽旁，一人衣白。』其他尙無顯證。攷補編上令狐狀云：『徒以四丈東平，方將尊隗，是許依劉』；又登第東歸與令狐狀云：『自依門館，行將十年』，狀爲開成二年，上溯至太和三年楚鎭天平時，正九年，則義山入幕，實始於鄆，馮氏說確不可易。是時義山年十八九歲，傳所謂『年纔又弱冠』也。若楚鎭河陽，義山方侍父於浙，不特事實不合，而年亦不相及矣。又案令狐楚兩爲賓客分司，其後鎭宣武者五年，留守東都八閱月。義山十歲喪父，歸祔故邱，往來河洛，占數東甸，挾策傭書，不應禮絕酬答。舊傳云：

『令狐楚鎭河陽，以所業文干之。』余疑河陽必河南之譌。其下云：『年纔及弱冠，楚以其少俊，深禮之，令與諸子遊。』指受知之事。此謂楚留守東都時事，補編上令狐相公狀云：『伏承博士七郎，自到彼州，頓痊舊疾。某頃在東都，久陪文會，嘗歎美疹，滯此全材』，述從遊事，與傳相應。博士七郎，即楚子國子博士緒也。又云：『楚鎭天平、汴州，汴州二字，綴天平下，疑衍文。從爲巡官，歲給資裝，令隨計上都。』指入幕之事。觀補編上令狐狀云：『某才乏出羣，類非拔俗。攻文當就傅之歲，識謝奇童；獻賦近加冠之年，號非才子。徒以四丈東平，方將尊隗，是許依劉』數語，當時情事，約略可見。樊南文敍所謂『以古文出諸公間』者，此也。自河南誤爲河陽，新傳全襲舊傳之文，且以『奇其文，使與諸子遊』，直屬帥河陽時。又謂楚徙天平、宣武，皆表署巡官，注家因之，未能細繹史文，受知與入幕，遂幷爲一譚矣。此實承訛踵繆所由來也。馮氏曰：『巡官之奏充者，如文集狀中是也。新書志：「節度使本有巡官兼觀察，又有巡官一人。」舊書志：「節度使下參謀無員數，隨軍四人，皆天寶後置，未見品秩。」馬氏通考：「唐辟署之法，有既爲王官而被辟者；有登第未釋褐入仕而被辟者；有强起隱逸特招智略之士者，此多起自白衣，惟其才能，不問所從來。」然則額奏之外，當有隨宜辟置，未遽狀薦，而可白衣從事者，故義山年少未第而爲之也。舊傳云「從爲巡官」，新傳改爲「表署」，表字似誤。』

【編年詩】隨師東 箋曰：朱長孺謂此詩詠討滄景，是矣；惟引隋煬帝大業中用兵高麗，以爲舉往事以諷，午橋、孟亭皆從其說，則非也。詳通首隸典，無一切隋事者，且義山唐人，陳隋事以刺今，又何異劇秦美新耶？余細參詩題，蓋義山隨令狐楚赴天平時書事之作。同捷自寶曆末盜滄景，至是年五月始平，喪亂之後，骸骨蔽地，城空野曠，戶口什無三四。義山赴鄆在十一月，正瘡痍未復時也。末用元菟故實者，滄景舊隸平盧大都督府，例兼新羅、渤海押蕃諸使耳。此解詩意乃切。隨、隋雖古通，然舊本則皆作隨。五句馮氏謂暗指裴度，極有見。唐自憲宗用晉公討平淮、鄆，河北駸駸稟命。宰相崔植、杜元穎不知兵，劉總歸朝，所籍軍中難制者，並勒還幽州，克融、廷湊作亂，遂至再失河北。兗、海、滄、景，釁起效尤，豈非廟堂用人之咎哉？詩人推原禍始，固不同於目論也。

太和四年庚戌 義山十九歲

正月甲午，守左僕射、同平章事、諸道鹽鐵轉運使王播卒，贈太尉。舊紀，參傳。案李宗閔故丞相尚書左僕射贈太尉太原王公神道碑云：『上即位五年正月，丞相左僕射太原王公以癸巳發病，其明日遂薨於位。』蓋文宗以寶曆二年即位，故言五年，實太和四年也。

【編年詩】天平公座中呈令狐令公（時蔡京在坐，京曾爲僧徒，故有第五句） 箋曰：舊本題下皆有此十五字，馮編從刪。此公座中當有官妓爲女冠者。『白足』調京，『青袍』別指同舍。詩疑令狐命賦，故云『呈令狐令公』。不然，義山年少，措詞何一無忌憚乃爾？

【編年文】代諸郎中祭太尉王相國文 補編。案此篇全唐文與劉禹錫互見，字句微有異同，而劉賓客外集亦載之，論文格似近夢得，或非義山之文也。『未曾「傷物匕』，劉作『傷神』；『「香颸」欻起』作『商飈』；『「晚下」黃閣』作『曉下』；『詰朝「憾然」』作『愀然』；『有恙求醫』作『有志當從』。

太和五年辛亥　義山二十歲。

九月，西川李德裕奏收復吐蕃所陷維州。時吐蕃維州守將悉怛謀請以城降，德裕乃發兵鎮守。牛僧孺沮議，詔德裕卻送悉怛謀一部之人還維州，贊普得之，皆加虐刑。舊紀，參德裕傳。

太和六年壬子　義山二十一歲。

二月甲子，令狐楚檢校右僕射、兼太原尹、北都留守、河東節度使。原譜據舊紀。

七月，以御史中丞宇文鼎爲戶部侍郎、判度支。八月，以駕部郎中、知制誥李漢爲御史中丞。舊紀。　案李漢傳：『八年代宇文鼎爲御史中丞，時李程爲左僕射，以儀注不同，奏請定制。』考程傳：太和六年，就加檢校司空，七月徵爲左僕射，時中丞李漢以爲受四品已下拜太重云云，則漢於太和六年已代宇文鼎爲中丞矣。傳作八年，誤，今從紀。

是年，義山應舉，爲賈餗所斥，旋從楚太原幕。參本集。

案令狐楚移鎮北都，義山應舉在京，下第之後，當至其幕。考集有喜聞太原同院崔侍御臺拜兼寄在臺三二同年詩，太原同院，必楚幕也。詩云：『鵩魚何事遇屯同？雲水升沈一會中。』『鵬魚遇屯』，比幕僚卑官，『雲水』句，謂己與崔一升一沈也。後云：『寂寥我對先生柳，赫奕君乘御史驄。』陶潛五柳，唐人往往用爲尉令典故，此詩必義山辭尉求調時所作。是時楚已前卒，故有『雞樹老』、『兔園空』句。馮氏疑會昌中曾應李石之招，石鎭太原在會昌三年十月，旋遭楊弁之亂，義山時方喪母，祭文屢云『朝夕二奠，不敢遠離』，安能墨縗從戎哉？大鹵平後移家到永樂縣居書懷詩：『甑破寧迴顧，舟沈豈暇看？脫身離虎口，移疾就猪肝。』『甑破』自指楊弁之亂。『舟沈』指王茂元卒於河陽，不暇哭送。『脫身』、『移疾』，念亂憂生之感，不得作入幕實據也。其後又有過故府中武威公交城舊莊感事詩，交城縣屬太原，稱太原爲『故府』，亦必楚幕無疑。補編上令狐相公狀曰：『不審近日尊體何如？太原風景恬和，水土深厚，伏計調護，常保和平。』又曰：『倘蒙識以如愚，知其不佞，俾之樂道，使得諱窮，則必當刷理羽毛，遠謝雞烏之列；脫遺鱗鬣，高辭鱣鮪之羣。逶迤波濤，冲唳霄漢。伏惟始終憐察。』此狀下第後上，語多希望入幕之意。又一狀曰：『伏蒙仁恩，賜借太原日所著歌詩等』，雖無在幕的證，然中云：『某者頃雖有志，晚無成功，雅當畫虎之譏，徒有登龍之忝。淮邸夙叨於詞客，梁園早廁於文人。』義山受楚知最深，當必不能恝舍也。朱閔歸解書彭陽公碑陰曰：『公尹洛，禮陳商；爲鄆，薦蔡京；涖京，辟李商隱。』馮氏謂：敍涖京於鄆後，必太原之爲北京也。參互考之，入幕顯然已。又案上崔華州書：『凡爲進士者五年，始爲故賈相國所憎。明年，病不試。又明年，復爲今崔宣州所不取。居五年間，未嘗衣袖文章，謁人求知。』據此，則義山應舉，始於太和二年。太和二年至六年，正得五年。下云『居五年間』，則統計太和六年至開成元年也。與陶進士書云：『僕小時得劉氏六說讀之。已而被鄉曲所薦，入求京師。其間數年，卒無所得。』又云：『自太和七年後，雖尚應舉，除吉凶書及人憑倩作箋、啓、銘、表之外，不復作文。』皆與崔書語合。傳稱令狐楚『歲給資裝，令隨計上都』者，約略言之耳，不得泥五年字，謂義山應舉，始於是年也。

【編年詩】贈宇文中丞　第四句自注：『公盛歎亡友張君，故有此句。』箋曰：義山應舉不第，望人薦達也。次句『煙水』『平臺』自喻，所謂『占數東甸』也；或以梁園比幕僚，即『甘心與陳阮』之意。馮氏謂宇文河南人，罷中丞家居，因其曾爲吏部，故以銓衡期之，均誤。詩當作於天平府罷，宇文鼎未遷戶部侍郎時，馮編太和八年，疏矣。謝書　箋曰：此令狐召赴太原報謝之作。楚以章奏授義山，而是年應舉，爲崔鄲所斥，故有末句。起則追溯天平恩遇，自慨無以報稱也。馮編太和二年，時令狐尚未鎭天平，情事皆舛矣。

【編年文】上令狐相公狀一　補編。令狐相公，令狐楚也。狀有『不審近日尊體何如』及『太原風景恬和』語，又云：『無任忭賀。』是楚初赴太原時作。

太和七年癸丑　義山二十二歲。

正月，以右金吾衛將軍王茂元爲嶺南節度使。原譜據舊紀。　案舊書崔珙傳：『太和初，累官泗州刺史，入爲太府卿。七年正月，拜廣州刺史、嶺南節度使。延英中謝，奏對明辯。時高瑀鎮徐州，軍驕難制，上欲擇威望之帥以臨之。會珙言事慷慨，謂宰臣曰：「崔珙言事，神氣精爽，此可以臨徐人。」卽以王茂元代珙鎮廣南，授珙徐州刺史、武甯軍節度使。』是茂元實與崔珙對換也。

案茂元由容管入遷京職，不詳何年。舊傳祇書元和中爲右神策將軍，太和中檢校工部尚書、廣州刺史、嶺南節度使，未免疏舛。考本集陳情表云：『中間叨相青宮，忝司緹騎，纔通閨籍，又處藩條。越井朝臺，備經艱險；貪泉湞水，益勵平生。』補編祭文亦云：『旣相温文，旋遷徼衞。複道親警，嚴更密隸。統臨緹騎，東都之上將今官；意氣朱旗，南嶽之諸劉昔誓。』新書百官志：『太子賓客正三品，掌侍從規諫、贊相禮儀。』是茂元之罷容管，必以賓客等官內召，又除金吾將軍而後出使也。

三月庚戌，出給事中楊虞卿爲常州刺史。　丁巳，以給事中蕭澣爲鄭州刺史。原譜據舊紀。

五月丁酉，以李聽爲鳳翔隴右節度使、依前檢校司徒、兼太子太保。舊紀參傳。

六月乙酉，前河東節度使令狐楚檢校右僕射、兼吏部尚書。原譜據舊紀，參傳。

閏七月戊戌，以給事中崔戎爲華州刺史。原譜據舊紀。

十二月庚子，文宗得風疾，不能言。通鑑。

義山太原府罷，歸鄭州，旋習業京師。參本集。

案補編爲彭陽公上鳳翔李司徒狀曰：『某謬蒙朝委，實異時才。先憂素餐，有負疲俗。』又曰：『某方祗遠役，未獲拜塵。瞻戀之誠，翰墨無喩。到任續更有狀。』李聽五月出鎭鳳翔，令狐楚以六月內遷吏部，文有『方祗遠役』，是楚已除職未離鎭時所作，是時義山尙居楚幕也。其後哭蕭遂州詩曰：『早歲思東閣，爲邦屬故園。』自注：『余初謁於鄭舍』，蓋太原府罷，暫至故鄉；而集中安平公詩又有習業終南之跡。義山受崔戎深知，蕭澣薦達之力居多。考補編上鄭州蕭給事狀曰：『兗海大夫，時因中外，嘗賜知憐。給事又曲賜褒稱，使垂延納。朱門纔入，歡席幾陪』，則京鄭往還，皆一時情事也。惟安平公詩上云『丈人博陵王名家，憐我總角稱才華。華州留語曉至暮，高聲喝吏放兩衙。明朝騎馬出城外，送我習業南山阿』；下云『公時受詔鎮東魯，遣我草奏隨車牙』，是掌奏實始兗海，蕭給事書所謂『豈伊庸虛，便此叨幸』者，指此。若本年雖至華下，實無在幕確據也。馮氏書居崔戎幕掌章奏於是年，誤矣，今爲正之。

【編年文】爲彭陽公上鳳翔李司徒狀補編。太倉箴金石錄：唐太倉箴，太和七年十月李商隱撰，行書，無姓名，今據編。

太和八年甲寅　義山二十三歲。

正月丁巳，聖體痊平，御太和殿見內臣。甲子，御紫宸殿見羣臣。舊紀。

三月丙子，以崔戎爲兗海觀察使。六月庚子，崔戎卒。原譜據舊紀。案舊書戎傳：『改華州刺史，遷兗海沂密都團練、觀察等使，將行，州人戀惜遮道，至有解韡斷鐙者。理兗一年，太和八年五月卒，贈禮部尚書。』新傳：『至兗州，鉏滅姦吏十餘輩，民大喜。歲餘，卒，年五十五。』皆誤。本集安平公詩云：『五月至止六月病，遽頹泰山驚逝波。』是戎到兗海數月，不久卽卒也。今從舊紀，與詩語合。又案馮氏據白香山後集送兗州崔大夫駙馬赴鎮詩：『戚里誇爲賢駙馬，儒家認作好詩人。魯侯不得辜風景，沂水年年有暮春。』謂『年時姓地，皆可相合，頗疑崔大夫卽是崔戎』，又謂『此主早薨，故傳文不載』，而不知皆非也。考舊紀於太和八年六月崔戎卒下書：『戊申，以將作監、駙馬都尉崔杞爲兗海沂密觀察使。』杞以駙馬都尉代崔戎鎮兗海，香山所送者，必卽其人。馮氏疑爲崔戎，蓋未見此紀文耳。恐後人有誤引者，附辨於此，以袪來惑。

七月丙辰，工部侍郎楊汝士爲同州刺史。舊紀。

九月辛酉，權知河南尹王質爲宣歙觀察使。舊紀。

十二月己丑，常州刺史楊虞卿爲工部侍郎。原譜據舊紀，參傳。　案馮氏曰：『蕭澣入爲刑部侍郎，紀文不書，當與虞卿同被命。』考補編上鄭州蕭給事狀在崔兗海卒後，有『生死之寄皆深，去住之誠並切』語，是時蕭仍刺滎陽也。其內召必與虞卿相先後，雖紀傳無徵，尚可參定，馮說確矣。

是年，盧弘正由兵部郎中出宰昭應縣。樊川集。　案弘正宰昭應，史傳漏書。　馮氏曰：『新書弘正傳：「沈傳師表爲江西團練副使。」杜牧集有陪昭應盧郎中在宣州佐今吏部沈公幕罷府周歲公宰昭應牧在淮南詩題。　考舊紀：「太和四年九月，傳師由江西觀察使改宣歙，七年，入爲吏部侍郎，九年四月卒。」牛僧孺傳：「太和六年十二月出鎭淮南，凡在淮甸者六年。」則杜之在淮南，盧之宰昭應，皆在八年也。　案偶成轉韻詩：「憶昔公爲會昌宰，我時入謁虛懷待，衆中賞我賦高唐，迴看屈宋由年輩。」正是年事。　詩又云：「公事武皇爲鐵冠，歷廳請我相所難。」舊傳：「弘正入朝爲監察御史、侍御史，太和中，三遷兵部郎中、給事中，會昌王師討劉稹，命爲邢洺磁團練、觀察留後，未行，而稹誅。」解者多謂鐵冠指侍御史，不知牧之已稱昭應盧郎中，則弘正當由兵部郎中出宰，所謂鐵冠者，蓋指會昌中命爲邢洺磁留後時例加御史中丞耳。』

義山應舉，爲崔鄲所不取，隨崔戎自華至兗，掌章奏。參本集。

案上崔華州書：『凡爲進士者五年，始爲故賈相國所憎。明年，病不試。又明年，復爲今崔宣州所不取。』崔鄲傳：『太和八年權知禮部。』義山當於是年爲鄲所斥，故上鄭州蕭給事狀曰：『某簪組末流，邱樊賤品，倏忽三載，邅迴一名，豈於此生，望有知己？』自太和六年至此，正三載也。　狀又敍入崔戎幕事甚詳，考補編上崔大夫狀曰：『今早七弟遠衝風雪，特迂車馬，伏蒙榮示，兼重有卹賚。』又曰：『豈謂今又獲依門牆，備預賓客，禮優前席，貺重承筐。欲推讓而不能，顧負荷而何力？』此狀蓋當時謝聘之書。及兗海府罷，往來故里，明年，又有徒步京國之役，蕭給事狀所謂『今者方牽行役，遽又違離』，贈趙協律晳詩所謂『不堪歲暮相逢地，我欲西征君又東』也。本年蹤跡，約略如此。又案義山歷就諸幕，若天平、兗海、桂管、武寧、東川，皆先經府主辟置，始管箋記之任。其未入幕中代作表狀諸文，如周墀、高元裕、李回、弘農公、京兆公等，集中多有，與陶進士書所謂『除吉凶書及人憑倩作箋、啓、銘、表之外，不復作文』是也。然亦有代作表、狀在先，辟置在後者，考補編爲濮陽公上陳相公狀、賀丁學士狀在開成二年，又本年正月爲安平公諸表狀，其時皆在未經入幕之先。意者唐時幕僚辟署，必先代擬章表，以示程式，亦如應舉時先進行卷歟？唐語林：『劉侍郎三復，初爲金壇尉。李衞公鎭淛西，三復代草表，衞公嘉歎，遂辟爲賓佐。』是唐時爲人代作表狀，固不必皆幕僚也。

【編年詩】春游　箋曰：馮氏定此詩爲大中元年赴鄭亞桂管幕作，以桂遊正春時也。余細玩結語『庾郎年最少』句，恐係弱冠時赴崔戎華州幕，或令狐楚東平幕所賦。若大中元年，義山年已三十六，不得云『最少』，且其時屢經失意，亦無如此豪舉也。考安平公詩述華州事，有『三月東風』語，正係春時。舊紀：崔戎移兗海在三月，詩又云：『五月至止六月病。』蓋三月奉詔，五月到任，其起程當春杪矣，故題曰春遊也。詩無牢愁，的是少作。馮氏謂七八指同舍中最年少者，細玩實無此意，何其強作解人歟？

牡丹 錦幃初卷。箋曰：長安志引酉陽雜俎：『開化坊令狐楚宅牡丹最盛。』此假以喻意。前半極寫其華麗：『石家』『荀令』，一富一貴，時楚還朝為左僕射，故又祝其拜相也。觀結語，詩當自崔幕寄賦者，非太和三年義山在京作也。馮說小疏，故為正之。

初食筍呈座中 箋曰：詩無可徵實。於陵，淄州地，徐湛園因疑從崔戎兗海作，馮氏又引竹譜注『東郡緣海諸山，有筍甚美』語證之，似可從。結語微露恥居關外之意，必幕遊未第時也。

贈趙協律晳 第四句下自注：『愚與趙俱出今吏部相公門下，又同為故尚書安平公所知，復皆是安平公表姪。』箋曰：趙晳充兗海判官，見文集狀。舊書王質傳：『質在宣城，辟崔珦、劉蕡、裴夷直、趙晳為從事，皆一代名流。』紀書『以權知河南尹王質為宣歙觀察使』於太和八年九月，此詩送晳赴宣州作。時方冬暮，故結句云然也。

【編年文】上令狐相公狀二 補編。錢氏云：此狀首云：『太原日所著歌詩。』則當上於太和七年令狐去鎮之後，今編此。　代安平公華州賀聖躬痊復表 文苑英華原注：文宗。　為安平公賀皇躬痊復上門下狀 補編。　為大夫安平公華州進賀皇躬痊復物狀　上崔大夫狀 補編。　為安平公謝除兗海觀察使表　為安平公赴兗海在道進賀端午馬狀　為安平公兗州謝上表　為安平公謝端午賜物狀　為安平公兗州奏杜勝等四人充判官狀　為大夫博陵公兗海署盧鄴巡官牒 補編。　為安平公兗州祭城隍文　代安平公遺表　上鄭州蕭給事狀 補編。

太和九年乙卯　義山二十四歲。

四月辛卯，以工部侍郎楊虞卿爲京兆尹。舊紀。
六月癸巳，以吏部尙書令狐楚爲太常卿。舊紀。
七月甲申，貶京兆尹楊虞卿爲虔州司馬，同正。壬子，再貶李宗閔爲虔州長史。癸丑，貶刑部侍郎蕭澣爲遂州刺史。八月丙子，再貶宗閔爲潮州司戶。宗閔黨楊虞卿貶虔州司戶，蕭澣貶遂州司馬。舊紀參虞卿等傳及通鑑。
十月，令狐楚守尙書左僕射，進封彭陽郡開國公。原譜據紀傳。案劉禹錫令狐楚集序云：『以吏部尙書徵，續換太常卿，眞拜尙書左僕射。』與紀合。
癸未，以前廣州節度使王茂元爲涇原節度使。舊紀。案舊書茂元傳漏書鎭涇原。考紀，四月以桂管觀察使李從易爲廣州刺史、嶺南節度使，而茂元出鎭涇原則在十月，中間罷鎭嶺南，必有入滋京職事，陳情表云：『舊以歸彼冗員，處之散地』可見，故紀文書『前廣州刺史』也。
十一月壬戌，同平章事李訓謀誅宦官，不克。中尉仇士良率兵殺宰相李訓、王涯、賈餗、舒元輿及王璠、郭行餘、韓約等。鳳翔節度使鄭注爲監軍張仲淸所殺，皆族之。原譜據紀傳。
是歲，楊虞卿卒於虔州。參本集。案虞卿再貶虔州司戶，舊書傳但云『卒於貶所』，不詳何年。哭虔州楊侍郎詩云：『甘心親垤蟻，旋踵戮城狐。』自注：『是冬舒李伏翏(戮)。』則虞卿之卒，當在甘露事變前後。詩有『莫憑牲玉請，便望救焦枯』句，舊紀：『開成二年七月乙亥，以久旱徙市、閉坊門。』其歸葬不妨稍遲，今據詩書此。

義山應舉，往來京鄭，贈趙協律詩、安平公詩所敍是也。邵氏聞見後錄載義山爲鄭州天水公言甘露事表，是本年年終，尙在故鄉，學仙玉陽，當亦在此數年。集中有贈同學彭道士參寥、寄永道士、玄微先生、贈白道者諸詩，皆當時往還道侶也。

【編年詩】安平公詩自注：「故贈尙書諱氏。」原編集外詩。過故崔兗海故宅與崔明秀才話舊因寄舊僚杜趙李三掾箋曰：杜勝、趙晳、李潘，皆崔戎判官，見文集狀。勝，杜黃裳次子，登進士，大中朝，位給事中；潘，字子及，李漢弟，大中初，爲禮部侍郎，皆在後，詳舊書傳及新書世系表。此與安平公詩同時作，程氏謂「傷崔雍賜死」。謬甚！馮氏駁之，是也。

開成元年丙辰　義山二十五歲

二月，昭義節度使劉從諫表請王涯等罪名。三月，復上表暴揚仇士良等罪惡。原譜據紀傳。

四月甲午，左僕射令狐楚爲興元尹、山南西道節度使。原譜據紀。

丙申，李石判度支，兼諸道鹽鐵轉運使。舊紀參會要。

十二月庚戌，中書舍人崔龜從爲華州防禦使。原譜據紀。

癸丑，兵部侍郎楊汝士檢校禮部尙書、充劍南東川節度使。原譜據紀。

是年，令狐綯爲左拾遺。原譜據綯傳。

蕭澣卒於遂州。參本集。案集代祭蕭侍郎文云：『纔易炎涼，遽分今昔。』是澣貶後不久卽卒，酉陽雜俎載：『澣初至遂州，造二幡刹，施於寺，忽暴雷震刹成數十片。來年雷震日，澣卒。』則蕭澣卒於是年之夏。夕陽樓詩有『花明柳暗』語，寫景在春初，時澣尚未卒也。

案馮氏云：『徐氏謂義山是年從令狐楚興元幕，今考下年馳赴興元，本年未有在幕實據。』考義山是年雖無在幕實據，而令狐楚實有辟聘之事。補編上令狐相公第三狀云：『前月末，八郎書中附到同州劉中丞書一封。仰戴吹噓，內惟庸薄。書生十上，曾未聞於明習；劉公一紙，遽有望於招延。雖自以數奇，亦未謂道廢。』第四狀云：『伏奉月日榮示，兼及前件絹等，退省孱庸，久塵恩煦，致之華館，待以嘉賓。』其第六狀爲得第東歸時作，云：『況自今歲，累蒙榮示，軫其飄泊，務以慰安，促曳裾之期，問改轅之日。五交辟而未盛，十從事而非賢。』又云：『至中秋方遂專往，起居未閒，瞻望旌旄，如闊天地。』是令狐辟置在先，而義山必因事稽延，至開成二年，方始應辟也。馳赴興元，爲就聘無疑。彭城公薨後贈杜勝李潘詩首句云：『梁山沇水約從公。』沇指崔戎，梁則謂令狐楚也。『從公』爲幕職常用語，尤屬應辟確據。時楚已嬰疾，故補編又有爲彭陽公興元請尋醫一表。舊書楚傳『從事李商隱』之稱不誤，馮氏駁正，未免小疏。又案上令狐相公第六狀云：『雖濟上漢中，風煙特異；而恩門故國，道里斯同。北堂之戀方深，東閣之知未謝。』錢楞仙箋云：『濟上當指濟源。考舊書地理志河南府：「顯慶二年以懷州之濟源來屬。會昌三年以濟源還懷州。」此文作於開成二年，則濟源尚爲河南屬，惟與東都則有河南河北之殊。義山旣除父喪，定居洛下，而時或往來玉陽王屋之間，故畫松詩有「學仙玉陽東」及「形魄天壇上」語，濟水出王屋，其地正相接也。此云：「濟上。」似登第之時，正奉母居於濟源，故以「北堂之戀」爲說。又祭裴氏姊文云：「小姪寄兒，來自濟邑」，考寄寄之葬，在會昌四年，而祭姪女文云：「寄瘞爾骨，五年於茲」，則歿爲開成五年；又云：「爾生四年」，則生於開成二年，正與作此文同時。蓋其弟羲叟，時亦同居濟源，故姪女之歿，卽瘞骨於此也。』案錢說甚精。義山奉母濟源，必在此數年中。東還詩有『十年常夢釆華芝』語，義山太和二年應舉，至此將及十年。又云：『歸去嵩陽尋舊師。』『嵩陽』泛指嵩山近境，不必以大河南北爲疑，玉陽王屋與濟上鄰，凡學仙諸詩，皆可尋其脈絡矣。考夕陽詩自注：『在滎陽。』而詩語頗有離羣作客之感，不似久居故里者，上蕭給事狀亦有『去住之誠並切』語，則濟源移家，疑在兗海府罷之後，但不能定指何年耳。

【編年詩】有感二首 自注：『乙卯年有感，丙辰年詩成。』箋曰：甘露之變，發難訓注，而謀則斷自文宗。二詩怨憤之中，下語皆有分寸。爲帝危，爲王涯諸人痛，腐心羣豎，切齒二兇，無可奈何，然後歸之於天。錢夕公所謂『感憤激烈，不同衆論者』，眞詩史也。『近聞開壽讌，不廢用咸英。』蓋深幸帝位之未移耳。新書仇士良傳：『始士良、弘志憤文宗與李訓謀，屢欲廢帝。崔愼由爲翰林學士，直夜，有中使召入祕殿，見士良等坐堂上，謂曰：「上不豫已久，自卽位，政令多荒闕，皇太后有制，更立嗣君。學士當作詔。」愼由以死不承命。士良等默然，乃啓後戶，引至小殿，帝在焉。士良等歷階數帝過失，帝俛首。旣而指帝曰：「不爲學士，不得更坐此。」』則當日廢立之事，固間不容髮也。馮氏乃引王涯傳雲韶樂工事，謂帝聞樂而悲，淺矣。

重有感 箋曰：此詩專爲劉從諫發，馮說甚精。錢夕公兼王茂元言之，徐氏又兼蕭宏言之，皆誤也，不可從。又案邵氏聞見後錄云：『李義山樊南四六集載爲鄭州天水公言甘露事表云：「宰臣王涯等或久服顯榮，或超蒙委任，徒思改作，未可與權。敷奏之時，已彰虛僞；伏藏之際，又涉震驚」云云，當北司憤怒不平，至誣殺宰相，勢猶未已，文宗但爲涯等流涕，而不敢辯。義山之表謂：「徒思改作，未可與權。」獨明其無反狀，亦難矣。』此表惜已佚，頗可與詩參觀。以韓昌黎之學識，尙罪伾、文，杜牧之輩，更無論焉。義山持論，忠憤鬱盤，實有不同於衆論者，乃紀曉嵐撰四庫提要，於此詩猶復肆意譏訶，何歟？

故番禺侯以贓罪致不辜事覺母者他日過其門 箋曰：馮云：『舊書胡證傳：「太和二年冬，卒於嶺南使府。廣州有海之利，貨貝狎至。證善蓄積，務華侈，童奴數百，於京城修行里起第，嶺表奇貨，道途不絕，京邑推爲富家。證素與賈餗善，及李訓事敗，禁軍利其財，稱證子溵匿餗，乃破其家。一日之內，家財並盡，執溵入左軍，士良命斬之以狥。」詩爲此發也。』說頗通，惟解題中『事覺母者』太晦。余疑『事覺母者』，當作事毋覺者，方與結語『殺人須顯戮，誰舉漢三章』意相應。『毋』字誤乙，又訛作『母』耳，非謂母之者也。或作『母老』，亦非。

東還 箋曰：

下第東歸，借學仙寄慨。義山自太和二年應舉，至此將十年矣，故云『十年常夢采華芝』也。

五松驛　箋曰：馮氏謂：『此必訓注誅後，其私人亦削斥也，非僅朋黨之迭爲進退者。』驛在長安東，白香山集有自望秦赴五松驛詩，義山東還過此所賦也。

夕陽樓　自注：『在滎陽，是所知今遂寧蕭侍郎牧滎陽日作矣。』馮氏云：『自慨慨蕭，皆在言外，悽惋入神。』

李肱所遺畫松詩書兩紙得四十一韻　箋曰：此未第時，故不稱肱爲同年。詩云：『是時方暑夏，座內若嚴冬。』蓋是年夏作也。

送從翁從東川弘農尚書幕　箋曰：弘農，楊氏郡望。馮氏云：『舊書紀、傳，嗣復於太和七年檢校禮部尚書、東川節度使，九年移西川。汝士於太和八年由工部侍郎出爲同州刺史，九年入爲戶部侍郎。開成元年檢校禮部尚書、東川節度使。時宗人嗣復鎮西川，兄弟對居節制，時人榮之。今詳味詩句，從翁必舊在弘農幕者。』舊書志：『同州刺史領防禦長春宮使。』汝士刺同，必已辟之，故曰『槖見邀』。三言相隨使車，不計遠近。四言他日歸來，更可致身煙霄。若嗣復則初鎮東川，不相合。從翁無考，詩多敍學仙玉陽之迹，確係是年作。結則未第無聊，望其援引也。集外詩昔帝迴沖眷一首，與此同題，乃錯簡。

【編年文】上令狐相公狀三　補編。錢氏云：『令狐楚於開成元年出鎮興元，文云：「遠聞漢水，已有梅花」，必此時所上。』

上令狐相公狀四　補編。文爲令狐賜綃致謝，當在未第時。

別令狐綯拾遺書　馮氏云：『舊書綯傳：「太和四年登進士第，釋褐弘文館校書郎，開成初爲左拾遺，當即轉補闕。」唐制：遺補爲侍臣，故秩雖卑而體則重，此所云「仕益達」也。』書上於開成初，誠懇之至，卻類感憤，然是時與令狐交誼未乖，而云「僕困不動」，當屬未得進士時也。』

上崔華州書

開成二年丁巳　義山二十六歲。

正月乙亥，以吏部侍郎崔鄲爲宣歙觀察使。原譜據紀。案崔鄲當與崔龜從爲華州防禦使，先後同被命，此據赴任時書也，故上崔華州書稱：『今崔宣州。』說見前。

三月甲戌，左僕射李程爲山南東道節度使。舊紀。

四月，工部侍郎、知制誥陳夷行本官同中書門下平章事。舊紀。

五月，浙西觀察使李德裕檢校戶部尙書、充淮南節度使。舊紀。

六月丁酉，成德軍節度使王元逵尙壽安公主。原譜據紀。

戊申，左金吾衞將軍李執方爲河陽三城懷州節度使。原譜據紀。

庚戌，右金吾衞大將軍崔珙爲京兆尹。舊紀。

十一月丁丑，興元節度使令狐楚卒。舊紀。案劉禹錫令狐楚集敍云：『開成二年十一月十二日薨於漢中官舍，享年七十。』紀書十一月辛酉朔，則丁丑非十二日，疑誤，俟考。

是年，高鍇爲禮部侍郎，知貢舉。原譜據鍇傳、本集。

令狐綯爲左補闕。原譜據令狐楚傳、本集。馮氏曰：『彭陽遺表已稱左補闕綯，舊書綯傳：「服闋後，改左補闕。」小疏也。』案與陶進士書述未得第事，亦稱令狐補闕，馮說是矣。舊書李德裕傳：『開成二年五月，授揚州長史、淮南節度副大使，代牛僧孺。補闕王續、魏謩、崔黨、韋有翼，拾遺令狐綯、韋楚老、樊宗仁等連章論德裕妄奏錢帛，以傾僧孺』云云，是子直此時尙爲拾遺，其改左補闕，當在秋冬間也。

義山登進士第，東歸省母。冬，赴興元，旋隨楚喪還京師。參本集。

案新書本傳：『開成二年高鍇知貢舉，令狐綯雅善鍇，奬譽甚力，故擢進士第。』上令狐相公第五狀云：『今月二十四日禮部放榜，某徼倖成名。』又云：『幸忝科名，皆由獎飾。昔馬融立學，不聞薦彼門人；孔光當權，詎肯言其弟子？豈若四丈屈於公道，申以私恩？自卵而翼，皆出於生成；碎首糜軀，莫知其報效。』是義山登第，實資令狐之力。與陶進士書云：『時獨令狐補闕最相厚，歲歲爲寫出舊文，納貢院，既得引試，會故人夏口主舉人，時素重令狐賢明，一日見之於朝，揖曰：「八郎之友，誰最善？」綯直進曰：「李商隱者」，三道而退，亦不爲薦託之辭。故夏口與及第。然此時實於文章懈退，乃命合爲夏口門人之一數耳。』書作於開成五年，時子直交誼漸乖，憤懣之詞，非始願所及料矣。登第之後，夏初省親濟源，上令狐相公第六狀云：『前月七日過關試訖。伏以經年滯留，自春宴集，雖懷歸苦無其長道，而適遠方俟於聚糧。即以今月二十七日東下。』又及第東歸次灞上卻寄同年詩有『行期未分壓春期』句，可以互證。祭令狐文云：『愚調京下，公病梁山。絕崖飛梁，山行一千。』時楚已病，則馳赴興元，在秋冬之交。上令狐第六狀所謂『至中秋方遂專往』者，成行不妨稍遲也。聖女祠詩：『從騎裁寒竹，行車蔭白榆。』馮氏謂：『奉楚喪而歸時作。』最確。行次西郊詩：『蛇年建丑月，我自梁還秦。』則歸期蓋在十二月矣。

案是年狀頭爲李肱，雲谿友議：『開成元年秋，高鍇復司貢籍，上曰：「宗正寺解送人恐有浮薄，以忝科名，在卿精揀藝能，勿妨賢路，其所試賦，則准常規，詩則依齊梁體格」，乃試琴瑟合奏賦、霓裳羽衣曲詩。主司先進五人詩，其最佳者李肱。』唐詩紀事載鍇進所試進士詩賦，奏云：『今年試詩賦，比於去年又勝數等。進士李肱霓裳羽衣曲詩一首，最爲迥出，兼是宗枝，臣與狀頭第一人。』唐時秋命主司，明春放榜。雲谿友議指司貢籍而言，故云元年秋，實則榜開於二年也。惟唐摭言云：『高侍郎鍇第一榜之明年，裴思謙以仇軍容一緘，求得巍峩。』考舊書鍇傳：『自太和九年十月以本官權知禮部貢舉。開成元年春試畢，進呈及第人名。文宗謂：「所試似勝去年」，乃以鍇爲禮部侍郎，凡掌貢部三年。』唐詩紀事、全唐詩話皆云思謙開成三年登上第，則李肱與義山爲同榜明矣。畫松詩不稱同年，時尚未第也。肱乃宗室，故詩有『淮山桂偃蹇，蜀郡桑重童』之句，暗借淮南王蜀先主故實美肱，而馮氏詳注乃疑別是一人，何也？

又案義山婚於王氏，爲一生去牛就李之關鍵。成婚之期，集中苦無明文，馮氏謂在開成三年，是也。本年得第，方資綯力，旋又有興元之辟，令狐父子，交契方醲，斷無遽依附分門別戶之理。然考之於集，韓同年新居餞韓西迎家室戲贈詩：『一名我漫居先甲，千騎君翻在上頭。』又云：『南朝禁臠無人近，瘦盡瓊枝詠四愁。』羨妬之情，溢於言表。唐摭言：『進士宴曲江日，公卿家傾城縱觀，中東牀之選者，十八九。』義山之希冀王氏，當始於是時。補編爲濮陽公上陳相公第一狀云：『伏見今月某日制書，奉承相公顯由起部，光踐黃樞。』又云：『某忝沐陶甄，謬居藩服。心懸廊廟，同邊馬之嘶鳴；身繫節旄，羨塞鴻之騫翥。』狀爲陳夷行初入相時作。新書陳夷行傳：『數遷至工部侍郎，開成二年進同中書門下平章事』，舊傳同，惟云：『遷諫議大夫、知制誥，改太常少卿』，漏書工部侍郎，小誤。與舊紀合，錢氏因疑開成二年義山已至涇原幕；不知王氏之婚，李執方爲之道地，而韓畏之慫恿之力居多，觀補編上李尚書狀述登第時事云：『自頃昇名貢籍，廁足人流，未嘗輒慕權豪，切求紹介。閤下念先市骨，志在采葑，引以從遊，寄之風興。玳筵高敞，畫舸徐牽。分越加籩，事殊設醴。憐賈生之少，恕禰衡之狂。謝家東土延賓，而別待車公；王令臨邛爲客，而先言犬子。彼之榮重，殊謂寂寥。』李執方六月出鎭河陽，義山四月東歸，必有至故鄉從游事，此文兼故里約略言之，不專指京邸也。病中早訪招國李十將軍遇挈家遊曲江詩，則在京作。過招國李家南園詩則云：『潘岳無妻客爲愁，新人來坐舊妝樓。』寄惱韓同年詩自注：『時韓住蕭洞。』又有『我爲傷春心自醉，不勞君勸石榴花』句，當時情事，參證可見。然則本年爲濮陽代作表、狀，或者議婚時藉此爲媒贄邪？要之義山爲人憑倩作文，自未第時已然，固不能據爲入幕確證也。馮氏曰：『唐制登進士第，謂之及第，然未卽爲官。若應他科而中，謂之登科，乃得授官。義山次年應宏詞以此，惜不中耳。或爲人論薦從仕。令狐於義山，雖歲使隨計，實未嘗論薦。徐氏謂以令狐辟舉爲校書郎，誤矣。案本年興元之行，義山希望於令狐者在此，而無如其已卒也。故次年即就婚涇原，躁進之譏，子直所由惡其背恩歟？馬氏通考曰：「唐士之及第者，未能便釋褐入官，尚有試吏部一關。」韓文公三試於吏部無成，則十年猶布衣，且有出身二十年不獲祿者。義山至四年自以判入等，釋褐爲官也。』

【編年詩】南山趙行軍新詩盛稱游讌之洽因寄一絕 箋曰：『此寄令狐楚興元幕者。徐湛園云：『彭陽遺表有行軍司馬趙祝，即此人。』詩言『尋春』，是開成二年作。

病中早訪招國李十將軍遇挈家遊曲江 箋曰：李十將軍，馮氏疑別一人，余揣其即爲李執方也。長安志：『昭國坊在朱雀街東第三街內，坊有夏、綏、宥節度使李寰宅。』執方宗室，或與寰一家，或暫居於此，無可考。茂元妻於執方爲兄弟，故爲韓同年瞻啓有『家人延自出之恩』語。詩用相如消渴，寓求偶之意。蓋王氏之婚，執方與有力焉；而義山羨慕王氏，不覺溢於言外矣。執方由金吾將軍，節度河陽，在六月。此則未出鎭時作也，馮說小誤。

令狐八拾遺綯見招送裴十四歸華州 箋曰：朱氏謂裴十四必令狐之壻，時攜內歸家，故有『方回』『道韞』一聯，似之。義山失偶未娶，用相如事作結，唐人風尚如此，不嫌也。

和友人戲贈二首 文苑英華作和令狐八綯戲題，當可據。

題二首後重有戲贈任秀才 箋曰：『三首艷情，不待言矣。余疑義山登第，同時子直於戚里中必有議婚之慫恿。前二首答綯，即相如消渴之意，義山情殷求偶，於此可見。後一首則妬任之先我而聘也，此所以轉而歆羨王氏歟？非尋常狎邪比。雖屬臆測，庶爲近之。

及第東歸次灞上卻寄同年 箋曰：『芳桂當年各一枝。』『當年』猶言正當妙年，不作今年解。結語兼登第得意言之。姚平山云：對此灞橋柳色，彼豈能知人離恨耶？翻覺折贈之爲俗況矣。』

壽安公主出降

箋曰：新書藩鎭傳：『鎭冀自李惟岳以來，拒天子命，至王庭湊凶悖肆毒。庭湊死，次子元逵襲，識禮法，歲時貢獻如職。帝悅，詔尙絳王悟女壽安公主。元逵遣人納聘闕下，進千盤食、良馬、主妝澤奩具、奴婢，議者嘉其恭。』然河朔故事，相沿已久，元逵據鎭輸誠，雖降以宗女，事等羈縻，又何足道？詩憤朝廷姑息，語特正大。紀曉嵐譏其立言無體，豈詩人必作諛詞，始爲得體哉？

哭虔州楊侍郎虞卿

原編集外詩。箋曰：約新、舊書傳：虞卿，字師皋，太和中，牛僧孺、李宗閔輔政。六年，虞卿爲給事中。七年，宗閔罷，李德裕知政事，出爲常州刺史。八年，宗閔復入相，召爲工部侍郎。九年四月，拜京兆尹。六月，京師訛言鄭注爲上合金丹，須小兒心肝，民間扃鎖小兒甚密，街市恟恟。鄭注內不安，而雅與虞卿有怨，即約李訓奏言：語出虞卿家。御史大夫李固言素嫉虞卿朋黨，因傅左端倪。上大怒，收虞卿下獄。於是弟男八人皆自繫，撾鼓訴寃，詔虞卿歸私第。翌日貶虔州司馬，再貶司戶，卒於貶所。又舊紀載：『開成二年秋七月，以久旱徙市，閉坊門。』結所謂『莫憑牲玉請，便望救焦枯』也。詩有『楚水招魂、邙山卜宅』語，是虞卿歸葬時作，其卒在太和九年，詳譜。

哭遂州蕭侍郎二十四韻

箋曰：詩有『自歎離通籍，何嘗忘叫閽』語，是義山登第後作無疑。『離通籍』猶言去通籍未久也，乃義山自謂，時蕭已前卒矣，玩下『穿壙』『上書』句可悟，非指其斥外。文集代李元爲崔京兆祭蕭侍郎文，馮氏定爲崔珙，則此詩之作，亦當同時。蕭與楊皆牛黨，義山未婚王氏，在進士團中，受其知遇最深，故言之倍加沈痛也。

西南行卻寄相送者

馮氏云：『最後赴東川亦冬令，然遲暮之悲、羈孤之痛，必無此詩情態，是爲馳赴興元作無疑。』

聖女祠

松篁臺殿。箋曰：實詠聖女，是馳赴興元時作。時義山未娶，故觸緒致感，謂有寄託者，失之，與後一首不同也。

彭城（當作陽。）公薨後贈杜二十七勝李十七潘二君並與愚同出故尙書安平公門下

自南山北歸經分水嶺

聖女祠

杳靄逢仙跡。徐湛園云：『此爲令狐作，楚卒於山南，義山赴之，此北歸道中之作。』馮氏釋之曰：『起四句點歸途經過也，以下多比令狐。「消息」四句，謂我望其入秉國鈞，而今不可再遇，夢醒高唐，心斷漢宮矣。「從騎」二句，謂奉其喪而歸。「星娥」二句，謂令狐既化，更得知已否？「寡鵠」二句，謂己之哀情。結謂惟有其子可以相守，借用小兒字也。』箋曰：馮說精湛極矣。聖女象，水經注：在故道水西南秦岡山上，自興元至鳳州，出扶風郡之陳倉縣大散關時所經，唐時當有祠也。此類詩，解者當沈思眇慮以領之。

行次西郊作一百韻

【編年文】上令狐相公狀五補編。上令狐相公狀六補編。上令狐相公狀七補編。前二篇皆登第時上，此篇乃賀楚子國子博士緖風痹痊復。文有『自到彼州，頓痊舊疾』語，當在是年。

爲濮陽公上陳相公狀一補編。案狀爲陳夷行初入相時作，故有『伏見今月某日制書，奉承相公顯由起部，光踐黃樞』語；後又云：『某忝沐陶甄，謬居藩服。心懸廊廟，同邊馬之嘶鳴；身繫節旄，羨塞鴻之騫翥。』其爲指切涇原甚明。惟是年義山實未入茂元幕，豈爲人所憑倩而作耶？

代李元爲崔京兆祭蕭侍郎文　馮氏云：『蕭之卒在開成元年，其歸葬固不妨稍遲。舊書崔珙傳：「開成二年六月遷京兆尹。」似即此崔京兆；但蕭爲宗閔之黨，珙傳云：「李德裕與珙親厚。」而文有「分結死生、地兼族類」之語，似未盡符，豈公祭之作，非專爲珙言歟？』案題既云『爲崔京兆』，則非公祭，牛李兩黨彼此交厚者，傳中多有，不必疑也。又案唐語林載：『武宗任李德裕，性孤峭，嫉朋黨，擠牛僧孺、李宗閔、崔珙於嶺外。楊嗣復、李珏以會昌初册立事，亦七年嶺表。宣宗即位，五相同日還北。』觀此，則崔珙非李黨，舊傳之言，殆不可信，馮氏小泥矣。

爲濮陽公賀丁學士啓補編。案丁學士，丁居晦也。此賀其轉司封郎中、知制誥，故有『墨丸赤管，豈滯於南宮？黃紙紫泥，聊過於禁掖。鳳池甚邇，雞樹非遙』語，在未拜御史中丞前。翰苑羣書重修承旨學士壁記：『丁居晦太和九年五月三日自起居舍人、集賢院直學士充，十月十九日遷司勳員外郎。開成二年九月十一日加司封郎中、知制誥。三年八月十四日遷中書舍人，十一月十六日拜御史中丞，出院。』可以互證。

爲彭陽公興元請尋醫表補編。代彭陽公遺表　舊書楚傳：『未終前一日，召從事李商隱曰：「吾氣魄已殫，情思俱盡，然所懷未已，強欲自寫聞天，恐詞語乖舛，子當助我成之。」即秉筆自書曰：「臣永惟際會，受國深恩。以祖以父，皆蒙褒贈；有弟有子，並列班行。全腰領以從先人，委體魄而事先帝。此不自達，誠爲甚愚。但以永去泉扃，長辭雲陛，更陳尸諫，猶進瞽言，雖號叫而不能，豈誠明之敢忘？今陛下春秋鼎盛，寰海鏡淸，是修教化之初，當復理平之始；然自前年夏秋已來，貶譴者至多，誅戮者不少，望普加鴻造，稍霽皇威，歿者昭洗以雲雷，存者霑濡以雨露。使五穀嘉熟，兆人安康，納臣將盡之苦言，慰臣永蟄之幽魂。」』與今表字句微異，當是義山所修潤者。又北夢瑣言載：『李商隱員外依彭陽令狐楚，以箋奏受知。相國危疾，有寶劍嘗爲君上所賜，將進之，命李起草，不愜其旨，因口占云：「前件武庫神兵，先皇特賜。既不合將歸泉下，又不宜留在人間。」時人服其簡當。』又云：『裴晉公臨終進先帝所賜玉帶。』與此事頗同。進帶事又見因話錄，皆傳聞異辭，殆不足信。

爲令狐博士緒補闕綯謝宣祭表

開成三年戊午　義山二十七歲。

正月戊申，以諸道鹽鐵轉運使、守戶部尚書楊嗣復本官同中書門下平章事、戶部侍郎。判戶部事李珏本官同中書門下平章事，依前判戶部事。舊紀。案舊書楊嗣復傳：『開成二年爲戶部侍郎，三年正月與同列李珏並以本官同平章事』，漏書戶部尚書，今從紀。

丙子，中書侍郎、同中書門下平章事李石爲荆南節度使。舊紀。

二月，翰林學士承旨、駕部郎中、知制誥柳璟遷中書舍人。翰苑羣書重修承旨學士壁記。案壁記作二年，然其上已云『開成二年七月自庫部員外郎、知制誥充』矣，則此二年必三年之訛，今改正。

三月丁未，同州刺史孫簡爲陝虢觀察使。原譜據紀。馮氏曰：『舊書文苑孫逖傳：「逖曾孫簡、範並舉進士，會昌後兄弟繼居顯秩，歷諸道觀察使，簡兵部尚書。」必此孫簡，傳未詳核耳。』案劉夢得集有述舊賀遷寄陝虢孫常侍詩，可以互證。

五月癸未，吏部侍郎高鍇爲鄂岳觀察使。原譜據紀。舊書鍇傳作九月。

九月壬戌，上以皇太子慢遊敗度，欲廢之。是夜，移太子於少陽院，殺太子宮人左右數十人。舊紀。

戊寅，以東都留守牛僧孺爲尚書左僕射。舊紀，參傳。

十月庚子，皇太子薨於少陽院，謚曰莊恪。原譜據紀。

十一月庚午，以翰林學士丁居晦爲御史中丞。舊紀。　案全唐文：『丁居晦，太和中官起居舍人、集賢院直學士，擢拾遺，改司勳員外郎。開成中轉司封郎中、知制誥，遷中書舍人，拜御史中丞，遷戶部侍郎。卒，贈吏部侍郎。』并載其重修承旨學士壁記云：『開成表號之二年五月十四日記。』與舊紀合。　記載翰苑羣書，據記：『居晦太和九年五月三日自起居舍人、集賢院學士充，開成二年九月十一日加司封郎中、知制誥，三年八月十四日遷中書舍人，十一月十六日拜御史中丞，出院。』補編爲濮陽公賀丁學士啓云：『允謂當仁，果從眞拜。』蓋開成二年賀其加司封郎中、知制誥也，說具箋。

壬申，以蔡州刺史韓威爲定州刺史、義武軍節度北平軍等使。舊紀。　案舊紀『開成五年八月易、定軍亂，逐節度使陳君賞，君賞復入城，盡誅謀亂兵士，軍中復安』，而不載韓威罷鎮年月。文集祭韓氏老姑文自注：『故易、定韓尚書太夫人。』馮氏謂：『韓宏弟充之妻，易、定節度使韓威之母。』文云：『爰從上蔡，去臨易水』，與此紀合。又有『空報登壇，未聞曳履』句，則韓威當是已除易、定，未赴鎮，又改除君賞也。　玩文用鼂父、趙母故實，韓威當更有獲罪賜死事，其得罪未必因羈延赴鎮之故。　考舊紀九月先書『以易州刺史李仲遷爲義武軍節度使』，又云『易、定軍亂，不納新使李仲遷，立張璠子元益爲留後』，則韓威赴鎮，或即討元益，因兵敗被貶死，惜史傳無可徵實也。

十二月丙午，守太子太師、尚書左僕射、門下侍郎、國子祭酒、同平章事鄭覃罷太子太師，仍三五日入中書。舊紀。

義山赴涇原之辟，娶王氏，試宏詞，不中選，仍居涇原幕。參本集。

案與陶進士書云：『爾後兩應科目者，又以應舉時與一裴生者善，復與其挽拽，不得已而入耳。兩應科目，徐樹穀箋謂即博學宏詞與南場試判，是也。馮氏謂指他科，引通考開成二年諸科爲證，不知義山登第，過關試後，即東下，冬，又有興元之行，唐時應吏部試，皆始於孟冬，終於季春，則所謂應他科者，更在何時邪？前年乃爲吏部上之中書，歸自驚笑，又復懊恨。周李二學士以大德加我，夫所謂博學宏詞者，豈容易哉？私自恐懼，憂若囚械，後幸有中書長者曰：「此人不堪，抹去之」，乃大快樂。』通典：『選人有格限未至而能試文三篇，謂之宏詞；試判三條，謂之拔萃，亦曰超絕。詞美者得不拘限而授職。』又曰：『凡選始集而試，觀其書判，已試而銓察其身言，已銓而注詢其便利，而擬其官，已注而唱示之。不厭者得反通其詞；厭者以類相從，攢之爲甲，先簡僕射，乃上門下省，給事中讀之，黃門侍郎省之，侍中審之。不審者皆得駁下，既審然後上聞。』蓋唐代選人應科目者，皆先試於吏部。取中後，銓曹銓擬，上之中書，以待覆審。唐會要曰：『其銓綜也，南曹綜覈之，廢置與奪之，銓曹注擬之，尚書僕射兼書之，門下詳覆之，覆成而後過官。』是也。

玩書語，當是宏詞之試，已取中於吏部，至銓擬注官之後，始被中書駁下也。選人落選者，如會要所載『太和二年三月，都省奏落下吏部三銓注今春二月旨甲內超資官洪師敏等六十七人。敕：都省所執是格，銓司所引是例，選人可哀，難更停滯，其三銓已授官，都省落下者，並依舊注，重與團奏』云云。義山之被抑，亦此類也。周李二學士，周謂周墀，李卽李回。補編上李相公狀稱回爲座主。詩集華州周大夫宴席自注：『西銓。』舊書職官志：『吏部三銓：尚書爲尚書銓，侍郎二人，分中銓、東銓。』唐會要：『乾元二年改中銓爲西銓。』凡銓事吏部主之，然亦有他官兼判者，如崔龜從以戶部侍郎權判吏部尚書銓事；鄭肅以尚書右丞權判吏部西銓事，史傳中此類極多。墀蓋於是年權判西銓，回蓋於是年充宏詞考官，案唐會要：天寶元年冬選六十四人判入等，有『考官禮部郎中裴朏、起居舍人張烜、監察御史宋昱、左拾遺孟國朝』語，則唐時凡試科目選人，皆特命考官也。文稱李回爲座主，蓋指此。義山爲所考取注擬，受知之深，故書中特舉之。舊書回傳：『授職方員外郎，判戶部。』案歷吏部員外郎判南曹，以刑部員外郎知臺雜。開成初以庫部郎中、知制誥，拜中書舍人。武宗卽位，拜工部侍郎。墀傳：『太和末，累遷至起居郎，補集賢學士，轉考功員外郎，兼起居舍人事。開成二年冬，以本官知制誥，尋召充翰林學士。三年遷職方郎中。四年十月，正拜中書舍人，內職如故。』而兼職事失載，遺聞散落，史官不能備書也。馮氏疑李爲李讓夷。舊書讓夷傳：『太和初，爲右拾遺，充翰林學士，轉左補闕。三年，遷職方員外郎，左司郎中充職。九年，拜諫議大夫。開成元年，以本官兼知起居舍人事。二年，拜中書舍人。』因謂舍人與學士同職。考補編上座主李相公狀、爲湖南座主隴西公賀馬相公登庸啓，皆是回，非讓夷。唐制：翰林學士掌內制，中書舍人掌外制，亦有兼充者，如李絳以司勳郎中知制誥，爲中書舍人，依前翰林學士是也。回以庫部郎中知制誥，而文稱學士，當時必係兼職可知。其拜中書舍人，傳無年月，或是開成末耳。然二者雖同屬內職清資，而知制誥者，實各有本官。若讓夷則太和元年十二月自左拾遺改史館修撰，充翰林學士，五年九月出院，見重修承旨學士壁記。至開成二年中書舍人已正拜矣，文中固不能渾稱之爲學士也。又案翰苑羣書重修學士壁記祇載『周墀開成二年十二月二十五日自考功員外郎知制誥充，三年十一月十六日加職方郎中，四年六月十日出院。』而李回失載。且開成二三年間，壁記亦無李姓爲學士者。然文與周墀並稱學士，或回所兼者爲集賢院直學士歟？傳既不載，無可徵實矣。惟中書長者，不詳所指。馮氏謂必令狐輩相厚之人，似之。義山以婚於王氏，致觸朋黨之忌，漫成三首，皆以何遜自比。其云：『沈約憐何遜。』謂愛之者也；『延年毀謝莊。』謂讒之者也；『霧夕詠芙蕖，何郎得意初。』謂新婚於王氏也；『此時誰最賞？沈范兩尙書。』謂周李二學士以鴻博舉之也。則當時黨人中必有以詭薄無行，排笮於中書者。安定城樓詩：『不知腐鼠成滋味，猜意鵷雛竟未休。』回中牡丹爲雨所敗詩：『浪笑榴花不及春，先期零落更愁人。』恨憤之音，哀感殆絕，故與陶進士書，似諷似嘲，大有不滿令狐之意。黨局嫌猜，一生坎壈，自此基矣。馮氏曰：『傳文惟「茂元愛其才，」

以子妻之」二語為是，其屬之帥河陽時，及云：「表掌書記，得侍御史」，皆誤也。重祭外舅文云：「往在涇川，始受殊遇。愛才而娶以女，故曰殊遇。綢繆之跡，詩：『綢繆束薪，三星在天。』言成婚也。豈無他人？借言妻父乃是翁比忘名器於貴賤，以品秩言。去形迹於尊卑。以翁壻言。語皇王致理之文，考聖哲行藏之旨。每有論次，必蒙褒稱。時固為記室之任，然非奏充。及移秩農卿，分憂舊許，羈牽少暇，陪奉多違。跡疏意通，期奢道密。案補編祭外舅司徒公文亦云：『京西當日，輦下當時，中堂評賦，後榭言詩。品流曲借，富貴虛期。誠非國寶之傾險，終無衞玠之風姿。』蓋義山當茂元入官京職時，與令狐交誼尚未斷絕，後又有赴楊嗣復湖南幕事，亦出子直所薦，故文中略述蹤跡疏遠之故。馮氏謂：『茂元庸材，雖愛義山，或因人之忌，未敢奏請授官。』恐未然也。紵衣縞帶，雅貺或比於僑吳；荆釵布裙，高義每符於梁孟。」茂元家甚饒，而為此言者，明己之非艷其財也。案補編祭外舅文亦云：『雖餉田以甚恭，念販舂而增愧。』蓋兼歎一生貧窶，末由為妻族光寵耳。然則婚之成於涇原，而非陳許明矣。況帥河陽，茂元方有戎事，旋卒於軍，更何暇及私事？且義山方持母服，而祭文則云：「屬纊之夕，不得聞啓手之言。祖庭之時，不得在執紼之列。」斯豈初婚為記室之情事哉？』案馮說精湛，足以糾正史文之舛。補編有為濮陽公上楊相公狀，楊嗣復正月入相，則入幕當在成婚之前。過招國李家南園詩：『春風猶自疑聯句，雪絮相和飛未休。』證以漫成三首之『霧夕芙蕖』，成婚或即於京邸也。若安定、回中諸詩，則迴至涇原之作矣。案祭姪女寄寄文：『況吾別娶以來，胤緒未立。』則王氏疑是繼娶，過招國李家南園詩所謂『新人來坐舊妝樓』也，但他處苦無顯證耳。

【編年詩】寄惱韓同年二首時韓住蕭洞　箋曰：韓瞻，字畏之，韓偓父。新書偓傳：『京兆萬年人。』瞻與義山同年，又同爲王茂元婿，見本集。此蕭洞當指涇原，義山與韓同時議婚，而韓先娶，故豔妬之情，見於言表。時尙未構新居也。

韓同年新居餞韓西迎家室戲贈　箋曰：新居乃茂元爲韓所構，在京師。西迎，赴涇原也。義山未娶，故以禁臠戲之。

漫成三首　箋曰：義山鴻博不中選，當時必有毁之者。首章言何范同屬知名之士，文人相輕，奈何因以及我？雖未解物華，亦何害爲詩家也。次章言憐之毁之，要無傷乎我之名譽。三章『霧夕芙蕖』，比己新婚之得意。沈范兩尙書，指周李二學士以大德加我也。三首皆借用何遜事，而意各不同，不必泥看。

無題照梁初有情。馮氏云：『此寄內詩，蓋初婚後鴻博不中選，閨中人爲之不平，有書寄慰也，絕非他篇比。』箋曰：馮說從首句悟出，可從，姑編此。

撰彭陽公誌文畢有感

安定城樓　箋曰：賈生對策，比鴻博不中選。王粲依劉，比己爲茂元幕官。『欲迴天地』、『永憶江湖』，言我之所志甚大，豈戀此區區科第，而俗情相猜忌哉！義山一生躁於功名，蓋偶經失志，姑作不屑語以自慰也。

回中牡丹爲雨所敗二首　原編集外詩。箋曰：馮氏云：『借牡丹寫照，玩其製題，則知以涇原之故，爲人所斥矣。』余謂此亦鴻博不中選之恨。令狐家牡丹最盛，義山本在子直門館，得勿感於黨人之排笮耶？得第方資綯力，尙未釋褐，而忽有王氏之婚，所謂『下苑他年未可追，西州今日忽相期』也。次言：『浪笑榴花不及春，先期零落更愁人。』蓋謂我亦知涇原之行，必觸人怒，而不意其報復若是速也。萬里重陰，都非舊圃，一年生意，已屬流塵，異日者迴視今朝，更不知若何失意，則眞始料所不及矣。通首皆悔恨語，悽然不忍卒讀，必非艷情。

東南　馮氏云：『歎不得近君而且樂室家之樂也。在涇州而望京師，故曰東南。』

奉和太原公送前楊秀才戴兼招楊正字戎　箋曰：太原公，王茂元也。馮氏謂：『茂元封濮陽郡侯，此猶未封，故稱太原公。』攷本集通例，文集稱濮陽公，詩則稱太原公，亦猶鄭亞，文皆稱滎陽公，詩則稱開封公也。新書傳：『茂元交煽權貴，鄭注用事，遷涇原節度使。注敗，悉出家貲餉兩軍，得不誅，封濮陽郡侯。』是封侯在開成初矣。戴、戎，楊敬之子，見新書傳。

贈送前劉五經映三十四韻 箋曰：詩中自注：『外舅太原公亦受經於公。』又有『雁下秦雲黑，蟬休隴葉黃』語，是贈別在涇原也。

【編年文】奠相國令狐公文

為尚書濮陽公涇原讓加兵部尚書表 補編。錢氏云：『此表乃王茂元初拜兵部尚書遣屬齎讓之文，後有附送官告中使回狀，蓋同時之作。又有官後上中書門下狀，則陳讓不允，而致謝時相者也。案舊新書紀傳皆不載茂元加兵部尚書事，即祭司徒公文亦未之及，惟後為濮陽公上陳相公第二狀云：「分起部而未淹，遷司戎而何速？」考陳夷行於開成二年四月入相，四年五月罷，本篇云：「四頒堯曆，一別漢庭」，茂元出鎮涇原，為太和九年十月事，下數至開成三年為四載，時夷行尚未罷相，合兩篇以互證，則事當在開成三年矣。再據官告狀云：「榮假冬卿，顯分霜憲。」官後狀云：「往在番禺，已分風憲；及臨安定，又假冬卿。」是茂元出鎮嶺南，已加御史中丞；移鎮涇原，又加工部尚書，並在加兵部尚書之前，而事皆無考。意藩鎮遙領京銜，紀載多略耳。』

為濮陽公附送官告申當作中。使回狀 補編。

為濮陽公官後上中書門下狀 補編。

為濮陽公上楊相公狀 補編。錢氏云：『楊嗣復也。』

為濮陽公上陳相公狀二 補編。錢氏云：『此狀為茂元加兵部尚書時作。』

為濮陽公上陳相公狀三 補編。案文云：『獲謁見相公。伏承首座，相公特論某所請不許吐蕃交馬，事合大體，當時魏謩起居，備錄其「書」者。』舊書魏謩傳：『開成三年，轉起居舍人。』則狀為其時所上。又全唐文載王茂元奏吐蕃交馬事宜狀，文極古朴，未知亦由義山代作否？

為濮陽公奏臨涇平涼等鎮准式十月一日起燒賊路野草狀 補編。

為濮陽公論皇太子表

為濮陽公奉慰皇太子薨表 補編。

為濮陽公皇太子薨慰宰相狀 補編。

為尚書濮陽公賀鄭相公狀 補編。案舊書鄭覃傳：『太和九年十月遷尚書左僕射兼判國子祭酒李訓、鄭注伏誅，召覃入禁中草制敕，明日以本官同平章事，旋加弘文館大學士。開成三年二月，進位太子太師。十二月，三上章求罷，詔落太子太師，餘如故，仍三五日一入中書，商量政事。』文中用典甚切，此賀其罷政退閒也。

上漢南李相公狀 補編。錢氏云：『李程也，文有「況彼親鄰，又其令季」語，必兄弟同時出鎭者。考舊書李程傳：「敬宗卽位之五月，同平章事，開成二年二月，出爲襄州刺史、山南東道節度使。」又李石傳：「太和九年，同平章事，開成三年，拜章辭位，爲江陵尹、荆南節度使。」漢南、荆南，壤地相接。又據新書宗室世系表，程、石俱爲襄邑恭王五世孫，凡此皆互證而悉合者也。惟後云：「某爰初筮仕，卽奉光塵。接班固於蘭臺，陪東晳於東觀。悲歡三紀，契闊四朝。」則與義山通籍之年不合。考開成三年義山正在王茂元幕，茂元元和中爲呂元膺判官，其先試校書郎，當在憲宗之初。歷憲穆敬文爲四朝，文義恰合。是題首當有「爲濮陽公」四字，或傳鈔時脫寫耳。』

爲韓同年瞻上河陽李大夫啓 馮氏云：『執方爲王茂元妻兄弟，故曰「家人自出」也。此時執方欲辟之入幕，故啓謝之。』

爲河東公上楊相公狀一 補編。爲河東公上楊相公狀二 補編。爲河東公賀陳相公送土物狀 補編。爲河東公賀楊相公送土物狀 補編。爲河東公賀李相公送土物狀 補編。

爲河東公上李相公狀一 補編。爲河東公上李相公狀二 補編。案此七篇，余早疑其誤。夫題曰爲河東公，以本集例之，必柳仲郢東川幕無疑。考仲郢鎭梓在大中五年，其內召在九年，此五年中，宰相則崔龜從、令狐綯、白敏中、崔鉉、魏謩、裴休，無陳相公、楊相公、李相公也。又上楊相公第二狀有『今荆州李相公』語，以東觀奏記考之，大中六年至八年鎭荆南者爲楊漢公，亦無李相公其人。宣宗朝史氏雖言簡籍遺落，然宰輔拜罷，斷無不見於冊者。細檢舊、新兩書，惟開成三年陳夷行在相位，楊嗣復、李珏同時入相，李石則以故相方鎭荆南，數乃正合。且賀楊相公狀云：『相公光由版籍，顯拜樞衡。』此指嗣復以戶部尚書登庸也。上李相公第二狀云：『相公假道版圖，正位機密。』此指李珏以戶部侍郎判戶部事大拜也。又上楊相公第二狀云：『右件官是某親弟。自某年月蒙今荆州李相公差知埇橋院後，每虞敗累，輒祈休罷。相公推友悌之愛於天下，妙咳唾之末於藩條，爰擇良材，俾代其任。』考李石於開成元年曾兼諸道鹽鐵轉運使，而三年則楊嗣復領之，埇橋鹽院，正歸所屬，此尤證據之顯然者。然後知此七篇皆開成三年作，而題首『河東公』三字，必有誤也。以文中用典推之，如云：『兔穴雖多，盡思堙塞；梟巢任固，皆誓焚除。微振軍聲，以綏官謗。』又云：『某雖久在民間，常居軍右。』又云：『某任懸啓行，志惟盡敵。』又云：『三刀之占，已聞於爲郡；萬里之相，復起於封侯。』又云：『今者適從亭障，方事鼓鼙。』皆邊鎭語，與王茂元正合，而是時義山適在涇原幕，然則『河東公』三字，殆皆『濮陽公』之訛歟？今故詳列而辨之。

爲河東公上鄭相公狀 補編。案錢氏謂：『鄭相公，鄭朗也。』舊書紀：『大中七年四月，以御史大夫鄭朗同平章事。』正柳仲郢鎭東川時。惟狀云：『某學輕筐篋，略昧韜鈐，仰籍時來，因成福過。夙當分土，早竊持符，皆已淹時，未始報政。』則與仲郢初出鎭不合，且亦不似柳氏家世。考狀又云：『一時特回天鑒，超授厚官，仍常伯之榮，兼司馬之職。』此乃指王茂元加兵部尙書而言。若仲郢則但加禮部尙書、御史大夫，所謂『大宗伯、大司憲，兼而寵之』，見崔珝所爲東川制，亦與狀中所稱未符。是鄭相公，乃鄭覃，非朗也。涇原邊鎭，故又用『少謝武皮，實甘馬革』語，柳氏儒門，東川腹內，安得有此？然則此河東公仍爲濮陽公之誤無疑，觀其與上七篇同編，可證也。

爲滎陽公賀牛相公狀二 補編。錢氏云：『滎疑當作濮。』案後狀爲僧孺在衡時作，前狀爲徙汝時作，皆在宣宗初鄭亞刺桂之時，又有昭潭、南楚作證，無可疑者。惟此狀用詞多切僕射，玩『爰自保釐，遂昇端揆』二語，必由留守召拜，而本傳汝州內召，僅拜太子少師，留守僕射，皆非所歷。惟上溯開成三年，僧孺由東都留守，召爲尙書左僕射，時鄭亞未出，而王茂元正鎭涇原，竊疑文爲濮陽而作。且狀云：『邊吹增欷』，既切涇原，『假名省署』，亦與茂元歷爲京職合也。又前後兩狀，皆詳敘會昌貶斥時事，而此篇獨否，足徵作文之在前。意編次者因同爲上牛相之文，遂致訛濮爲滎耳。或謂茂元黨於贊皇，不應上書奇章，則鄭亞又何嘗非李黨？往來通訊，並與黨局無關，集中此類甚多也。』

開成四年己未　義山二十八歲。

閏月，吏部侍郎鄭肅檢校禮部尙書、河中晉絳慈隰等州節度使。舊紀。

御史中丞丁居晦改中書舍人。翰苑羣書重修承旨學士壁記。

諫議大夫高元裕爲御史中丞。舊紀。

八月，給事中姚合爲陝虢觀察使。原譜據紀。

九月辛丑，吏部侍郎陳夷行爲華州鎭國軍防禦使。舊紀。

十月丙寅，制以敬宗第六男陳王成美爲皇太子。原譜據紀。

十二月，以杭州刺史李宗閔爲太子賓客分司東都。舊紀。案舊書宗閔傳：『開成元年，量移衢州司馬。三年，楊嗣復輔政，與宗閔厚善，欲拔用之，而畏鄭覃沮議，乃託中人密諷於上。翌日，以宗閔爲杭州刺史。四年冬，遷太子賓客分司東都。時鄭覃、陳夷行罷相，嗣復方再拔用宗閔知政事，俄而文宗崩。會昌初，李德裕秉政，嗣復、李珏皆竄嶺表。三年，劉稹據澤潞叛。德裕以宗閔素與劉從諫厚，上黨近東都，宗閔分司非便，出爲封州刺史，又發其舊事，貶郴州司馬，卒於貶所。』是宗閔會昌三年以前，正爲太子賓客，未嘗離東都也。補編爲濮陽公上賓客李相公狀二篇，首狀云：『某早蒙恩顧，累忝藩方；本冀征轅，得由東洛。伏以延英奉辭之日，宰臣侯對之時，止得便奏發期，不敢更求枉路。限於流例，莫獲起居。』次狀云：『此方地控淮、徐，氣連荊、楚，不惟土薄，兼亦冬溫。』狀爲茂元出鎭陳、許時作。茂元出鎭陳、許，史無年月，參諸本集表、狀諸文，當在會昌元年。時宗閔方以朋黨之嫌，退居閒散之地，故狀云：『相公踐履道樞，優遊天爵。功無與讓，故勇於退；能不自伐，故葆其光。自罷理陰陽，就安調護。用而無喜，成則不居，求諸古今，實煥緗素。』又云：『相公昔在先朝，實康大政。當君子信讒之日，稟達人大觀之規。』與本傳所言皆合，其爲宗閔，了無疑矣。錢楞仙箋補編，妄以李德裕當之。考德裕傳，兩爲太子賓客分司東都：一在太和九年，尋貶袁州長史；一在開成元年，旋檢校戶部尚書，復浙西觀察使。開成二年，節度淮南。武宗卽位，德裕由淮南入相。會昌初，茂元出鎭陳許之時，正德裕重居台席之時，狀中所述，是豈當日情事耶？故參考史文而訂之於此。

義山釋褐爲祕書省校書郎，正九品上階。調補弘農尉，弘農爲上縣，尉從九品上階。以活獄忤觀察使孫簡，將罷去，會姚合代簡，諭使還官。原譜據本傳。

馮氏曰：『諸校書皆美職，而祕省爲最。如翰林無定員，諸曹尙書，下至校書郎，皆得與選矣；至尉簿則俗吏，義山外斥，大非得意。與陶進士書曰：「南場作判，比於江淮選人，正得不憂長名放耳。」釋褐爲官，必由吏部試判。判入等，始授官。傳不言者，從略耳。雖自負文才必得，亦隱謂忌者不能抑也。又曰：「尋復啓與曹主求尉於虢，實以太夫人年高，樂近地有山水者。」云云，乃矯語耳。諭使還官，亦非其意也。』案唐時內外官從調者，不限已仕未仕，選人期集，始於孟多，終於季春。祭令狐文云：『愚調京下，公病梁山。』指應宏詞之試，事在開成二年。至會昌四年祭姪女寄寄文所謂『赴調京下，移家關中』者，則罷尉後求調者也。由『寄瘞爾骨，五年於茲』溯之，當爲開成五年。馮氏繫移家事於此年，且以與陶進士書爲證，誤矣，辨詳下。

【編年詩】有感 中路因循。馮氏云：『此調尉弘農作也。義山雖赴涇原，未叨薦剡，仍俟拔萃釋褐，則此行爲畫蛇足矣。徒以是爲令狐黨所怒，鴻博不中選，校書不久居，則終亡其酒矣。祕省乃淸貲，故曰芳醪。詩言中路少需，何遽非我所長，而乃誤落歧途者，才命相妨，有不自知其然者也。』說甚精，不可易矣。次陝州先寄源從事 馮氏云：『佛寺高居，比源；黃河一曲，自喻。屈就縣尉，毫不著迹，但覺雄渾。』荆山 箋曰：馮氏謂：『不直言恥居關外，而故迂其詞，使人尋味。』案此義山獨創之詩格也。元和郡縣志：『虢州湖城縣，荆山在縣南』，楊僕徙關去弘農三百里，詩以借喻。任弘農

尉獻州刺史乞假歸京

箋曰：本傳：『調補弘農尉，以活獄忤觀察使孫簡，將罷去。』詩其時作。末句憤語，借卞和刖足發之，便不嫌露骨。

喜聞太原同院崔侍御臺拜兼寄在臺三二同年之作

箋曰：此太原同院，必指令狐楚幕。『劉放未歸，鄒陽新去』，謂楚卒府罷。『先生柳』，用陶令故事，比縣尉。崔與義山同爲幕僚卑官，故曰『鵩魚何事遇屯同？』崔臺拜，而己屈就縣尉，所謂一升一沈也。結聯兼寄同年。馮編會昌四年，似未審。惟義山開成二年登第，同年縱早達，未必兩年中即擢中臺，此則不無可疑耳。詩似夢得，恐非玉谿手筆，姑附此。

假日

箋曰：詩有『陶令北窗風』語，是任弘農尉乞假時作，故聊寫閒適，而意則傲岸。馮編東川幕，誤。

自貺

箋曰：寓感與上首同。祇有傲情，更無他慨。與陶進士書所謂『脫衣置笏』者，正此時也，午橋說是。

戲贈張書記

箋曰：馮氏疑即祭文之張五審禮，亦王茂元婿也。考爲外姑祭張氏女文云：『汝寄京師，食貧終歲。頃吾南返，又往朝那。汝實從夫，適來岐下。道途雖邇，面集猶妨。及登農揆，去赴天朝。汝罷蒲津，車來胥會。』是張審禮未嘗與婦相離，此或張于役弘農，與義山相見，其婦尙居岐下，故以思家戲之也。詩意牢落，必調尉時作。

十一月中旬至扶風界見梅花

箋曰：馮氏謂：『自鳳翔扶風西南至興元入蜀，西北至涇州也。初疑開成三年馳赴興元時作，檢舊紀：是年十一月辛酉朔，丁丑，令狐楚卒。義山已在其幕，安得中旬猶在扶風界哉？至大中時東川途次，意味亦不可符，則似涇原往來所作。』余案此調尉時乞假赴涇西迎家室之作。首句喻祕省清資。次句喻屈就縣尉。『素娥』句所得僅此。『青女』句得不償失。賒遠、傷離，思家之恨。義山得第由令狐，而失意亦由子直，所謂『爲誰成早秀，不待作年芳』也。寓意與有感一首正同。

四皓廟

羽翼殊勳。馮氏云：『此爲輔導莊恪太子者歎也。舊書文宗子傳：「長子永，母曰王德妃，太和四年封魯王。六年以庾敬休兼魯王傅，鄭肅兼王府長史，李踐方兼王府司馬。其年十月册爲皇太子，以王起、陳夷行爲侍讀。開成三年，上以太子不循法度，不可教導，將議廢黜。宰臣及衆官論諫，意稍解。官屬及宦官、宮人等數十人連坐死竄。其年十月，暴薨，勅王起撰哀册，謚莊恪。王德妃晚年寵衰，賢妃楊氏懼太子他日不利於己，日加誣譖，太子終不能自明也。既薨，上意追悔。」詩借古致慨，甚爲警切。』箋曰：通體皆從四皓著想。四皓逢漢高而建羽翼之勳，而莊恪爲楊賢妃誣譖，竟無紫芝之翁其人，何運會之不相値哉？迂繆其詞，味在言外，所以爲詩人之筆也。

【編年文】爲濮陽公涇原謝冬衣狀

爲濮陽公與丁學士狀　補編。案錢氏謂丁居晦是也。文云：『罷領南臺，復還內署。』翰苑羣書學士壁記：『丁居晦，開成四年閏正月自御史中丞改中書舍人。五年二月二日賜紫，其年三月十三日遷戶部侍郎、知制誥，其月二十三日卒官，贈吏部侍郎。』此賀其由御史中丞改中書舍人也。

上張雜端狀　補編。文有『保定賢弟昨至』語，錢氏謂：『後有爲濮陽公補保定尉張鴉巡官牒，疑卽其人，』是涇原時作。

上河中鄭尚書狀　補編。錢氏云：『鄭肅也。』

爲濮陽公涇原署營田副使賓牒　補編。

爲濮陽公補保定尉張鴉巡官牒　補編。

爲濮陽公陳情表　馮氏云：『舊書職官志：「凡諸軍鎮使、副使以上，皆四年一替。」茂元鎭涇原，至開成四年冬滿四年之期，此表亦循例也。』

爲張周封上楊相公啓　新書藝文志：『張周封華陽風俗錄一卷。』字子望，西川節度使李德裕從事，試協律郎。』而西陽雜俎又稱『工部員外郎、補闕』，蓋後所歷官也。尚書故實謂：『從事涇川，秩滿居京。』並載其得遊西園圖，在茂元鎭涇原前，而啓云：『夢結邊城。』是尚充幕僚也。　嗣復，武宗立始罷相，今編此年。

爲楊贊善奏請東都洒掃狀　馮氏云：『楊氏如於陵贈司空、嗣復贈左僕射，皆弘農人，與此不合。惟楊元卿於吳元濟叛時，詭詞離蔡，毁家效順，由是官於朝。至太和五年節度河陽，就加司空，改汴宋亳觀察使。太和七年，年七十，寢疾，歸洛陽。詔授太子太保，卒贈司徒。子延宗，開成中爲磁州刺史，以罪誅，事詳舊、新書傳。此云贈太保，塋在河南縣，必卽元卿，而傳之贈司徒，或小誤也。延宗當先爲贊善，後乃刺磁，約開成四年作。』

祭韓氏老姑文　自注：故易定韓尚書太夫人。　馮氏云：『細檢史書，乃知易定韓尚書太夫人者，韓弘弟韓充之妻，而易定節度韓威之母也。傳、表皆不載充之子威，然以史文合之，則確然無疑。　舊書韓弘、韓充傳，弘於貞元十五年檢校工部尚書、汴州刺史、宣武軍節度使，訖平吳元濟、誅李師道，弘乃入朝，在鎭二十餘年，充亦依兄主親兵。　韓氏必婚於汴州，故潁水以下六句云然也。　充以親倡權重，元和六年，單騎走洛陽，朝廷亮其節，擢右金吾衞將軍。　十五年，代姪公武爲鄜坊節度使、檢校工部尚書，所謂「入從述職，出輔專征」也。　時弘以司徒、中書令兼河中尹、河中晉絳節度等使，長慶二年二月，充換義成軍鄭滑節度使，兄弟皆秉節鉞，寵冠一時。　義成治滑州，故曰「此時同慶，東郡分榮」也。　是年七月，汴州軍亂，逐李愿，立都將李㝏。　朝廷以充久在汴，衆心悅附，命爲宣武節度，兼統義成之師討之。　梁魏卽汴州，用信陵事，切梁魏，又切兄弟。　下文接云「元昆、仲氏」，惟思其舊績，故有此新授也。紀云：「八月，充發軍入汴，營於千塔。」新書傳謂：「戰郭橋，破之。」通鑑云：「斬首千餘級。」故有「杖節」二語。汴人素懷充，皆踴躍相賀。充密籍部伍問，得構惡者千餘人，一日下令幷父母妻子立出之，敢逡巡境內者斬，軍政大理。四年八月，暴疾卒。時充當多內寵，薄其夫人，得疾或由於好色，故「子元」以下六句云然也。紀書：「開成三年十月，易定軍亂，不納新使李仲遷，立張璠子元益爲留後。至十一月，以蔡州刺史韓威爲定州刺史、義武軍節度、北平軍等使」，與「爰從上蔡，去臨易水」合，則必充之子矣。至開成五年八月，又有易定軍亂，逐節度使陳君賞，君賞謀誅亂卒，軍城復安之事，則君賞赴鎭，必更在前，而韓威之何以去易定，檢閱不得，玩「空報登壇，未聞曳履」諸句，豈威竟有不急承詔命之事，其母不得已而自上奏歟？抑有他故，乃卽改除君賞歟？史皆疏漏，無可再考。』　案此義山自祭，韓太夫人當是義山族姑，馮氏謂代西平家作，誤，說詳譜。

開成五年庚申　義山二十九歲。

正月，帝疾甚。中尉仇士良、魚弘志矯詔立潁王瀍爲太弟，太子成美復爲陳王。帝崩。

仇士良說太弟賜賢妃楊氏、陳王成美、安王溶死，遂卽位。原譜據紀傳。

四月，召淮南節度使檢校尚書左僕射李德裕，既至，以爲吏部尚書同中書門下平章事，尋兼門下侍郎。據本集的書。　案德裕入相之月，舊書傳曰：『武宗卽位，七月召德裕於淮南，九月授門下侍郎、同平章事。』舊紀亦同，新書亦無異辭。本集會昌一品集序：『唐葉十五，帝謚昭肅，始以太弟，茂對天休。既三四日，乃詔曰：「淮海伯父，汝來輔予。」四月某日入覲，是月某日登庸。』據此則入相當在四月，非九月。考會昌一品集有宣懿太后祔廟制云：『朕因載誕之日，展承顏之敬。』又有宣懿皇后祔陵廟狀云：『臣等伏以園寢已安，神道貴靜，光陵因山久固，僅二十年，福陵近又修崇，足彰嚴奉，今若再因合祔，須啓二陵，或慮聖靈不安，又以陰陽避忌，亦有所疑。臣等商量祔太廟，不移福陵，實爲允便。』宣懿祔廟事在六月，舊書武宗紀云：『五月中書奏，六月十二日皇帝載誕之辰，請以其日爲慶陽節，祔宣懿太后於太廟。』又云：『初，武宗欲啓穆宗陵祔葬。中書門下奏曰』云云，其文卽節錄會昌一品集此篇，則其時德裕已登台席矣。若使七月內召，九月登庸，祔廟大禮，非所躬遇，安得有此等制狀哉？然則紀傳時月，洵不足信也。今據本集酌定之。

八月，葬文宗於章陵。原譜據紀。

門下侍郎同平章事楊嗣復檢校吏部尚書潭州刺史，充湖南都團練觀察使，旋貶潮州刺史。舊紀，參本集酌書。 案嗣復之出爲湖南觀察使，紀書於八月，其貶湖州司馬，紀書於會昌元年三月。而先貶潮州刺史，史無年月。舊書嗣復本傳頗難徵信。考嗣復與李珏同出，珏出爲桂管觀察使，在本年八月。新書珏傳，爲文宗山陵使，罷爲太常卿，終以議所立貶江西觀察使，再貶昭州刺史。江西當是桂管之誤。全唐文亦載李珏文宗皇帝謚册文上云：『維開成五年歲次庚申，七月乙亥朔，十一日乙酉。』後云：『謹遣太尉、中書侍郎、同中書門下平章事李珏謹奉册上尊謚』云云，文宗册謚在七月，其葬章陵在八月，則嗣復與珏罷相同出，必在八九月間，故舊傳云：『其年秋，李德裕自淮南入輔政，九月，出嗣復爲湖南觀察使。』此事迹之可合證者。惟舊傳於『嗣復出爲湖南』後又云：『明年誅樞密薛季稜、劉弘逸。中人言：「二人頃附嗣復、李珏，不利於陛下。」武宗性急，立命中使往湖南桂管，殺嗣復與珏。宰相崔鄲、崔珙等亟請開延英，言：「國朝故事，大臣非惡逆顯著，未有誅戮者。」帝良久改容曰：「朕纘嗣之際，宰相何嘗比數？李珏、季稜志在扶册陳王，嗣復、弘逸志在樹立安王。立陳王猶是文宗遺旨，嗣復欲立安王，全是希楊妃意旨。嗣復嘗與妃書云：姑姑何不斅則天臨朝？」珙等曰：「此事曖昧，眞虛難辨。」帝曰：「楊妃曾臥疾，妃弟玄思，文宗令入內侍疾月餘，此時通導意旨。朕細問內人，情狀皎然，我不欲宣出於外。向使安王得志，我豈有今日？然爲卿等恕之。」乃追潭桂二中使，再貶嗣復潮州刺史。』檢舊紀本年八月十七日葬文宗皇帝於章陵。知樞密劉弘逸、薛季稜率禁軍護靈駕至陵所，二人素爲文宗奬遇，仇士良惡之，心不自安，因是掌兵，欲倒戈誅士良弘志。鹵簿使、兵部尚書王起，山陵使崔稜覺其謀，先諭鹵簿諸軍，是日弘逸、季稜伏誅。是劉薛之變，卽在本年，非明年事。且明年乃貶湖州司馬，明載本紀，亦非刺史，史文可謂自相牴牾矣。案李珏出爲桂管觀察使，據新書珏傳曾貶昭州刺史。舊紀會昌元年則書：『貶桂管觀察使李珏瑞州司馬。』而漏書昭州，與嗣復之漏書潮州刺史正同。嗣復之貶，既與李珏同事，則參之傳紀，當是李珏先貶昭州刺史，再貶瑞州司馬；嗣復先貶潮州刺史，再貶湖州司馬也。其貶潮州刺史，證以舊傳所載劉弘逸、薛季稜事，必在本年之冬甫到湖南任時。武宗以已之立，不出宰相本意，惡此二人，斷無遲至明年三月始行竄謫之理。參互鉤稽，情事顯然，卽本集中江鄉諸詩，皆可推之而通矣。又案新書李珏嗣復傳較舊傳爲疏略。舊書珏傳：『會昌二年長流驩州。』新傳則不載，不但瑞州司馬也。然昭州之貶，足補舊書之漏。嗣復傳云：『出爲湖南觀察使，會誅薛季稜、劉弘逸，中人多言：「嘗附嗣復、珏，不利於陛下。」帝剛急，卽詔中使分道誅嗣復等。』又云：『因追使者還，貶嗣復潮州刺史。』雖襲舊傳之文，而不載年月，尤足徵舊傳明年二字之不確。惟再貶司馬，新傳失書，此則仍當以舊傳爲據耳。

是年令狐綯服闋，爲左補闕史館修撰。 原譜據綯傳。　馮氏曰：起爲原官也，其兼史職，或稍在後。

周墀出爲華州刺史鎭國軍潼關防禦等使。 原譜據墀傳。　案墀之刺華，不詳何月。考文集爲侍郎汝南公華州謝加階狀云：『當陛下御極之初，分陛下憂人之寄。』德裕四月入相，則墀赴華州，必在其前後，故而補編有爲汝南公上淮南李相公第二、第三狀，皆德裕由淮南內召時。狀云：『果得叨忝圭符，留連旗鼓。』又曰：『伏限守官，莫由迎謁。』當爲周墀初奉華州之命時。惟舊紀書『七月，制：檢校禮部尙書、華州刺史陳夷行，復爲中書侍郎、同平章事。』舊書夷行傳：『武宗卽位，李德裕秉政，七月，自華召入，復爲中書侍郎、平章事』，墀之刺華，若代夷行，則與補編狀語不合。錢箋疑汝南公當爲濮陽之誤，謂爲茂元作近是。所謂『叨忝圭符』二語，非指茂元出鎭陳許，乃詳敍從前敭歷耳。但補編爲汝南公上淮南李相公共三狀，又有與蘄州李郎中一狀，其前一狀有『位重大農，榮兼右揆』語，後一狀有『能護六戎，歸塵九署』語，皆非周墀歷官，已從錢氏改爲茂元矣。若再改此二狀，未免近於專輒，謹剖其歧異之端於此，容再覈之。

韋溫爲陝虢觀察使。 原譜據溫傳。　案舊書韋溫傳：『出爲陝虢觀察使，武宗卽位，李德裕用事，召拜吏部侍郎。』考去年八月陝虢觀察使爲姚合，新書：『姚崇曾孫合，歷陝虢觀察使，終祕書監。』溫當代合爲使。文集有爲京兆公陝州賀南郊赦表，事在會昌元年，則溫涖陝，必在武宗卽位前後，史文敍述不甚明晰耳。賀表云：『當太史撰日之際，猶立漢庭；及宗伯相儀之時，已辭魏闕。』則溫之赴陝，當在會昌元年正月間，姑附此。

高元裕爲京兆尹。原譜。 案文集爲尚書渤海公舉人自代狀云：『臣謬蒙抽擢，素乏材能。況又方營鄗畢，肇建園陵，苟推擇之不先，則顚覆而斯在。』是元裕尹京，必在文宗將葬，七八月間。馮氏曰：『舊書高元裕傳：「開成四年，改御史中丞。會昌中，爲京兆尹。」新書於御史中丞下書：「累擢尚書左丞，領吏部選，出爲宣歙觀察使。」不言尹京兆。二書所敘，互有詳略。證之此文及英華所載除吏尚制文，則由尹京進檢校尚書而觀察宣州也。』又案：文集有爲濮陽公謝罰俸狀云：『右臣伏準御史臺牒奉恩旨，以臣不先覺察妖賊賀蘭進興等，宜罰兩月俸料者。』舊書元裕傳：『開成四年爲御史中丞。藍田縣人賀蘭進與里內五十餘人相聚念佛，神策鎮將皆捕之，以爲謀逆，當大辟。元裕疑其寃，請出進等付臺覆問，然後行刑。』新書魏謩傳亦載其事，作賀蘭進興。是此事發覺，與王茂元無涉。馮氏改濮陽爲渤海，謂代元裕之作，今從之。惟謂事在開成四年，恐未確，疑是開成五年元裕未爲京兆以前事。傳文從『爲御史中丞』敘下，乃連類而及之耳，年月前後，無庸泥定也。

王茂元自涇原入爲朝官，原譜據本集。 案文集爲濮陽公陳許謝上表云：『旋屬皇帝陛下，荆枝協慶，棣萼傳輝，臣得先巾墨車，入拜丹陛。』補編祭外舅司徒公文云：『排闥無及，持符載泣。苟紫泥之降數，馳墨車而來急。』是茂元入朝，在文宗崩後，武宗初卽位時。其入朝所歷之官，新書茂元傳云：『封濮陽郡侯，召爲將作監。』而餘皆不詳。考文集爲外姑祭張氏女文：『及登農扆，去赴天朝。』陳許謝上表：『蘭臺假號，棘署參榮。奉漢后之園陵，獲申送往；掌周王之廩庾，方切事居。』祭外舅文：『省掖名在，農官望集。鄙卿曹之四至，小承明之三入。鄗畢之地，軒轅之臺，葛翃將掩，柏陵始開。會稽之象猶未去，鼎湖之龍不歸來。代邸迎騑，將極事居之禮；喬山護蹕，猶深送往之哀。』馮氏謂茂元內召，當爲御史中丞、太常少卿、將作監，轉司農卿，加僕射而後出爲陳許節度使：參以諸文，固可約略得之矣。 又棘署泛指九卿，馮氏以文集爲濮陽公祭太常崔丞文有『棘署選丞，仍見譙元之入』語，定爲太常，甚確。此文乃茂元爲朝官時代作者也。

魏博節度使何進滔卒，三軍推其子重霸知留後事。朝廷遣河陽帥李執方、滄州帥劉約遣使勸令歸闕。重霸不從。舊紀參進滔傳。案新書何進滔傳：『開成五年死，子重順襲。武宗詔河陽李執方、滄州劉約諭朝京師，或割地自效，不聽命。時帝新卽位，重起兵，乃授福王綰節度大使，以重順自副，賜名弘敬。』而不載何月。舊紀則書於十一月。考義山移家從調，以贈別令狐補闕詩證之，事在本年夏初。補編有上河陽李大夫二狀、上李尙書一狀，皆移家時執方假縣馬賜物致謝之作。惟中一狀云：『昨者故侯，實有逆子，敢因微策，密有他圖。人得而誅，天奪之魄。盡窮餘黨，半在中權。此際誠合絕洹水之波，腥長平之草。二十五翁曲分蘭艾，大別淄澠，飛魂不寃，枯骨猶媿，此眞所謂仁者之勇無敵，丈人之師以貞。名冠百城，功高一代』云云，所言卽指弘敬事。使弘敬盜位果在十一月，則與義山移家之時不合，且十一月義山正留滯江潭，安得有此？若謂移家當在會昌元年，祭姪女文所謂『五年於茲』者，溯之又相歧異矣。玩狀『白露初凝，朱門漸遠』二語寫景乃秋時，則弘敬事必更在前，斷非十一月。舊紀書此於本年之末，蓋亦不詳其爲何月耳。又案：舊紀何重霸賜名重順，新傳則重順乃本名，賜名弘敬，考會昌一品集諸詔敕皆作弘敬，舊書進滔傳亦同，則紀文疑誤。

義山移家關中，辭尉任從調，赴湖南楊嗣復之招，遊江潭。原譜參本集。

案義山移家關中，爲從調也。以祭姪女文考之，當在是年。補編上李尙書狀云：『昨者伏蒙恩造，重有霑賜，兼假長行人乘等，以今月十日到上都訖。既獲安居，便從常調，成茲志願，皆自知憐。』又上河陽李大夫狀云：『伏以仍世羈宦，厥家屢遷，占數爲民，莫尋喬木；晝宮受弔，曾乏弊廬。近以親族相依，友朋見處，卜鄰上國，移貫長安。始議聚糧，俄霑厚賜。』李執方時節度河陽，義山移家至濟源，必經故里，此卽述其事。其敍不甘尉職也，則曰：『辛勤一名，契闊九品。獻書指佞，遠媿南昌；懸棒中威，近慙北部。』上華州周侍郎狀。『方朔雖彊於自舉，匡衡竟中於丙科。駕鼓未休，搶榆而止。』上李尚書狀。『三試於宗伯，始忝一名；三選於天官，謂登第過關試宏詞及拔萃試判而三也。方階九品。俸微五斗，病滿十旬。』獻舍人彭城公啓。案彭城公不詳何人，必非劉瑑。瑑於會昌末累遷尚書郎、知制誥，正拜中書舍人，此啓則上於開成五年，時不相及矣。『舉非高第，仕怯上農。虞寄爲官，何嘗滿秩？王華處世，甯願異人？況在下僚，獨與誰語？一至於此，欲罷不能。』獻舍人河東公啓。義山以才人外斥，搶攘風塵，大非始願，此辭尉從調所由來也。其時與令狐蹤跡雖疏，交誼未絕。舍人彭城公、河東公，皆子直爲之介紹。彭城公啓曰：『卽日補闕令狐子直顧及，伏話恩憐，猥加庸陋。』河東公啓曰：『前月十日輒以舊文一軸上獻，卽日補闕令狐子直至，伏知猥賜披閱。今日重於令狐君處伏奉二十三日榮示，特迂尊嚴，曲加褒飾。』九月湖南之行，亦必子直薦達之力，楊嗣復本牛黨也。酬別令狐補闕詩：『惜別夏仍半，迴途秋已期。那修直諫草，更賦贈行詩。』贈行指江潭之遊；夏別秋迴，則移家關中情事。臨發崇讓宅紫薇詩有『秋庭暮雨』語，寫景在秋初，而云『天涯地角同榮謝，豈要移上苑栽？』其爲移家經過洛中所作無疑。與陶進士書所謂『去一月多故，不常在，故屢辱吾子之至，皆不睹。』指此。又崇讓宅東亭醉後沔然有作詩：『新秋仍酒困，幽興暫江鄉。搖落眞何遽？交親或未忘。』送千牛李將軍赴闕詩：『異縣期迴雁，登時已飯鯖。』又云：『會與秦樓鳳，俱聽漢苑鶯。』洛川迷曲沼，煙月兩心傾。』二詩皆洛中作，而語意暗指江潭之遊，當時必已聞楊嗣復湖南消息，故移家甫至京，而與陶進士書九月三日即東下矣。馮氏泥於書中『尋復啓與曹主求尉於虢，實以太夫人年高，樂近地有山水者；而又其家窮弟妹細累，喜得賤薪菜處相養活耳』數語，謂移家關中，即在調尉時，案書語皆飾詞耳不得據爲實錄也。而此段行蹤，遂無從稽合，宜其編次猶豫不定也。又案江鄉之遊，馮氏從篇什中參悟得之，有功本集甚鉅；惟以江鄉諸詩皆判屬艷情，則大不然。贈劉司戶蕡詩有『江風吹浪、楚路高歌』語，又云：『萬里相逢歡復泣。』是爲義山與司戶相逢之跡。新書蕡傳：『令狐楚、牛僧孺節度山南東、西道，皆表蕡幕府，授祕書郎，而宦人深嫉蕡，誣以罪，貶柳州司戶參軍卒。』舊書傳云：『位終使府御史。』證以詩題，未免小疏，新傳是也。新書牛僧孺傳：『開成四年八月爲山南東道節度使，會昌元年漢水溢，壞城郭，坐不謹防，還爲太子少保。』舊書僧孺傳：『會昌二年罷兵權，徵太子少保。』檢舊紀會昌二年四月有檢校司徒、兼太子太保牛僧孺等上章請加尊號事，其時已罷鎭矣。杜牧之牛公墓誌銘云：『會昌元年秋七月，漢水溢堤入郭，李太尉德裕挾維州事曰：『修利不至』，罷爲太子少師，未幾檢校司徒、兼太子少保。』與新傳合。今從之。

蕡在幕，正當其時，其貶柳州及卒，不詳何年。新傳載昭宗誅韓全誨等，左拾遺羅袞訟蕡曰：『身死異土，六十餘年。』全唐文羅袞請褒贈劉蕡疏云：『遂遭退黜，實負寃欺。其後竟陷侵誣，終罹讒逐，沈淪絕世，六十餘年。』是歲天復三年癸亥，上距會昌四年甲子，得六十年。蕡當於會昌元年春初貶柳，路經湘潭，與義山晤別，贈劉司戶詩：『已斷燕鴻初起勢，更驚騷客後歸魂。』以湘纍比蕡，其爲初貶時無疑。蕡曾佐令狐楚興元，與義山舊識，故有『風義兼師友』句。馮氏謂：蕡，嗣復門生，必謁舉主至潭，不知是時嗣復已貶潮矣。再哭司戶詩：『已爲秦逐客，復作楚寃魂。』又云：『路有論寃謫，言皆在中興。』合之羅袞請褒贈疏，則蕡乃卒於貶所，亦非江鄉也。而二年秋卒矣，哭劉司戶詩所謂『黃陵別後春濤隔』，黃陵原作廣陵，從馮說改訂。『去年相送地，春雪滿黃陵』也。此皆義山南遊江鄉之確證。惟江鄉之遊，斷非爲閒情牽引。馮氏所以作此箋釋者，則以燕臺諸詩爲據。『燕臺』用燕昭故實，唐人例指使幕，卽本集諸啓、狀中亦數見，安有閒情而以此命題者乎？余考燕臺詩四章，蓋皆爲楊嗣復而作。嗣復是年秋出爲湖南觀察使，冬貶潮州刺史。其貶也，因楊賢妃、安王溶事，武宗怒其不利於己。故首章春：暗喻文宗崩，嗣復漸危；次章夏：暗喻賢妃託立安王之謀；三章秋：嗣復出使，召己赴幕之感；四章冬：已至江潭，楊已遠竄之恨。四詩皆感兼家國，而以遭際離合之恨緯之，幽咽迷離，以寓其不能明言之隱。至河陽詩，則又兼李執方而言，玩上河陽李大夫諸狀，大有希冀辟署之意。『可惜秋眸一臠光』，謂蒙其厚愛而不能入幕。『漢陵走馬黃塵起』以下，指湖南之行，雖入幕而府主已去，溝水分流，望眼易斷，義山所由大抒隱痛歟？執方，茂元姻族，與嗣復本非一黨，義山依違黨局，不欲彰顯，故假艷情以寄恨，可細參詩意而得之言外也。此類諸詩，已詳具補箋矣。惟河內詩寓再貶湖州之感，係會昌元年作。其後代越公房妓嘲徐公主、代應、卽日、失猿、鴛鴦、夜思諸詩，寓意亦大略相同。若柳枝乃義山洛中所歡者，據詩敍在賦燕臺後。義山會昌五年母喪後閒居洛下，十月入京，大中元年隨鄭亞桂管。敍云：『會所友有偕當詣京師者，戲盜余臥裝以先，不果留，雪中讓山至。』又云：『明年讓山復東，相背於戲上』，則柳枝詩必作於會昌六年未赴桂幕時。柳枝爲東諸侯取去，唐時洛東乃相澶等州，湘潭皆江南地，卽安、黃、襄、鄧，亦伊、洛之南，不得言東，況可遠及池、昇、揚、潤耶？集中惟擬意、代魏宮私贈、代元城吳令暗爲答歎詩，爲柳枝作；其贈柳則暗指楊嗣復，馮氏比而同之，謬矣。文集獻相國京兆公啓，京兆公爲杜悰，啓在東川時上，所謂『東至泰山，空吟梁父』，指大中四年幕遊徐州事；泰爲山東之望，鄆、濮、兗、海皆在東，徐亦東也，此約從前遊蹤言之。『南游郢澤，徒和陽春』，指大中二年留滯荊門事，亦兼江鄉而言，啓爲獻舊詩作，此數年篇什獨多，故專舉之。『梁父』、『陽春』即上『留連薄宦，感念離羣』意也。皆詳補箋中。江東、隋宮、南朝諸詩，則大中十一年充柳仲郢鹽鐵推官時詠古之作，懷求古翁詩，則大中元年寓使南陵之跡，更與本年江鄉之遊無涉矣。馮氏以石城、莫愁等篇，皆牽附柳枝；以燕臺、河陽等篇，爲學仙玉陽所歡慕之人。又謂二美墮於一地，萬里浪遊，竊人後房。義山雖詭薄無行，必不至此，如此說詩，能無使詩魂飮恨哉？又案馮譜於是年大書『高鍇爲西川節度使』，憑虛杜撰，尤爲巨繆。舊紀：『開成三年五月以吏部侍郎高鍇爲鄂岳觀察使』而開成四年七月又書：『以刑部侍郎高鍇爲河南尹。』考舊書高銖傳：『開成三年入爲刑部侍郎，四年七月出爲河南尹。』則紀文之鍇，乃銖誤無疑。鍇傳：『開成三年轉吏部侍郎，其年九月出爲鄂州刺史、御史大夫、鄂岳觀察使卒。』別無他除。本年與陶進士書稱鍇夏口公，鍇此時必尙在鄂岳。爲濮陽公陳許舉崔蠡自代狀云：『今沔水無兵，武昌非險，用爲廉問，尙鬱廟謀。』蠡傳雖不言觀察鄂岳，狀文可信，疑蠡卽代高鍇者，而鍇於會昌元年卒於任所矣。再檢舊紀：『開成二年十月，以門下侍郞同平章事李固言爲劍南西川節度使。』舊書固言傳：『開成二年十月，出爲成都尹劍南西川節度使，代楊嗣復。會昌初入朝，歷兵、戶二尚書。』新書傳：『武宗立，召授右僕射。會崔珙、陳夷行以僕射爲宰相，改檢校司徒兼太子少師，領河中節度使。』與舊傳歷官不同。新書崔鄲傳：『文宗末，擢同中書門下平章事，改中書侍郞，罷爲劍南西川節度使。』固言於會昌初罷使，則代之者必爲崔鄲，觀舊紀會昌元年所載宰相有李德裕、陳夷行、崔珙、李紳等名，而無崔鄲，可見。安有高鍇是年秋遷鎭西川事哉？寄成都高苗二從事詩自注：『時二公從事商隱座主府。』座主指李回，有補編上座主李相公狀、爲湖南座主隴西公賀馬相公登庸啓可證。新書宰相表：回於大中元年八月罷相，爲劍南西川節度使，義山方隨鄭亞桂管，詩卽寄於是時。大中二年李回因吳汝訥事責授湖南觀察使，義山亦桂州府罷，於是又有希冀回幕之跡。留滯荊門，往還峽、閬，皆一時情事也。時値子直內召，衞公疊貶，黨局反復，遇合參商，故諸詩無不重疊致哀，倍極沈痛，若屬諸高鍇，必不合矣。觀與陶進士書『乃命合爲夏口門人之一』數語，其感師恩也淺矣；而江鄉之遊，又不過數月，明年四月祭張書記文，義山卽已還京，其經過鄂渚，謁見高鍇與否，集中無可徵實，豈有跋涉長途，匆匆往返，而屬望如此深摯乎？過伊僕射舊宅詩云：『朱邸方酬力戰功，華筵俄歎逝波窮。』據權德輿伊慎神道碑：『復檢校右僕射兼右衞上將軍，元和六年十二月晦寢疾，薨於光福里。』是慎死於京邸，不在安州，此舊宅必義山在京將遊江鄉時過而賦之者，故寫景皆係深秋。所謂瀧江獨立、憑弔楚宮，乃虛擬之辭，不得謂作於安黃，而以不能更涉，寓座主遷鎭之慨也。要之此段行蹤，篇什獨多，最難索解。馮氏不知座主之爲李回，妄撰史文，以圓己說，誤莫大焉，余故詳列而辨之，讀玉谿詩者，可以發蒙已。

【編年詩】詠史 歷覽前賢。朱長孺云：『文宗恭儉性成，衣必三澣，可謂令主矣。迨乎受制家奴，自比周赧、漢獻，故言儉成奢敗，國家常理，帝之儉德，豈有珀枕、珠車之事？今乃與亡國同恥，深可歎也！義山及第於開成，南薰之曲，嘗聞之矣。其能已於蒼梧之哭耶？全是故君之悲，託於詠史耳。』箋曰：朱說精矣。『青海馬』，惜駕馭者無英雄。『蜀山蛇』，恨盤結者增氣燄。史稱：文宗以樂府之音，鄭衞太甚，命王涯詢於舊工，取開元時雅樂，選樂童按之，名曰雲韶樂；又詔太常卿馮定采開元雅樂，製雲韶法曲、霓裳羽衣舞曲。夏日與學士聯句，帝獨賞柳公權『薰風自南來，殿閣生微涼』句，今鐘簴依然，而蒼梧之駕，已不返矣。義山開成二年登第，恩賜詩題霓裳羽衣曲，故結語假事寓悲，沈痛異常。

無愁果有愁曲北齊歌 箋曰：北齊高緯自創無愁曲，時人謂之無愁天子，玉谿反其意而擬之，故曰無愁果有愁曲。係以北齊歌者，溯其原，以示託寓之微意也。詳味詩旨，蓋感甘露之變，而傷文宗崩後，楊妃、安王等賜死而作。東龍西虎，喻神策兩軍。『中舍』句，謂禁軍本爲護衞帝室而設，奈何出此無名之舉哉？『玉壺』句，暗指訓、注、王涯輩誅宦官不成，則所謂『鑿天不到牽牛處』矣。『牽牛』，喻君側惡人也。『騏驎』句，比仇士良等倒戈，大戮廷臣，氣燄益橫。『牛山』句，即史所謂文宗僞瘖不語也。『秋娥』二句，更以文宗崩後，不能保一愛姬，痛之。『推煙』句，謂楊賢妃賜死。

『十番』句，指陳王、安王賜死，國祚未衰，而文宗之緒斬焉，豈非一行死乎？『白楊』二句，言死者常已矣，徒留佚事在簡書，使後人向風牽愁而已，千載而後，誰復定其是非哉？眞所謂無愁天子而竟有愁矣。此是通篇大意。至馮氏以追悼劉從諫解之，實無據也。

崇讓宅東亭醉後沔然有作

箋曰：韋氏述征記：『洛陽崇讓坊有河陽節度使王茂元宅。』此義山移家關中歸途所賦。『新秋』點景。『暫江鄉』言將暫詣江鄉也。『搖落眞何遽』，謂辭尉從調。『交親或未忘』，謂令狐輩交誼未乖。『一帆彭蠡』、『數雁塞門』，虛擬江南風景。『仙標』以仙尉自比。『萬古』二句言遲暮之悲，無人能免，聊爲失意出遊作解嘲耳。述征記：『崇讓坊出大竹及桃。』『密竹』二句寫地。結則謂如此幽勝而不能淹臥，僕僕道途，又何爲哉？馮氏不知移家在是年，而此詩遂不能定編，疏矣。

送千牛李將軍赴闕五十韻

箋曰：千牛西平孫，亦茂元婿也。詩有『慶流歸嫡長』語，馮氏謂爲愿子。舊紀：『德宗詔西平郡王李晟長子愿賜勳上柱國，與晟門並列戟。』杜牧之分司洛陽，司徒愿罷鎭閑居，牧之有李尙書席上作，則有家於東都也。程氏以李聽之子琭官千牛將軍實之，琭非嫡長，誤矣。此在洛中贈別之作。

臨發崇讓宅紫薇

箋曰：『上苑移根』，一篇主意。家雖卜居上國，而已又將遠適使幕，所謂『天涯地角同榮謝』也。『桃綬含情』、『柳緜相憶』，代家室寫怨。紫薇則以寓內職之意。紀曉嵐謂：『此茂元亡後，不協於茂元諸子而去也，其詞怨以怒。』考義山後寓洛下，與茂元諸子，原不同居，補編祭外舅文可證；且集中與茂元諸子唱酬往來，屢見於篇，亦無不協之迹，臆解眞足齒冷也。

酬別令狐補闕

箋曰：與陶進士書：『九月東去。』此詩前半所敍者是。時義山方有湖南之役，嗣復牛黨，必子直爲之道地，故詩意感激之中半含剖白也。

過伊僕射舊宅

箋曰：此將至江鄉在京所作。伊愼舊宅在街東光福坊，長安志可證，非舊治安州也，馮氏編次大誤。

燕臺四首

箋曰：四詩爲楊嗣復作也。首章起二句一篇之骨。『風光冉冉』，喻嗣復相業方隆；『幾日嬌魂』，喻無端貶竄。『密房』二句，記己與嗣復相見。當時語曰：『欲趨舉場，問蘇張三楊。』義山之識嗣復以此。『冶葉倡條』，點其姓也。『暖靄』二句，初見時態，義山方年少，故曰『高鬟立共桃鬟齊』也。『雄龍』二句，既見未及提攜，所以有『絮亂絲繁』之況。『醉起』四句，言文宗忽崩，嗣復漸危。『衣帶』二句，狀危疑之意。『研丹』二句，爲嗣復剖寃。『夾羅』句點景。結則以東風不勝比中官傾軋，而嗣復之寃，將從此沈淪海底矣。次章專紀楊賢妃安王溶事。起言宮帷曖昧，嗣復被讒遠竄，與死爲鄰，眞不類人間世矣。石城楚地，行郎柘彈，指中傷之者。『綾扇』四句，謂武宗震怒，遣中使往殺，忽而中止，如風動波旋，而潮州之行，一若文宗之靈陰相之也。『蜀魂』望帝，以喻文宗。『木棉』點潮。『桂宮』二句，樹立安王之祕謀。『直教』二句，卽史所稱『姑姑何不斅則天故事』也。『濁水』四句則言內人口語，虛實難辨，而嗣復人品，則清濁自分，安得起楊賢妃於九原，而一白其無罪哉？三章嗣復至湘約已赴幕之事。起點秋景。『雲屏』二句，言其遠去。『欲織』二句，言我欲通書問訊，而無如終日相思，兩情睽阻，徒使人迴望北斗，歎河淸之難俟耳。『金魚』四句，又以嗣復罷相、賢妃賜死之恨發之。魚鎖斷春，鴛茵塵滿，舊時永巷，任人往來，玉樹亡國，何天之不憐美人耶？『瑤琴』四句，喻嗣復自湘貶潮。『雙璫』二句，則記約已入幕也。『內記』云云，卽指書中所言。結言其人又去，手香已故，惟有私書緘封，可想象其歌脣銜雨而已，蓋封書多用口緘也。四章義山赴湘，嗣復已去之事。『天東』二句，彼此參商。『靑溪』二句，室邇人遐。『凍壁』句點景。『芳根』句相思無益。『浪乘』二句，對月懷人，言縱使再遇月娥，未必如彼美之嬋娟矣。『楚管』自謂，『蠻絃』謂嗣復，言一槪含愁，其人亦當消瘦，只有腰肢尙在耳。『當時』二句，迴想舊歡。『破鬟』二句，寫孤孑自憐之態。末以『風車雨馬』結之，言竟不能稍綏須臾，留使不去，雖蠟燭無情，能勿替人垂淚耶？哀感頑艷，語僻情深，使人不易尋其脈絡，眞善於埋沒意緒者。集中凡關於家國身世，隱祠詭寄，無不類此，若判作艷情，則大繆矣。

代越公房妓嘲徐公主

代貴公主 箋曰：唐書宰相世系表：『楊氏，汝士、虞卿、嗣復，皆越公房。』此假以寓意。嗣復牛黨，義山自婚王氏，已脫黨籍，故以樂昌公主自喻。前首調其入幕，次首代答。『芳條得意紅』，謂子直翬助之登第；『飄落忽西東』，謂屈就縣尉。『分逐』二句，言猶欲迴依牛黨也。時尙未知嗣復貶潮，故聊作得意語。午橋云：『此爲牛、李黨人嗤謫而作，以越公妓比黨人，以徐公主自比，二詩顯然非詠古也』，所解近之。

石城 箋曰：元和郡縣志：『郢州郭下長壽縣，卽古之石城。』此義山赴湘過郢時作。首句點地。次句『花縣』比調尉。『窈窕』『風流』，皆狀己之文采。『簟冰』謂已絕望。『簾烘』謂牛黨尙肯援手。『玉童』、『金狄』，牢鎖深藏，佳期永矣。結言：白頭相守，人羨鴛鴦耶？直鴛鴦笑人耳！寓意與代越公房妓二首，可以互參。

莫愁 箋曰：義山自娶王氏，去牛就李，無如茂元庸才，不能藉力，不得已，又轉冀牛黨。結言若無嗣復翬爲之援手，何能常此無愁哉？而豈知嗣復之又遠貶也？此河陽、河內諸詩以幽憶怨斷之音，而寄其不忍明言之痛歟？消息極微，粗心人殆難領之。

贈柳 箋曰：『章臺』溯從前之知遇，『郢路』記今日之追隨。『橋迴』二句，跡雖斷而心不舍。『忍放』二句，督不忍再傍他人門館也。此數詩大抵相類，柳點其姓，寓意甚明。

楚宮 複壁交靑瑣。箋曰：起以幾事不密爲喻。『如何一柱』，『不礙九燈』，比嗣復一貶之不足而再貶也。『扇薄』句命合奇窮。『釵斜』句徒勞空往。結卽『更替林鴉恨，驚頻去不休』意也。

代應二首 溝水分流、昨夜雙鉤。箋曰：此亦與上詩同意。『關西狂小吏』二句，不可解，意殆謂當時幸災樂禍者，豈指李黨中人歟？

鴛鴦 箋曰：詩意顯明，寓感與上同。

河陽詩 箋曰：燕臺詩爲嗣復發，此則更兼李執方言之。以河陽命題，執方節度河陽，而義山本河陽人也。首二句點地。『龍頭』二句執方相待之雅。補編上李尚書狀所謂『分越加籩，事殊設醴』也。『梓澤』二句記移家關中事。『可惜』二句記赴嗣復幕事。『南浦』四句即燕臺詩『雙璫丁丁聯尺素』意，謂嗣復書來，約赴湖湘也。『憶得』四句，則嗣復貶潮，義山至湘不見之恨。『幽蘭』四句，謂作燕臺諸詩。『後房』喻使幕。『守宮點臂』，喻嗣復厚愛。其下則重疊致哀，大意與燕臺第四章相同，皆極狀惆悵無聊之態耳。朱氏等以王茂元曾帥河陽，斷爲悼亡，固非；馮氏又疑作艷情，亦未得其肯綮。一經參透，端緒犂然，今後讀玉谿詩者，當更饒興味矣。

【編年文】爲濮陽公上華州陳相公狀 補編。爲汝南公上淮南李相公狀一 補編。爲汝南公上淮南李相公狀二 補編。爲汝南公上淮南李相公狀三 補編。爲汝南公與蘄州李郎中狀 補編。 錢氏云：『此上淮南李相公文，凡三首。第三狀有「元和六年」之語，既指李吉甫而言，則相公自屬德裕，卽第二狀云「恩詔榮徵」，亦與武宗初立，徵召德裕相符，其爲贊皇，已無疑義。惟題標汝南，則文爲周墀而作。首篇云：「位重大農，榮兼右揆。」似代墀判度支時語，然事在大中元年，時德裕已分司東都，與節度淮南之時，中隔武宗一朝，其可疑者一也；且大農乃司農卿，而非度支，右揆乃僕射之稱，亦非周墀所歷之官，其可疑者二也；又「及移邊鄙」等，當與西戎接壤，而墀刺華之後，旋移鄂岳、江西、鄭滑三鎭，地不相接，其可疑者三也。竊謂汝南乃濮陽之訛，據祭外舅司徒公文云：「鄙卿曹之四至」，與「復忝卿曹」之語合；「農官望集」，與「位重大農」之語合；「省揆名在」，與「榮兼右揆」之語合；由此推之，則所謂：「及移邊鄙」者，乃其節度涇原也；「晚亦獻書」者，乃其上書自薦也。蓋茂元入朝，爲文宗初崩時事，時德裕尙鎭淮南，而屬之汝南，終難強合者也。爲汝南公與蘄州李郎中狀云：「龍護六戎，歸麾九署。」似卽茂元之罷鎭涇原，入爲農卿。又云：「時逼園陵。」卽武宗初立，召爲將作監事，而與周墀事迹亦不相合，是汝南仍當爲濮陽之訛，故詳列其說，以質知者。』 案錢氏又謂：『德裕由淮南入相，茂元亦出鎭陳許，故第二狀云：「叨忝圭符。」第三狀云：「伏限守官，中外相左，無緣接晤。」此茂元與德裕修書通問之由。』考茂元之出鎭陳許，事在會昌元年，時德裕正位台席久矣，安得復云淮南相公？第二狀特指其從前歷歷而言，第三狀則謂方在京服官，無由迎謁耳。錢說似小誤，今刪定而存之。

爲尚書渤海公舉人自代狀 徐氏云：『世系表：「高氏出自姜姓，後漢有高洪者爲渤海太守，因居渤海蓨縣，故渤海爲高氏郡望。」』案此代高元裕作。

爲濮陽公謝罰俸狀 案文爲不先覺察妖賊賀蘭進興事。馮氏云：『濮陽爲王茂元，茂元由涇原入朝，似曾爲御史中丞，然在武宗已即位時。而此事乃開成四年，茂元尙在涇原，何云不覺察哉？且身爲中丞，又何云「準御史臺牒」哉？必非也。蓋高元裕在臺，既疑此事有寃，而元裕遷京尹，此案方定，故以不先覺察責之，所敍自明，乃誤渤海爲濮陽也。』

爲濮陽公祭太常崔丞文 案文有：『章臺辟掾，方喜趙嘉之來；棘署選丞，仍見譙元之入』語，馮氏云：『崔由涇原入爲京尹掾，茂元亦入朝爲太常，故仍選爲丞。』所測近似，故據編。

獻舍人彭城公啓 補編。

獻舍人河東公啓 補編。錢氏云：『本集馮箋：彭城公爲劉瑑，河東公爲柳仲郢。此篇云：「始忝一名，方階九品。」下篇云：「舉非高第，仕怯上農。」皆補尉語。唐人應舉之先，多干謁當事，此必補尉後，不甘沈沒下僚，復求從調。會昌二年，復以書判拔萃，重入祕書，可證也。義山登第，多藉令狐綯延譽之力，此彭城公，河東公，皆子直爲之介紹。綯之爲補闕，在開成初年。其由補闕爲戶部員外郎，在會昌二年。文稱：「聖政維新。」似會昌初作。考舊書劉瑑傳：「會昌末，累遷尙書郎知制誥，正拜中書舍人。」似爲時稍後；至柳仲郢則新舊二傳皆不載其爲舍人事，筮仕之始，史家多不致詳，必別求一人以實之，亦終無確證耳。』案舍人，河東公柳璟也。翰苑羣書重修承旨學士壁記：『璟，開成二年七月十九日，自庫部員外郎知制誥充，三年二月九日，遷中書舍人，五年十月，改禮部侍郎，出院。』惟彭城公不詳，容再考。義山辭尉求調，乃武宗初即位時，非會昌元年，今編此。

上劉舍人狀 補編。案此劉舍人與上舍人彭城公，皆不詳何人，是一是二，亦難逆揣，錢氏皆疑爲劉瑑，考重修承旨學士壁記：瑑大中三年六月始由翰林學士拜中書舍人，時義山方留假參軍，與狀語不合。狀有『因緣一命，羈屑三年』語，自開成二年登第數之，至開成五年辭尉求調，正三年，狀爲是年所作無疑。惟舍人當別是一人，必非瑑也。

上李尙書狀 補編。錢氏云：『李執方也，下同。』

上河陽李大夫狀一 補編。**上河陽李大夫狀二** 補編。**與陶進士書**

武宗會昌元年辛酉　義山三十歲。

正月壬寅朔庚戌，有事於郊廟。禮畢，御丹鳳樓，大赦改元。舊紀。案新紀：『正月己卯，朝獻太清宮。庚辰，朝享太廟。辛巳，有事於南郊，大赦改元。』文集爲汝南京兆兩賀赦表均云『正月九日制書：南郊禮畢，改元爲某，大赦天下』云云，馮氏曰：『太平御覽引此作庚戌，同舊書。通鑑作辛巳，同新書。今以本集祭文是年四月辛丑朔推之，舊紀二月壬寅不誤，正月實誤，當作壬申或癸酉朔，其九日或庚辰，或辛巳，則一一畢符矣。』

二月壬寅，以淮南節度使李紳爲中書侍郎同平章事，監修國史。舊紀，參傳。案李紳由宣武移淮南，以代德裕。舊書紳傳但云武宗卽位，加檢校尚書右僕射，知淮南節度大使事，舊紀書在開成五年九月德裕入朝，以本集徵之，非九月也，傳文大可互證。至紳入相，舊傳云：會昌元年，入爲兵部侍郎同平章事，改中書侍郎，累遷守右僕射門下侍郎，監修國史，舊紀則書中書侍郎平章事於元年二月，新書宰相表則作會昌二年八月，通鑑亦同。考會昌一品集請尊憲宗爲不遷廟狀，會昌元年三月十一日已列中書侍郎李紳名，則新書表疑誤，故今從舊書，惟遷守右僕射監修國史，或當稍後耳。

三月，再貶楊嗣復爲湖州司馬。舊紀。原譜作貶潮州刺史，誤沿舊傳，辨已見前。

十一月壬寅，夜大星東北流，彗起於室，十二月辛卯，不見。舊紀，參新書天文志。徐氏文箋云：『舊書云，凡五十六日而滅。』當滅於二年正月二日。新書天文志則云『十二月辛卯不見，計五十日。觀爲汝南公賀復正殿表「時及初正，禮當元會」語，新書爲得其實，不然，何用揚厲其辭耶？』徐說甚確，今合新舊二書載之。

是年，李執方移易定節度使。參本集。案執方移鎭易定，史無明文。文集爲白從事上陳許李尚書啓云：『河橋三壘，當弟子之輿尸；易水一城，值將軍之下世。』『河橋』指開成二年河陽軍亂，逐節度李泳事。『易水』句卽指執方遷鎭事。補編上許昌李尚書狀亦云：『河橋作鎭，當街亭失律之初；上谷受符，值卿子喪元之後。』舊紀：『開成五年八月，易定軍亂，逐節度使陳君賞，君賞鳩合豪傑數百人復入城，盡誅謀亂兵士，軍中復安。』而君賞卒年不詳。考開成五年何進滔卒，朝廷遣執方諭重霸入朝，時執方尚在河陽。會昌一品集有論幽州事宜狀云：『令臣等與君賞一書』，又云：『君賞與張絳手疏，詞甚卑遜，非惟失將帥之體，實亦失忠盡之誠。』舊書：『幽州軍亂，推陳行泰爲留後，次將張絳又殺行泰。』紀在會昌元年十月，則君賞之卒，或即在會昌元二年間，執方代君賞，亦必是時。今參諸史文及本集，酌書於此。錢氏謂文用『卿子喪元』，似當有亂軍共殺主帥之事，然以啓中『將軍下世』語證之，則『喪元』祇是用典耳，惜史文無可細覈也。

王茂元爲忠武軍節度、陳許觀察使。原譜據新舊傳，參本集。

案茂元出鎭陳許，見新舊傳，而不載年月。新傳云：『悉出家貲餉兩軍，得不誅，封濮陽郡侯，召爲將作監，領陳許節度使。』舊傳云：『南中多異貨，茂元積聚家財鉅萬。李訓之敗，中官利其財，言因王涯、鄭注見用，茂元懼，罄家財以賂兩軍，以是授忠武軍節度使。』二傳皆從甘露之變敘下，即接領陳許，而不悟茂元入朝，尚有踐歷京職事。新傳較確，而亦小疏。考補編祭外舅文云：『許下舊都，淮陽勁卒，帳督千乘，人殷萬室。獯鬻潛動，偏裨遠出，指授籌謀，丁甯紀律。』係指會昌二年徵發許蔡諸鎭兵討回鶻事，是時茂元已在陳許；爲濮陽公陳許謝上表云：『奉漢后之園陵，獲申送往；掌周王之麋庾，方切事居。不謂遽董戎旃，還持武節。維彼璺田，實聯鼎邑。古之近甸，今也雄藩。』而文中略不及徵兵。茂元由將作監轉司農卿，旋領陳許，其爲是年出鎭無疑。舊紀開元三年書：『以衛尉卿王彥威充忠武軍節度使。』舊新書彥威傳：『檢校禮部尚書充忠武軍節度，會昌中徙節宣武卒。』則茂元卽代彥威者。余初據補編祭文疑出鎭在會昌二年，今知其誤矣，故仍從馮說。爲外姑祭張氏女文云：『及登農揆，去赴天朝，汝罷湔洋，聿來胥會。汝時不佑，忽爾孀殘。旋移許下，念汝支離，卜室築居，言還潁上。』案祭張書記文在本年四月，時張氏喪夫，茂元尚在京，則陳許之除，或當是年秋冬間歟？

義山自江鄉還京。原譜從本集酌書。

案義山是年爲周墀華州表奏頗多，疑暫居墀幕。補編上華州周侍郎狀云：『竊思近者伏謁於遊梁之際，受知於入洛之初。爾後以地隔仙凡，位殊貴賤。十鑽槐燧，錢氏曰：

『義山開成三年試宏詞，座主爲周墀，而墀爲華州，在武宗初，與『十鑽槐燧』不合，或義山與墀相知有素，不必定始於應舉時也。』案以上文遊梁、入洛合之，則『十鑽槐燧』，自指受知而言，不必泥看。一拜蓮峯，此當指去年江鄉之遊，經過華下謁見事。眄睞未忘，吹噓尙切。已吟棄席，忽詠歸荑。倘或求忠信於十室之間，感意氣於一言之會。則猶希薄技，獲蔭清光。』此狀當是江鄉歸途中上。時嗣復貶潮，失意倦歸，故有『棄席』、『歸荑』語。詳味書意，大有入幕之希望。但雖蒙墀聘，而非奏辟，故華州周大夫宴席詩稱『西銓』而不稱『府主』，所謂『若共門人推禮分，戴崇爭得及彭宣。』言外之隱，固有所不慊也。與王鄭二秀才聽雨後夢作寓一生遇合之感云：『龍伯擎將華嶽蓮』，卽暗敍墀幕事，雖集無明文，可以意推也。潭州距京約二千五百里，而爲華、陝賀郊赦表，至遲亦當在正月之杪，然則『春雪黃陵』，與司戶送別之時，其在正初歟？江鄉之遊，首尾不過三月，斷不能遍涉池、昇、揚諸州也，馮說誤甚。

【編年詩】卽日地寬樓已迥。箋曰：此亦湖湘所賦。夜思原編集外詩。箋曰：義山已就李黨，而又從嗣復，是爲背黨，故以私書幽約爲言。『古有陽臺夢，今多下蔡倡。何爲薄冰雪，消瘦滯非鄉。』微露悔意，蓋倦遊亦將歸矣。贈劉司戶蕡箋曰：司戶貶柳過潭，義山晤別，所謂『春雪黃陵』者，正此時也。河內詩二首箋曰：此嗣復自潮貶湖州司馬後作也。首章『樓上』，以喻相位尊嚴。『鼉鼓』二句，言文宗之崩。『嫦娥』四句，言楊賢妃等失勢，欲援立以自固。『靈香』二句，言安王溶、陳王成美不得其死。『八桂』二句，言嗣復貶潮，嗣復自湘竄潮，必過桂林，故云然也。『入門』以下，則寫己相望之殷，蓋其時嗣復尚有起復之望故耳。次章湖中，實指貶湖之事。『閶門日下』謂長安，『吳歌』點湖州。『後溪』二句，則言無端事起宮帷，嗣復遂遭此無妄之禍也。『傾身』四句，謂已不敢忘舊恩。結以永無相見之期作收。『低樓小徑』，舊時往來，今則惟有『金鞍』與『芳草』相對，亦復何以爲情耶？義山與牛黨關繫最深，去而就李，本冀從此顯達，無如茂元不能爲之援手，故不覺彌感於嗣復也。以河內命題，與河陽詩同。

代贈 楊柳路盡處。箋曰：此亦河內詩意。『雖同錦步障』，寫昔之烜赫。『獨映鈿箜篌』，狀今之寂寥。結歎不如鴛鴦尚可來去自由也。起用『楊柳』、『湖上』，是雙關法。

代贈二首 樓上黃昏。箋曰：詩意無可顯徵，味『東南日出』語，蓋亦爲嗣復貶湖致慨耳。

華州周大夫宴席 自注：『西鈴。』

七月二十八日夜與王鄭二秀才聽雨後夢作 箋曰：『龍宮』以比禁近。『初夢』二句，言少年視禁近無難立致。『瑞霞明麗』，狀臺閣尊貴之景。『旋成』二句，言登第無端又婚於王氏也。『蓬萊』比登第仙人，『拍肩』喻王氏之婚。『少頃』二句，言方欲致身通顯，不意令狐遽因以疏我，而茂元輩又不足恃也。『逡巡』二句，言又從嗣復湖湘。『雨打湘靈』，比貶竄也。『瞥見』二句，以『馮夷』喻嗣復。聖賢冢墓記：『馮夷，弘農華陰潼鄉隄首里人。』此取其意。『鮫綃』、『桑海』，謂人事反復難料也。『亦逢』二句，又以毛女比令狐子直。『無憀極』謂遇我冷落。『龍伯』、『華蓮』，暗指居周墀幕事。『恍惚』二句，狀已一生遇合顚倒。然後結以夢醒作收。此是一篇大旨，馮氏已見及此，惟句下所釋未洽，今爲通之。

七月二十九日崇讓宅讌作 箋曰：詩紀日月，似與上篇相連。義山湖湘失意歸，妻黨中必有見誚者，故詩以解之。言嵩陽招隱，本我素期，何傷濩落，豈到白頭而常此不偶哉？言外之意，大可與『關西狂小吏，惟喝繞牀盧』句相參。

【編年文】

謝鄧州周舍人啓 補編。案周舍人未詳。義山大中元年隨鄭亞赴桂管，上盧侍郎狀有『某行已及鄧州』語；二年自巴蜀歸，陸發荊南詩有『鄧橘未全黃』語，一正春夏之交，一在秋，皆與此啓『孤燭扁舟，寒更永夜』寫景不符，則當是開成五年湖湘歸途作矣。是時義山方赴嗣復幕，至則嗣復已貶，失意而歸，所謂『始邂逅於江津，又差池於門宇』也。惟黃陵相別，乃係春雩之時，而文中所敘，又似冬令，要無庸泥看矣。

上華州周侍郎狀 補編。案文有『已吟棄席，忽詠歸荑』語，當是江鄉歸途作，意在希冀入幕。其後爲汝南公代作諸表，似可互證。

爲京兆公陝州賀南郊赦表 馮氏云：『徐氏以本集代謝相國京兆公諸啓、獻相國京兆公啓，皆爲杜悰，此亦當代悰，而舊新傳無悰出守陝州之事，遂謂史文失此一遷，今而實知其謬也。通鑑：「會昌元年三月，武宗將遣使誅楊嗣復等，戶部尚書杜悰弃馬見德裕」，是何嘗有出外之迹哉？舊書傳：「韋溫，京兆人，文宗時爲尚書左丞，出爲陝虢觀察使。武宗即位，李德裕用事，召拜吏部侍郎。」今據此文，蓋溫於武宗初出爲陝虢，傳文小舛耳。』今從之編此。

爲汝南公華州賀赦表　祭張書記文 案張書記審禮，亦茂元婿也，當與爲外姑祭張氏女文參看。　爲濮陽公上賓客李相公狀一 補編。　爲濮陽公上賓客李相公狀二 補編。案二篇皆李宗閔也，說詳譜。　爲濮陽公陳許謝上表　爲濮陽公陳許舉人自代狀　爲濮陽公陳許奏韓琮等四人充判官狀　爲濮陽公許州請判官上中書狀 補編。　爲濮陽公陳許補王琛衙前兵馬使牒 補編。　爲濮陽公補盧處恭牒 補編。錢氏云：『玩文中「陳國」云云，亦鎭陳許時作。』　爲濮陽公補仇坦牒 補編。　爲濮陽公補顧思言牒 補編。顧思言善棋，大中二年官待詔，見舊書紀。此與上篇無可徵實，既與前二牒同編，當亦一時所作。　爲司徒濮陽公祭忠武都押衙張士隱文 補編。　爲濮陽公上四相賀正啓 補編。案四相無可徵實，此啓亦不審在涇原作，抑陳許也，附編於此。　爲鹽州刺史奏舉李孚判官狀 案文云：『去歲以維新之命，大洽鴻私』，又有『開成五年十一月十三日吏曹已注右威衞倉曹參軍』語，是會昌元年作。惟鹽州刺史，不詳何人，馮氏疑即爲李郎中祭竇端州文『玗剖郡符』之李玗，亦無顯證。　爲汝南公華州謝加階狀　爲汝南公以妖星見賀德音表

會昌二年壬戌　義山三十一歲。

四月乙丑朔，宰臣等上章請加尊號曰仁聖文武至神大孝皇帝，戊寅，御宣政殿受册。是

月九日雨，至十四日轉甚，乃改用二十三日。舊紀。

七月，尙書左丞兼御史中丞李讓夷爲中書侍郎同中書門下平章事。新紀。舊書讓夷傳但云『李德裕秉政，驟加拔擢，歷工、戶二侍郎，轉左丞，累遷檢校尙書右僕射，俄拜中書侍郎、同平章事』，無年月。新紀與本集濮陽公遺表合，宰相表亦同。

八月，迴紇烏介可汗過天德，掠雲朔北川，詔以迴紇犯邊，或攻或守，令少師牛僧孺、陳夷行與公卿集議。百寮議狀固守關防，李德裕議以迴紇所恃嗢沒、赤心，今已離叛，擊之爲便，乃徵發許、蔡、汴、滑等六鎭之師，以太原節度使劉沔爲南面招討使，盧龍節度使張仲武爲東面招討使，李思忠爲河西党項都將西南面招討使，皆會軍於太原。舊紀。原譜，參案會昌一品集有請發陳許徐汝襄陽等兵狀注：『會昌二年八月十日。』又請於太原添兵備狀云：『臣等商量請發陳許步軍三千人、鄭滑步軍三千人，令至太原屯集。』又云：『嗢沒斯等本國殘破，逗留塞上，今已周歲，時屬寒沍，必難首途。』考舊紀：『迴紇烏介可汗爲黠戛斯所攻，嗢沒斯殺赤心宰相，率部下數千帳近西域。』事在會昌元年八月，至是適周歲，則徵兵爲是年八月無疑。惟灞岸詩有『平時二月』語，與史又不符，此詩當是會昌三年所作。三年二月石雄雖破烏介可汗，迎太和公主歸，制書仍令諸道兵馬使進討，則徵兵仍未輟也，作詩時必尚未得捷音，即日詩『赤嶺久無耗，鴻門猶合圍』，可以互證。若淮陽路一首，則本年往返陳許所作，不得以『分兵』二字泥看，諸道徵兵防秋，固無時不有也。三年，義山正丁母憂，祭外舅文：『改頫水之辭違，成洛陽之赴弔。』必無再至忠武情事，馮氏與上二詩同編，未免小疏，識者覈之。

詔銀州刺史何淸朝、蔚州刺史契苾通領沙陀、吐渾六千騎趨天德，李思忠率迴紇、党項之師屯保大栅。舊紀，參新書迴紇傳。契苾通，何力五世孫，見通鑑。會昌一品集請何淸朝等分領李思忠下蕃兵狀云：『契苾通本是蕃中王子，先在蔚州，且遣分領，必上下情通，更無所慮。』通由蔚州刺史備兵天德，與新書迴紇傳合，舊紀疏漏，今補之。

十月，吐蕃贊普卒，十二月，遣使論普熱入朝告哀，詔將作少監李璟入蕃弔祭。舊紀，參吐蕃傳。案文集爲懷州李中丞謝上表，徐氏箋曰：『李中丞不知其名，據表，蓋使吐蕃而還，乃拜懷州之命者。考舊書紀傳：「會昌二年十二月，將作少監李璟入蕃祭弔。」表云：「三時而還。」則還期在三年深秋，時方討澤潞，與「潞潛逆孽，許出全師」語合，李中丞蓋卽其人。』又爲李郎中祭舅竇端州文云：『玗剖郡符，璟持使節，塞遠城迴，河窮路絕。』馮氏謂玗疑本集所稱鹽州刺史，璟卽李中丞。玗、璟皆西平孫，新書世系表止列聽子六、愻子一，餘無考。其刺懷州，則會昌三年也。

是年，令狐綯爲戶部員外郎。原譜據舊書綯子滈傳。案令狐滈傳：綯上言：『臣男滈，會昌二年臣任戶部員外郎時已令應舉。』而綯傳則云『累遷庫部、戶部員外郎』，其遷庫部，或在會昌元年，義山開成五年從調時獻河東公、彭城公啓尚稱補闕令狐子直也。若新書傳祗載右司郎中一除，尤爲疏略。綯大中二年曾以考功郎中內召，蓋兩爲員外郎，兩爲郎中矣。贈子直花下詩當爲是年作，以詩意不言陳情，必係重入秘省時也，說詳箋。

盧簡辭入爲刑部侍郎，轉戶部。舊書簡辭傳。案新傳但云『累擢湖南浙西觀察使』，漏書入朝歷官。簡辭檢校工部尙書，爲忠武節度使，在大中初。補編有請盧尙書撰諸誌文狀，事在會昌三年，時必已例加尙書矣。諸狀當爲簡辭官戶部時作。其入爲朝官，舊傳渾稱會昌中，不詳何年，姑附此。

義山居陳許幕，辟掌書記，又以書判拔萃，授祕書省正字，正九品下階。旋居母喪。原譜參本傳、本集。

案補編祭外舅文云：『公在東藩，愚當再調。賁帛資費，銜書見召。水檻幾醉，風亭一笑。日機中戻，月移朒朓。改潁（原作頓，從錢改。）水之辭違，成洛陽之赴弔。』是茂元鎮忠武時，義山曾至其幕，有淮陽路詩可證。重祭文云：『及移秩農卿，分憂舊許，羈牵少暇，陪奉多違。』乃寓茂元不能特達薦舉，而已仍不能不奔走京師，別圖進取之感，非未為其幕官。本傳書『茂元鎮河陽，辟為掌書記』於會昌二年，不誤。惟河陽當改作陳許，玩祭文『潁水』、『洛陽』二語，及重祭文：『屬纊之夕，不得闢啓手之言。』則義山自離陳許，未嘗隨至河陽也。集中為濮陽公與劉稹書當是在京寄作；為懷州刺史李使君諸狀文，則當茂元卒後，且是懷非孟，（河陽節度雖領懷州，而治所實居河陽。河陽舊懷州屬縣，後昇為孟州也。）是時義山已遭母喪，固不得為河陽掌記確證已。（赴陳許幕或當在會昌元年，本年則入京試判，觀集中為濮陽諸表，皆茂元初至鎮時作可見。惟獻華州周大夫十三丈啓，有『北誅雜虜，西卻諸戎』語，又云：『某方從羈宦，遽遠深恩。』似赴陳許時經過華下，答謝周墀之作，故今合本傳入是年。）又案本傳云：『會昌二年又以書判拔萃。』祭徐氏姊文云：『三千有司，（馮注謂宏詞、吏部試判及拔萃。）兩被公選，（馮注謂試判與拔萃。）再命芸閣，（謂祕書省校書郎及正字。）叨跡時賢。』祭裴氏姊文云：『既登太常之第，（馮注：『通典：「龍朔二年改禮部尚書為司禮太常伯，咸亨元年復舊，侍郎一人，掌策試貢舉。」』案此謂登第。）復忝天官之選，馮注謂試判入等授官。案指校書郎。免迹縣正，馮注：『通典：「隋煬帝改縣尉爲縣正，後置尉。唐武德中復改正，七年復爲尉。」』案謂辭任弘農尉。刊書祕邱。』樊南甲集序云：『後又兩爲祕省房中官。』偶成轉韻詩上盧弘正云：『公事武皇爲鐵冠，歷廳請我相所難；我時顦顇在書閣，臥枕芸香春夜闌。』馮氏據此謂義山是年重以拔萃入祕書省爲郎，甚確。考補編請盧尚書撰曾祖妣誌文狀云：『曾孫商隱，以會昌二年由進士第判入等，授祕書省正字。』與前所引皆合，馮氏未見補編，譜中渾稱爲校書郎正字，與校書郎雖同屬祕省官，而有上下階之判，但爲清資則一也。惟補編請撰仲姊誌文狀云：『會昌三年，商隱受選天官，正書祕閣。』則又與二年不符，不知此文下蒙『仲姊之殂，三十一年』言之，而拔萃入官，實卽二年事耳。其詳已見前生年考。唐時既爲內外官，從調試判者極多，其以尉而拔萃者亦時有，馮氏曰：『如舊書陸贄傳，「登進士第，以博學宏詞登科，授華州鄭縣尉。罷秩，又以書判拔萃，授渭南簿，遷監察御史」之類是也。』義山開成五年辭尉任從調以此，觀獻河東公、彭城公兩啓可見。是時德裕當朝，以集中相思詩所云『相思樹上合歡枝，紫鳳青鸞共羽儀』，茂陵詩『誰料蘇卿老歸國，茂陵松柏雨蕭蕭』證之，義山此時大有希望李黨之意。其後從鄭亞，從李回、柳仲郢，又皆衞公所厚者，則重入祕省，或非藉令狐之力歟？　又案義山居母喪，集中不詳何年。　祭徐氏姊文：『罪積行違，不誅其身，再丁憫凶，藐無怙恃。』又云：『再命芸閣，叨迹時賢。於顯揚而雖未，在進修而不懈。今者苴痲假息，糞土偷存。』又云：『以祥忌云近，哀憂載迷。』祭處士房叔父文：『迫以哀憂，兼之瘵恙。』祭裴氏姊文：『免迹縣正，刊書祕邸。榮養之志纔通，啓動之期有漸。而天神降罰，艱棘再丁。』又云：『朝夕二奠不敢久離，遂遣羲叟一人，主張啓奉。』諸祭文皆會昌四年劉稹未平時作。祭裴氏姊文：『厲劉孽叛換，逼近懷城，懼罹焚發之災，永抱幽明之累，遂以前月初吉，攝縗告靈。』又云：『又以十二房舊域，風水爲災，胡子、彭兒，藐然孤小，雖古無修墓，著在典經，而忘禮約情，亦許通變。今則已於左次，別卜鮮原，重具棺衾，再立封樹。兼小姪寄兒，亦來自濟邑，駃魂稚魄，依託尊靈。』考祭處士房叔父文：『近者以壇山舊塋，忽罹風水。載惟瑊頊，藐爾孤沖。某等輒考諸蓍筮，別卜邱封，使羲叟以令日吉時，奉移神寢。』請盧尚書撰故處士姑臧李某誌文狀：『會昌三年以風水爲患，松楸不立，願襄改卜之禮，敢遺撰美之義。』即是此事，而祭小姪女寄寄文書『正月二十五日』，則仲姊、叔父之葬，皆在四年正月無疑。補編請盧尚書撰仲姊誌文狀所謂『以潞寇憑陵，擾我河內，懼罹焚發，載軫肝心，遂泣血告靈，攝縗襄事。卜以明年正月日歸我祖考之次，滎陽之壇山』是也。惟祭文又云：『惟安陽祖妣未祔，仍世遺憂。昨本卜孟春，便謀啓合，會雍店東下，逼近行營。潞寇朝弭，則此禮夕行。首夏以來，亦有通吉，倘天鑒孤藐，神聽至誠，獲以今茲，免負遺託，即五服之內，更無流寓之魂；一門之中，悉共歸全之地。』此則指義山曾祖妣歸祔懷州而言，與仲姊、叔父葬鄭州壇山者非一事。補編請盧尚書撰曾祖妣誌文狀：『夫人始以壽殁，諸孤且幼，亦未克以夫人之柩，合於安陽君。懷鄭相望，二百里而遙，仍世多故，塋兆尚離。懼泉阡乖隔，松櫝摧殘，銜哀抆血，盡力襄事。尅以來年正月日啓夫人之櫬，歸合於懷之東原。』蓋其曾祖妣由鄭州歸祔安陽君於懷，先本擬在正月，與仲姊、叔父之葬同時舉行，後因雍店寇逼，始又改卜首夏也。祭徐氏姊文敍此事云：『又以祖曾之前，未一完兆；骨肉之內，猶有旅魂。將自來茲，克用通便。以顯之義，雖不敢望；無忝之訓，庶幾或存。』可以互證。徐氏姊係葬於夫家，與夫合祔，故文云：『東望景亳，椎心仆身。』不在懷鄭，其葬或當在仲姊之先也。 馮氏所釋支離違反，殆不可從。 馮氏據此，遂書遭母喪於三年，而譜中又謂居憂宜在二年。 考補編曾祖妣誌文狀曰：『曾孫商隱，以會昌二年由進士第判入等，授祕書省正字，所以稱家，剋謀啓合。 罪戾增積，降罰於天，卜吉之初，再丁凶釁。 永惟殘喘，寄在朝夕。』 後又云：『剋以來年正月日啓夫人之櫬，歸合於懷之東原。』 而仲姊誌文狀則曰：『返葬之禮，闕然不修。 至會昌三年商隱受選天官，正書祕閣，將謀龜兆，用釋永恨。 距仲姊之殂，已三十一年矣。 神符夙志，卜有遠期；而罪釁貫盈，再丁艱故，且兼疾瘵，遂改日時。 明年冬以潞寇憑陵，擾我河內，懼懼焚發，攝緩襄事。卜以明年正月日歸我祖考之次。』 二文述丁母憂事，均承宦祕省而言，則母卒確爲二年事。 雖仲姊狀云『會昌三年』，而三年乃直接仲姊之殂三十一年，其下即綴以『明年冬』云云，劉稹之叛在三年，至四年八月平，則所謂明年者，正指三年。 前狀云來年，來年謂後年。 此言明年，文義固自分別也。 故參互考訂，定爲是年。 祭徐氏姊文先於仲姊，在會昌三年，而有『祥忌云近』語，四年冬退居永樂詩題云：『渴然有農夫望歲之志。』必係母喪將期時。補編上鄭州李舍人第四狀曰：『某十月初始議西上。』乃會昌五年服闋將入京作，則母卒當在是年冬暮矣。又案祭仲姊文：『伏惟朝夕二奠，不敢久離。』祭文在四年正月，又似母喪未久者，與是年遭喪又不細符。考集中葬叔父、葬姊姪皆有明文，不應葬母獨闕，祭文云：『南望顯考，東望嚴君。』易：『家人有嚴君焉，父母之謂也』，是仲姊之葬，必與葬母同時。文又云：『遂以前月初吉，攝練告靈。號步東郊，訪諸耆舊。孤魂何託？旅櫬奚依？斷手解體，何痛如之！灑血荒墟，飛走同感。』其姊寓殯獲嘉，在河內伊洛之東，故曰東郊，必是義山奉母返葬時所經過，則所謂『朝夕二奠，不敢久離』者，蓋指將葬時居墓次朝夕奉靈耳。儀禮：『死三日而殯，三月而葬，入適殯宮，猶朝夕哭不奠。三虞，卒哭。』奠在葬前，凡將祖時皆然，不必泥定爲始死也。

義山葬母，考之祭文，當無疑義。惟祭叔父文上云：『使義叟以令日吉時，奉移神寢。』下云：『迫以哀釁，兼之瘵恙，曾非遐遠，不獲躬親。』又似葬仲姊與葬母不同時。玩『曾非遐遠』語，或葬叔父稍後於仲姊，義山葬母及姊畢，因病先返，故云云也。祭仲姊文敍葬叔父事，所謂『通年離遇，同月異辰』，時日後先，固約略可考也。

【編年詩】淮陽路　箋曰：此赴茂元陳許辟時作。『昔年曾聚盜』，謂吳元濟盜有淮西。『此日頗分兵』者，少誠為節度，治蔡州；陳許本自有節度，治許州；蔡平，始析郾城為溵州，屬陳許，其後又省彰義歸忠武軍，故曰分兵也。藩鎮拒命，由於猜貳朝廷，結深歎平之之不易。馮編於會昌三年討劉稹時，誤。

無題二首　昨夜星辰。箋曰：此初官正字，歆羨內省之寓言也。首句點其時其地。『身無』二句，分隔情通。『隔座』二句，狀內省諸公聯翩並進，得意情態。結則艷妬之意，恐已不能身廁其間，喜極故反言之也。次章意尤顯了，『蕚綠華』以比衛公。閶門在揚州，舊紀：寶曆二年鹽鐵使王播奏：『揚州舊漕河水淺，今從閶門外古七里港開河向東，取禪智寺橋東通舊官河』是也。此指淮南。下言從前我於衛公可望而不可親，今何幸竟有機遇耶！『秦樓客』，自謂茂元婿也。觀此則祕省一除，必李黨汲引無疑。義山本長章奏，中書掌誥，固所預期。當衛公得君之時，藉黨人之力，頗有立躋顯達之望，而無如文人命薄，忽丁母憂也。此實一生榮枯所由判歟？自趙臣瑗謂此義山在茂元家竊窺其閨人而作，於是解者紛紛，不知是年茂元方鎮陳許，即開成四年義山釋褐校書，茂元亦在涇州，蹤跡皆不相合。馮氏亦知其不通，則又創為茂元有家在京之說，更引街西池館等篇實之，義山不但無特操，且從此為名教罪人矣。何其厚誣古人如是哉？

贈子直花下　箋曰：詩作尋常投贈語言外，頗有平視意，與後此西掖玩月之作，情態異矣。是重官祕書得意時也。

哭劉蕡

哭劉司戶二首

哭劉司戶蕡　馮氏云：『義山重疊致哀，細味之實一時作，或有代人之作而並存者。後漢書：竇融待從事班彪以師友之道，陶謙接鄭玄以師友之禮。七律結聯用此意，似非義山分誼也。』此說頗為近之。

贈別前蔚州契苾使君　自注：『使君遠祖，國初功臣也。』

【編年文】為汝南公賀彗星不見復正殿表

為汝南公賀元日御正殿受朝賀表　徐氏云：『與賀彗星不見表相繼而上者。』

為汝南公賀元日朝會上中書狀　補編。題有訛。文云：『得本道進奏院狀報，今月日皇帝御宣政殿受册尊號為仁聖文武至神大孝皇帝，禮畢，御丹鳳樓大赦天下者。』錢氏云：『案周墀自華遷鄂，史無年月，考唐摭言，會昌三年王起再主文柄，墀以詩寄賀，其時猶刺華州，以武宗上尊號之歲計之，則文當為刺華時作。惟元日朝會為歲舉之常儀，而請上尊號為一朝之盛典，本屬兩事，且武宗受册在四月，而文中亦不引元正故實，尤屬可疑，豈元日朝會狀別有一文，而後文乃賀上尊號狀，傳鈔脫誤，遂合爲一歟？』補編。

獻華州周大夫十三丈啓　爲李郎中祭舅竇端州文　案郎中不詳何人，文有『玗剖郡符，璟持使節，塞遠城迥，河窮路絕』語，馮氏謂爲西平之孫，甚是，惟端州無考耳。此當作於李璟未刺懷州前，姑附此。

會昌三年癸亥　義山三十二歲。

二月，太原節度使劉沔率師至大同軍，遣天德行營副使石雄襲回鶻牙帳，大敗於殺胡山，迎太和公主歸。原譜據舊紀。案新紀書石雄敗回鶻於正月庚子，舊紀蓋據奏到日也。觀會昌一品集正月十五日請更發兵邀截回鶻狀、正月三十日殄滅回鶻事宜狀，尚未及殺胡山之捷，可證。

四月，昭義節度使劉從諫卒，三軍以其姪稹爲兵馬留後，上表請授節鉞。遣使詔稹護喪歸洛陽，稹拒朝旨。五月，詔百寮會議劉稹可誅可宥之狀以聞。原譜據舊紀，參會昌一品集。舊紀詔會議可誅可宥之狀，書於稹拒朝旨下。會昌一品集有論昭義三軍請劉稹勾當軍務狀則在五月二日，代弘敬與澤潞軍將書亦有『四月三十日追問梁叔文』語，則會議在五月審矣，舊紀乃連類及之耳。

以忠武節度使王茂元爲河陽節度使，邠寧節度使王宰爲忠武節度使。原譜。案茂元移鎭河陽，舊紀失載，通鑑則書在四月。考祭外舅文云：『赤狄違恩，晉城告變。假三齊之餘醜，犯神州之近甸。懷邑營匝，河橋旆轉。』是茂元之移鎭，爲討劉稹也。五月朝廷方會議可誅、可宥之狀，非四月。再合之會昌一品集六月十九日請賜澤潞四面節度使狀已有茂元名，則移鎭當在五月也。新傳云：徙河陽，討劉稹，最得其實。爲濮陽公遺表敍移鎭事，但云『當上黨阻兵之始，是孽童拒詔之初』，乃略文，不及祭文先敍劉稹拒命事爲分明矣。王宰之徙忠武，史無時月，當係同時。馮氏據遺表『分領許昌，兼臨河內』語，謂似其初以陳許兼河陽，繼乃命王宰，亦通。

戊申，以翰林學士承旨中書舍人崔鉉爲中書侍郎同中書門下平章事。原譜參新紀。舊紀在四年八月，誤。考濮陽公遺表稱宰相已有鉉名，今從新紀，宰相表亦同。

六月辛酉，李德裕爲司徒。新紀宰相表。舊紀在二年五月，似太早，此蓋賞德裕贊畫討潞之功也。

七月戊子，遣戶部侍郎兼御史中丞李回宣諭河朔，鎭冀王元逵、魏博何弘敬皆從命。原譜據舊紀。　案會昌一品集幽州鎭魏使狀，事在七月十一日。

八月，制告中外削奪劉從諫、稹官爵，以成德軍節度使王元逵充北面招討使，魏博節度使何弘敬充東面招討使，仍委河中節度使陳夷行、河陽節度使王茂元、太原節度使劉沔各進兵攻討。原譜參舊紀。舊書沔傳：『授太原節度使，充潞府北面招討使。』案元逵已爲北面招討使矣，會昌一品集請授王宰行營攻討使狀有云：『望加劉沔、張仲武招撫使，例降黃敕。』則沔所加者，乃招撫，非招討也。　案舊紀在九月，馮氏載此於七月李回奉使時，考舊紀八月陳夷行充河中節度晉絳慈隰觀察使，而詔書中已列夷行名，則非七月明矣。　況李回宣諭幽州鎭魏在七月十一日，則制告中外削奪劉稹官爵，必當俟使回之後。會昌一品集請賜仲武狀有『臣等見李回說仲武似疑劉稹未有罪狀』云云，在九月二日李回奉使回京之時，則制告削奪，必在此狀前後無疑。　馮氏謂茂元屯兵萬善，勢頗危急，事在八九月間，賜王宰詔意云：『賊焚爇晉絳廬舍，侵逼萬善，罪惡貫盈。』因疑制文所指逆節，止言拒命，不及凶鋒，而譏舊紀九月爲太遲。　不知茂元屯兵萬善雖在八月，而賊將進攻天井關則必九月初事。　其八月間兵力寡少，勢頗危急，由魏鎭奉命討賊，遷延不進所致，觀會昌一品集八月二十四、二十八日論河陽事宜二狀但言河陽兵力已竭，而不及萬善進攻可見。論陳許兵馬狀在八月二十日，所謂『緣魏博討賊遷延，頗招物議』者，自是李回奉使未回時情形。　及回宣諭歸，已探得河朔意旨，始毅然下詔，布告中外，則當在八月之杪矣。若賜王宰詔意不載日月，乃九月下詔後事也。會昌一品集又有賜彥佐沔茂元詔云：『近有詔書，令取七月中旬，五道齊進，王元逵久蓄忠憤，率兵先諸軍深入險阻。』又云：『且不副於詔書，已後期於成德。』此詔亦當在八月，其言七月中旬，蓋追敍之詞。大抵自古討叛，必先布署，始行昭告天下，無緣以前即無交綏。解者泥於下詔後乃始命將進攻，未免遠於事實矣。故參諸會昌一品集定爲八月。

仍以徐泗節度使李彥佐爲晉絳行營諸軍節度澤潞西南面招討使。原譜據新紀，參舊紀。案會昌一品集有六月五日論李彥佐翼城駐軍事宜狀，是彥佐統晉絳行營在前，故新紀書於五月，蓋至是始加招討使耳。河中節度使八月新除陳夷行，旋卒，會昌一品集贈夷行司徒制可證，繼之者後爲崔元式。此時節度使雖易人，而彥佐統行營則如故，故舊紀句首有仍字。馮氏列此於七月，蓋誤。

河陽節度使王茂元以本軍屯萬善。原譜參舊紀。案舊書茂元傳云：『以本軍屯天井。』新書劉稹傳則云：『茂元屯萬善，別遣將營天井關，爲賊將薛茂卿所破，執四將，火十七柵。張巨進攻萬善，不能下，茂元欲走，會日暮，賊自潰去。詔忠武王宰以本軍入懷潞行營。』會昌一品集請授王宰行營攻討使狀在九月四日，則茂元之屯萬善必更在先，天井之敗，或與下詔同時，故制文不及詳敍此事也。舊紀在九月，似小疏。

九月，陳許節度使王宰充澤潞南面招討使，兼領河陽行營諸軍攻討使。原譜參舊紀、會昌一品集。案王宰兼河陽行營，因茂元病也。會昌一品集有九月四日請授宰兼攻討狀云：『王茂元雖是將家，久習吏事，深入攻討，非其所長。』又云：『茂元縱得痊復，且要留鎮河陽，行營諸軍，須有所委，望授王宰兼行營諸軍攻討使。』又有授宰制云：『近者狂寇憑阻，屢犯顏行。茂元莫追定居，遽屬爽秋，暫嬰寒泄，誠威重之可倚，顧臥護之未任。是用改爾乘軒，總齊諸校。』則兼領行營，在茂元天井敗後。據會昌一品集八月十一日請賜弘敬詔書，有『令王宰自領陳許兵直抵邢州』語，是宰充招討使在八月，至九月始兼領行營攻討也。金石續編有王宰靈石縣記石云：『會昌三年，蒙恩換許昌節，至九月，自許昌統當軍驍卒，洎河陽、義成、宣武、浙西、宣歙等軍兵馬，充攻討使，誅除壺關寇。』可以互證。舊紀但云以宰充南面招討使，而漏書兼領河陽行營；新紀但云兼河陽行營攻討使，而漏書招討，均誤。

以天德軍使石雄爲李彥佐之副，旋以雄代彥佐爲晉絳行營節度使，令自冀氏取潞州。原譜參會昌一品集、舊紀。　案舊紀載此與制告中外及彥佐充招討使均在九月，而云『彥佐制下後踰月未出師，朝廷疑其持重，乃以天德軍石雄爲之副』，則踰月當爲十月，未免自爲矛盾，固知彥佐任招討與制告中外，必在八月也。會昌一品集有授石雄晉絳行營節度使制，已稱兼充晉絳行營副使，則副彥佐在前，而代彥佐節度行營或稍在後。又有論石雄請添兵狀，有『訪聞冀氏，去潞州最近』語，事在九月二十四日，當與節度行營同時。馮譜似得其實，今從之。

劉稹牙將李丕降，用爲忻州刺史。原譜參舊紀。

河陽節度使王茂元卒。贈司徒。原譜據舊紀。　案濮陽公遺表云：『自前月某日後軍聲大振，賊勢稍衰，人一其心，士百其勇。而精誠靡著，志望見違，援桴之意方堅，就木之期俄及。忽自今月某日疾生腹臟，弊及筋骸。藥劑之攻擊愈深，神祇之禱祠無益。固已騰名鬼籙，收氣人寰。』前月某日後者，指八月屯兵萬善以後事，即爲王侍御瓘謝宣弔賻贈表所謂『上憑王略，下振軍威，旬月之間，慶捷相繼』是也。其卒當在九月之末。會昌一品集有贈王茂元司徒制云：『來必挫鋒，去者奪魄。』但敍其堅守萬善之功。新傳云：謚曰威。　又案茂元贈司徒，補編爲王秀才妻蘇氏祭先舅司徒文：『水土分官，翻作追榮之美。』用書『汝平水土』語，乃指司空，是誤筆，或文有訛，未可據。

李德裕奏：『河陽節度舊領懷州刺史，常以判官攝事，請以河陽置孟州，其懷州別置刺史。』旋授李璟爲懷州刺史。原譜據通鑑、參本集。　案補編爲懷州刺史上後上門下狀曰：『伏奉月日制書，授持節懷州諸軍事守懷州刺史、兼御史中丞者，以今月日到任上訖。去神州二百里而近，無正守三十年已來。記室參軍，代司符印；中兵祭酒，分理城池。今各額更新，官司復舊。惟當罄忠武在行之衆，奉盟津攬轡之威。』又爲懷州李中丞謝上表曰：『若臣者，過獎在朝，承乏充使，將聖代懷柔之德，奉昆夷畏慕之心。萬里以遙，三時而復。謂能專對，遽委牧人。況潞潛逆孽，許出全師，繫此州兵，橫制賊境。』云云，則懷州別置刺史，當在茂元卒後，此李中丞即於是時除任者也。徐氏以曾充使命定爲李璟，是矣，今徑補之。

十月，河東節度使劉沔充義成軍節度使。荊南節度使李石兼太原尹北都留守充河東節度使。原譜據舊紀。

十一月，党項寇邠寧，兗王岐爲靈夏六道元帥安撫党項大使，御史中丞李回副之。新紀。

案補編上座主李相公狀曰：『而又代朔舊戎，沙陲小梗，既謀元帥，果在賢王。相公復以全謀，副司戎重，遠揚威畫，尋以懷柔。』即述此事，而敘於宣諭鎮魏之後，與紀合。若太平廣記引芝田錄所載李回使冀城爲催陣使責王宰石雄破賊限狀，以會昌一品集請遣使至天井冀氏宣慰狀考之，事在四年三月安撫副使罷後，錢氏誤引以注補編，非也。

十二月，賊將薛茂卿入澤州，密與王宰通，謀爲內應，宰疑不敢進。稹誘茂卿至潞殺之，幷其族。原譜。

案新書稹傳：『王茂元遺將營天井關，爲賊將薛茂卿所破。茂卿負戰勝，冀厚賞。或言其兵犯王略深，朝廷且怒，節益不可至，稹然之。故茂卿失望，乃與宰通，即僞挑戰，亟北，委天井關去，左右七營皆潰。茂卿奔澤州，使諜言於宰曰：「澤可取，吾應於內。」宰疑不進，失期。茂卿扼腕悵恨，稹聞其貳，召誅之。』考新紀：『十二月丁巳，王宰克天井關。』則茂卿被誅，必不同時，疑是四年正月事。文集爲裴懿無私祭薛郎中袞文，馮氏謂：『薛袞必茂卿兄弟，文有「翟虜氛興，殷楹夢起」，及「殄灌宗、傾王氏」語，蓋聞茂卿爲賊用，憂懼而卒者』，其說似是，故仍依原譜載此，以備參證。又案命討昭義，新舊二書所載，遲速不同，馮氏已據會昌一品集較正矣。劉從諫之卒在四月，文集爲濮陽公與劉稹書云：『昨者祕不發喪，已踰一月。』則必五月矣。又云：『安而拒詔，又歷數旬。』則必六月矣。此書當作於七月，書勸其護喪歸朝。又云：『延望還章，用以上表。』是其時雖已用兵，尚遷延未急進討。新紀書命招討使於五月，固誤；馮氏移制告削奪官爵於七月，亦未盡事實。今再以會昌一品集參證之，似較馮氏爲得矣。至澤潞之役，在會昌三年，史無異說，惟全唐文李磎所作蔡襲傳述迎太和公主歸京師後云：『會昌二年劉稹據上黨反，楊弁於太原乘閒拒命，見獲，四年，上黨平。今上大中四年，南山黨羌反。自會昌二年及今征伐，襲並有勳績。』所言會昌二年，當係三年之訛，恐解者誤引，附此辨之。

是年，義山徐氏姊夫卒。本集。案文集祭徐姊夫文云：『逮愚不天，再丁凶釁，泣血偷息，餘生幾何？君方赤紱銀章，浙東從務。道途悠邈，時序徂遷，訝弔緘之不來，忽訃書之俱至。感舊懷分，情如之何？』徐爲浙中從事，馮氏謂：『通典、史志，五品服緋。徐之官階當類此，其卒必與義山喪母先後同時也。』母喪余定爲二年冬暮，故編入是年。

案義山開成五年移家關中，則母喪在京。會昌四年楊弁平後，遷寓永樂。五年春自永樂應鄭州李舍人之招，由鄭歸，始定居東洛。十月入京。皆見集中。而本年九月又有爲濮陽公遺表、王侍御謝弔贈表、懷州刺史李中丞諸表文，十月十五日有爲馬懿公郡夫人王氏黃籙齋文，考裴氏仲姊寓殯獲嘉，獲嘉，懷州屬縣，必義山葬母、遷姊柩時曾至懷洛，故有此等代作也。據重祭外舅文，義山此時未至河陽，遺表及弔贈表與李中丞諸表文，或非一時作。祭姊文在四年正月，而云：『前月初吉，攝纕告靈。』必本年十二月上旬。李中丞授懷州雖在九月，而赴任自不妨稍後。當是爲茂元諸表作於洛，而爲李中丞諸表文作於懷也。至懷之時，茂元已前卒矣。以黃籙齋文考之，十月間義山始至洛也。祭文所謂『號步東郊』者，正此時矣。

【編年詩】灞岸　即日　小苑試春衣　馮氏云：『「赤嶺」句，謂戍吐蕃者久不歸。「鴻門」句，謂逐回紇者猶苦戰。漢武帝元朔四年置西河郡，統三十六縣，有鴻門縣，唐時河東道之邊爲介入犯，正其地，非項羽所屯之鴻門也。』箋曰：通首皆爲征人思婦而發，感事之作，別無寓意。或以人愁我愁解之，鑿矣。　賦得雞　馮氏云：『刺藩鎮利傳子孫，故妬敵專權，而無勤勞王室之志。三句謂其自謀則固也。雞取戰鬭策連雞之義，當爲討澤潞，宣諭河朔三鎭時作。』箋曰：馮說殊妙，勿爲子孫之謀，欲存輔車之勢，衞公先見，足爲此詩確證。結言恐驚夢穩，豈眞稟承王命哉？不過冀朝廷不奪我兵權耳。陽烏，日也，喻君。

和劉評事永樂閒居見寄　箋曰：劉評事卽後所謂劉章二前輩。劉，閒居永樂詩意望其入京云『青雲事業我全疏』者，時義山丁母憂也，此未居永樂時作。

和韋潘前輩七月十二日夜泊池州城下先寄上李使君　箋曰：集有十字水：韋潘侍御同年，此稱前輩，未知是一人否？至移家永樂詩所稱劉章二前輩，當卽此韋潘。徐氏云：『杜樊川有處州李使君墓誌銘：「使君名方元，字景業，由起居郎出爲池州刺史，凡四年。會昌五年四月卒於宣城客舍。」』李之刺池，始於會昌元年，則此詩必此數年所作。此章潘出詩見示，而義山和之者，當在未移永樂前也，酌編於此。

【編年文】爲濮陽公與劉稹書　代僕射濮陽公遺表　爲王侍御瓘謝宣弔幷賻贈表　馮氏云：『瓘，王茂元子，茂元傳不附載。隴西郡君祭女文云「七女五男」，此當其長也。』　爲懷州李中丞謝上表　英華原注：『武宗。』案李中丞，李璟也，詳譜。　爲懷州刺史舉人自代狀　爲懷州刺史上後上門下狀　補編。　爲懷州李使君祭城隍神文　爲李懷州祭太行山神文　補編。　上易定李尙書狀　補編。　祭徐姊夫文　祭徐氏姊文　爲馬懿公郡夫人王氏黃籙齋文　補編。　爲馬懿公郡夫人王氏黃籙齋第二文　補編。　爲馬懿公郡夫人王氏黃籙齋第三文　補編。　請盧尙書撰故處士姑臧李某誌文狀　補編。錢氏云：『盧尙書，簡辭也。』　請盧尙書撰曾祖妣誌文狀　自注：『故相州安陽縣姑臧李公夫人，范陽盧氏北祖大房。』補編。　請盧尙書撰李氏仲姊河東裴氏夫人誌文狀　補編。　爲鄭一作馮。從事妻李氏祭從父文　案此文在洛作，有『干戈未息』語，澤潞未平時也，附是年。

會昌四年甲子　義山三十三歲。

正月乙酉朔，河東將楊弁作亂，逐太原節度使李石。壬子，河東監軍使呂義忠收復太原，擒楊弁，盡斬亂卒。原譜據舊紀。

二月丁巳，以河中節度使崔元式爲河東節度使；石雄爲河中節度使，仍晉絳行營諸軍征討使。原譜。案石雄除河中，舊紀在九月，原譜據文苑英華元式雄授官合制。考雄統晉絳行營，河中則任畹爲留後，見會昌一品集。紀蓋據積平，雄赴鎮時書也。

辛酉，太原送楊弁與其同惡五十四人來獻，斬於狗脊嶺。原譜參舊紀，通鑑在三月。

三月，汾州刺史李丕授晉州刺史，充冀代行營攻討副使。原譜參舊紀、會昌一品集。案李丕副石雄，乃由汾改晉，舊紀但書汾州，誤。集有行次昭應縣道上送戶部李郎中充昭義攻討詩，李郎中，李丕也。考會昌一品集授丕汾州刺史制已云『忻州刺史兼御史中丞李丕。』職官志：『御史中丞，正五品上階。郎中，從五品上階。』豈丕出刺晉州，又換郎中耶？新書藩鎮傳但云：『丕擢忻州刺史，遷汾晉二州刺史，大中初拜振武節度使，徙鄜坊卒。』餘皆無考。大抵外使兼職，史多不載，俟再覈之。

七月，盧貞爲河南尹。陳直齋白香山年譜。案馮氏曰：『白香山集有題府中水堂贈盧尹中丞詩。又「會昌五年三月舉七老會，河南尹盧貞年未七十，與會而不及列。」又「詔取永豐柳植禁苑感賦詩，河南尹盧貞和。」宋陳直齋爲白公年譜，謂是武宗末年事，非宣宗初事。又曰：「盧貞爲尹，在會昌四年七月。」當有所據，故編是年。容再詳考。』唐詩紀事：『貞字子蒙，會昌五年爲河南尹。』本集賀上尊號表在五年正月，而云：『臣幸丁昌運，方守洛京。』則貞尹河南必在前，陳說似可據。香山七老會，又有一盧眞，字亦作貞，前侍御史內供奉官，年八十三，與此盧貞非一人也。

淮南節度使杜悰守尚書右僕射兼門下侍郎同平章事，仍判度支，充鹽鐵轉運等使。舊紀。新書宰相表在閏七月壬戌。

邢、洺、磁三州降，詔石雄率軍七千入潞州。原譜據舊紀。

八月乙未，昭義軍將郭誼殺劉稹以降，澤潞五州平。戊戌，王宰傳稹首，與大將郭誼等一百五十人獻京師。原譜參新舊紀。

戊申，宰相李德裕守太尉，進封衛國公。原譜據舊紀，參新書宰相表。

九月，以前山南東道節度使盧鈞檢校左僕射充昭義節度，澤、潞、邢、洺觀察等使。原譜據舊紀。

郭誼等與稹母裴、稹弟妹、從兄，及李訓、王涯、韓約、王璠之親屬潛匿潞府者，並斬於獨柳。原譜據舊紀。

以陳許節度使王宰充河東節度使，易定節度使李執方充陳許節度使。舊紀參本集。案王宰移鎮太原，通鑑作十二月，據金石續編王宰靈石縣記石云：『嗣至四年八月十日，梟迕首獻闕下。至九月，將歸許昌，軍次溫縣，天使持節至，又授寵詔，還鎮北門。十月過此。』則舊紀不誤。李執方除陳許，史無明文。考集爲白從事上陳許李尚書啟云：『河橋三壘，當弟子之輿尸；易水一城，值將軍之下世。中間衞朔拒君，邢洺起亂，紀侯去國，汾晉挺災。』又云：『今者趙北變風，淮南受賜，戎鷹始至，賓驛初開。』補編上許昌李尚書第一狀云：『況茲閒歲，亟立殊勳。虜帳夷妖，壺關伐叛。旁資巨拔，遙藉謦言。今者靈臺偃伯，衞室歸尊，永言台鉉之司，合屬閒平之允。』第二狀又述茂元喪事云：『王十二郎、十三郎扶引靈筵，兼侍從郡君，今年八月至東洛訖。』則執方之遷鎭，正當澤潞初平時，馮氏謂代王宰，確不可易。 文苑英華有封敖授執方陳許節度使盧弘宣易定節度使合制，而通鑑則書盧弘宣爲義武節度使於會昌五年正月，似稍遲，與王宰自記不合，仍當以集爲據。

十一月，李紳守僕射平章事，出爲淮南節度使。 舊書紳傳。 案新書傳『居位四年，以足緩不任朝謁辭位，復節度淮南』，不詳何月；舊紀及新書宰相表則書於七月。 考集爲絳郡公上諸相啓皆在劉稹平後，上史館李相公啓有『今寰瀛大定，雨露滂流』語，史館李相公指李紳監修國史，則七月出鎭，殊不足據，今從傳。 又案紳之出鎭，蓋代杜悰，悰由淮南入相在七月，舊紀似不應誤。 史館係宰相兼職，此李相公或別是一人，惟會昌中宰相姓李者，紳之外則有李回、李讓夷，本傳皆不言其監修國史，旣苦無確證，姑據舊傳書之。

十二月，牛僧孺貶循州長史。 新傳參樊川集。 案杜牧之僧孺墓銘云：『李太尉專柄五年，自十月至十二月，公凡三貶，至循州員外長史。』新書僧孺傳：『劉稹誅，而石雄軍吏得從諫與僧孺交結狀，又河南少尹呂述言：「僧孺聞稹誅，恨歎之。」武宗怒，黜爲太子少保分司東都，累貶循州長史。』李德裕自開成五年入相，至是正五年，則僧孺之貶，在是年十二月也。

是年，周墀遷洪州刺史江西觀察使。 新書墀傳參樊川集。 案舊書傳書遷江西於會昌六年十一月，考紀：『會昌六年十一月，以江西觀察使周墀爲義成軍節度、鄭滑觀察等使。』是會昌末墀由江西遷鄭滑，非由華州遷江西也。會昌六年三月宣宗卽位。 補編上江西周大夫狀所云『岱北清夷，山東靜謐』，皆武宗時事，則墀爲江西，自在六年之前。 新傳但云『出爲華州刺史，從江西觀察使，進拜義成節度使』，不書年。 杜牧之樊川集墀誌銘曰：『武宗卽位，以疾辭，出爲工部侍郎華州刺史。李太尉德裕伺公纖失，四年不得知，愈治不可蓋抑，遷公江西觀察使。』墀開成五年出爲華州，以誌文四年數之，則遷江西必在是年也。

宣武節度使王彥威卒。 參新舊書彥威傳酌書。 案彥威開成三年七月節度忠武，見舊紀及傳。傳云：『會昌中，入爲兵部侍郎，歷方鎭，檢校兵部尙書卒，贈僕射。』新傳則云：『徙節宣武卒。』考王茂元於會昌元年移忠武，彥威入爲兵部侍郎當在其時。 其徙宣武及卒，不詳何年，本集義山爲絳郡公諸文，皆在澤潞平後，集有爲絳郡公祭宣武王尙書文云：『公昔分茅，愚當視草，於劉向論思之時，賛孟舒長者之號。 及茲出守，實介親鄰。音徽繼好，寤寐依仁。何言永慟，屬此嘉辰！訃哀如昨，歸轍攸遵。』則彥威之鎭宣武，在會昌二年李褒未出守時，而卒於是年也。馮譜列彥威之卒於二年，無據。

李褒爲鄭州刺史。 據本集酌書。案集有鄭州獻從叔舍人褒詩，補編有上鄭州李舍人諸狀，則李舍人名褒。新書李讓夷傳載『開成初，起居舍人李褒兔，文宗謂李石』云云，即其人。又有爲舍人絳郡公諸啓文。新書世系表：『與聖皇帝子像爲武陽房；孫寶之長子承，姑臧房始祖；次子茂，燉煌房始祖；曾孫成禮，絳郡房始祖。』褒與義山同宗支，故文稱從叔也。據翰苑羣書重修承旨學士壁記：『褒開成五年三月二十日自考功員外郎集賢院直學士充，其年六月轉庫部郎中知制誥。會昌元年五月拜中書舍人，十二月加承旨，二年五月十九日出守本官。』本集上李相公啓云：『旋屬虜帳夷氛，壺關伐叛。絳臺北控，有元戎大集之師；鄭國東臨，過列鎭在行之衆。周旋二郡，緜歷兩霜。』上史館李相公啓云：『洎分符竹使，絕籍金閨，一授專城，再易灰琯。』上崔相公啓云：『絳田已非厥任，滎波轉過其材。』褒之出守，當在會昌二年五月後，先刺絳州，而後徙鄭州。其徙鄭州，必在三四兩年間，而不能詳其爲何時矣。以代作諸文，皆在是年，附此。又案補編上鄭州李舍人狀及上李舍人狀，皆爲李褒也。惟上李舍人第一狀云：『及二十三叔歸闕之時。』又云：『去冬二十八叔拜迎軒騎，已託從者附狀起居。』又云：『自春又爲鄭州李舍人邀留比月。』考諸狀皆稱李褒爲『十二叔』，此稱『二十三叔』，且有『鄭州李舍人』語，則此李舍人，必非李褒。褒由舍人出刺鄭州，罷官居洛，見第七狀，此『李舍人』則實官舍人也。狀云：『今則假道選曹，復登綸閣。』可以互證。其先云『固辭內廷，屈典外郡』者，乃述其從前敭歷耳。所稱『二十八叔』，蓋此李舍人之弟，亦與褒無涉，當由輯永樂大典者以題中姓氏官號從同，故類而編之，不可不辨。又案英華有授李褒虢州刺史制，當是褒後所歷官。會稽掇英總集載唐會稽太守題名記：『李褒大中三年自前禮部侍郎，除禮部尙書授，六年八月追赴闕。』則褒在大中時頗通貴也。

令狐綯爲右司郎中。 原譜據新書綯傳酌書。案舊書傳但書累遷庫部、戶部員外郎，漏書右司郎中；新傳則書擢累左補闕、右司郎中，出爲湖州刺史，而漏書員外郎。考集寄令狐郎中詩有『嵩雲秦樹』語，係會昌五年義山病居東洛時作，而和綯湖州詩題亦云酬令狐郎中見寄，則綯洵由右司郎中出守，惟不詳何年耳。刺湖州爲會昌五年，故從原譜載此。

義山返故鄉營葬，於楊弁平後，移家永樂縣居。 原譜參本集。

案是年蹤跡，惟返故鄉營諸葬事及移家永樂見集中，餘皆無徵。大鹵平後移家永樂書懷詩隱約，猝不易解，宜馮氏游移不定也。今再覈之，詩云：『依然五柳在』者，以陶令閒居自比。『昔去驚投筆』，謂從前歷佐方鎭。『今來分挂冠』，謂此後自甘閒廢。實則是時居憂，義山躁進，故有此言。馮氏泥『昔去』、『今來』語，謂喪父時已卜居永樂，前已駁之矣。『甑破寧迴顧』，指李石太原被逐。『舟沈豈暇看』，指茂元卒於河陽，未及哭送。或當時李石曾招游太原，遇變不果，故有『脫身離虎口』句；或引此二事爲例，作幸詞以自慰藉，意亦可通。馮氏疑爲李石幕官，遭亂遽罷，時正在母喪中，恐未然也。若喜聞太原同院崔侍御臺拜詩，此『太原同院』，必係指太和六年令狐楚幕，不得附會李石。馮氏又引續酉陽雜俎、北夢瑣言永樂有李石宅事，亦與入幕不細符。要之，幕僚皆由辟置，唐時無居喪服官者，列傳中可考，豈義山獨放於禮法之外哉？吾友曹元忠云：唐六典注：『遭喪被起在朝者，各依本品，著淺色絁縵；周已下慘者，朝參起居，亦依品色，無金玉之飾。』是居喪服官，唐人不嫌。然考之唐書，奪情起復，藩鎭多有，六典所言，亦係專指常參官，幕僚實不多見也。此譜中歧異之處，故詳辨之，終苦無顯證豁然耳。

【編年詩】行次昭應縣道上送戶部李郎中充昭義攻討 箋曰：此必自京移居永樂時道中所贈。昭應本會昌縣，京兆府屬。惟李丕已加御史中丞，而此云戶部郎中，殊不可解。

出關宿盤豆館對叢蘆有感 箋曰：此詩頗難徵實，四句似喪母後意境，岑參集有夜宿盤豆隔河望永樂寄閨中詩，必移居永樂時作也。

大鹵平後移家到永樂縣居書懷十韻寄劉韋二前輩二公嘗於此縣寄居

登霍山驛樓 箋曰：永樂近境遊覽之作，時澤潞未平，故有結聯。

戲題贈稷山驛吏王全 自注：『全爲驛吏五十六年，人稱有道術，往來多贈詩章。』馮氏曰：『元和郡縣志：「絳州屬縣稷山，因縣南稷山爲名。」』此與霍山驛樓詩，皆似太原往來之作。

過姚孝子廬偶書 徐湛園云：『邵氏聞見錄：「唐永樂縣姚孝子莊。孝子名栖筠，貞元中，父戰歿，栖筠方三歲，其後母再嫁，鞠於伯母。伯母死，栖筠葬之，又招魂葬其父，廬於墓側，終身哀慕不衰。縣令刻石表之。河東尹渾瑊上其事，詔加優賜，旌表其閭。」』姚孝子必卽其人。馮氏云：『義山喪母未久，故觸緒成篇。』

題道靖一作靜，又作淨。院院在中條山故王顏中丞所置虢州刺史捨官居此今寫眞存焉 箋曰：永樂縣有道淨院，文宗時道士鄧太元鍊丹藥於院中，見宣室志。中條山卽雷首山，在永樂。新書地理志：『永樂屬河中，後又隸虢州，神龍元年復故。』徐氏云：『英華有權德輿中嶽宗元先生與尊師集序云：「太原王顏，常悅先生之風，自先生化去三歲，顏爲御史中丞，類斯遺文上獻。」卽此人。』

奉同諸公題河中任中丞新創河亭四韻之作 箋曰：河中任中丞卽河東留後任畹。畹，蜀人，元和十年進士第，見沈亞之集。

靈仙閣晚眺寄鄆州韋評事 箋曰：韋評事當卽韋潘前輩，以曾在永樂寄居，故詩寓招隱之意。靈仙閣在永樂縣，見太平廣記所引傳奇。

寄和水部馬郎中題興德驛時昭義已平 箋曰：興德驛卽興德宮，在同州。馬郎中當自京暫來永樂，因有此作，而義山迎而和之，故首句云然，非馬自永樂還朝也。

菊 馮氏云：『三四是罷官家居，結望入朝。』

和馬郎中移白菊見示

所居 箋曰：詩寫閒適之景，是永樂退居所作。

秋日晚思 箋曰：詩云『忘名』，實則正未能忘，故有結語。前半皆狀閒居景況。初列病廢鄭州時，然彼時似無此傲岸氣象，今仍從馮編。

四年冬以退居蒲之永樂渴然有農夫望歲之志遂作憶雪又作殘雪詩各一百言以寄懷於遊舊　喜雪　馮氏云:『略有寄意。四五聯閒居之景。七八聯兼閨中人言之。結慨不得在京華也。』　隋宮守歲　箋曰:此亦艷羨內省之詩,非寓意令狐也。前半想像,結言不得置身其中,誓不重來京師也。通鑑:『中宗景龍二年十二月晦,勅中書門下與學士、諸王駙馬入閤守歲,設庭燎,置酒奏樂。』其後當爲例典。義山時方閒居,故聞而賦之。首曰『消息東郊』,其作於永樂乎?蒲在西京東北三百里,亦可謂之東郊。若洛中則會昌五年十月已服闋入京,無此情事矣。惟守歲之事,江左已然,見胡三省注通鑑所引庾肩吾除夕應令詩。此題曰隋宮,未詳。

【編年文】祭處士房叔父文　祭小姪女寄寄文　祭裴氏姊文　爲裴懿無私祭薛郎中袞文　馮氏云:『徐氏釆宰相世系表太子舍人裴懿,而疑無字爲衍文,不悟世次之太遠也。今檢表有裴衡字無私,憲宗相垍之弟輩,而思謙之兄輩也。思謙當即見唐摭言開成時科第事者,時次似可合　而本集有寄裴衡詩,疑卽此無私也。史傳劉從諫之妻裴氏,爲代宗相冕之裔,其父儆,則裴與昭義爲親戚矣。題中懿字,亦非衍文,蓋裴與薛是戚懿,或與義山亦有戚懿。新書傳、通鑑,劉稹叛時,賊將薛茂卿破科斗寨,擒河陽馬繼等四大將,火十七栅,距懷州纔十餘里,以無劉稹之命,故不敢入。後以冀厚賞失望,乃密與王宰通謀。茂卿入澤州,密召宰進攻,當爲內應。宰疑不敢進。稹知之,誘茂卿至潞州,殺之,幷其族。朝廷贈茂卿博州刺史。事在會昌三年秋冬也。此薛郎中者,必茂卿兄弟,因聞茂卿爲賊用,故憂懼而死。文云:「翟虜氛興,殷楹夢起」是也。其族爲劉稹所害,故曰「殄灌宗,傾王氏」也。裴之遠謫,當亦有所牽累。新書傳、通鑑,裴氏弟問爲稹守邢州,密謀歸國,閉城,斬城中大將四人,請降於王元逵。玩「稍脫疑網,猶罹罪罟」二語,似可推見也。所箋雖無明證。而大要必然矣。』

案全唐文載劉三復請誅劉從諫妻裴氏疏云:『雖以裴問之功,或希減等,而國家有法,難議從輕。』此疏當會昌四年澤潞平後,似可與『稍脫疑網』二語參證,則祭文亦必同時作也。　爲李貽孫上李相公德裕啓　馮氏云:『此啓是楊弁已誅,劉稹尚未平,會昌四年四五月所上,故尚稱司徒,且有「景風」「中呂」之語。』　爲白從事上陳許李尚書啓　馮氏云:『李尚書,執方也。』　上許昌李尚書狀一　補編。　上許昌李尚書狀二補編。

祭外舅司徒公文 補編。案據上許昌李尙書狀云：『王十二郎、十三郎扶奉靈筵，今年八月到東洛訖。』則此文是寄奠，有重祭外舅文可證。是時義山方居永樂也。

爲舍人絳郡公上李相公啓 馮氏云：『會昌有李相公四：德裕也，讓夷也，紳也，回也。讓夷於二年七月爲相，至宣宗即位始罷。然舊、新書傳讓夷於爲相之前，未嘗居外藩，則此爲上德裕也。』

爲絳郡公上史館李相公啓 馮氏云：『李紳也。』 案此二篇與後上崔相公啓，皆在義山居永樂未至鄭州時，當是寄作。 補編上李舍人第二狀云：『前者伏奉指命，令選紀紫極宮功績』云云，則義山爲人憑倩作文，固不必皆親往也。 劉禹錫集有爲容州竇中丞謝上表，自注：『羣時在朗州相逢，因以見託。』亦此類。 恐注家不考本末，輒據文以定行蹤，故聊發其例於此。

爲絳郡公祭宣武王尙書文 馮氏云：『王彥威也。舊、新書傳：「彥威太原人，世儒家，少孤貧苦學，尤通三禮。舉明經甲科，未得調，求爲太常散吏，補檢討官。采隋以來吉凶五禮，條次彙分，號曰元和新禮，上之，拜博士。憲宗於元和十五年正月崩，淮南節度李夷簡以憲宗功高，宜特稱祖，彥威議謂非典訓，宜稱宗，從之。故事，祔廟之禮，先告太極殿，然後奉主入太廟，祔畢，不再告於太極殿。時執政令有司再告，彥威執議不可。執政怒，乃以祝版誤削一級，梟還司封郎中，弘文館學士，諫議大夫，以本官兼史館修撰。興平民上官興殺人亡命，吏囚其父。興聞，自首請罪，時議減死，彥威以原而不殺，是教殺人，詣中書投宰相面論，語訐氣盛。執政怒，左遷河南少尹，未幾改司農卿，進拜平盧節度。開成元年，召拜戶部侍郎，判度支。性剛訐自是，嘗奏曰：「臣自計司案，見管錢穀文簿，量入爲出，使經費必足，無所刻削。」因上占額圖，既而又進外鎭之仰度支者爲供軍圖。彥威既掌利權，心希大用，會邊軍上訴衣賜不時，兼之朽故，左授衞尉卿。三年七月，檢校禮部尙書充忠武軍節度。會昌中，徙爲宣武節度使卒。贈僕射，謚曰靖。」文中所敍，語皆符合，故詳引之。』

會昌五年乙丑 義山三十四歲。

正月己酉朔，敕造望仙臺於南郊壇。舊紀。

宰臣李德裕、杜悰、李讓夷、崔鉉，太常卿孫簡等率文武百寮上徽號曰仁聖文武章天成功神德明道大孝皇帝。原譜據舊紀參新紀。案會昌一品集册文有『大孝』字，與集爲河南盧尹賀上尊號表合，舊紀漏書，今從新紀。

三月，崔鉉罷知政事，出爲陜虢觀察使。舊紀。

五月乙丑，戶部侍郎李回爲中書侍郎同中書門下平章事。原譜據新紀。案舊紀書『兵部侍郎』，且在三月。補編上座主李相公狀云：『伏見恩制，相公以五月十九日登庸。』則舊紀誤。新書回傳：『賊平，以戶部侍郎判戶部事。』『戶部侍郎』，疑當從舊紀作『兵部』，以其判戶部事，故新紀書『戶部侍郎』也。

杜悰罷知政事，出爲劍南東川節度使。舊紀參新書悰傳。案新傳：『劉稹平，進左僕射兼門下侍郎。未幾，以本官罷，出爲劍南東川節度使，徙西川。』舊書悰傳但書西川之除，漏東川，未免小疏。其罷政事，兩紀皆在是年五月也。

七月，山南東道節度使鄭肅檢校尚書右僕射同中書門下平章事。新紀。

是年，令狐綯出爲湖州刺史。原譜據舊書綯傳。馮氏曰：『新傳止書右司郎中刺湖，不書年。傳文互有詳略。案以寄令狐郎中詩證之，出刺當在是年之冬也。』

義山春赴鄭州李舍人褒之招，歸居洛陽。十月，服闋入京，重官祕書省正字。參本集。

案補編上李舍人第一狀云：『去冬二十八叔拜迎軒騎，已託從者附狀起居。及二十三叔歸闕之時，某適有私故，淹留他縣。自春，又爲鄭州李舍人邀留，比月方還洛下。』淹留他縣者，謂退居永樂。赴鄭州李舍人之招，則在本年二三月間。集有寒食行次冷泉驛詩，當是由永樂赴鄭途次作。詩云：『歸途仍近節。』鄭州爲義山故里，故言『歸途』也。此詩或由鄭州歸永樂接家赴洛時作，亦通。惟與本年春間永樂諸詩不細符，似仍以上說爲長。重祭外舅文亦云：『千里歸途，東門故第。數尺素帛，一爐香煙。』文爲過洛時作，祭文有『悉方遁跡邱園，游心墳素，前耕後餉，幷食易衣』語，係指永樂所居，與已定居東洛者不同，故定爲是春過洛時作。與此可以互證。自鄭州歸，又有定居東洛之跡。上李舍人第二狀云：『某自還京洛，常抱憂煎。骨肉之間，病恙相繼。』寄令狐郎中詩云：『嵩雲秦樹久離居。』又云：『茂陵秋雨病相如。』時義山閒居多病，屢見於篇，故服闋後十月始入京也。柳枝爲洛中里孃，必是春義山赴鄭過洛時所遇者。詩序云：『他日春曾陰，讓山下馬柳枝南柳下。明日，余比馬出其巷。』卽指其事。序又云：『會所友有偕當詣京師者，戲盜余臥裝以先，不果留。雪中讓山至。』上鄭州李舍人第四狀云：『某十月初始議西上。』上李舍人第四狀云：『時向嚴冽，某已決取此月二十一日赴京。』是入京正冬雪時矣。至入京後重官祕書正字，見上李舍人第七狀。狀云：『某羈官書閣，業貧京都。』此狀上於會昌六年冬，時李舍人已罷鄭州居洛，故有『淹留伊洛，已變炎涼』語。本傳所謂『茂元卒，來遊京師，久之不調』者，當屬是時。馮譜於此數年中行迹排比最疏，由其未見補編耳。又案義山上年移家居永樂，本年由鄭歸，定居東都，必仍攜家與弟羲叟同居，玩狀文『骨肉之間，病恙相繼』語可悟。上李舍人第四狀云：『舍弟羲叟，苦心爲文，十二叔憫以弟兄孤介無徒，辛勤求己，惟當明祈日月，幽禱鬼神，願令手足之間，早奉陶鈞之賜。』第七狀云：『舍弟介特好退，龍鍾寡徒，獲依强宗，頓見榮路，忻慰之至，遠難詒陳。』蓋李褒方罷官居洛，而羲叟即因依於彼，故偶成轉韻詩云：『明年赴辟下昭桂，東郊慟哭辭兄弟。』是爲大中元年赴桂至洛取別之作。大中二年桂管府罷，由巴蜀歸，有洛中諸詩。而於東逢雪詩又有『舉家忻共報』句，則二年入京，始攜眷同行也。其後悼亡在京，大中七年則有楊本勝於長安見袞師之事，大約梓幕數年，其家皆居京師矣。

【編年詩】正月十五夜聞京有燈恨不得觀 箋曰：通鑑憲宗紀胡三省注：『唐制：兩京及諸州縣街巷率置邏卒，曉暝傳呼，以禁夜行；惟元夕張燈弛禁，前後各一日。』是兩京張燈，久成故事，此特謂其最盛者耳。武宗朝迴紇既破，澤潞又平，而義山方丁憂蟄處，不克躬預慶典，故曰『身閒不覩中興盛』也。馮氏屬之病還鄭州時，則宣宗末政，不得言中興。且義山屢經失意，與致亦別，細玩自悟。『鄉人』只泛指鄉居之人，不必泥作故鄉解也。今編永樂閒居時，較得其實。

永樂縣所居一草一木無非自栽今春悉已芳茂因書卽事一章

所居永樂縣久旱縣宰祈禱得雨因賦詩

小園獨酌

小桃園

自喜

春宵自遣

落花　箋曰：五詩不能定編。義山退居永樂，頗以花草自娛，今從馮編入此。

縣中惱飲席

評事翁寄賜餳粥走筆爲答　箋曰：此評事似卽永樂閒居之劉評事，亦卽劉韋二前輩也。但劉公已去永樂，此或又到縣居，或從他處寄賜，皆不可知，姑從馮編。詩境似永樂退居時，起聯憶從前在京款洽也。

春日寄懷　箋曰：義山會昌元年丁母憂，至是閒居已四年矣，故曰『我獨邱園坐四春』也。馮編於會昌六年，非是。

寒食行次冷泉驛　箋曰：此必自永樂赴鄭州途次作。首曰『歸途』，鄭州爲義山故鄉也。冷泉在汾州孝義縣，卽新書志之隱泉山。時方閒居，故感子推隱死事。

鄭州獻從叔舍人褏　箋曰：『從叔舍人褏』，卽文集所謂絳郡公褏。學仙見補編諸啓。唐語林『李尙書褏，晚年修道，居陽羨川石山』可證，故詩以好道言之。舍人外轉，大非得意，『絳簡』、『丹爐』兩聯，祝其仍官京朝也。

七夕偶題　箋曰：馮氏謂『借慨婚於王氏』，是也。次聯言人皆沾其餘潤，而己所得者，但匹偶耳。茂元家貲甚富，而已長貧，故末句云然。與祭文參觀，此當作於洛中也。

寄令狐郎中　箋曰：『嵩雲』自謂，『秦樹』謂令狐，時義山還自鄭州，卜居洛下，方患瘵恙，子直有書問訊，故詩以報之。未幾，令狐卽出刺湖州矣。馮編入之永樂，蓋未見補編耳。

漢宮詞　青雀西飛。箋曰：孫樵露臺遺基賦序：『武皇郊天明年，作望仙臺於城之南。』詩言『君王常在集靈臺』，臺成會昌五年，正義山服闋將重官祕省時也，故有『侍臣』句。首句點明洛中作，長安在洛之西，故曰『西飛』。好音尙乖，故曰『未迴』。『金莖』喻內職。『相如渴』，卽渴然有農夫望歲之意。通首皆希冀顯達之微言，非有所託諷。馮編永樂閒居時，一往似通，徵實則謬矣。

【編年文】爲河南盧尹賀上尊號表　英華原注：『武宗會昌五年。』馮氏云：『盧尹爲盧貞，見白香山集。』

重祭外舅司徒公文

爲王從事妻万俟氏祭先舅司徒文　補編。

爲王秀才妻蘇氏祭先舅司徒文　補編。案此二篇卽重祭外舅文所謂『邢氏吾姨，蕭門仲妹，愛深猶女，思切仁兄』者也。蓋万俟氏，茂元甥女，即嫁茂元族姪；蘇氏，茂元表妹，即嫁茂元族弟。二人皆幼，撫於王氏，推之文中用典，無不皆合。馮氏未見補編，臆測多舛，而錢箋亦未詳釋也。惟文中有云『奉御諸子，服紀纔終；三川伯郎，喪制未畢。』奉御諸子，當指王侍御瓘之子，或其時喪母服闋；三川伯郎，豈即謂祭張氏女文所云令子之兩孤及其母歟？要之，此皆茂元家事，今亦無煩細考矣。

爲絳郡公上崔相公啓　崔相公，崔鉉也。

爲絳郡公上李相公啓　馮氏云：『李回也。』

爲舍人絳郡公鄭州禱雨文

爲外姑隴西郡君祭張氏女文　案隴西郡君，王茂元妻李氏封號；張氏女，張五審禮妻也。以文中所敍推之，張氏女卒於會昌四年。此文將葬時作，當在會昌五年矣。又案文中『郎甯、合浦，萬里乖離』，此指邕管與嶺南，祭外舅文所謂『容山至止，郎甯去思』也。舊書地理志：『邕管邕州，天寶元年改爲朗甯郡，乾元元年復爲邕州。』郎甯即朗甯，馮注以歸甯父母解之，誤甚，附辨於此。

上座主李相公狀　補編。錢氏云：『李回也。』

上江西周大夫狀　補編。文有『皇帝體上聖之姿，膺下武之慶，爰從近歲，式建崇功。岱北淸夷，山東靜謐』語，則狀上於會昌五年也。

上孫學士狀　補編。孫舍人，孫穀也。文有『況自近年，仍多大政，藩方逆豎，夷虜飢戎。載覩掃蕩之勳，密見發揮之力』語，當作於會昌五年。

上鄭州李舍人狀一　補編。

上鄭州李舍人狀二　補編。

上鄭州李舍人狀三　補編。

上鄭州李舍人狀四　補編。

上李舍人狀一　補編。此李舍人別一人，非李褒也，與前後諸狀不同。

上李舍人狀二　補編。

上李舍人狀三　補編。

上李舍人狀四　補編。案此數狀，皆居洛時作。

會昌六年丙寅　義山三十五歲。

二月壬辰，以翰林學士起居郎孫穀爲兵部員外郎充職。傳紀。案翰苑羣書學士壁記作孫穀由學士遷兵部員外郎，與紀合。

三月壬寅，帝不豫，制改御名炎。帝重方士，服食修攝，親受法籙，至是藥躁，喜怒失常。

疾篤，詔立光王爲皇太叔。是日帝崩，太叔卽位。原譜參舊紀。

四月辛未，尊母鄭氏曰皇太后。舊紀。

丙子，李德裕檢校太尉、同平章事、江陵尹、荊南節度使。原譜據舊紀，參新紀。馮氏曰：『德裕出鎭荊南，留守東都，舊紀最確。舊傳謂：「會昌五年，出鎭荊南，數月追還，復知政事。」今證之本集，德裕終武宗朝未曾外出，故新書表、通鑑皆於六年四月書之也。惟文饒別集云：「余乙丑歲自荊南保釐東周，路出方城，有隱者曰：『居守後二年當南行萬里。』」然舊傳云：「大中二年冬至潮陽。」則從六年以往，數亦正合，是則集中乙丑當爲丙寅之訛，舊傳誤據之，而又見武宗病時，德裕仍在朝，乃以數月追還，彌縫其闕耳。』

忠武節度使李執方內召，戶部侍郎盧簡辭檢校工部尚書、許州刺史，充忠武軍節度使。舊書簡辭傳參本集。案執方鎭陳許，已見前譜。考補編上忠武李尚書狀云：『不審跋涉道路，尊候何似？伏計不失調護。先皇以倦勤厭代，聖上以睿哲受圖。況二十五翁尚書望兼勳舊，地屬親賢。績久著於藩垣，任合歸於陶冶。今者果應急召，咸副僉諧。凡在有心，莫不延頸。』是執方尚有奉召還朝事，當在宣宗初卽位時。舊書食貨志有『薛元賞、李執方、盧弘正、馬植相踵理之』語，通鑑：『會昌六年四月，鹽鐵使薛元賞貶。』然則代元賞領使，爲執方無疑。再檢舊書盧簡辭傳『大中初轉兵部侍郎，出爲忠武軍節度使』，則簡辭卽代執方鎭陳許者。補編又有爲滎陽公與昭義李僕射狀及上漢南盧尚書狀，蓋大中元年執方又出鎭昭義，簡辭則自忠武遷山南東道也。寰宇訪碑錄，會昌六年四月、大中元年二月，皆有執方華嶽題名，蓋一則赴徵，一則出鎭所經過耳，今據書。

五月乙巳，以兵部侍郎、翰林學士承旨白敏中守本官、同中書門下平章事，兼集賢史館大學士。原譜據新紀，參舊傳。舊紀在四月，舊傳則兼集賢史館，與兼刑部尙書幷書。考新書宰相表，敏中加刑部尙書在二年正月，而補編爲滎陽公上史館白相公諸狀，皆鄭亞初到桂管時，則兼史館當在加刑部之前矣，今參合傳紀書之。

七月，李讓夷罷爲淮南節度使。新紀參新書讓夷傳。案新傳：『武宗初，同平章事。宣宗立，爲大行山陵使，未復土，拜淮南節度使。』舊書李紳傳：『會昌六年，卒於淮南。』讓夷蓋代李紳也。舊紀書『劍南東川節度使』，誤。

八月壬申，葬至道昭肅孝皇帝於端陵。原譜參新紀。

致仕刑部尚書白居易卒，贈尚書右僕射。新傳參本集。舊傳：『大中元年卒，年七十六』，與本集墓碑銘差一歲。陳直齋白文公年譜曰：『舊書卒年非也，從新書。』

以循州司馬牛僧孺爲衡州長史。通鑑。

九月，雲南蠻寇安南，經略使裴元裕敗之。新紀。

鄭肅罷爲荊南節度使。新紀參新書肅傳。

以右散騎常侍李景讓爲浙西觀察使。通鑑。

十月，以荊南節度使李德裕爲東都留守。原譜據舊紀。

是年裴休爲宣歙觀察使。本集。案舊書裴休傳：『休字公美，會昌中，自尚書郎歷典數郡。大中初，累官戶部侍郎，充諸道鹽鐵轉運使。』而不載觀察宣歙。考補編爲滎陽公上宣州裴尚書啓云：『以公美之才之望，固合早還廊廟，速泰寰區。而辜負明時，優遊外郡。』又云：『李處士云於江西要有淹留，便假以節巡，託之好幣，十一月初離此訖。』文爲大中元年冬義山使南郡時作，則休曾除宣歙明矣。唐語林載『裴相爲宣州觀察，朝謝後，閱行曲江，遇廣德令』事，下云：『宣宗在藩邸聞之，常與諸王爲笑樂』，是休觀察宣州，在宣宗未即位前，合之啓中『思如昨辰，又已改歲』語，其爲會昌六年春間無疑，今故載此。 又案盧肇新興寺碑云：『裴公大中二年來廉於宣。』寶刻叢編亦載此碑云：『刺史裴休修之，大中二年立。』此自據立碑年月而言，實則休之觀察宣歙，當在會昌六年，義山啓文可證。 如果休二年始涖宣，則鄭亞二月已貶循，安得云李處士十一月初離此哉？此則載記異文，仍以本集爲據可也。

崔鉉遷河中尹河中晉絳等節度使。 新舊書鉉傳。 案新書傳：『罷爲陝虢觀察。宣宗初，擢河中節度使。』舊傳則書：『宣宗即位，遷檢校兵部尚書、河中尹。』均不詳年月。 以集爲滎陽公上河中崔相公諸狀在大中元年，故附此。

義山子袞師生。 據驕兒詩，袞師當生於是年，說已見前生年考。 蔡寬夫詩話曰：『白樂天晚年極喜義山詩，云：『我死得爲爾子，足矣。』義山生子，遂以白老名之。 既長，略無文性。 溫庭筠嘗戲之曰：『以爾爲樂天後身，不亦忝乎？』蔡氏此條，不知采自何書。 唐人說部，宋時當有存者，雖不足據，然白樂天卒於是年，亦可證袞師之生在是年也。

【編年詩】**柳枝五首** 箋曰：據序云：『明年讓山復東，相背於戲上，因寓詩以墨其故處。』則詩爲是年在京作。

謔柳 箋曰：此爲柳枝作。 馮氏云：『「拂馬」、「藏鴉」，喻其冶態；結則妬他人有之也。』

動春何限葉。 箋曰：此亦爲柳枝作。『解有相思否』二句問之之詞。『絮飛』二句，狀婉孌依人之態。

柳 結聯言已屬他人，彼賞其通體，我惟覩其半面耳，妬情尤露矣。 與寓意嗣復諸篇，迴不同也。

相思 箋曰：此重宦祕閣時作，自歎遇合之不偶也。『相思』二句，狀黨人之得君，殆指茂元輩言。 茂元諸公，皆一時祥麟威鳳，與衛公契合無間，故能弼成中興相業。『秦臺吹管客』，自謂。『日西春盡到來遲』，即『誰料蘇卿老歸國，茂陵松柏雨蕭蕭』意，武宗崩於三月，故曰春盡也。 義山服闋入京，未幾，武宗晏駕，衛公外斥，文人數奇，所慨深矣。

茂陵 箋曰：慨武宗也。『蘇卿』自謂。 徐氏乃謂宣宗立，武宗朝貶逐五相，李宗閔、楊嗣復、牛僧孺、崔珙、李珏，同日召還，義山本牛黨，『蘇卿』指僧孺輩。 不知義山自正書祕邱後，其於牛黨，所關淺矣。 後又從鄭亞，望李回，及李黨疊敗，然後始向子直告哀，無緣此時已傾心牛黨也。 徐氏臆說，殆不可從。

華嶽

下題西王母廟　漢宮　通靈夜醮。箋曰：武宗學仙、好色，又好大喜功，絕類穆滿、劉徹。此二詩朱長孺謂暗詠王才人殉帝事，馮氏從之。又謂王才人卽王賢妃，說皆精妙。詩本假古事寓意，讀者更當於言外味之。瑤池　錢木庵云：『此專諷學仙。』四皓廟　本爲留侯。徐湛園云：『此詩爲李衛公發。衛公擧石雄破烏介，平澤潞，君臣相得，始終不替，而卒不能早定國儲，使武宗一子不得立，有愧紫芝之翁多矣，故假蕭相以譏之。』箋曰：非譏衛公，蓋惜其能爲蕭何，而不能爲留侯也。留侯身退，薦賢以扶社稷；衛公恃功自固，所賞拔者武人而已。卒至僉壬旅進，身亦不保，欲求一紫芝翁而不可得矣，豈徒爲建儲一事致慨哉？昭肅皇帝挽歌辭三首　過景陵　馮氏云：『此篇意最隱曲，假景陵以詠端陵，而又追慨章陵也。「鼎湖」喻新成陵寢，「西陵」喻章陵，而痛楊賢妃賜死事也，言豈獨文宗不能庇一姬耶？憲宗與武宗皆求仙餌藥致疾，故用黃帝上仙。而篇首「武皇」，微而顯矣。』代祕書贈弘文館諸校書　箋曰：祕書省屬中書省，弘文館屬門下省。祕書省有祕書郎、校書郎等官，弘文館亦有校書郎。義山會兩爲祕省房中官，服闋後又有重官祕閣一事，見補編。然開成四年釋褐校書郎，旋出尉弘農；會昌元年正書祕邱，又旋丁母憂；皆非久居。此詩必服闋後重官祕閣時作也。今編是年。

【編年文】賀翰林孫舍人狀補編。案前上孫學士狀，孫穀也，在洛所作。此云『載遷星次，爰奉夏官』，則爲穀改兵部員外郎時作。考舊書紀『穀爲兵部員外郎，充職』，書於本年二月，而義山入京則在去歲，上鄭州李舍人狀可證。此狀有『某厚承恩顧，未獲趨承，欣賀莫任，瞻戀斯極』語，豈義山是時尙未至京耶？抑祕閣事繁，末由趨賀，故先之以狀耶？抑或代人之作，而題首闕書爲某某耶？據上李舍人第四狀云：『時向嚴冽，某已決取此月二十一日赴京。』又第五狀云：『去歲陪游，頗淹樽俎；今玆違奉，實間山川。曲水冰開，章臺柳動。』一爲將赴京時作，一爲已到京時作，則義山入都，必無遲至本年二月之理。譜中已從諸狀載義山赴京於會昌五年矣。姑剖其異，閱者參之。上忠武李尙書狀補編。上河南盧給事狀補編。錢氏云：『盧貞也。』案貞於會昌五年爲河南尹，見唐詩紀事。此云：『登玆周甸，訓此殷頑。』又云：『方今惟新庶政，允佇嘉謀。』是宣宗卽位後，貞尙尹洛。題稱給事，乃書其京銜，卽文中所謂『顯自瑣闈，出臨鼎邑』也。上李舍人狀五補編。上李舍人狀六補編。上李舍人狀七補編。案五狀云：『揚雄終歲，惟有寂寥。』又有『麟史可傳，徒立素臣之位』等語，六狀云：『近數見崔鄑言協律，伏承已卜江南隱居，轉貼都下舊宅。』七狀云：『某羈官書閣，業貧京都，拜違門闌，遽奉恩敎。』褒已罷鄭居洛，將歸隱江南，時義山重官祕閣，故有此諸狀也。

宣宗大中元年丁卯　義山三十六歲。

二月，以東都留守李德裕爲太子少保分司東都。原譜據舊紀。

桂管觀察使楊漢公遷浙東觀察使。給事中鄭亞出爲桂州刺史、御史中丞、桂管防禦觀察等使。原譜據舊紀參新書漢公傳。案新書楊漢公傳：『擢桂管、浙東觀察使』，本集爲滎陽公赴桂州在道進賀端午銀狀：『謹以前觀察使楊漢公封印進上。』是鄭亞代漢公觀察桂管，而漢公則遷浙東也。補編爲滎陽公與浙東楊大夫啓云：『越水稽峯，乃天下之勝概；桂林孔穴，成夢中之舊遊。況去思遺愛，遐布歌謠。方知繼組之難，不止頒條之事。』大可補史文之闕。舊書漢公傳漏方鎭不載，疏略極矣。

昭義節度使盧鈞檢校尚書右僕射充汴州刺史宣武軍節度使。李執方出爲昭義節度使。舊書鈞傳參本集。案執方鎭昭義，史文無徵。考補編爲滎陽公與昭義李僕射狀云：『某素無才能，謬忝廉察。僕射地處親賢，情殷家國，累更重寄，亟立殊勳。上黨頃集兇徒，近爲王土。杲杻雄才，以孚至化，南則揚河橋之威斷，北則煦上谷之仁聲。厚承恩顧，忭賀伏深』，是執方出鎭昭義，正當鄭亞觀察桂管時。檢舊書盧鈞傳：『會昌四年誅劉稹，以鈞檢校兵部尚書、昭義節度使，大中初移宣武，則執方之節度昭義，代鈞明矣。陳黯華心篇云：『大中初年，大梁連帥范陽公得大食國人李彥昇薦於闕下』，范陽公即盧鈞也。今據執方華岳題名合書於二月。

三月丁酉，禮部侍郎魏扶奏放進士三十三人。原譜約舊紀。馮氏曰：『太平御覽載「魏扶放及第二十三人，續放封彥卿等三人。」蓋會昌三年敕所放進士，但據才堪者，不限人數，故數較少也。通考所載同舊紀，似誤。』案補編有爲滎陽公與魏中丞狀。新書李德裕傳：『吳汝納訟李紳殺吳湘，大理卿盧言、刑部侍郎馬植、御史中丞魏扶言紳殺無罪。』事在二年，而狀有『某以今月九日到任上訖』語，是扶由禮部侍郎，旋遷御史中丞，亦在是年也。

刑部尚書判戶部崔元式爲門下侍郎同中書門下平章事。新紀參舊紀。案舊書元式傳：『會昌六年，入爲刑部尚書，宣宗朝以本官同平章事。』錢氏曰：『舊唐書武宗紀：「會昌五年四月，以戶部侍郎、判戶部崔元式同平章事。」與傳文不合。考爲滎陽公上河中崔相公第二狀云：「刑部相公登庸。」係指元式，鄭亞於大中元年觀察桂管，狀爲赴任時作，是元式實於大中元年三月入相，舊紀誤也。』又案元式以刑部尚書判度支，見於會昌六年紀文，本年則代以盧弘正，說見後。唐制，戶部與度支、鹽鐵，稱三司，皆以他官判，或不相兼，疑舊紀戶部爲是。蓋元式先以戶部侍郎判度支，既除弘正後，又以刑部尚書判戶部而大拜也。舊紀戶部侍郎又係刑部尚書之誤，當與舊傳互易。至年月則新紀不舛，惟敍官仍襲舊書駮文爲誤耳，宰相表亦同，今正之。

四月，積慶太后蕭氏崩，諡曰：『貞獻』，文宗母也。舊紀。

五月，幽州節度使張仲武及奚北部落戰，敗之。原譜據新紀。

吐蕃論恐熱誘党項及回鶻餘衆寇河西，詔河東節度使王宰將代北諸軍與論恐熱戰於鹽州，破走之。通鑑。

六月，以義成軍節度使周墀爲兵部侍郎判度支。舊紀。案杜牧之所撰墓誌云：『遷禮部尚書鄭滑節度使，九歲，入拜兵部侍郎判度支兼戶部吏曹事。今天子卽位，二年五月，以本官平章事。』九歲，九字必譌，惟誌敍今天子卽位於判度支後，又似判度支在宣宗卽位之前者。考墀還義成，舊紀在會昌六年十一月，若如誌文，不應內召如是之速，豈史文有誤耶？容再詳定。又案補編有於江陵府見除書狀，文稱『十三丈』，有『榮兼史職』及『方之遐嶠』語，必爲本年使南郡時作。錢氏據獻華州周大夫啓，謂『十三丈』指周墀，考墀監修國史，在二年拜相後，豈是年卽已兼領史館乎？傳無可證，或別是一人也。

戶部侍郎判度支，充鹽鐵轉運使盧弘正出爲義成軍節度使。參史文酌書。

案弘正出鎭年月，紀既不詳，傳尤歧異。考舊書弘正傳：『大中初，轉戶部侍郎，充鹽鐵轉運使。安邑、解縣兩池鹽法積弊，課入不充。弘正令判官司空輿至池務檢察，特立新法，仍奏輿爲兩池使。三年課入加倍，其法至今賴之。檢校戶部尙書，出爲徐州刺史、武寧軍節度使，鎭徐四年，遷宣武軍節度使，卒於鎭。』樊南乙集序：『明年府薨，選爲博士。七月，尙書河東公守蜀東川，奏爲記室。』柳仲郢鎭梓事在大中五年，則弘正之薨，當在五年之春。以傳鎭徐四年推之，似出鎭在大中元年。然通鑑大中三年五月書云：『武寧軍亂，逐其節度使李廓，詔以弘正代之。』新書李程傳：『子廓，大中中，拜武寧節度使，不能治軍。補闕鄭魯言：新麥未登，徐必亂。既而果逐廓。』此事確在三年，又與傳文不符，而新舊書商隱本傳則又皆云『京兆尹盧弘正表爲參軍』也。義山以盩厔尉留假參軍，在大中三年。使弘正果於是年出鎭，是時義山方由桂來京，不應不謁見，何以上范陽公啓云：『去年遠從桂海，來返玉京。勉調天官，獲昇甸壤。仰燕路以長懷，望梁園而結慮。豈期咫尺之書，終訪蓬蒿之宅？』偶成轉韻詩又何以云『此時聞有燕昭臺，挺身東望心眼開』耶？且傳亦不言其尹京，朱氏已疑之，是則弘正之出鎭，必非三年明甚。惟舊傳書充鹽鐵於大中初，而云『三年課入加倍』，又似弘正於三年出鎭者。新傳則云：『劉稹平，詔爲三州及河北兩鎭宣慰使，還拜工部侍郎，以戶部領度支。初，兩池鹽法弊，弘正使判官司空輿檢鉤簿正，自是課入歲倍。踰年，出爲武寧節度使。』無三年字，而漏書充鹽鐵轉運使。檢新書宰相表：『會昌六年九月，兵部侍郎判度支盧商同中書門下同平章事。』舊紀會昌六年十二月又有『刑部尙書判度支崔元式奏』云云，元式蓋卽代商判度支者。而元式入相，舊紀結銜則書判戶部，是元式領度支不過數月。舊書食貨志敍鹽鐵源流又云：『薛元賞、李執方、盧弘正、馬植、敬晦五人，於九年之中，相踵理之。』元賞會昌六年貶，代之者爲執方，旋於本年二月出鎭昭義。唐時安邑、解縣兩池鹽務隸度支，弘正當於會昌六年代元式判度支，至大中元年二月又代執方充諸道鹽鐵也。補編上度支盧侍郎狀云：『某行已及鄧州。』又云：『萬里銜誠，一身奉役，湖嶺重複，骨肉支離。』又爲滎陽公與度支盧侍郎狀云：『某今月九日到任上訖。』皆義山隨鄭亞赴桂州四五月間作，可以互證。至六月，又除義成節度使周墀判度支，代弘正，而弘正則出鎭矣。弘正若於會昌六年判度支，至此僅及半歲，與新傳『踰年』語合，而代領鹽鐵在本年，與舊傳『大中初』語合，所謂『三年課入加倍』者，自指司空輿爲兩池使而言，非弘正充職有三年之久也，然則弘正洵於本年出鎭矣。全唐文有李訥授盧弘正韋讓徐滑節度使合制云：『彭城故壤，南據長淮；滑臺重鎭，西疆巖邑。』又云：『義成軍節度使盧弘正識略圓明，襟靈倜儻；檢校左散騎常侍駙馬都尉韋讓機謀通敏，誠性端和。朕以徐方一軍，義勇素著，帥臣無狀，戎府不寧。爾其便道持行，著安圖境。可檢校戶部尙書、工部尙書，各兼節度使。』蓋弘正實先除義成，代周墀，至大中三年武寧軍亂，又改授徐州，而以韋讓代弘正耳。故南部新書記弘正題柳泉驛，卽稱鄭滑盧尙書。偶成轉韻詩亦云：『舊山萬仞靑霞外，望見扶桑出東海。愛君憂國去未能，白道靑松了然在。』鄭爲義山故鄉，故曰舊山，尤爲弘正自滑移徐確證，而通鑑諸書漏此一除，致與本集事實不能相合。舊傳且渾而言之曰『鎭徐四年』，尤誤後人。甚矣考證之不可以已也！

牛僧孺移汝州長史，遷太子少保少師。樊川集參舊紀。案樊川集墓誌：『今天子卽位，移衡州、汝州長史，遷太子少保少師，凡四年，復位。』僧孺會昌四年貶循，至此正四年，惟墓誌不詳何月，舊紀書守太子太師於本年六月，今從之。紀文『太師』，乃少師之譌也。

七月，尙書戶部侍郎翰林學士承旨韋琮以本官同中書門下平章事。原譜據舊紀。案新書琮傳：『遷門下侍郎兼禮部尙書。』補編有爲滎陽公賀韋相公加禮部尙書啓。啓有『蘭省春深，桂林夜靜』語，則琮加禮部尙書，當在二年春初也。新書宰相表可據。

八月丙申，西川節度使檢校尙書右僕射崔鄲內召。李回罷爲劍南西川節度使。新紀鄲傳參宰相表。案新書崔鄲傳：『文宗末，擢同中書門下平章事，罷爲劍南西川節度使。宣宗初，以檢校尙書右僕射節度淮南，卒於鎭。』考鄲加檢校尙書右僕射，舊紀書於宣宗初卽位時，鄲尙在西川。補編有爲滎陽公上弘文崔相公第三狀。錢箋謂：『弘文』當作『僕射』，是也。狀云：『得進奏院狀報，伏承尋達上京。』又有『賢相還朝，元侯入覲。嚴道來儀，方明展事』語，皆屬內召事，則鄲入朝在是年，而李回卽代鄲出鎭者也。今參合傳紀書之。又案補編爲滎陽公上僕射崔相公第一狀云：『伏見除書，伏承新命。』又云：『佩印來歸，執圭入覲。而道惟養退，志在遠權，堅拒注懷，退守師長。然竊惟故實，式見優崇。胡廣五遷，方膺此寵；荀顗四讓，始受今榮。凡在含靈，孰不仰止？』是鄲之罷西川，乃以守尚書右僕射內召也。鄆前雖檢校尚書右僕射，乃宣宗卽位時例加者，此則眞除，不得幷爲一事。至節度淮南，蓋代李讓夷，或當在後耳。

十二月戊午，貶太子少保分司東都李德裕爲潮州司馬員外置同正員。原譜據舊紀參新紀。案舊紀：『大中二年十二月制：「李德裕先朝委以重權，不務絕其黨庇，致使冤苦，直到於今，職爾之由。昨以李威所訴，已經遠貶。俯全事體，特爲從寬，宜準去年敕令處分。」』本集附錄鄭亞會昌一品制集序：『歲在丁卯，亞自左掖出爲桂林。九月公書至白洛，以典誥制命，示於幽鄙。』是德裕此時尚未貶潮。舊紀乃書於七月，原譜信之，誤甚。今從新紀。

是年，忠武節度使盧簡辭遷檢校刑部尚書襄州刺史山南東道節度使。高銖出爲忠武軍節度使。舊書簡辭傳參樊川集。案舊書傳：簡辭遷山南東道在大中初。補編上漢南盧尚書狀云：『今幸假途奧壤，赴召遐藩。豈期此際，獲奉餘恩？』又云：「草慼上道，徘徊樂鄉，況蒙衛以武夫，假之駿馬。儻得返身湖嶺，歸道門牆，粗依鳴益之餘，以奉陶鎔之賜。』狀爲義山隨鄭亞赴桂管時作。鄭亞二月出鎭，則簡辭之遷山南東道必更在前，或去年十二月及本年正月間事也。舊傳與節度忠武渾書之曰『大中初』，前後殊舛，若新傳則更漏略不足據矣。又案補編有爲滎陽公上陳許高尚書啓，此高尚書必代簡辭鎭忠武者。考舊書：『高元裕，大中初，爲刑部尚書。二年，檢校吏部尚書，山南東道節度使，入爲吏部尚書卒。元裕兄少逸，大中初，檢校禮部尚書，華州防禦鎭國軍使，入爲左散騎常侍工部尚書卒。』而皆不書其鎭陳許。會昌六年，又有高承恭者，爲邠寧節度，見紀文，其後事亦無考。表兄吳廷燮曰：杜牧薦韓乂啓：『太和八年，自淮南有事至越，見韓君於境上。』後云：『蕭高二連帥至，卽日造其廬，詢以政事。』此謂蕭俶、高銖。銖爲浙東觀察使，在太和九年，見舊傳。啓又曰：『及高至許下，厚禮辟之。』高卽高銖，忠武治許下，至許下，卽爲忠武也。新傳：『銖歷義成節度使，大中初，遷禮部尚書，徙太常卿。』合以義山啓『以秩宗典禮，以司馬董戎』考之，則銖由禮部尚書爲忠武，加兵部尚書，後乃徙太常卿也，本傳失載。所解似確，今據書。

鄭朗爲浙西觀察使。新書朗傳。案補編爲滎陽公上浙西鄭尚書啓，錢氏箋云：『新書鄭朗傳：「開成中擢起居郎，累遷諫議大夫，爲侍講學士，由華州刺史入拜御史中丞，戶部侍郎，爲鄂岳浙西觀察使，進義武、宣武二節度，歷工部尚書判度支，御史大夫，復爲工部尚書同中書門下平章事。」朗之入相，在大中七年，見舊書宣紀。以時代推之，其觀察浙西，或當在大中之初，與鄭亞刺桂同時也。』考鄭朗由鄂岳遷浙西，新書方鎭表『盧商大中元年三月除武昌』，則朗之徙鎭，必在其時，錢說確矣。茲據以入譜。又案：補編又有爲滎陽公與浙西李尚書狀，係亞初到桂時。考新書李景讓傳，出爲浙西觀察使，入爲尚書左丞，惟未詳何年，鄭朗當是代景讓者也。

義山弟義叟登進士第。原譜據本集。案舊書本傳：『弟義叟亦以進士擢第，累爲賓佐。』本集樊南甲集序：『仲弟聖僕，特善古文，居會昌中進士，爲第一二。』聖僕下原注：『義叟。』蓋義叟，字也。集有獻侍郎鉅鹿公啓云：『今月某日，舍弟新及第進士義叟處，伏見侍郎所制詩一首。』又有謝座主魏相公啓。原注：『爲弟作』，是義叟本年與封彥卿同榜及第矣。至義叟授祕書省校書郎，換河南府參軍，則在大中三年，詳後。

義山隨鄭亞赴桂管幕辟，奏掌書記。冬，奉使如南郡。江陵府，本荊州南郡。十月，編定樊南甲集。原譜據本傳、本集。

案樊南甲集序：『大中元年，被奏入嶺，當表記。』補編爲滎陽公上荊南鄭相公狀云：『李支使商隱，雖非上介，曾受殊恩。抒其投迹之心，遂委行人之任。』新書百官志：『觀察使、副使、支使、判官、掌書記、推官、巡官、衙推　隨軍要籍進奏官各一人。』是義山以支使而兼掌書記，新舊書本傳皆言：『請爲判官』，非也。舊傳又云：『檢校水部員外郎。』馮氏曰：『幕職必帶京銜，凡判官、支使、掌書記之屬，舊新志未見品秩，蓋以所檢校之京職爲高下。員外郎，從六品上階，若已得斯銜，還朝不應猶爲九品之尉，舊傳恐誤。』余考唐會要載『元和十五年，中書門下奏：「內外六品以下正員官，諸道諸使奏充掌職，比限兩考及授官經二年已上方許奏請，即與依資改轉，有才在下位者，不免留滯。請今後諸道諸使應奏請正員官充職掌經一週年，即與依資改轉，未一週年，與同類試官。」從之。』義山從事桂管，僅及一年，而奏加檢校水部員外郎，則不詳何時，疑未及兩考，故還朝不能依資改轉，仍就選縣尉耳。舊傳當有所據，不必以新傳不載爲疑也。桂林距京水陸路四千七百六十里，（見舊書地理志。）而是年三月有閏，補編爲滎陽公赴桂州至湖南敕書慰諭表，時積慶太后崩，事在四月，云：『時逢積水，行滯長沙。』爲滎陽公至湖南賀聽政表：『臣方叨廉問，猶在道塗。』爲滎陽公上衡州牛相公狀亦云：『會昭潭積雨，南楚增波，尙滯旬時，若隔霄漢。』合之本集爲滎陽公赴桂州在道進賀端午銀狀及偶成轉韻詩『湘妃廟下已春盡，虞帝城前初日曛』，則抵桂當在五月初矣。

又案樊南甲集序：『多如南郡。』乙集序：『余爲桂林從事日，嘗使南郡。』集有自桂林奉使江陵途中感懷寄獻尙書詩，自注：『公與江陵相國韶敍叔姪。』韶當是譜誤。時鄭肅節度荆南，與鄭亞同宗，義山奉亞命往使，補編有爲滎陽公上荆南鄭相公第三狀可證。惟爲滎陽公上宣州裴尙書啓云：『李處士藝術深博，議論縱橫，敢曰賢於仲尼，且慮失之子羽。云於江沔，要有淹留。便假以節巡，託之好幣。十一月初離此訖。末由披盡，勤戀增誠。其他並付使人口述。』初疑李處士卽係義山，考義山由正字奏辟幕職，狀中皆稱李支使，斷無再稱處士之理。此李處士蓋別一人，當是先赴江沔，後使宣歙。據甲集序，義山使南郡在十月，而處士則十一月初離桂林，必在江沔與義山相晤，故代作此啓也。涼思詩：『客去波平檻。』『客去』當卽指處士。又云：『南陵寓使遲』，時義山或有所屬望於宣州，託處士轉達，懷求古翁詩云：『謝脁貞堪憶，多才不忌前。』當時情事，約略可見矣。新書藝文志：『李遠詩集一卷，字求古，大中建州刺史。』唐詩鼓吹注：『李遠，太和五年進士，蜀人，忠、建、江三州刺史，終御史中丞。』許渾有寄當塗李遠詩云：『不須倚向青山住。』則遠曾在宣州，故義山詩用謝脁故實，必時佐裴休幕。詩又云：『關塞猶傳箭，江湖莫繫船。』指党項寇邊事，詩爲是年使南郡時作無疑。馮氏繫諸會昌二三年永樂閒居時，誤矣。至溫飛卿集寄岳州從事李員外遠詩，張固幽閒鼓吹載宣宗朝令狐綯薦遠爲杭州，當是遠後所歷官，與此詩不同時也。其後所謀失望，使畢歸途，感懷寄獻詩所以有『未嘗貪偃息，那復議登臨？彼美迴淸鏡，其誰受曲針』語。天涯占夢，疑誤新知，憂讒畏譏，不能不竭力掩遏也。不然，南郡之役，十月起程，明年正月始歸，苟非有所淹留，何致若是之久哉？

【編年詩】**喜舍弟羲叟及第上禮部魏公**

謝往桂林至彤庭竊詠 箋曰：此將隨鄭亞赴桂管時作，時或值宣宗母鄭太后壽日，或時生皇子，故有『高禖』、『壽酒』、『王母』、『羲和』諸句。朝賀大典，丹禁森嚴，外臣不得預，所以謂之竊詠也。馮氏乃疑其用字不類，何歟？

離席 箋曰：詩意牢騷，此爲赴桂管幕作，無前春遊詩傲岸情態矣。馮氏比而編之，甚謬。

代魏宮私贈 自注：『黃初三年，已隔存歿，追代其意，何必同時？亦廣子夜鬼歌之流變。』

代元城吳令暗爲答 箋曰：柳枝詩序：『爲東諸侯取去。』唐時洛陽以東，魏鎭諸地也。此二詩爲柳枝作，『背闕歸藩』，義山自喻，時赴桂管，先至洛下，追感舊歡，假以寫怨，偶成轉韻詩所謂『東郊慟哭辭兄弟』，正此時矣。自注云云，蓋有託而言，不足拘存歿之迹也。

擬意 原編集外詩。箋曰：此益知爲柳枝作。『悵望』四句總起，張女指柳枝，阿侯自喻。『妙選』二句，從其居處敍起。『雲屏』二句，言其婉媚。『上掌』四句，言其淪落樂籍，供人歡謔。『夫向』四句，言其求人而事，良時久稽，即序所謂『聞十年尙相與，疑其醉眠夢物斷不娉』之意。『夜杵』十二句，敍與其歡會之迹，『濯錦』一聯，亦序中『鄰當去濺裙水上，以博山香待與郎俱過』也。『銀箭』四句，實敍離別，爲一篇之轉捩。『急絃』二句，不忍分手之態。『壁馬』二句，爲人取去之恨，言不能羈絆行蹤也。『銀河』二句，預想其相思。『去夢』二句，分寫彼此離情。『蘭叢』二句，借點時景。『解佩』四句，總結在洛歡蹤。詩中全用洛神故實作點染，以柳枝洛中里孃也。又案柳枝序述柳枝相約俱過，即云：『余諾之，會所友有偕當詣京師者，戲盜余臥裝以先，不果留。』是柳枝與義山兩情相慕，實未交歡也。然據此詩中段所敍，則實有歡會之迹，蓋序文不無迴護耳。

岳陽樓 漢水方城。馮氏云：『借慨一婚王氏，遂終身不得居京職也。』

桂林 箋曰：文集有爲滎陽公賽諸神廟禱雨文，詩後半指此。

深樹見一顆櫻桃尙在 箋曰：馮氏謂『與櫻桃諸絕句不同』，是也。詩全係借喩。起聯自矜孤子。『惜堪充鳳食』，謂本可致身臺閣。『痛已被鶯含』，歎沈淪使府。結『越鳥香荔』、『齊名未甘』，當謂同舍中有文采者。馮氏疑指鄭亞，府主尊嚴，措詞不得爾也。

晚晴 箋曰：詩用『越鳥』，是桂林作。**五月六**

日一作十五。

夜憶往歲秋與澈師同宿

箋曰：李郢長安夜訪澈上人詩：『關西木落夜霜凝，烏帽閒尋紫閣僧。』必此澈師，非知玄弟子僧徹。詩在桂州作，故有『萬里』、『炎方』語，『三年問訊遲』者，謂與澈師相別，有三年之久也，不必泥看。

朱槿花二首

蓮後紅何患、勇多侵露去，原編集外詩。舊本次首亦作西北朝天路，乃晉昌晚歸馬上贈人之作，程氏從戍籤改正。箋曰：前首起聯感開落之速，後半歎不得通顯中朝，而使府蟠迹也。次首更極狀晨入昏歸，遠幕無聊之況。結即『年華無一事，祇是自傷春』意。偶成轉韻詩有『朱槿花嬌晚相伴』語，此在桂府作。

酬令狐郎中見寄

朱氏云：『綯自湖州有詩寄義山，而此酬之。』程氏云：『蹤跡遼遠，心事危疑，情見乎詞。』徐氏云：『綯之寄詩，必有誚其背恩者，故反復自陳。』

夜意

馮氏云：『憶內之作。』

訪秋

馮氏云：『徐氏以爲在桂林作，蓋龍潭，桂州亦有之，而鳥道泛比高險。結言嶺南常燧舍，丹楓不見秋意也。』

念遠

箋曰：此亦客子思家之作。曰：『蒼梧應露下。』曰：『南情屬海禽。』是在桂幕也。詩雄壯排宕，健筆固不可測，殊如渦評。

城上

原編集外詩。馮氏云：『程氏、徐氏皆因「江樹」字，以爲東川作，然桂江自可也。代滎陽公表云：「控西原而遏寇。」狀云：「海上有分屯之卒，邕南有未返之師。」五句定指此。若東川則喪失家道，意緒闊略，不復以賈生游刃自譽矣。細玩乃可別之。』

江上憶嚴五廣休

箋曰：此在桂州作。江上，桂江也。首云『征南幕下』，以比鄭亞，同崔八詣藥山詩已云『共受征南不次恩』矣。偶成轉韻詩有『謝遊橋上澄江館』句，桂林有謝朓遺迹，故結以況之。馮編入之東川，誤矣。

寄成都高苗二從事

自注：『時二公從事商隱座主所。』箋曰：座主，李回也。回於八月出鎮西川，義山自桂林寄此詩，故有『命斷湘南病渴人』之句。結望二公達意府主，爲之汲引，重官京朝也。自程午橋疑座主爲高鍇，馮氏妄撰高鍇還鎮西川事，而此詩遂不可通矣。集又有家近紅蕖曲水濱一首，與此同題，疑是此題次章。惟義山赴桂，家仍居洛，與『紅蕖曲水』似不相符，或係錯簡也歟？今仍分載而剖之。

海上謠

箋曰：此在桂管自傷一生遇合得失而作。首二句敘孑身遠客，冷落可憐景況。『海底』二句，言沈淪使府，無異海底。香桃、瘦骨，極狀消瘦無聊之態。『紫鸞』四句，言從前贊皇當國，原可立致臺閣，而無端遭喪，攀附不及，自此由菀而枯矣。相思詩已以『紫鳳青鸞共羽儀』比李黨，『滿翅蓬山雪』，極言鬢白骨立，以形容母憂也。『借得』二句，喻重官祕閣，『龍堂』比禁近也。『曉出揲雲髮』謂一無事事，即『臥枕芸香清夜闌』意。『劉郎』二句，追慨故君。蓋武宗崩而時勢變，乃義山一生不得志之由，故特言之。『雲孫』自寓，義山系本王孫。細字、蠶眠，比己文章。言從此爲人記室，以文字爲生涯也。通首不涉黨局，當在衞公未貶前。『玉兔秋冷』，兼點時令。一篇大意如是，閱者勿以其敍述不倫而晦之。

桂林路中作　箋曰：義山多使南郡，而此詩有『地暖無秋色』句，故馮氏疑爲近遊。然考樊南甲集序作於十月舟中，其起程或不妨在九月，有此等詩未可知也。

高松　徐氏云：『曰天涯，曰無雪，詩必作於桂林。』

江村題壁　箋曰：此則使南郡時途次之作矣。

涼思　箋曰：義山十月如南郡，而爲滎陽公上宣州裴尙書啓云：『李處士云：於江沔要有淹留。便假以節巡，託之好幣，十一月初離此訖。』此李處士必與義山同行，十一月初離此，謂離江沔也。不然，安得代爲此啓？此詩似別處士作。『南陵寓使遲』者，義山在南郡，或俟處士使畢同歸。補恐府主因其淹留，疑有他遇，故不覺作過慮之言耳。此與譜中所說雖微異而較長。惟義山使南郡在十月，處士使宣州在十一月，而詩寫景頗不類冬令，豈南疆氣候有殊歟？

懷求古翁　原編集外詩。箋曰：新書藝文志：『李遠詩集一卷，字求古。』許渾有寄當塗李遠詩，是遠曾在宣州。『關塞倚箭』，指大中初党項寇邊事。起言李當上馬殺賊，立功塞外，不宜終隱江湖。結以謝朓期之，望其無惜齒牙餘論也。徐氏云：『義山每代人屬草，故有懷於斯事。』此必李處士寓使南陵時寄懷之作。餘已詳譜矣。

宋玉　馮氏云：『在江陵作，時將於開春還桂，五六兼以託意。』

自桂林奉使江陵途中感懷寄獻尙書　第二句下自注：『公與江陵相國韶敍叔姪。』箋曰：此寄獻鄭亞也，節鎭例兼尙書，史多不具。時荊南節度使鄭肅，義山奉亞命往使，見補編。自注：『韶敍叔姪。』韶與譜形近，當是字誤。詩後半反復沈摯，剖心自陳，感知傷遇，皆在言外，必衞公貶潮後，南郡使歸途次所作。義山少年依違躁進，至是更歷患難，頗有始終從一之意。初心不背李黨，於此可見矣。

洞庭魚　箋曰：此贊皇貶後刺牛黨中倖進者。末云：『浩蕩天池路，翺翔欲化鵬。』即所謂『人皆向燕路』也。

【編年文】獻侍郎鉅鹿公啓　馮氏云：『魏扶也。』　爲中丞滎陽公謝借飛龍馬送至府界狀　爲中丞滎陽公赴桂州長樂驛謝敕設狀　爲滎陽公上淮南李相公狀　補編。錢氏云：『李讓夷也。』　爲滎陽公謝除盧副使等官狀　爲桂州盧副使戲謝聘錢啓　爲滎陽公謝集賢韋相公狀　補編。錢氏云：『韋琮也。』

爲滎陽公上河中崔相公狀一　補編。錢氏云：『崔鉉也。』　爲滎陽公上河中崔相公狀二　補編。爲中丞滎陽公與汴州盧僕射狀　補編。錢氏云：『盧鈞也。』　爲滎陽公與昭義李僕射狀　補編。錢氏云：『李執方也。』　爲滎陽公與浙西李尚書狀　補編。錢氏云：『李景讓也。』　爲滎陽公上荊南鄭相公狀一　補編。錢氏云：『鄭肅也。』　爲滎陽公謝荊南鄭相公狀　補編。　爲濮陽公上李太尉狀　補編。錢氏云：『濮當作滎。舊書李德裕傳：「會昌四年，以功兼守太尉。」而王茂元三年已卒於河陽，義不可通。文云：「長君惟睿。」當指宣宗初立之時。又云：「玉鉉重光。」必在相位既罷之後。傳言：「宣宗卽位罷相，出爲東都留守，大中初，罷留守，以太子少保分司東都。」篇首云：「光膺新命。」當卽指此，觀文內兩用太子保傅事可見。鄭亞於大中元年觀察桂管，時事正合。』　案錢說是也。文有：『方抵藩任，未卽門闌』語，乃亞將赴桂州時作。　上漢南盧尚書狀　補編。錢氏云：『盧簡辭也。』　上度支盧侍郎狀　補編。錢氏云：『盧弘正也。』案文爲義山隨鄭亞赴桂州，故有『某行已及鄧州』語。　爲中丞滎陽公赴桂州至湖南敕書慰諭表　補編。爲滎陽公至湖南賀聽政表　補編。爲滎陽公奉慰積慶太后上謚表　補編。爲滎陽公上弘文崔相公狀一　補編。錢氏云：『崔元式也。』　爲滎陽公上弘文崔相公狀二　補編。案崔相公亦崔元式也，當與第一狀相繼上。惟文云：『伏見除書，伏承天恩，榮加崇文館大學士。』而標題則皆稱『弘文』，豈有訛歟？宰臣兼館職，史傳中多不備書，頗難詳考也。

爲滎陽公上集賢韋相公狀一　補編。爲滎陽公上史館白相公狀一　補編。錢氏云：『白敏中也。』　爲滎陽公上史館白相公狀二　補編。錢氏云：『似慰白相喪子之戚，事細無考。』　爲滎陽公上門下李相公狀一　補編。錢氏云：『李回也。』　爲滎陽公上衡州牛相公狀　補編。牛相公，僧孺也。　爲滎陽公赴桂州在道進賀端午銀狀爲滎陽公端午謝賜物狀　爲滎陽公桂州謝上表　爲中丞滎陽公桂州上後上中書門下狀補編。爲滎陽公桂州舉人自代狀　爲滎陽公上集賢韋相公狀二補編。爲滎陽公上集賢韋相公狀三補編。案此賀其加集賢殿大學士也，本傳無考。爲滎陽公上僕射崔相公狀二補編。錢氏云：『崔元式也。僕射當作弘文。』說詳後。爲滎陽公上史館白相公狀三補編。爲滎陽公上門下李相公狀二補編。爲滎陽公上門下李相公狀三補編。爲滎陽公與度支盧侍郎狀補編。錢氏云：『盧弘正也。』爲滎陽公與魏中丞狀補編。錢氏云：『大中二年按問吳湘之獄，御史中丞爲魏扶，見新書李德裕傳，即其人。』案文首云：『某以九月九日到任上訖。』九月當是今月二字，涉下九日而誤也。爲滎陽公上西川張相公狀補編。錢氏云：『滎陽出鎮，在大中元年，此有時代之可考也。舊書宣宗紀：「會昌六年四月，劍南西川節度使崔鄲檢校尙書右僕射同中書門下平章事如故。」新書宰相表：「大中元年八月，李回爲劍南西川節度使。」是崔李即先後交替之人，不應中間復有所謂張相公者。若謂留後權知，則文中「道旣著於燮理」，又爲使相出鎭之詞，頗疑張字爲崔之訛。蓋此篇爲鄭亞甫至桂管時作，而崔鄲尙未離鎭，故有「佇見坤維返駕，宣室虛襟」之語。至弘文崔相公第三狀、僕射崔相公第一狀，則皆爲崔鄲還朝時作。合數篇以類推，雖編次錯亂，尙有脈理之可尋也。』案錢說甚是，此必涉集中賀幽州張相公等題而誤者。爲滎陽公賀幽州破奚寇表　爲滎陽公賀幽州破奚寇上中書狀補編。爲滎陽公賀幽州張相公狀補編。錢氏云：『張仲武也。』爲滎陽公賀太尉王司徒啓補編。錢氏云：『王宰也，此賀其破党項。』爲滎陽公與裴盧孔楊韋諸郡守狀補編。爲滎陽公舉王克明等充縣令主簿狀　爲滎陽公論安南行營將士月糧狀補編。爲中丞滎陽公桂州賽城隍神文爲滎陽公進賀壽昌節銀零陵香麖靴竹靴狀　補編。案唐會要：『宣宗，元和五年庚寅六月二十三日生於大明宮，以其日爲壽昌節。』此鄭亞已抵桂後作。

爲濮陽公與度支周侍郎狀　補編。錢氏云：『濮當作滎。周侍郎，周墀也。墀先爲江西觀察使，遷義成節度使，故文有「自江以西，居河之上」四語。舊書宣宗紀：「大中元年，以義成軍節度使周墀爲兵部侍郎判度支」，則狀當上於此時。時鄭亞觀察桂管，所謂「伏限守藩」也。若王茂元，已卒於會昌三年，則與判度支之年不相及。又文中昭獻爲文宗諡，昭肅爲武宗諡，則所謂今上者，定爲宣宗。據此以推，其誤滎爲濮，更無疑義。』

爲滎陽公奏請不敍錄將士狀

爲滎陽公請不敍將士上中書狀　補編。

爲滎陽公賀牛相公狀　補編。錢氏云：『牛僧孺。新書本傳：「宣宗立，徙衡汝二州，還爲太子少師。」此狀賀其徙汝也。』

爲滎陽公與京兆李尹狀　補編。

爲滎陽公與河南崔尹狀　補編。二尹未詳，俟考。

爲滎陽公與容州韋中丞狀　補編。案論安南行營將士月糧狀云：『側聞容廣守臣，亦欲飛章上請，臣緣乍到，未敢抗論，已牒韋廑、李玭。』云云，錢氏云：『二人新舊書皆無傳，以文義推之，必一爲容管經略，一爲嶺南節度也。』所論甚確。此韋中丞當即韋廑也。

爲滎陽公上弘文崔相公狀三　補編。錢氏云：『崔鄲也。「弘文」當作「僕射」。此編上崔相公凡三人：弘文，元式也；河中，鉉也；僕射，鄲也。因姓氏爵位相同，故各冠二字別之。舊書元式傳略甚，新書傳載其觀察湖南，與前第一狀合，而此狀語意多不相類。惟新書崔鄲傳言：「文宗末，擢同平章事，罷爲劍南西川節度使。宣宗初，檢校尚書僕射。」舊書紀會昌六年文同。又新書宰相表：「大中元年八月，李回爲西川節度使。」崔鄲當有還朝之事，後僕射崔相公第一狀定爲崔鄲，職是之由，合之此狀「嚴道來儀」語，尤得確證，其爲同時之作無疑，必標題誤也。再上僕射崔相公第二狀云：「過潭州日　得與輿人詠我台座。」正與元式觀察湖南事合，是彼處僕射，亦當爲弘文之誤。傳寫互易，古書恆有，不經分析，索解苦難。』

爲滎陽公上僕射崔相公狀一　補編。錢氏云：『崔鄲也。』

爲滎陽公上西川李相公狀　補編。錢氏云：『李回也。』

爲滎陽公上通義崔相公狀　補編。錢氏云：『此崔相公別無事迹可尋，惟篇首云「門下相公出鎮坤維，相公進扶宸極」，考大中元年八月李回出鎮西川，崔必代其位者。維時崔鉉尙鎭河中，崔鄲自西川移鎭淮南，獨元式於是年同平章事，此時繼爲首相，理爲近之。北夢瑣言有云：「唐通義相國崔魏公鉉鎭揚州。」鉉卽元式兄子。又全唐文薛逢上翰林韋學士啓內有「通義相公」云云，薛逢會昌進士，正與義山同時，雖相公未知何指，要爲當時習見之稱矣。』

祭桂州城隍神祝文 題首脫爲榮陽公字。

爲榮陽公賀老人星見表 英華原注：『宣宗。』

爲榮陽公與魏博何相公啓 補編。錢氏云：『何弘敬也。』

爲榮陽公上浙西鄭尙書啓 補編。鄭尙書，鄭朗也。

爲榮陽公上陳許高尙書啓 補編。案高尙書，高銖也，詳譜。

爲榮陽公桂州署防禦等官牒 補編。

爲榮陽公桂管補逐要等官牒 補編。

爲榮陽公黃籙齋文 補編。

爲中丞榮陽公賽理定縣城隍神文 補編。

賽侯山神文 補編。新書地理志：『桂州臨桂縣有侯山。』

賽建山神文 補編：元和郡縣志：『建水出桂州建陵縣北建山。』

賽莫神文 補編。

賽石明府神文 補編。案二篇未詳。上篇有『舞朱鳳於南方』，此篇有『謬當廉部』語，知其爲桂州所作也。

賽舜廟文 莫休符桂林風土記：『臨桂縣舜祠在虞山之下。』

賽越王神文 演繁露續集賽越王神文曰：『今來古往，常致威著越城；萬歲千秋，勿使魂歸眞定。』此卽模韓文羅池碑詞也。其詞曰：『北方之人兮，爲侯是非。千秋萬歲兮，侯毋我違。』玉谿生自言其文體之所從來，則已曰時人目爲韓文杜詩也。余曹不列詩文評語，以注家眘錄已詳，惟此條爲各注所未采，聊附載此。

賽北源神文 馮氏云：『北源，謂湘水之源。』

賽曾山蘇山神文 馮氏云：『廣西通志：「蘇山在平樂府修仁縣，甑山在平樂府賀縣西十里。」』徐氏云：『曾山疑卽甑山，以甑爲曾，傳寫之誤。』

賽白石神文 靈川縣志：『白石湫在縣南三十五里，灘江自白石而下。』

賽龍蟠山神文 寰宇記：『龍蟠山在桂州東北，屬興安縣。』

賽陽朔縣名山文

賽海陽神文

賽堯山廟文 桂林風土記：『堯山在府東北，隔大江，與舜祠相望。』

賽古欖神文 四六法海云：『此義山在鄭榮陽桂州幕中作。』

賽蘭麻神文 寰宇記：『蘭麻山屬理定縣界。』

祭全義縣伏波廟一作神。文

賽靈川縣城隍神文

賽

荔浦縣城隍神文　賽永福縣城隍神文 案此上賽神文皆桂林作，題首皆當有『爲滎陽公』字，傳者脫之。

太尉衞公會昌一品集序 英華原注：『代桂府滎陽公。』

上李太尉狀 補編。錢氏云：『李德裕也，題首當有爲滎陽公字。』

祭呂商州文 徐氏云：『似代鄭亞，故有三湘五嶺語。』馮氏云：『新書藝文志：呂述黠戛斯朝貢圖傳一卷，注：「字修業，會昌祕書少監，商州刺史。」必即其人。玩「隋岸」「伊川」數聯，是呂與鄭少年同在汴州、洛陽，以文章相切劘。似未第而已在人幕也。鄭亞元和十五年擢進士第，呂與之同年，後又同在幕中。鄭爲文饒賞識，而文中所敍，詞意深摯，則呂必亦爲文饒所賞。中間參差萋菲，紛綸推斥，謂黨局之翻覆。鄭亞爲文饒浙西從事，而文中不之及，其所敍者，似荆南、西蜀，未知果有爲文饒出鎭時否，無可追尋核實矣。』

祭長安楊郎中文 馮氏云：『舊書楊虞卿傳：「虞卿從兄汝士，汝士弟魯士，字宗尹，本名殷士，長慶元年進士擢第，詔翰林覆試落下，因改名魯士。後登制科，位不達而卒。」新書宰相世系表：「魯士，長安令」，文苑英華有授兵部郎中楊魯士長安縣令制。此代鄭亞作。楊漢公移鎭浙東，亞代之鎭桂管，見狀文。此云「繼祖餘芳」是也。鄭亞與楊氏黨不同，而交情故不相礙。』

爲滎陽公進賀冬銀等狀

爲滎陽公謝賜冬衣狀

爲滎陽公上荆南鄭相公狀二 補編。

樊南甲集敍

於江陵府見除書狀 補編。

爲滎陽公上宣州裴尚書啓 補編。錢氏云：『裴休也。』

爲滎陽公進賀正銀狀

爲濮陽公上白相公杜相公崔相公馬相公鳳翔崔相公賀正啓 補編。錢氏云：『濮陽當作滎陽。』案馮相公當係追稱，杜相公上當有西川字，說詳譜。

大中二年戊辰　義山三十七歲。

正月，白敏中兼刑部尚書，韋琮兼禮部尚書。新書宰相表。

兵部侍郎判度支周墀同中書門下平章事。新書宰相表。案樊川集周墀墓誌：『今天子即位二年五月，以本官平章事。』新紀同，舊紀則在三月。考牧之內召在大中二年，而上周相公啓有『伏奉三月八日敕，除司勳員外郎史館修撰』語，其時已稱相公，則墓誌五月，疑係正月之誤。文集賀相國汝南公啓云：『契闊十年，流離萬里。重至門闌，空餘皮骨。方從初服，無補大鈞。未知伏謁之期，徒切太平之賀。』玩語氣是在二月桂州府罷留滯未歸時作，可以互參，故今從新表。

二月，令狐綯召拜考功郎中，尋知制誥、充翰林學士。原譜據舊傳。馮氏曰：『舊書綯傳：「二年，召拜考功郎中，尋知制誥。其年召入，充翰林學士。」考湖州府志天寧寺陀羅尼經石幢名款，元年十一月末猶在吳興。郡守表書：「二年四月二日，除翰林學士。」蓋召拜考功，未至闕，又拜學士，與舊傳合。而舊紀書知制誥於元年六月，又失書學士，皆疏也。』案翰苑羣書重修承旨學士壁記：『綯大中二年二月十日自考功郎中知制誥充。』又東觀奏記：『令狐綯自湖州刺史召來，翌日，授考功郎中知制誥；到闕，召充翰林學士。』馮說似未合，內召或當在二月前也，新書表書除學士於四月，誤。

鄭亞貶循州刺史。原譜據舊紀。案新書李德裕傳：『吳汝納訟李紳殺吳湘事，大理卿盧言、刑部侍郎馬植、御史中丞魏扶言紳殺無罪，德裕徇成其冤。』又紳傳：『吳湘爲江都尉，爲部人所訟贓罪，兼娶百姓顏悅女爲妻。李紳令觀察判官魏鉶鞫之。贓狀明白，伏法。及揚州上具獄，物議以李德裕素憎吳氏，疑紳織成其罪。諫官論之。乃差御史崔元藻覆獄，與揚州案小有不同。德裕以元藻無定奪，奏貶崖州司戶。及德裕罷相，羣怨方搆，湘兄進士汝納詣闕訴冤，追元藻覆問。元藻既恨德裕，陰爲崔鉉、白敏中、令狐綯所利誘，即言湘雖坐贓罪，不至死，顏悅實非百姓。此獄是鄭亞首唱，元壽協李恪鍛成，李回便奏。遂下三司詳鞫，故德裕再貶，李回、鄭亞等皆竄逐。』此爲牛黨傾軋李黨一大事，蓋欲爲一網打盡之計。義山不幸爲所牽累，此後陳情告哀，坎壈失意，皆由於此，故詳著之。

西川節度使李回責授湖南觀察使。東川節度使杜悰徙西川節度使。原譜參舊紀、通鑑考異。案舊書回傳：『出爲成都尹、西川節度。大中元年冬，坐與李德裕親善，改潭州刺史、湖南觀察使。』新書傳則不詳年月。蓋吳汝納事發於元年之冬，而諸人之貶，實二年二月事也，當以舊紀所載制文爲定。傳語隨意書之耳。杜悰徙西川，新舊兩傳皆疏略，馮氏據通鑑考異定爲是年代李回，說甚確，今從之。

五月，戶部侍郎鹽鐵轉運使馬植本官同平章事。新紀參舊書馬植傳。案舊書植傳：『行刑部侍郎充諸道鹽鐵轉運使，轉戶部侍郎，領使如故。俄以本官同平章事，遷中書侍郎兼禮部尚書。』新書宰相表只作刑部侍郎。舊紀書三月己酉由禮部尚書登庸，表書在正月乙卯，均誤。補編爲滎陽公上馬植啓事在二月，尚稱侍郎，未入相也。又案補編有爲濮陽公上白相公杜相公崔相公馬相公鳳翔崔相公賀正啓，考白敏中會昌六年五月入相，杜悰四年閏七月入相，五年五月節度東川，崔元式大中元年三月入相，崔珙傳，『宣宗即位，召爲太子賓客，出爲鳳翔節度使』，同在大中初。錢氏謂『濮陽』當作『滎陽』，似也，惟馬植本年五月入相，李回貶湖南在二月，補編有爲湖南座主隴西公賀馬相公登庸啓可證，錢氏據表謂在正月，誤矣。至舊紀又錯出於會昌六年六月，則尤不足據。此馬相公必有訛，否則係後來追稱。杜相公上亦應有西川字。大抵補編出傳鈔，不甚可信，安得有善本一校耶？

六月己丑，太皇太后郭氏崩，謚曰『懿安』。憲宗妃，穆宗之母也。舊紀。

十月，太子太師分司東都牛僧孺卒，贈太尉。樊川集。案杜牧僧孺墓誌銘曰：『大中二年十月二十七日薨於東都城南別墅。天子惻傷，册贈太尉。』新書傳亦曰贈太尉，與乙集敍合。舊傳則作贈太子太師，誤。

十一月壬午，葬懿安太皇太后於景陵。新紀。

以戶部侍郎判度支崔龜從本官同平章事。舊紀。案舊書傳：『龜從開成初出爲華州刺史，三年入爲戶部侍郎，四年權判吏部銓。』而不載判度支事。紀本年六月有『戶部侍郎兼御史大夫判度支崔龜從奏』云云，則龜從判度支確在是年，蓋代周墀也。補編上度支歸侍郎狀云：『某幸因科第，受遇門牆，辱累已來，孤殘僅在。』又云：『至冬初赴選，方遂起居。』義山是年桂府罷歸，留滯巴楚，冬至京，選爲盩厔尉，皆與狀語合。狀當是年五月間作。惟考大中初無歸姓其人判度支者，蓋崔龜從之誤，因歸龜聲近而訛也。開成元年，義山曾上書龜從求擧，狀中『幸因科第』二語，即指是耳。又案文集爲同州任侍御寄上崔相國啓，徐樹穀箋曰：『崔鄲、崔珙相文宗，崔鉉相武宗，崔龜從、崔愼由相宣宗，此云：「彰明下武，恢拓中華，不舞梯轒，不鳴金鼓，復數千里之沃野，刷十五聖之包羞。」則是龜從也。舊書宣宗紀：「大中二年十一月，以戶部侍郎判度支崔龜從本官同平章事。三年，秦、原、安樂三州及石門等七關之兵民歸國。八月下制曰：「左衽輸款，邊壘連降，刷恥建功，所謀必尅，實樞衡妙算，將帥雄稜。副玄元不爭之文，絕漢武遠征之悔。」與此啓相合。又唐與吐蕃和親，自高祖至武宗凡十五帝。至宣宗而吐蕃始弱，來歸故地，故曰「刷十五聖之包羞」，其爲龜從無疑矣。舊書龜從傳云：「大中四年同平章事。」非也；新書表亦承其誤，以此啓證之，宜紀爲是。』案啓敘『一登宣室，遂借前籌』於收復河湟前，徐說極確。任憲字亞司，高宗相雅相來孫，易定節度使迪簡子，見宰相世系表。此啓必大中三年義山在京代作者，至四年則赴徐幕矣。

是年冬，李德裕貶崖州司戶參軍。原譜據舊傳。案舊書德裕傳：『大中元年秋，尋再貶潮州司馬。敏中等又令前永寧尉吳汝納進狀訟李紳鎭揚州時謬斷刑獄。明年冬，又貶潮州司戶。德裕既貶，大中二年自洛陽水路經江淮赴潮州。其年冬至潮陽，又貶崖州司戶。至三年正月方達珠崖郡，十二月卒，時年六十三。』舊紀則載貶崖州制於三年九月。考責授李回等制云：『李德裕昨以李威所訴，已經遠貶，俯全事體，特爲從寬，宜準去年敕令處分。』事在二月，時尙未貶崖州，則珠崖之貶，確在冬間。三年五月葬牛僧孺，李珏撰神道碑已云『李崖州於公，仇也，卹竄謫於窮途，厚供待於逆旅』，則舊紀誤矣，今仍從傳。惟傳『潮州司戶』，當是『崖州』之訛。

義山正月自南郡歸，攝守昭平郡事。二月府貶，留滯荆巴，秋歸洛，冬初還京，選爲盩厔尉。參本集。馮氏曰：『舊書志屬京兆府，爲畿縣。尉正九品下階，本傳漏書。』

案本集昭郡詩：『桂水春猶早，昭州日正西。』又異俗二首自注：『時從事嶺南。』徐湛園引平樂縣志注下有『偶客昭州』四字。淵鑑類函州郡部廣西：引義山佚詩云：『假守昭平郡，當門桂水淸。海遙稀蚌迹，峽近足灘聲。』『灘聲』疑『猿聲』誤，即『猿上驛樓啼』意，方與蚌迹對。馮氏曰：『杜氏通典云：「頃年常見州縣有攝官，皆是牧守所自置署，政多苟且，迎新送故，勞弊極矣。」唐時州縣闕官，幕府得自置署，史傳中以幕職攝郡縣者頗有之，如舊書薛戎傳：「福建觀察使柳冕表爲從事，累月轉殿中侍御史，會泉州闕刺史，冕署戎權領州事。」可類證也。義山時蓋攝守昭郡，因非朝命，故云偶客耳。』足補本事之闕。考諸詩多言早春，當是南郡使歸時事。至二月則鄭亞貶循，而義山亦罷矣。又案據集中寄獻舊府開封公、送鄭大南覲及故驛迎弔諸詩，義山未嘗隨鄭亞循州。新書傳：『亞謫循州，商隱從之，凡三年乃歸。』誤甚。寄獻舊府詩雖有『幕府三年遠』句，乃言離別有三年之久耳。不必泥看。舊傳：『亞坐德裕黨貶循州刺史，商隱隨亞在嶺表累載。三年入朝，京兆尹盧弘正奏署掾曹，令典箋奏。』較新書爲確。所謂『三年』者，大中三年，蒙奏署掾曹言之，實則義山在桂幕不過年餘，選尉赴京，皆在是年冬初也。有乙集序可證。惟未選尉之先，尚有留滯荊門，往來巴蜀諸迹，然後由荆南返洛，由洛入京。考補編上韋舍人狀有『運屬長君，理當哲輔』語，當屬宣宗時。狀云：『某淹滯洛下，貧病相仍。去冬專使家僮起居，此指在桂管時事。今春亦憑令狐郎中附狀。』令狐綯二月召拜考功郎中，義山當有書奉賀，兼附韋狀，故云。此爲義山桂管府罷返洛之確證。馮氏僅據戊辰會靜中出貽同志詩，定爲暫歸東都，謂巴蜀遊蹤，無暇有此。夫道家會靜，本尋常事，何時不可，何地不可，豈必定在洛中乎？此不足據。馮譜謂其時當至東都，不誤。馮譜原文作：至故鄉與東都，蓋據歸墅詩舊鄉、故山字，故分東都、故鄉爲二，意謂懷鄭爲義山故鄉耳；不知義山占數東甸，則東都卽故鄉，此時固無緣遠至懷鄭也，故鄉字贅，今刪。惟謂歸洛後始再出行役，作巴楚之游，三年春由蜀入京選尉，則與集中情事不合。本集可考此段行蹤者，如江上詩：『雲通梁苑路，月帶楚城秋。刺字從漫滅，歸途尙阻修。』風詩：『楚色分西塞，夷音接下牢。歸舟天外有，一爲戒波濤。』陸發荆南始至商洛詩：『昔去眞無奈，今還豈自知？』歸墅詩：『行李踰南極，旬時到舊鄉。』楚澤詩：『夕陽歸路後，霜野物聲乾。』皆巴蜀歸洛途次所經，斷非桂管罷後先至東都情景；桂州府罷在二月，而諸詩寫景皆在秋間，如果先歸東都，時必首夏，斷無涉秋始至也。而九月於東逢雪詩首云：『舉家忻共報。』又云：『嶺外他年憶，於東此日逢。』證以夢令狐學士詩：『右銀臺路雪三尺。』及九日詩：『曾共山翁把酒卮。』則又爲由洛攜眷赴京之一據。且唐時選人皆在冬集，故補編上度支歸侍郎狀云：『至冬初赴選，方遂起居。』使義山果三年春由蜀入京，豈不已誤選期哉？馮氏不知歸洛在巴遊之後，又不知赴京乃由洛，非由蜀，誤信史文，謂入朝、選尉皆三年春事，於是強取武侯廟古柏、井絡、杜工部蜀中離席、夜飲諸詩編爲是年巴遊時作；諸詩皆當作於梓幕，是年義山雖作巴遊，實未至成都也。取重過聖女祠詩編爲由蜀入京時作。聖女祠在褒斜道中，雖由蜀入京所必經，然以詩意味之，亦非此時作，當係梓州府罷時也。及解至荆門西下『天外歸舟』句，而其說窮矣，馮氏詩集補注荆門西下云：『此篇久未能定，今揣其必爲遇險後至荆門之作。蓋水程由洞庭而經荆江，故「迴望」兼及洞庭；今則將自荆門西下至荆州，荆州江陵在荆門之西南，以從陸路，故云「卻羨路歧」。其後陸發荆南，始至商洛，乃可一串相通耳。』又云：『風五律之情景，又不可合，當是別有秋時水程，無可再考，頗疑座主鎭蜀，往謁不遇，歸途時作。』風詩云：『詩意與桂管歸途情味不合，竊疑座主高鍇移鎭西川，義山必至其幕，遭讒擯不得留，其由水程而歸歟？但核他篇所寫地理，似入峽上蜀，非自蜀而下，若重爲逐一改編，實難妄定耳。』案荆門詩而謂之『西下』，明指下蜀而言；風詩而謂之『歸舟』，明指歸洛而言。『來鴻』、『別燕』，時當秋初；『回望夏雲』，則指前此留滯荆州之迹。荆州在荆門西南，已過荆州，故曰回望，無題詩所謂：『黃鶴沙邊亦少留』也。自蜀歸洛，必仍經荆楚，義山當自荆門以西登陸，故又有陸發荆南之作。若如馮氏說『由桂歸洛，再由洛入蜀』，則『荆南』當云『西上』，『歸舟』當云『來舟』，宜其與地理不符也。又不知留滯荆州，往來巴閬，專爲李回、杜悰，而妄牽座主高鍇以實之，欲編次得當，犂然貫通，豈可得哉？不得不辨也。余故又案巴蜀之遊，馮氏參考詩意，定爲是年，說最精確。集中夜雨寄北、因書諸篇，皆寄內之作，若後此梓幕，喪失家道，無此意緒矣。案據荆門西下及北禽二詩，入蜀當在夏末，至秋初始歸，故寄北詩言『夜雨漲秋池』也。合之陸發荊南及歸墅詩所稱『青辭木奴橘，紫見地仙芝』，『楚芝應徧紫，鄧橘未全黃』諸句，則荊巴往返，不過月餘耳。巴江柳、初起二章，與此時情景不類；搖落篇寫景似在深秋，亦不符，恐皆非一時作。馮氏比而同之，殆誤。不可從也。惟是巴蜀遊蹤，水陸僕僕，似乎心注成都，而留滯荊州；如荊門西下、岳陽樓諸篇，則又似心注湘潭，是果屬望何人歟？如謂爲高鍇耶？則高鍇未嘗遷鎭西川，前已駁之。且又未歷湖南，而何以詩中時不忘情於洞庭也？謂爲杜悰耶？是時悰方移西川，而何以一無謁見，至大中六年述德抒情詩尙云『早歲乖投刺』也？行蹤離合，使人墮五里霧中，索解良非易易。余詳味詩隱，參互證之，則斷其必爲李回、杜悰也。李回爲義山座主，屢見補編。杏花詩云：『上國昔相値，亭亭如欲言。異鄉今暫賞，脈脈豈無恩？』又云：『終應催竹葉，先擬詠桃根。』此詩必二月府罷時作。杏花唐人往往以況舉主，時鄭亞初貶，李回方左遷湖南，義山窮途無依，固不能不望其援手也。補編爲湖南座主隴西公賀馬相公登庸啓事在五月，必義山於荊州與回相遇，爲之代作，故荊門西下詩云『荊雲回望夏雲時』也。案舊紀，馬植入相在三月，考補編爲滎陽公與前浙東楊大夫啓：『某頃副憲綱，昧於官守，尙蒙恩宥，獲頒詔條。以今月二十三日南去。』鄭亞二月二十三日方離任赴循，義山至荊州必不若是速也。今從新紀作五月，則情事兩得矣。楚宮詩藉午日屈原沈湘事以慨李黨竄逐，而云『但使故鄉三戶在，彩絲誰惜懼長蛟！』勉回且以自慰，大可參證。馮譜係此詩於江鄉遊時，江鄉之遊，九月東去，正月返京，非五月也。大誤。雖然，義山屬意李回如是之殷，而回汔未攜赴任所，則何故歟？此則詩中隱衷，非參悟當時黨局，不能知之矣。夫義山幼年受知令狐，此不過適然之事，及得第資綯之力，始有黨籍可言，而遽婚於茂元，依恃其異黨之人，此子直所以惡其背恩，交誼漸乖也。其後正書祕邱，義山重官正字時，衞公方當國，必非由令狐之力，觀無題昨夜星辰二首，歆羡內省，情見乎詞，惜乎其遽丁憂也。從事桂海，皆贊皇黨人所汲引，則義山去牛就李，固已久矣。大中初，白敏中執政，令狐綯在內署，共排李德裕，逐之，方欲假吳汝納事作一網打盡之計。李回既坐李黨左遷，憂讒畏譏，自不敢再奏辟同黨之人，非疏義山也，然而義山則自是遇合無緣矣。岳陽樓詩：『欲爲生平一散愁，洞庭湖上岳陽樓。可憐萬里堪乘興，枉是蛟龍解覆舟！』荊門西下詩：『洞庭波闊蛟龍惡，卻羨楊朱泣路歧。』偶成轉韻詩：『頃之失職辭南風，破帆壞槳荊江中，斬蛟破壁不無意，平生自許非匆匆。』言外鬱憤，大有欲叫無從之慨。而無題一章，尤爲此段行蹤之關鍵。起曰『萬里風波一葉舟，憶歸初罷更夷猶』，言桂州府罷，尙有所待也。曰『碧江地沒原相引』，言李回本同黨，雖由西川左遷，未嘗不可援引也。曰『黃鶴沙邊亦少留』，言己與李回相遇荊州，爲之少留也。中聯引益德、阿童二典，雖無可徵實，然以益德報主，比衞公之乃心武宗，案衞公之貶，雖由於黨人，實則宣宗以嘗不見禮於武宗，遷怒及之，恐其不利於己耳。貶崖州制曰：『李德裕當會昌之際，極公台之榮，騁諛佞而得君，遂恣橫而持政。動多詭異之謀，潛懷僭越之志。計有踰於指鹿，罪實見其欺天。』則當時黨人必有以衞公無君之說譖於宣宗者。不然，安得有此言？至衞公不忘故主，觀會昌一品集編次之意可見。以王濬受厄王渾，功高得謗，比李回因黨禍而貶官，不負衞公之知，詞意均極明顯。詩中數典，皆用蜀故，以李回自西川左遷也。此以見義山隸事之精。結則言李回既不能攜赴湖南，進既不可，歸又不能，人生如此，徒使我懷古思鄉，安能忍而與之終古乎？此所以留滯荊門之後，又有巴蜀之遊也。巴蜀之遊，當是希望杜悰。北禽詩曰『杜宇』，點其姓也；梓潼詩曰『酒壚』，點其地也。其爲杜悰無疑。惟此行雖意在於悰，而實未至成都，中道而回，故後此有『早歲乖投刺』句耳。其不至成都之故，詩中固明言之。何則？杜悰與衞公交惡，爲令狐一黨，當時號爲『禿角犀』，甘食竊位，未嘗延接寒素。見北夢瑣言。瑣言又有杜邠公不恤親戚一條云：『其諸院姊妹寄寓貧困者，未嘗拯濟，節臘一無沾遺，有乘肩輿至衙門詬駡者。』義山與之姻婭，自必素知其爲人。其始也，窮途失意，急不暇擇，妄冀哀憐；迨行至巴西而悔其計之左矣。故梓潼望長卿山至巴西復懷譙秀詩云：『梓潼不見馬相如，更欲南行問酒壚，行到巴西覓譙秀，巴西惟是有寒蕪！』詩言至梓潼而望已虛，至巴西而意全變，況至成都，彼其之子，固不能必其如桓溫之薦譙秀也。杜悰由東川遷西川，玩詩意當是義山先至梓州，往謁而悰已離鎮矣，故更欲徑向成都，及巴西而始折回也。長卿爲梁王上客，而已不能入蜀幕，故借以喻意。北禽詩云：『爲戀巴江暖，無辭瘴霧蒸。縱能朝杜宇，可得值蒼鷹？石小虛塡海，蘆銛未破矰。知來有乾鵲，何不向雕陵？』起句與『南行問酒壚』同意。中言杜悰本非彼黨鉅子，如小石不能塡海，銛蘆未必破矰，縱使得見顏色，亦復於我何濟？我本令狐門客，與其希此無益之求，何如竟向子直告哀之爲愈乎？望喜驛別嘉陵江水二絕云：『若到閬州還赴海，閬州應更有高樓』，卽『何不向雕陵』意。又云：『今朝相送東流後，猶自驅車更向南』，卽『更欲南行問酒壚』意。蓋深慨此行之無益也。自注『此情別寄』者，黨局嫌猜，中有難言之隱，故不得不出以寄託耳。馮氏列入梓幕。誤。深宮詩：『豈知爲雨爲雲處，只有高唐十二峯。』木蘭花詩：『幾度木蘭舟上望，不知原是此花身。』曲衷虔語，早已顯顯若揭矣；而猶不忍恝然於李黨，又以離思一篇自明隱痛，以寓其惓惓故知之感焉。蓋自是倦遊遄返，陳情之志始決。新傳所謂『綯當國，商隱歸窮自解』者，當屬是時也。夫士之受知，猶女之相夫，苟非勢處至難，安忍輕言棄絕？義山初願，未嘗不欲始終一黨，徒以變關朝局，感兼身世，致不能保其特操。此種苦衷，不敢言而又不忍不言，不得已則託悠繆之詞以達之。其遇可傷，其情益可憫矣。觀兩書本傳必詳敘大中黨禍於義山入朝之前，當時必已見及於此，大可爲此類諸詩下一注解。馮譜於是年巴蜀之遊，鉤稽已費苦心，惟於一朝黨局，未能參透，而泥於『早歲乖投刺』句，妄疑巴蜀之遊爲李貽孫，馮氏搖落詩注云：『文集爲李貽孫啓以全力赴之，必故交之深者。貽孫會昌五年爲夔州刺史，大中二三年或尙在夔乎？』案貽孫大中六年始爲福建觀察使，見歐陽詹文集序。金石萃編又有大中三年十二月八日左諫議大夫李貽孫奉制祈雪華岳題名。此時無論在夔與否，以外任一郡守，官卑勢疏，而屬意如此深摯，雖愚者不至此，況義山乎？復取希冀李回之作，編入開成五年江鄉遊時，以實其高鍇還鎮西川之說，遂使諸詩全失語妙，而是年蹤跡亦恍惚而無定矣。甚矣，讀書不可不細也！此類詩集中尙多，逐句細釋，譜不能具，參觀補箋自知。又案義山一生關係黨局，新舊兩傳，實發其隱。朱氏長孺以義山之就王鄭，比諸擇木、渙邱，謂其黨於贊皇；徐氏湛園據哭楊虞卿、蕭澣諸詩，及太學博士一除，則謂其黨於太牢；馮氏既駁正徐說矣，又謂其無關黨局。此三說皆甚辨，而不知皆非也。以余考之，義山少爲崔戎、令狐楚所憐。戎被遇於裴度，楚進用於皇甫鎛，義山之從二公，乃遭遇適然，本非爲入黨局，此不足深辨。惟至登第釋褐，藉令狐爲之道地，則固不能不謂其與牛黨有關矣。沈丈曾植曰：「唐時牛李兩黨，以科第而分。牛黨重科舉，李黨重門第。衞公由蔭授官，本傳言其恥與諸生從鄉賦，不喜科試。通鑑太和七年載：『德裕謝上曰：「方今朝士三分之一爲朋黨，上干執政，下撓有司，爲士人求官及科第，無不如志。」上聞而惡之。德裕因得以排其所不悅者。』舊紀會昌四年亦載德裕之言曰：『臣無名第，不合言進士之非』云云，是衞公之惡進士也至矣，故所拔者皆寒畯之士。而牛黨則反是，楊虞卿諸人既自以科第起家，而又喜汲引舉子。當時爲之語曰：『欲趨舉場，問蘇張三楊。』一時文士如白香山、杜牧之輩，亦無不右牛黨者，氣類相近也。蓋牛黨以此爲厚植黨援之計。義山得舉既由令狐，實與入黨無異耳。故成婚涇原，重官祕省，遂致大受黨人排笮。不然，婚宦亦人恆情，子直何至惡其背恩，且責其放利偷合哉？然則令狐之怨義山，實始於是時，而義山之去牛就李，亦於是時而決。馮氏曰：『義山開成時既以綯力得第，而乃心懷躁進，遽託涇原。舊傳所云「綯以背恩，惡其無行」也。綯之惡義山，實始於此，非遲至德裕用茂元帥河陽時。舊傳必先敘德裕與李宗閔、楊嗣復、令狐楚大相仇怨，乃修史者於一時黨局，心手熟習，贅及之耳。』案馮說大通，惟史文實有深意，並非隨手贅及。舊傳云：『茂元愛其才，以子妻之。茂元雖讀書爲儒，然本將家子，李德裕素遇之。德裕秉政，用爲河陽帥。商隱既爲茂元從事，宗閔黨大薄之。時令狐楚已卒，子綯爲員外郎，以商隱背恩，尤惡其無行。俄而茂元卒，來遊京師，久之不調。』考會昌元年茂元出帥陳許，義山曾爲其幕官，旋以書判拔萃，授祕書省正字。當時必爲李黨所援引，而令狐綯爲戶部員外郎，亦正在是年。義山其始雖以成婚見惡令狐，然令狐與之交誼猶未絕也，至是竟以李黨而獵得清資，宜其憾之不置矣。傳云：『以商隱背恩，尤惡其無行。』加一尤字，深有斟酌。背恩指婚於茂元，無行指因李黨而得官也。其後服闋入京，久之不調，蓋亦坐此，史文大可參悟。惟陳許誤爲河陽，而又漏書正字一節，致使後人晦其意耳。不然，一朝黨局，關係者多，何以不載於他傳，而獨詳於義山乎？會昌初，義山受選天官，正書祕閣，觀無題二章：一則曰『身無彩鳳雙飛翼，心有靈犀一點通』；一則曰『豈知一夜秦樓客？偷看吳王苑內花』，艷羨內省之情，溢於言表，時衞公方當國也。詩非艷情，蓋義山初依茂元，本希其薦達李黨，乃前此未曾得力，而今竟有機遇可乘，故不覺作羨詞耳。未幾遽丁母憂，攀附不及，服闋入京，則武宗已崩，而衞公亦斥外矣。相思詩：『腸斷秦臺吹管客，日西春盡到來遲。』茂陵詩：『誰料蘇卿老歸國，茂陵松柏雨蕭蕭。』大有遲暮自傷之感，蘇卿，唐人用此多以況逐宦，義山閒居四年，初至京師，且久之不調，與蘇武數奇正同，故以自比，謂指牛黨者非。非李黨有意疏之也。故大中元年遂從鄭亞於桂海。亞貶，又屬意李回於湖南。及回不敢奏辟，遇合無緣，乃始眞絕望，不得不轉而向令狐告哀矣。然而一時所賦篇什，幽憶怨斷，恍惚迷離，其詞有文焉，其聲有哀焉，義山始願，不負李黨，亦可見已！迨至陳情不省，子直宿憾，終不能釋，然後從盧弘正，從柳仲郢。弘正則劉稹平，德裕用爲河北兩鎭宣慰使，仲郢則德裕奏尹京兆，皆贊皇所厚遇者。案仲郢其先本牛黨。舊書傳曰：『德裕知其無私，奏爲京兆尹，謝日言曰：「下官不期太尉恩獎及此，仰報厚德，敢不如奇章門館。」德裕不以爲嫌。嘗感李德裕之知，大中朝李氏無祿仕者，仲郢領鹽鐵時，取德裕兄子從質爲推官，知蘇州院事，令以祿利瞻南宅。令狐綯爲宰相，頗不悅，仲郢與綯書自明』，是仲郢固亦去牛就李者，宜其恩禮義山，有同情也。於是以漫成五章明揭生平，以表襮其始終欽仰衛公之初心。由是觀之，安得謂其無關黨局也哉？若夫哭楊虞卿、蕭澣，贈杜悰、盧鈞諸詩，此不過人生交際之常，卽如文集爲王茂元鄭亞諸啓狀，於牛黨皆通書訊候，彼身受黨魁殊遇者且然，何況義山？豈一介儒生，卽不許有親故往還乎？至博士一除，乃子直情不可恕，原非美遷；李衛公一絕，傷其投荒，非幸其賈禍；馮氏曰：集中歎衛公詩，吾詳味之，刺衛公詩絕鮮。惟上杜悰詩：『惡草雖當路』，乃實斥衛公者，以投贈之故，冀聳聽，不惜違心而弄舌耳。凡此諸說，固不足以盡黜朱氏也。要之，以黨論，義山與其謂之牛黨，無甯謂之李黨。朱氏所謂李黨者，據其迹也；余之所謂李黨者，原其心也。若僅執其迹求之，則義山固無解於牛黨矣。觀其成婚未久，知茂元之不足恃，則僕僕作湘潭之行，希望楊嗣復。及李黨疊敗，知李回不能攜之赴鎮，則又僕僕作巴蜀之行，希望杜悰。嗣復與悰，皆牛黨中人，依違去就，何一無特操乃爾？然而義山則已逆料後人必有以此爲口實者，而先自剖矣。席上作詩曰：『料得也應憐宋玉，一生惟事楚襄王。』青陵臺詩曰：『莫訝韓憑爲蛺蝶，等閑飛上別枝花。』當時心跡，和盤托出，千載之下，方讀而悲之，而奈何解者不察，尙紛紛致辨於恩牛怨李之間也耶？

【編年詩】

即日 桂林聞舊說。第二句自注：『宋考功有小長安之句也。』箋曰：宋之問，景龍中爲考功員外郎，後流欽州，賜死桂州。徐氏云：魯人張叔卿有流桂州詩：『莫問蒼梧遠，而今世路難 胡塵不到處，即是小長安。』疑宋先有是語，而張述之，宋集反逸也。詩有『花飄度臘』句，是正月自南郡返桂時作。

北樓 箋曰：三四暗點炎方，此桂林之北樓，馮說是也。

思歸 馮氏云：『嶺雲江月，必在桂府時。』三句點景，是是年春作。

異俗二首 自注：『時從事嶺南。』徐湛園引平樂縣志注下文有『偶客昭州』四字。箋曰：義山攝守昭平，已詳譜。詩歎異俗難治，是刺史語。二句『春寒夜夜添』，合之昭郡詩：『桂水春猶早』，其攝守當在正月間。至二月府貶，則涖昭不過數日耳。舊志：『昭州平樂郡屬嶺南道，西至桂州二百二十里。』

昭郡 郡一作州。

即日 一歲林花。箋曰：首言『一歲林花即日休』，義山在桂，首尾僅及一年，此將去時作。自歎府貶職罷，失路無依也，大有留連不忍遽別之意。『江間』指桂江。馮編甚誤。

賈生 箋曰：此刺牛黨也。武宗崩，宣宗立，凡從前黨人見逐於衞公者，無不一一召還。乃不能佐君治安，專以傾陷贊皇爲事。假吳汝納事大興詔獄。且與湘冤獄，枯骨已寒，舊讞重翻，又豈宣室求賢之本意哉？不徵於人，而徵於鬼，眞所謂但問鬼神，不問蒼生矣。此雖牛黨逢君之惡，然宣宗亦不能無責焉，詩之所由假古寄諷歟？ 又案唐語林：令狐綯自吳興除司勳郎中，入禁林。一夕寓直，中使宣召，行百步，至便殿。上遣內人秉燭候之，引於御榻前，賜坐。問：「卿從江外來，彼中甿庶安否？廉察郡守字人求瘼之道如何？」以玉杯酌酒賜綯。有小案置御牀，有書兩卷，謂綯曰：「朕聽政之暇，未嘗不觀書。此讀者先朝所述金鏡，一卷則尙書禹謨。」復問曰：「卿曾讀金鏡否？」對曰：「文皇帝所著之書，有理國理身之要，披閱誦諷，不離於口。」上曰：「曩者知卿材器，今日見卿詞學。」顧中使曰：「持燭送學士歸院。」』今采此條，與詩相證，足知余解之不謬。

燈 馮氏云：『此桂府初罷作也。首二句領起通篇。「皎潔」言不負故交。「煎熬」言屢遭失意。「自求」二字慘甚。三四溯昨春從行而背京師。五謂行近桂管。六則抵桂幕。七八不意其遽貶也。「何處」一聯，言倏喜倏憂，人世皆然。「影隨」二句，謂蹤跡又將流轉。結二韻謂兩美終合，定有餘光之照。雖未見明切子直，而此外固無人矣。』箋曰：馮解甚精，結語乃指李回，回以節度降觀察使，雖屬左遷，尙有辟署之權，故以『半餤』爲喩。如此方與起句不負故交意相應，不得概謂子直也。

席上作 一云：予爲桂州從事故府鄭公出家妓令賦高唐詩，一本題作席上贈人。注云：『故桂林滎陽公席上出家妓。』馮氏云：『稱故府者，詩係追錄也。』箋曰：此表明一生不負李黨之意，實義山用意之作，而託之於席上贈妓耳。注自具微旨。今編於此，以與後此陳情諸詩相映發焉。

杏花 箋曰：義山桂州府罷，適値李回左遷湖南，頗有希冀入幕之意，此詩爲此而作。『上國』二句，述昔年知遇。『異鄉』二句，言今窮途失意，彼人定必哀憐於我。『援少』、『牆高』，謂從前相位尊嚴，不敢仰攀。『爲含』二句，言遲迴矜愼，遂至今朝。『仙子』二句，狀其高貴，回本舊相，又宗室也。『幾時』二句，謂今日左遷，更無一人相伴，言外見惟己不背舊恩也。『鏡拂』二句，寫羞澀自薦之態。『終應』二句，言終當彼此好合也。『莫學』二句，自矢之詞，謂從此更不依違黨局，再致迷途失返矣，意在隱指江鄉舊遊。鄭亞之貶在二月，故以杏花寄意。馮氏屬之高鍇，非其倫也。

潭州 箋曰：此桂管歸途，暫寓湖南，遲望李回之作。『湘淚淺深』、『楚歌重疊』，喻李黨疊敗，身世孤危。『陶公空灘』，謂鄭亞遠謫。『賈傅破廟』，自謂，唐人罷職，往往喜以賈生爲言，不獨寫景也。結則遲李回不至之恨矣。回宗室，與義山同出隴西，故曰『故園』。『松醪一醉』，取置醴意。夫君未來，樓空無主，此所以又復北上，而有漢南書事、萬里風波諸詩也。

夢澤 箋曰：此亦桂管府罷後作。首二句悲黨局之反復。末二句自解。李回失意左遷，而已獨依依不舍，修飾文采以慰之，可謂不知歌舞之多少矣。反言之，所以表忠於李黨之微意也。

失猿 箋曰：失猿寓失援之意。首二指鄭亞之貶。結謂李回。語意均極明顯。

同崔八詣藥山訪融禪師 箋曰：藥山在澧州朗山間，洞庭之西也。東南至長沙四百里，北至江陵三百里。此桂管歸途作。崔八亦鄭亞幕僚，故首句云然。補編有爲滎陽公桂州補崔兵曹攝觀察巡官牒云：『兵曹出於華胄，早履宦途。』必此崔八，惜其名不可考矣。

漢南書事 馮氏云：『舊書紀、通鑑，會昌五六年，党項攻陷邠、寧、鹽州界城堡，發諸道兵討之，至大中四五年，連年無功，戍饋不已。上頗知邊帥欺奪其羊馬，或妄誅殺，党項不勝憤怨，故反。乃以李福爲夏綏節度使，面加戒勵。上頗厭用兵，議遣大臣鎭撫，以宰相白敏中充招討行營都統制置等使。定遠城使史元破党項九千餘帳，敏中奏平夏党項平。又奏南山党項亦請降。詔幷赦，使之安業。詩蓋自桂歸途經荆江時作，非書漢南之事。』箋曰：馮氏徵考甚詳，是年党項尚未就撫，故詩著拓土窮兵之戒，而望其勿生事四夷也。

楚宮 湘波如淚。 箋曰：此在荆楚，感於午日屈原沈湘事，而爲李黨失意者慰藉也。屈原被讒子蘭，今李黨見阨太牢，其事正同。然而怨懟自沈，於事何裨？但使三戶尚在，終當有捲土重來之望，蛟龍雖惡，又何畏哉？是此詩之寓意矣。時李回左遷，必有憂讒畏譏之意，故詩以解之。馮氏編於開成五年江鄉遊時，謂因楊賢妃棄骨水中，觸類鳴冤。夫江鄉之遊非五月，而楊賢妃賜死，陪葬章陵，見長安志，亦無棄骨水中事，不得以會要不載爲疑。至甘露之變，王涯輩寃骨渭水，更與義山風馬牛無涉，題爲楚宮，復何所指？憑虛任臆，眞足齒冷也。

岳陽樓

欲爲生平。箋曰：『蛟龍覆舟』，顯有所指，蓋李回不能攜赴湘幕，半出於憂讒畏譏，非疏義山也。詩必作於與回相見後，非在岳陽，觀起聯自明。

無題

萬里風波，原編集外詩。箋曰：此爲李回發，說已詳譜矣。回自西川左遷，故曰『碧江地沒元相引』。『地沒』謂貶官；或作地脈，謂己與回本係一黨，亦通。『益德報主』喩衞公，衞公乃心武宗，竟至投荒，是死報主知矣。『阿童』比李回始終贊皇，被謗左遷，高義固無忝士治也。五六懷古。『憶歸初罷』是思鄉。結言人生無謂，安能如此終古哉？義山後此轉向牛黨，屢啓陳情，皆以此篇爲轉關，此實集中一字一淚之篇矣，讀者不可忽視也。

楚吟

馮氏云：『吐詞含味，妙臻神境，令人知其意，而不敢指其事以實之。』箋曰：此亦荆楚感遇之作。『楚天長短黃昏雨』，蓋南方五月梅雨時往往有此景象也。

望喜驛別嘉陵江水二絕

自注：『此情別寄。』箋曰：此假江水自慨遇合之不偶也。『今朝相送東流後，猶自驅車更向南』，言己與李回初別，乃更欲希望杜悰，梓州在閬州西南，即『更欲南行問酒壚』意。『若到閬州還赴海，閬州應更有高樓』，則言倘彼人無情於我，或左遷如李回，則此地當更增無窮之悵望矣。何人生不幸，一無特操乃爾，能不啞然失笑哉？義山此行，當是先至閬州，後至梓州，又欲南向成都，中途折回，復至閬州，故有巴西諸詩。嘉陵江跨閬果諸境，望喜驛則在廣元縣，此未至閬州時作。自注云云，蓋事關黨局，不欲明言耳。嗟乎！義山一生爲朋黨所累，放利偸合，又豈得已？讀此詩亦可以悲其志矣。又案李回自西川貶湘，而嘉陵水則至渝州入江，東流赴海，詩雖暗指杜悰，實則心注李回，赴海喩左遷也。措詞之妙，眞未易測。

梓潼望長卿山至巴西復懷譙秀

箋曰：義山巴蜀遊蹤，已詳譜。梓潼，唐之劍州，屬東川；巴西，閬州也。蓋義山先赴東川謁杜悰，而悰已遷鎭，故又欲南向成都，及折回巴西，而有此詩。譙秀有元子之表，今則不可復得矣，故以寄慨也。

北禽

箋曰：觀此詩，義山不見杜悰之故，已自言之，馮氏乃疑別爲一人，何也？詳說具譜。

夜雨寄北

萬首絕句作夜雨寄內。箋曰：此亦留滯巴閬時作，時初交秋，而義山亦將歸矣。

因書

馮氏云：『亦寄內詩，與上首同。下半言辛苦行役，僅爲棋酒之資，其何益哉？只堪歸而相對言愁耳。』

到秋

箋曰：義山巴楚留滯，自夏涉秋，萬里南雲，所思顯然，蓋至是而歸計決矣。馮氏強附江鄉之遊，安得有此情景哉？

離思

箋曰：黨局反復，自傷所如輒阻也。『峽雲』、『溝水』，即上諸篇所箋者是。『朔雁』指令狐，謂音信全無。『湘篁』指李回，謂恩知未報。補編上章舍人狀云：『今春亦憑令狐郎中附狀。』義山桂府初罷時，當有書上子直也。起結寓求援之感，蕪棧於哀猿之啼矣，淒戾不堪卒讀。

過楚宮　箋曰：此楚宮在巫峽，非他篇虛擬之比，巴閬歸途作。自悲人生無味，不如夢中之樂也，哀痛極矣。

風　迴拂來鴻急。箋曰：詩云『天外歸舟』，又有楚色西塞、夷音下牢語，確係巴閬水程。『來鴻』、『別燕』點時令，不必泥深秋也。馮編大誤，今正之。

荊門西下　箋曰：自巴閬歸，故曰西下。『一夕南風一葉危』，謂此行遇合無成。『夏雲』點時，義山與李回相遇正在五月，歸途已秋，自荊門追慨前事，故曰迴望也。『骨肉』二句，言家中消息，倘疑我安於遠客；而豈知蕙蘭蹊徑，已失佳期乎？『絕徼』泛指遠方。洞庭二句，卽蛟龍覆舟之感也。詩爲李回事而發，偶成轉韻『破帆壞槳』，同此寓言。馮氏作實事解之，全失語妙矣。

江上　馮氏云：『江程寓懷之作，三四左右顧望，下言無所遇合，更向客途，而意在急歸也。』

楚澤　箋曰：南方常燠，北地早寒，故有末句。『夕陽』、『霜野』，只是泛寫景物，不得作深秋解也。

陸發荊南始至商洛

商於　商於朝雨霽。箋曰：此篇馮氏不能定爲何年，余詳味詩意，必巴蜀歸後，由荊赴洛所賦，原編與歸墅詩相連，定一時事也。首二句點時，與陸發荊南一首情景正同。『肯塢』二句，暗寓沈淪憔悴之意。『建瓴』二句，比牛黨日益得勢。『割地』二句，自慨巴蜀遇合之無成，受詐於人，謀事之計左矣。『清渠』二句寫景。結言將重擬入都也。確係是年作。馮氏泥於入蜀在歸洛之後，行蹤離合，宜其不能定編矣。

歸墅　箋曰：『行李踰南極』，謂自荊南啟程，朱氏以歸自桂林解之，不得但言句時矣。『舊鄉』，東洛也。此將抵家時作。

槿花　馮氏云：『歎鄭亞在桂一年遽貶。』

亂石　箋曰：『虎踞龍蹲縱復橫』，喻牛李二黨，彼此傾軋。『星光』句謂一黨漸衰，而一黨又代起也。結言黨人於我何仇？奈何跬步纔蹈，荊棘已生，使人抱途窮之哭乎？故曰『不須』也。不得專指李黨，馮說未洽。

戊辰會靜中出貽同志二十韻　箋曰：起一段至『九州揚一塵』，暗述生平抱負，屬望遠大，本期立登要津。『我本玄元胄』一段，言己本令狐門館中，爲李黨所累，雖遭放廢，猶欲還神眞宅，一雪此恥。『龜山有慰薦』一段，言無端婚於王氏。九華眞妃，李夫人少女，與義山妻系出類同，詩以借況。『林洞何其微』一段，言李黨壘敗，遂致無所依恃。結言倘擬入京，與令狐重修舊好也。篇中皆假求仙寓意，確爲大中二年作。道家有入靜、出靜法，義山篤信學仙，故有此類諸詩。戊辰乃紀年，非紀日，集中書干支例然，馮說不可易矣。

深宮　箋曰：起二句卽『閶闔門多夢自迷』意，喻令狐之尊貴。『狂飆』句怨其不哀憐薄宦。『清露』句猶欲望其沾溉也。『斑竹』指湖湘之失意。『景陽』比牛黨之得君。結言：當時覆雨翻雲，渾無定所，豈知今日祇有此門，可以告哀乎？此後入京自解，屢啓陳情，皆基於此矣。

鳳　箋曰：首言『萬里峯巒歸路迷』，是由荊至洛時作。失意而歸，故曰迷。『未判』句謂淪落之餘，猶堪以文采與人馳逐也。義山是年入京赴選，攜眷同行。結言明春卜居京師，不再出遊，從此當永與妻子相聚矣。馮氏謂在桂寄內詩，似小誤。

越燕二首　箋曰：桂林，南越地，故以『越燕』寄意。『上國』謂京師。『此鄉』點洛，東洛本義山故鄉，時因貧病，暫爾淹留，詳補編上章舍人狀，故曰不歸，謂尚未入都。『爲矜』句，言己文章合當致身禁近。『猶著』句，歎沈淪記室，章敍未換也。『拂水』二句，身世無依之況。結只取莫愁爲義。次首初歸洛中景況。『命侶』、『安巢』謂塵勞乍息。『阿母』比令狐，『王孫』自謂。『記取』二句，言子直爲彼黨之魁，今則日見尊貴，如朝陽之鳴鳳，此後甚望其常常相見，勿以舊憾而疏我也。馮氏泥『盧家』字，繫諸徐幕，雖亦可通，然不如余說之融洽矣。

玉山　馮氏云：『吳氏發微謂爲綯作，信然。首聯比內相之清高。次聯言只此可恃，奚用他求？三聯言我欲相依，爾休不顧。結更醒出援手之望。綯爲楚子，故曰才子；爲翰林，故曰神仙。』箋曰：殊如馮說，此在洛未入都時作也。

李衛公　箋曰：木棉花暖，鷓鴣亂飛，所謂歌舞者如是而已。『絳紗』、『鸞鏡』之樂，安可復得耶？言雖似諷，意則深悲。馮氏謂：『下二句不言身赴南荒，而反折其詞，與舊時王謝同一筆法，傷之，非幸之也。徐氏謂：義山黨牛，故於衛國多貶詞，是不然。』

九月於東逢雪　箋曰：詩曰『嶺外他年憶』，是桂管歸後矣。曰『舉家忻共報』，是攜家赴選時矣。時義山在洛多病，故結句云『豈是驚離鬢？應來洗病容』也。惟唐時自洛入京，不必經商州，題曰於東，當是泛指商於以東，無庸泥其地以實之。若馮氏疑爲東川歸後挈家還鄭時作，則去桂管之遊，將十年矣，於『嶺外』句情味不符，必非也。

夢令狐學士　箋曰：此入京道中作，三句頗可與於東逢雪相證。程氏云：『先寫身世之蒼涼，後寫令狐之清貴，語最微婉。』

寄令狐學士

鈞天　徐氏云：『與上章同作，暗諝子直，兼自傷也。』箋曰：『上帝鈞天』，喻令狐之得君，下言『昔人因夢』，倘得預聞廣樂，我本舊日門客，反遭排笮，不能與伶倫同列，豈非數奇也哉？『吹裂孤竹』，卽史所稱商隱歸窮自解者也。上章是道中作，此章乃到京作，未必同時。

九日　箋曰：北夢瑣言：『李商隱員外依彭陽令狐楚，以箋奏受知。彭陽之子綯，繼有韋平之拜，似疏隴西，未嘗展分。重陽日，義山詣宅，於廳上留題，相國覩之，慙悵而已，乃扃閉此廳，終身不處。』又唐摭言：『大中中，令狐趙公在內廷，重陽日，義山謁，不見，因以一篇紀於屏風而去。』王定保、孫光憲皆五代人，於唐耳目相接，所載似可信從。於東逢雪在九月，則重陽日當已至京矣。詩意憾其子，追感其父。『山翁』指令狐楚，楚最愛菊，故云。楚歿於開成丁巳，至大中二年戊辰，已十二年，云『十年泉下無消息』者，舉成數也。『苜蓿』祇取移種上苑之意。『楚客』、『江蘺』，喻從鄭亞，兼屬望李回事，亦以放逐自況也。結郎未嘗展分之恨。程氏云：『東閣難窺，又何從題壁？「有所思」，非承上思「把酒」之時，正透下思「郎君官貴」之日。「東閣」屬楚，非屬綯也。曰「官貴」，猶在綯未相之先，若章平繼拜，又不止於官貴矣。詩當在綯爲學士或舍人時作，義山自嶺表入朝時也。』說亦大通，孫王輩不免紀載小疏耳。至唐詩紀事又云：『綯乃補義山太學博士。』考博士一除，在徐幕罷後，且非九月；此則紀事者隨手贅及，不足據矣。又案苕溪漁隱云：『綯父名楚，商隱受知於楚，更不避其家諱，何耶？』馮氏因云：『義山於子直既怨之，猶不能無望之，敢於其宅發狂犯諱也？蓋大中二年綯已充內相，異鄉把盞，遠有所思，恐其官已漸貴，我還京尚未得窺舊時東閣，況敢望其援手？預爲疑揣，不作實事解，彌見其佳，觀一作「許再」可悟。及入京後內實睽離，外猶聯絡，屢曾留宿，備見詩篇，何至不得窺東閣哉？本傳云：「謝不與通。」亦誤也。』此解亦可從；如此則此詩是入京道中作矣，今故備列於此，閱者擇之。

過鄭廣文舊居

箋曰：長安志：『韓莊在韋曲之東，鄭莊又在其東南，鄭十八虔之居也。』鄭莊近曲江，疑是年義山攜家入京，暫居於此，故結以庾信臨江宅爲喻。起云：『遠循三楚弔三閭。』是新從湘楚歸也。其後曲水、曲池，屢有寄慨，寓悼亡之感，當於此尋根矣。馮氏謂故宅或在鄭州，似誤。

景陽井

箋曰：此篇馮氏列之開成末，謂傷楊賢妃之死，棄骨水中，考舊新書安王溶、楊嗣復等傳，安王溶，穆宗第八子。楊賢妃有寵於文宗，晚稍多疾，陰請以安王爲嗣。帝謀於宰相李珏，珏非之，乃立陳王成美。妃與楊嗣復宗家，及仇士良立武宗，遂擿此事，譖而殺之，未嘗有棄骨水葬事，安可妄撰史文，自圓己說？余詳繹再三，始悟其爲懿安太后發也。東觀奏記云：『憲宗皇后晏駕之夕，上雖幼，頗記其事，追恨先陵商臣之酷，即位後，誅鋤惡黨，無漏網者。時郭太后無恙，以上英察孝果，且懷慚懼，時居興慶宮，一日，與二侍兒同升勤政樓，倚衡而望，便欲殞於樓下，欲成上過。左右急持之，即聞於上。上大怒，其夕，后暴崩，上志也。』新書后妃傳亦云：『宣宗立，於后諸子也，而母鄭故侍兒，有曩怨，帝奉養禮稍薄。后鬱鬱不聊，與一二侍人登勤政樓，將自殞，左右共持之。帝聞不喜。是夕，后暴崩。』傳又云：『有司上尊謚，葬景陵外園。太常官王皡請后合葬景陵，以主祔憲宗室，帝不悅。白敏中讓之，皡曰：「后乃憲宗東宮元妃，事順宗爲婦，歷五朝母天下，不容有異論。」敏中亦怒，周墀又責謂皡，終不撓。墀曰：「皡信孤直。」俄貶句容令。懿宗咸通中，皡還爲禮官，申抗前論，乃詔后主祔於廟。』是懿安之崩，實由孝明，當時喪不祔廟，葬又有闕也。奏記所謂『先陵商臣之酷』者，則以暗昧加之罪耳。詩以麗華墜井，借喻后之暴崩。結言尊爲母后，乃被迫受終，死葬外園，尚不如西施湛身濁泥，得與鴟夷相逐也。龍鸞誓死，沈恨豈有終極耶？此事極難着筆，故假古事寄慨也。

景陽宮井雙桐

箋曰：因孝明而追感杜秋事也。新書后妃傳：『憲宗孝明皇后鄭氏，丹陽人。元和初，李錡反，有相者言，后當生天子；錡聞，納爲侍人。錡誅，沒入掖庭，侍懿安后。憲宗幸之，生宣宗。及卽位，尊爲皇太后。太后不肯別處，故帝奉養大明宮，朝夕躬省候焉。』杜樊川杜秋娘詩序：『杜秋，金陵女也。年十五，爲李錡妾。後錡叛滅，籍之入宮，有寵於景陵，穆宗卽位，命秋爲皇子傅姆。皇子壯，封漳王。鄭注用事，誣丞相欲去己者，指王爲根，王被罪廢削，秋因賜歸故鄉。』鄭與杜初皆李錡侍兒，其始同有寵憲宗，而其後乃大異，故題曰雙桐。起四句一篇總冒。『菱花乾』喻色衰。『明月蝕』比帝崩。『情多去未得』者，謂二人同爲憲宗所寵，竟不能隨之以殉也。『徒經白門伴』，謂秋放歸金陵。『不見丹山客』，則以鳳雛比漳王。鄭后能生貴子，而漳王乃以罪廢，故曰『未待刻作人，愁多有魂魄』也。『誰將』四句，謂穆宗命傅皇子，不料反爲皇子所誤，欲求似宣宗之忽承大統，眞天遠之不可期矣。敬、文、武三帝，皆憲宗孫，而宣宗則以子繼之，所謂『孫枝覓郎主』者。唐人稱天子爲郎，而漳王又憲宗之孫也，借喩精切不磨。『昔妬』四句，則言當日與鄭入宮見妬，豈知今日獨讓他人母儀天下乎？『紅櫻』以鄭櫻桃喩孝明也。『牽襦』二句，『抱衾與裯，實命不同』之恨。『寒灰』二句又推開一層，謂人世升沈，末後乃見，秋倘不死，安知無奇遇如孝明者？富貴逼人，又誰能牽絆也耶？『石羊』，墓上物，出典雖未詳，然宋姜堯章詩有『他日石羊芳草路』句可證，疑是時杜秋已前卒矣。通篇雖爲仲陽不平，而言外則大有諷刺鄭后出身微賤之意，必懿安薨後，鄭后專貴時作也。午橋箋已見及此，惟句下所釋，皮附寡當，余爲通之。

腸

馮氏云：『亦爲令狐作。首二句點題，謂固已恨之，無奈尙有餘望也。三句迴腸，此時之餘望，四句斷腸，前此之積恨也。五自謂，六謂子直，一熱一冷，冰炭不相入矣。七八卽席所見之景。九十記遠歸京師之跡。十一二謂飛書雖及，好事猶虛。十三謂桂管之罷，我原不甚深惜，蓋子直所增怒以此也。十四暗指昔年章奏之傳。結乃謂彭陽公之厚愛，年深多謬誤矣。』箋曰：馮說妙矣。『隔樹』二句，謂跡雖隔而情則通，非寫卽席所見之景。下言飛書雖及，好夢難成。『染筠』、『繞雪』，徒詞費耳，豈多年故知，既貴而漸訛失耶？作問之之詞，詩味乃深。『染筠休伴淚』，取淚盡義；『繞雪莫追歌』，取和寡義。不必如馮氏所解也。

舊將軍

馮氏云：『潘岍謂此詩追感李晟，不知曰紛紛，曰誰定，與西平久經圖象者不符。』午橋謂慨李衞公，極是。新書紀：「大中二年七月，續圖功臣於淩煙閣。」事詳忠義李憕傳。後時必紛紛論功，而李衞公之攘回紇，定澤潞，竟無一人訟之，且將置之死地，詩所爲深慨也。舊書傳贊云：「嗚呼煙閣！誰上丹青？」憤歎之懷，不謀而合。義門謂爲石雄發，亦通。然衞國之廟算，乃功人也。』

淚

馮氏云：『此必衞公貶時作。唐撫言有「八百孤寒齊下淚，一時南望李崖州」句，與此同情。上六句興而比也：首句失寵；次句離恨；三四以湘淚比武宗之崩，峴碑指節使之職，衞公固以出鎭荆南而疊貶也；五謂一去禁廷，終無歸路；六謂一時朝列，盡屬仇家。結句總納上六事在內，故倍覺悲痛。灞橋只取離別，不泥京師。此義山獨創之絕作也。』箋曰：衞公爲相，不喜進士，而頗爲寒畯開路。義山雖科第起家，而坎壈終身，反不如雜途之得意，故彌感於衞公。漫成詩：『不妨常日饒輕薄，且喜臨戎用草萊。』亦此意，非僅黨局關係也。結語用重筆，言上六事雖可悲，然豈若『灞水』南望，以『青袍』寒士，而別『玉珂』貴人之尤爲可悲乎？通篇命意在此。

蜀桐　箋曰：此爲李回再貶賀州刺史而致慨也。回由西川左遷，『玉壘高桐』，狀使相之尊貴。次句即炎涼俄頃之感。結言當日疊讒畏譏，不能攜我入幕，而豈知今日又遭貶黜乎？賀州之貶，傳不詳年月，當與衞公貶崖同時也。馮氏妄疑高鍇，鍇一生未嘗失意，安得有此沈痛之篇章哉？

【編年文】爲滎陽公賀白相公加刑部尚書啓　補編。

爲滎陽公賀韋相公加禮部尚書啓　補編。

賀崔相公轉戶部尚書啓　補編。錢氏云：『新書崔鉉傳：「會昌三年，同平章事，澤潞平，兼戶部尚書。」崔元式傳：「宣宗初，同平章事，進兼戶部尚書。」是二崔並通。文有「首獻明號」句，考舊書武紀「會昌五年正月，宰臣李德裕、杜悰、李讓夷、崔鉉等上徽號」，執此以推，似鉉爲近。又宣紀：「大中二年正月，宰臣率文武百寮上徽號」，時元式已居相位，未必不預其列，終無以斷其孰是也。』案錢說固通，然文有『某叨蒙任使，早被恩知』語，似代鄭亞桂幕作，則崔相公定爲元式無疑，有爲滎陽公上崔相公諸啓可證，姑編此。

爲滎陽公與浙東楊大夫啓　補編。錢氏云：『楊漢公也。』

爲滎陽公上馬侍郎啓　補編。錢氏云：『馬植也。』

爲滎陽公與三司使大理盧卿啓　補編。錢氏云：『盧言也。』案香山長慶集開成二年三月三日禊洛濱詩，有留守裴令公召駕部員外郎盧言名，即此人。餘詳李德裕傳。

爲滎陽公與前浙東楊大夫啓　補編。錢氏云：『此爲漢公去任後作。』案嘉泰會稽志：『大中元年，漢公自桂管授浙東觀察使，二年二月召。』贊寧高僧傳知玄傳又有『大中三年誕節，詔諫議李貽孫、給事楊漢公語』，故啓云：『使乎方來，已承徵召。』是漢公罷鎭，與鄭亞貶循同時也。

爲湖南座主隴西公賀馬相公登庸啓　補編。錢氏云：『湖南座主，李回也。』

獻襄陽盧尚書啓　補編。錢氏云：『盧簡辭也。』案此啓桂管巴蜀歸途時作，故有『窮途哲匠』語。

賀

相國汝南公啓　上度支歸侍郎狀 補編。案歸侍郎疑係崔龜從，說已詳譜。 上韋舍人狀 補編。案韋舍人錢注不詳，疑當是韋有翼。英華載玉堂遺範授有翼東川節度制曰：『陳藥石於諫曹，司黃素於右掖。』據嚴州圖經：『有翼，會昌五年三月自安州刺史拜。』則內召當在宣宗初。先官靈諫等官，而後正授中書舍人。狀爲義山大中二年歸洛後作，時正相合也。

大中三年己巳　義山三十八歲。

正月丙寅，涇原節度使康季榮奏吐蕃宰相論恐熱以秦、原、安樂三州及石門等七關之兵民歸國，令靈武節度使朱叔明、邠寧節度使張景緒紀後又作張君緒，新書吐蕃傳則作張欽緒，冊府元龜亦作君緒，與後紀同。此景緒疑即君緒之訛，一紀所書，不容自歧。各出本道兵馬，應接其來。舊紀。

詔司勳員外郎兼史館修撰杜牧撰故江西觀察使韋丹遺愛碑。原譜據通鑑。馮氏曰：『牧之爲司勳，傳無細年月。牧之文集云：「會昌五年十二月，自秋浦移守桐廬。後四年，守吳興。」則入為司勳，必在宣宗初，至是年出守吳興也。刺湖之命在秋時。太平廣記采牧之湖州尋春較遲之事，亦云大中三年。』案牧之入爲司勳員外郎、史館修撰，在大中二年三月，見樊川集上周相公啓及宋州甯陵縣記；其轉吏部員外郎授湖州刺史，見新舊書傳。韋丹碑云：『命首臣統於衆上丹公功狀聯。大中三年正月二十日詔書，授史臣尚書司勳員外郎杜牧曰：汝爲丹序而銘之』，是碑成在正二月間。集中贈司勳杜十三員外詩自注：『時杜奉詔撰韋碑』，必係同時所作，所謂：『清秋一首杜秋詩』者，追敘之詞耳，時未轉吏部，故稱司勳。乙集序：『是歲葬牛太尉，有杜司勳之誌』，牛僧孺五月葬，其時牧之尚未轉官也。蓋轉吏部及出守，皆屬秋間事，杜集有新轉南曹未敘朝散初秋暑退出守吳興書此見志詩可證。馮注謂：未敘，故仍稱司勳，似未確。

四月，兵部侍郎判戶部事魏扶同中書門下平章事。原譜據新紀，舊紀同。

五月，葬太尉牛僧孺。據李珏神道碑。案李珏撰牛僧孺神道碑曰：『公以大中戊辰歲十月二十九日薨，以大中己巳歲五月十九日葬。』碑見文粹，載此與乙集序相印證。

徐州軍亂，以義成節度使盧弘正爲武寧軍節度使。原譜據通鑑參全唐文。案新紀大中三年五月，但書『武寧軍亂，逐其節度使李廓』，而不載弘正除鎭。舊紀則一字不書。惟六月有『御史臺奏義成軍節度使韋讓於懷眞坊侵街造屋，已令毀折』一事。參五考之，則弘正由義成移鎭徐州。在是年明矣。通鑑不誤，惟漏大中元年義成一除耳。說已見前。

六月，康季榮奏：收復原州石門驛藏木峽制勝六盤石峽等六關，訖邠寧。張君緒奏：今月十三日，收復蕭關，敕於蕭關置武州，改長樂爲威州。七月，三州、七關軍人百姓皆河隴遺黎數千人見於闕下。上御延喜門撫慰，令解辮，賜之冠帶。舊紀。

八月，鳳翔節度使李玭奏收復秦州。舊紀。馮氏曰：『杜牧題永崇西平王宅太尉愬院六韻結云：「隴山兵十萬，嗣子握琱弓。」注曰：「今鳳翔李尙書，太尉長子。」其名、其地、其時皆合，必卽此李玭也。』補編：爲滎陽公論安南行營將士月糧狀：『側聞容廣守臣，亦欲飛章上請。臣緣乍到，未敢抗論。已牒韋廑、李玭。』錢箋曰：『二人新舊書皆無傳，以文義推之，必一爲容管經略，一爲嶺南節度也。後有爲滎陽公與容州韋中丞狀，疑卽指廑。至嶺南節度之爲玭，更無顯證。樊南乙集序，李玭得秦州，敘在商隱桂州從事之後。考舊書文宗紀：「太和九年，以金吾將軍李玭爲黔中觀察使。」或中間曾鎭嶺南，史略之耳。』案李玭似由嶺南節度遷鎭鳳翔。杜集又有寄唐州李玭尙書詩，唐鄧節度元和十二年廢，隸山南東道，玭之領州，或因事左遷，當又在收復秦州後矣。至韋廑後爲司農卿，則見通鑑大中十年。

九月辛亥，西川節度使杜悰奏收復維州。舊紀。案舊書悰傳：『大中初，出鎭西川，降先沒吐蕃維州，州卽古西戎地也，南界江陽，岷山連嶺而西，不知其極，北望隴山，積雪如玉，東望成都，若在井底。其州在岷山之孤峯，三面臨江。天寶後河隴繼陷，惟此州在焉。吐蕃利其險要，二十年間，設計得之，遂據其城，因號曰無憂城。吐蕃由是不虞邛蜀之兵。先是，李德裕鎭西川，維州吐蕃首領悉但謀以城來降。德裕奏之。執政者與德裕不協，遽勒還其城，至是復收之，亦不因兵刃，乃人情所歸也。』

是年二月，翰林學士承旨令狐綯拜中書舍人，五月，遷御史中丞，九月，復充承旨，尋權知兵部侍郎知制誥。舊傳參翰苑羣書重修承旨學士壁記。

弟義叟釋褐祕書省校書郎，改授河南府參軍。本集。案文集爲弟作謝座主魏相公啓曰：『伏奉前月二十八日敕旨，授祕書省校書郎 知宗正表疏。續奉今月五日敕，改授河南府參軍，依前充職者。小宗伯之取士，早辱搜揚；大宗正之薦賢，又蒙抽擢。未淹旬日，再授班資。』又謝宗卿啓曰：『曲蒙題目，猥被薦聞，卽以今月某日發赴所職。』此宗正卿當是由宗正出尹河南者，義叟前已知其表疏，故今又辟奏府僚也。義叟登第在元年，至此始筮仕矣。原譜不載義山家族事，今具詳之。

義山由盩厔尉，京兆尹留假參軍事，奏署掾曹。馮氏曰：『京兆掾曹有功、倉、戶、兵、法、士六曹參軍事各二人，正七品下階。此曰奏署，固不拘品秩。』令典章奏。

十月，盧弘正鎭徐州，奏爲判官，得侍御史。原譜據文集參本傳。案侍御史從六品下階，通鑑注：『幕僚帶御史銜者，謂之寄祿官，亦曰憲官。』

案乙集序：『二月府貶，選爲盩厔尉，與班縣令武公劉官人同見尹，班縣令當取同班之義。武公，徐氏疑作武功，蓋劉官人郡望也。新書宰相世系表：京兆武功劉氏，本出彭城，後周有石州刺史懿。馮注未晰。尹卽留假參軍事，專章奏。屬天子事邊，康季榮首得七關。數月，李玭得秦州。月餘，朱叔明又得長樂州。而益丞相亦尋取維州，聯爲章賀。時同僚有京兆韋觀文、河南房魯、馮氏曰：『文粹有房魯上節度使書，全唐詩話：「長安木塔院有進士房魯題名處。」似卽其人。』樂安孫朴、馮氏曰：『趙明誠金石錄：「唐崇聖寺佛牙碑，孫朴撰，大中時立」，似卽此孫朴。』京兆韋嶠、天水趙璜、宰相世系表：『璜字祥牙。』唐詩紀事：『開成三年登第。』長樂馮顓、彭城劉允章，新書劉伯芻傳：『孫允章，字蘊中，咸通中爲禮部侍郎，後爲東都留守。』是數輩者，皆能文字，每著一篇，則取本去。是歲葬牛太尉，天下設祭者百數。他日尹言：吾太尉之薨，有杜司勳之誌，與子之奠文，此文惜不傳。二事爲不朽。』觀序述收復河湟事，則留假參軍在是年，選尉或當在二年冬暮也。今分書之，細迹無煩再考。兩傳皆云：『京兆尹盧弘正新傳弘正皆作弘止，世系表仍作正。表爲府參軍，典箋奏。』弘正傳不言尹京，且此時早出鎭鄭滑，原譜已糾之矣。馮氏曰：『尹稱牛僧孺曰吾太尉，當是牛氏宗黨，與弘正必不合。案舊紀大中五年有京兆尹韋博罰俸事，或卽其人歟！』又案舊書本傳：『三年入朝，京兆尹盧弘正奏署掾曹。明年，令狐綯作相，商隱屢啓陳情，綯不之省。弘正鎭徐州，又從爲掌書記。』馮譜信之，因列徐辟於四年。然乙集序明言：『十月，尙書范陽公以徐戎凶悍，節度鬭判官，奏入幕。』則固在是年也；且係奏爲判官，非掌書記。時初得侍御史，詠懷寄祕閣舊僚詩：『柏臺成口號，芸閣暫肩隨。』薛逢重送徐州李從事商隱詩：『蓮府望高秦御史』可證，故其後多稱李侍御矣。而二傳則渾書於王茂元鎮河陽時，皆誤也。至屢啓陳情，自緬內召已然，而是年則篇什爲尤多，豈必待大中四年令狐作相時哉？馮氏明知之，而猶爲史文所誤，則眞不可解已。又案文章出當時紀載，史則後人纂輯，以文證史，實本譜通例，惟乙集序其中言明年者三言是歲者一，言某月者六，覈之事迹，無一相合，宜馮氏不得其肯綮也。今再定之。序言：『明年正月自南郡歸，二月府貶，選爲盩厔尉。』此明年指桂林從事之明年，大中二年也。還京選尉，當在是年冬間，義山由洛入朝，有九月於東逢雪可證。序言『屬天子事邊』，及『是歲葬牛太尉』、『十月，尚書范陽公奏入幕』者，是歲蓋指大中三年，而十月卽是歲之十月，不蒙上明年言也。由是推之，義山之入徐幕，實在大中三年，而還京在二年，上范陽公啓所謂『去年遠從桂海，來返玉京』。馮氏以徐辟繫之四年者，誤矣。惟下文言『明年府薨』後，卽接『七月，尚書河東公守蜀，奏爲記室』。一似弘正薨於大中四年，而蜀辟亦在四年者，余初疑其有訛，而今知其本無訛也。今欲考弘正薨年，必先考仲郢守蜀，及義山赴辟之年。

仲郢出鎭，及義山赴辟，余已考得在大中五年，則弘正之薨，亦必在五年無疑。弘正節度武寧，通鑑書三年五月，而其先尚有義成節度使一除，事在大中元年。自元年至五年，僅及四年，舊傳『鎭徐四年』雖誤，若由弘正初出鎭時溯之，數亦正合，則弘正除鎭四年，至五年而薨，可知也。既弘正薨於五年，而奏辟義山則在三年，此文何以不言後年，而必言明年？豈其自相背舛歟？不知弘正奏辟雖在三年十月，而義山到徐，實四年春間。偶成轉韻詩有『我來』字，必初至徐時作。下云：『臘月大雪過大梁。』義山臘月始過大梁，則抵幕必在四年正月矣，故詩又云：『蒲青柳碧春一色』也。義山四年至徐，則所謂『明年府薨』者，豈非指大中五年乎？特古人文簡，中間省書到徐歲月耳。如此解之，固不必改讀明年爲他年，而通篇豁然矣。馮氏曰：『「明年」二字，猶曰他年，凡越一年或二三年，皆可通稱。轉韻詩中亦有「明年」字，自再命芸閣，至赴昭桂，中間相距固數年矣。』案轉韻詩所謂『臥枕芸香春夜闌，明年赴辟下昭桂』者，指會昌六年服闋，重官正字事。馮氏未見補編，移以證此，不知正與他年之義相反也。雖然，文中『明年』二字，尚可通融，而言某月，則必卽是年之月。馮氏既知是歲葬牛太尉爲大中三年，而復以後文十月屬之四年，此則余之所不敢附會也。今試卽序文總論之。序言

『余爲桂林從事』一段，指大中元年事；『明年正月自南郡歸』至『選爲盩厔尉』一段，指大中二年事；『屬天子事邊』至『范陽公奏入幕』一段，指大中三年事，而已兼到徐之四年言之；『明年府薨』至『七月尙書河東公守蜀，奏爲記室，十月改判上軍』段，指大中五年事；『明年記室請如京師，復攝其事』一段，指大中六年事；下言『三年已來喪失家道』，則別自大中五年數至七年，專指悼亡而言。而『三年』字已遞到大中七年，故後卽接以『十月弘農楊本勝始來軍中』，而以大中七年十一月作序之時收之。自元年至七年，所有事迹，無不昭晰無餘矣，尙何誤會之有哉？

【編年詩】謁山 箋曰：山郎義山自謂，此暗記令狐來謁事也，言我方欲就彼陳情，而不料其匆匆竟去，徒令杯酒成冰，所以有『水去雲迴』之恨也。首句則言安得長繩繫日，使之多留片刻乎？通篇融洽矣。馮氏謂義山往謁令狐，語妙全失。無題 紫府仙人。箋曰：通首寫元夕之景。『雲漿未飲結成冰』，當卽『一杯春露冷如冰』也。與上首一時情事，前書此夜。明日 箋曰：寓意令狐之作，當與謁山參觀。『誰言』二句，緣纔一面，便隔三生。『知處』句想其今日之居，『曾來』句記其昨日之來。首二句卽長繩不能繫日之恨。結言迴憶昨事，惟有憑闌聽雨，獨自無聊而已。假怨女私會，以寓身世交際之感，集中此例極多。末用健筆出之，沈著之至。若實係艷情，昨日 箋曰：明日者，昨日之明日；昨日者，由明日而追溯昨日也。首句形神雖接，次句措詞必不如此莊重也。好音不來。『未容』句，水去雲迴之恨。『少得』句，言能見一面，足慰相思，然已不可多得矣。後半極狀擬情悵望景況。『二八月輪』，團圓時少；『十三絃柱』，分散時多。與上二篇同參，眞字字血淚矣。紫姑，正月十五故事，詩蓋作於大中三年元夕後一日也。馮編四年，誤。贈句芒神 徐氏云：

『新書五行志：「大中三年春隕霜殺桑。」詩當作於是時。』案此類詩總是牢落之歎，空看尤佳。

訪人不遇留別館　箋曰：情深意苦，頗難指其事以實之，馮氏謂至令狐家未得見留待而作，似之。卿卿，他人固無此情款也，寓感與九日詩同。

哀箏　馮氏云：『郎何處哀箏意。首句望之深。次句愁之切。三四自桂管、蜀中來也。五六言舍此更無他路，故惟在爾門告哀。七八言擲香何在？徒又獨宿而已。』箋曰：『湘波』句，兼指李回湖南幕事，此屢啓陳情時作也。

槿花二首　箋曰：自爲一生交誼之乖而作。『燕體』二句，言己受黨局之傷，縱有文采，不能顯達也。『殷鮮』二句，言黨局雜沓，遂至及我而受其累，諺所謂哭不得，笑不得也。後四句言我本令狐門下之人，『月裏』、『雲中』，原自有主，奈何遭此淪落，望長安如『三清』、『仙島』，若今日之自歎『離羣』耶？『珠館』二句，以婦人之修容，比己陳情恣態。『燒蘭』二句，寫通書問候時羞愧悄悵之況。『本以』二句，言我當日自欲遠彼，而豈知今日翻怨其疏我。『迴頭』二句，無聊之極，言只有問諸殘照耳，雖殘照亦不能流連把玩矣。以槿花命題者，朝榮暮落，借以自喻，且新從桂海歸來也。

碧瓦　箋曰：起聯狀其居之高華。次聯寫其人之尊貴。『霧唾』二句，一顰一笑，皆耐人思。『歌從』二句，一樂一哀，令人難測。『柳暗』句彼之疏我，『荷欹』句我之戀彼。『鈿轂』句忽似有意，『金管』句翻又無情。『夢到』、『書成』，望之欲穿，『河流』、『海沫』，引之將近。『吳市』四句，言從前屢有投贈，初不知其中心究何屬也。義山是年選尉，京兆尹留假參軍，此京兆尹不詳何人，觀其稱牛僧孺曰『吾太尉』，必牛氏宗黨無疑。參軍一辟，或亦子直情不可恝，聊以此推薦，酬其陳情也歟？時必偶假以辭色，義山喜懼過望，故有此等詩也。

鸞鳳　箋曰：此選尉時寓言也。『舊鏡』句謂秘省清資，不能復入。『衰桐』句謂兩次爲尉，非心所甘。『王子』一聯，謂京尹留假參軍，管章奏。義山本宗室，故曰王子。天人以喻京尹。『金錢』句讓人才華自炫。『錦段』句歎己文采漸衰。義山以箋奏馳名，乃不能掌誥內廷，翻使屈身記室，故反言之。結則望從此或致顯達耳。紀曉嵐以連用四鳥爲病，然連用而不平頭，於格無害，唐律固多有之也。

木蘭　箋曰：此篇寓意令狐，尤屬顯明，今細箋之。首云：『二月二十二，木蘭開拆初。』謂初聞子直拜中書舍人也。翰苑羣書重修承旨學士壁記：『令狐綯大中二年二月十日自考功郎中知制誥，充翰林學士。三年二月二十一日特恩拜中書舍人，依前充。』句正指此。『初當新病酒』，如醉；『復似久離居』，如迷。『愁絕更傾國』，『驚新聞遠書』，言不意有此一事。『紫絲』、『油壁』，喻內禁從此分隔雲泥，我所期望，不知何日能達矣。『弄粉』句謂今日始知宿憾終未能釋。『調紅』句謂彼或藉以調謔，亦未可知。『波痕空映襪』，謂前之陳情，俱屬無益。『歷態不勝裾』，謂今之所得，無異空勞。『桂嶺』指桂幕。『蓮塘』令狐所居。言彼之含怒而不屬意者，正以我從鄭亞故也。

結意則謂此後兩美合并，情『長』情『短』，眞使人不知如何而可耳。白香山有題令狐家木蘭花詩，故假以寄意。所以不列之大中五年除博士時者，以博士之除，似在夏秋，與此詩寫景不類也。馮氏不能細參前後諸詩，知其然而不知其所以然，宜所解之膚廓歟？

木蘭花

原編集外詩，一見陸魯望集。馮氏云：『此在令狐家假物託意之作。上二句謂桂管往來，久願歸朝也。下二句謂曾經遠望，不知元是此中舊物，比已之素在門館也。妙筆運之，情味緜遠，江湖散人，無此情事矣。』箋曰：義山自婚於茂元，從鄭亞，望李回，久已去牛就李，今爲京尹辟管章奏，是依然又入太牢羈紲矣，故言外有含意焉。馮解雖精，猶屬皮相。

和孫朴韋蟾孔雀詠

箋曰：全唐詩話：『韋蟾字隱桂，下杜人，大中七年進士登第。』舊書儒學章表微傳：『子蟾，咸通末爲尙書左丞。』本集有寄懷韋蟾詩。孫朴見樊南乙集序。詩全以孔雀自喻。起二句謂自桂還京。『西施』句爲人所得。『秦客』句受人之欺，暗指令狐也。『可在』四句，言已文采如此，屬望遠大。『瘴氣』四句，言流落南荒，徒矜遠客。『都護』四句，指京尹留管章奏。『屛風燭釦』、『捍撥香臍』，謂風韻不減曩也。『舊思』四句，尙未滿足之恨。『地錦』四句，謂內廷相隔，無異外曹。『妒好』二句，聊自慰藉。結即『豈無雲路分？相望不應迷』之意。馮氏謂采色華鮮，尤工運掉，信然。

驕兒詩

箋曰：此詩年月已詳前譜。詩有『青春研和月』及『春勝宜春日』語，當作於是年春間，所謂『新春定有將雛樂』也。前半形容驕字，後半全是借發牢騷。

杜司勳

贈司勳杜十三員外

自注：『時杜奉詔撰韋碑。』箋曰：牧之過金陵作杜秋娘詩在內召前，此特斷章取義耳。杜詩專闡窮通變化之理，所謂『女子固不定，士林亦難期』者，篇中三致意焉。義山一生遇合顚倒，故獨有取於此詩；若作杜陵詩，眞閒言語矣。玩自注，則詩當作於二三月間，與上篇傷春字合。馮說非也。贈杜而詩即倣杜體，奇絕。

如有

原編集外詩。箋曰：馮氏謂借艷情寓慨。『瑤臺』指子直。『相難復索歸』，與謁山一首同感。三四點景，『浦外』句所求更遠。『煙中』句所許太微。結即『歸來展轉到五更，梁間燕子聞長歎』之意，極寫怊悵失偶之狀也。

送鄭大台文南覲

箋曰：台文，鄭畋字。『南覲』者，覲父亞於循州也。舊書畋傳：『尉渭南，直史館事，未行，父亞出桂州，畋隨侍左右。』全唐文載畋加知制誥自陳表云：『臣會昌二年進士及第，大中首歲，書判登科。其時替故昭義節度使沈詢作渭南縣尉。兩考罷免，楊收以結綬替臣。』又擢官自陳表云：『臣年十八，登進士及第，二十二書判登科。此時結綬王畿，便貯青雲之望。洎一沈風水，久換星霜，厭外府之罇罍，渴明庭之禮樂。咸通五年，方始登朝。』是畋實作尉渭南在大中初元，正鄭亞赴桂之時。傳所云『事未行』及『隨侍左右』者，不可信也。惟罷尉年月未詳，畋既與楊收相替，檢舊書收傳云：『杜悰移鎮西川，管記室。宰相馬植奏授渭南尉，充集賢校理，改監察御史。』杜悰鎮西川在大中二年後，而三年義山正在京，則畋之罷尉，必在其時。此必罷尉後送其省父之作。若大中五年義山雖亦在京，而亞已卒矣，有故驛迎弔一詩可證。然則此詩作於大中三年，殆無疑矣。若如馮編在大中二年，則其時義山方徘徊荆楚，而畋亦正尉渭南，又安有南覲之事哉？ 又案新書畋傳云：『擢渭南尉，父喪免。』亦誤，當以此詩及自陳表爲據。

漫成五章

箋曰：此詩楊致軒謂歷敍一生蹤跡。前二首指令狐父子，中二首詠娶茂元之女，末一首結重贊皇。午橋孟亭本之，大意已創通矣，而馮氏句下所釋不符，今當詳爲解之。首章言當日從楚受章奏之學，今所得者不過屬對之能而已，深慨己之名位不達，而爲子直所排也。二章言李杜當日齊名四海，而皆不能翺翔華省，豈亦有如我之遭毁淪落耶？『蒼蠅惑雞』，比黨人排笮也。三章更代妻致慨，言生男古曾有征虜之子，而嫁女今已無右軍之壻，兩世節鉞，不取將種，竟贅窮酸，試問琴書一世，何如旗蓋三分之爲榮乎？斯眞相攸之計左矣。四章專美贊皇，言我嘗平日輕薄衛公，而豈知當國秉鈞，竟能起用草萊，以成中興之功，今豈有此人哉？代北使節，謂破烏介，關東行臺，謂平澤潞，皆指石雄。雄本系寒，又爲衛公所特賞，及衛公罷相，僅除龍武統軍，怏怏而卒，始終不負恩知，故特表之。五章則又爲衛公維州之事辨謗。舊書德裕傳：『吐蕃維州守將悉怛謀請以城降，德裕疑其詐，遣人送錦袍金帶與之，託云候取進止，悉怛謀乃盡率郡人歸成都。德裕乃發兵鎮守，因陳出攻之利害。時牛僧孺沮議，言新與吐蕃結盟，不宜敗約，乃詔德裕卻送悉怛謀一部之人還維州。贊普得之，皆加虐刑。』後德裕復入相，奏論之曰：『維州據高山絕頂，三面臨江，在戎虜平川之衝，是漢地入兵之路。初河隴盡沒，此州獨存。吐蕃潛將婦人嫁與此州門子。二十年後，兩男長成，竊開壘門，引兵夜入，因茲陷沒，號曰無憂。因併力於西邊，遂無虞於南路。貞元中，韋皐欲經略河湟，須以此城爲始，盡銳萬旅，急攻累年』，又云：『悉怛謀尋率一城之兵衆，并州印甲仗，塞途相繼，空壁歸臣。臣大出牙兵，受其降禮。南蠻在列，莫敢仰視，況西山八國，隔在此州，比帶使名，都成虛語，諸羌久苦蕃中征役，願作大國王人。自維州降後，皆云：但得臣信牒帽子，便相率內屬。其蕃界合水、棲雞等城，既失險阨，自須抽歸，可減八處鎮兵，坐收千里舊地。臣見莫大之利，乃爲恢復之基。』又云：『況臣未嘗用兵攻取，彼自感化來降。』觀此則衛公之收維州，豈貪一城之利？其志固未嘗須臾忘河湟也。其後會昌四年，以回紇微弱，吐蕃內亂，議復河湟四鎮十八州，令天德、振武、河東訓卒勵兵，以俟其時。又詔巡邊使劉濛曰：『緣邊諸鎮，各宜選練師徒，多蓄軍食，使器甲犀利，烽火精明，密爲制置，勿顯事機。』亦皆本此志行之。詩意言若早用衛公廟算，則河湟之復，豈待今日臨老而方見冠帶康衢之盛？此兩都父老所以垂淚也。馮氏引吐蕃傳『河隴書老率長幼千餘人赴闕，莫不歡呼忭舞』，以解此句，意雖通而語脈反遼遠矣。當衞公之受悉怛謀降也，論者皆以生事外夷爲言。觀牛僧孺奏云：『吐蕃疆土，四面萬里，失一維州，無損其勢。聞贊普牧馬茹川，俯於秦隴，若東襲隴坂，徑走回中，不三日抵咸陽橋，而發兵枝梧，駭動京國，事或及此。』黨人之所以謗衞公者，所見無遠圖如是，故首舉韓郭往事明之。和戎而非黷武，用重筆大書特書，所以表白衞公心跡，蓋兩黨爭執，實以此爲一大事也。此五首者，不但義山一生吃緊之篇章，實亦爲千載讀史者之公論。彼謂義山終於牛黨者，魂魄有知，能不飲恨於無窮也歟？

卽目　小鼎煎茶，題亦作卽日，誤。

箋曰：『蒲葵扇』喩言無端捉弄，價至十倍，及再索書，反遭不答。從前助之登第，今乃陳情不省，緊何人哉？首句記卽目所見也。兩典合用，溫李詩例多有之。考長安志：『令狐楚宅在開化坊』，而集中多言晉昌里，蓋綯旣貴而移居也，故詩有『南塘移樹』語。余更檢唐慧立玄奘法師傳載皇太子敕爲文德皇后造寺令云：『有司詳擇勝地，遂於宮城南晉昌里，面曲池，依淨覺故伽藍而營建焉。』是晉昌里實有曲池，與首句合，大可爲此詩佐證也。『南塘』亦集中屢見，亦有作『蓮塘』、『芙蓉塘』者，或卽指晉昌里之曲池，或子直又有別館，則無從詳考矣。

曲池

箋曰：首句情不自禁。次句竟不見答。三四侵晨而往，涉暮始歸。『張蓋』二句，留連不忍去之意。結言從前何嘗有此，今則距人千里，無異生離死別矣。必非艷情，蓋亦寓意令狐之作。晉昌里面曲池，頗可與上篇同參。

白雲夫舊居

徐氏云：『藝文志：「令狐楚表奏十卷，注曰：自稱白雲孺子表奏集。」此白雲夫當是楚，夫者尊稱。「誤識」，卽「早知今日繫人心，悔不當初不相識」，深感之之詞也。』馮氏云：『此非道家者流，憶酒壚，當與九日、野菊同看。』

令狐舍人說昨夜西掖玩月因戲贈

錢木庵云：『意是干謁，而曰戲贈，諱之也。』

昨夜

馮氏云：『上二句謂幷不敢有遲暮之怨，但恨心跡不白耳，語愈哀矣。下二句人間天上之慨。』箋曰：馮解入微，是從西掖玩月一章悟出。蓋義山篤於情者，一不得當，則煩寃莫訴，如醉如迷；偶假顏色，則又將喜將懼，急自剖白。此類諸詩，皆當如是觀也。

野菊

楊氏云：『與九日篇同旨。「清樽相伴」，卽「曾共山公把酒時」也。「不取霜栽」，卽「不學漢臣栽苜蓿」也。追思其父，深怨其子。』馮氏云：『「紫雲新苑移花」者，綯官中書舍人，已移居晉昌坊。義山此日獨至楚之舊居，而溯昔年清樽相伴之事，正於此也。其爲大中三年移居，似確。』

對雪二首

自注：『時欲之東。』箋曰：此將赴徐州作也。首章喩從前登第，入爲祕省。『梅花』句指隨鄭亞桂幕，桂在嶺南，故借用庾嶺故事。『柳絮』句指京尹留假參軍。『欲舞』句言暫時爲人管記，曹植自比文章。『有情』句言終當還朝，用謝莊事，取殿廷意也，故結以歸約作收。次章起句『旋撲珠簾過粉牆』，謂去令狐而婚茂元，別傍他家門戶。『輕於』句言從此飄落，不能復起也。『已隨』句借江令點桂江。『又入』句借盧家點弘正姪，言已從鄭亞，今又赴徐幕也。『侵夜』、『忍寒』，狀淪落失偶之態，言不能以文章復官禁近，徒藉章奏自試才華也。『關河』二句，與家人話別，僕僕道途，陸郎眞堪腸斷矣。二詩重在『時欲之東』四字，對雪帶緗耳。

東下三句苦於風土馬上戲作

【編年文】謝座主魏相公啓 自注：『爲弟作。』馮氏云：『義叟元年得第，此則三年筮仕。』 謝宗卿啓 自注：『爲弟作。』 爲同州任侍御憲上崔相國啓 刑部尚書致仕贈尚書右僕射太原白公墓碑銘 幷序。 案金石錄唐醉吟先生傳幷墓碑注曰：『傳，白居易自撰；碑，李商隱撰，譚邠正書。 大中五年四月。』此乃立碑之時，而文實作於三年也，編此。 與白秀才狀一 補編。 錢氏云：『集太原白公墓碑云：「子景受，大中三年自潁陽尉典治集賢御書，來京師，乃件右功世，以命其客，取文刻碑。」是秀才卽景受也。 考舊書白居易傳：「無子，以其姪孫嗣。」新書宰相世系表：「景受，孟懷觀察支使，以從子繼。」至公自撰醉吟先生墓誌云：「有三姪：長味道，次景回，次晦之。」又云：「樂天無子，以姪孫阿新爲之後。」則與舊書合，而與新書不合。 故汪立名香山年譜疑其復以從子承祧，而遂更其名。 馮氏據義山所撰碑銘，謂公存時已名景受，又引文粹殤子辭謂公歿後，阿新又殤，又以景受爲繼。 蓋新書世系乃據後追錄，不嫌與舊書歧出也。』 與白秀才狀二 補編。 上尚書范陽公啓一 盧弘正也。 上尚書范陽公啓二 上尚書范陽公啓三

大中四年庚午　義山三十九歲。

正月，崖州司戶參軍李德裕卒於貶所。 參通鑑、會昌一品集。 案馮氏云：『李文饒之卒，舊紀作十二月，文饒集與姚諫議書題「閏十二月二十八日」，祭韋相文題「大中四年日月」，通鑑書「已未，李德裕卒」，而脫去紀月，今檢其上文「閏十一月丁酉」，下書「甲戌」，乃又書「已未」，已閱八十三日，則已未當入明年正月矣』，今從之。

二月，職方郎中兼侍御史知雜事畢誠充翰林學士承旨。翰苑羣書重修學士壁記。案舊書誠傳：『宣宗即位，歷職方郎中。期年，召爲翰林學士。』舊紀大中二年八月書『中書舍人充翰林學士畢誠爲刑部侍郎』，與壁記不合。補編有爲度支盧侍郎賀畢學士啓，有『坎軻藩維』及『徒用映淮之月』語，是義山大中四年徐幕作，則傳紀疑誤。惟盧弘正由度支侍郎，除義成節度使，又徙武寧，而題猶稱其京銜，殊不可解，豈義山追錄時臆記之訛歟？

十一月，翰林學士承旨兵部侍郎令狐綯同中書門下平章事。舊紀參新紀。案原譜據新紀作『十月辛未』，考翰苑羣書重修承旨學士壁記實作『十一月三日』，與舊紀合。惟舊紀書『以戶部侍郎、判本司事令狐綯爲兵部侍郎同平章事』，較壁記官職小異，今仍參新紀合書之。

是年，封敖出爲興元尹山南西道節度使。舊書敖傳。案封敖出鎭興元，舊紀書於大中三年正月，云：『以太常卿檢校兵部尚書節度山南西道。』舊傳則云：『轉吏部侍郎渤海男。四年，出爲御史大夫山南西道節度使，歷左散騎常侍。十一年，拜太常卿。』馮氏曰：『舊書紀傳「大中元年王起卒於興元，三年正月封敖出鎭」，中間更不書何人鎭興元也。三年十一月紀書：「東川節度使鄭涯、鳳翔節度使李玭奏修文川路，下詔褒美。經年爲雨所壞，又令封敖修斜谷舊路」，東川當爲山南之誤。唐會要亦載此事，而曰「大中三年十一月，山南西道節度鄭涯」云云，至四年六月，中書門下請詔封敖修斜谷舊路。通鑑於三年之末，書「山南西道節度鄭涯奏取扶州」。是則封敖之前，鄭涯實鎭之，而封非於三年春初至興元也。』馮說確甚，原譜仍列三年，今從舊傳。

李珏召爲吏部尚書。參新舊書傳酌書。案舊書珏傳：『大中二年崔鉉、白敏中逐李德裕，徵入朝，爲戶部尚書，出爲河陽節度使，入爲吏部尚書，累遷淮南節度使。大中七年卒，贈司空』，而召拜吏部尚書，不詳何時。考舊紀，是年河陽節度使已有李拭，則珏之內召，必在三四兩年間也。以補編有爲范陽公賀吏部李相公啓，姑載是年。

義山在徐幕。參本集。

【編年詩】

青陵臺　箋曰：義山依違黨局，放利偷合，此自辨之詞，意謂初心本不欲如是也。以韓憑貞魄自比，其志亦可哀矣。寰宇記：「韓憑冢在濟州鄆城縣」，當是赴徐時經過所賦也。

題漢祖廟　箋曰：後漢書注：「高祖廟在徐州沛縣東。」舊書崔彥曾傳：「賊逼徐州，龐勛先謁漢高祖廟便入。」可證。此到徐時作。

偶成轉韻七十二句贈四同舍　箋曰：此在徐幕作。武威將軍，謂盧弘正也。惟盧氏郡望無武威之稱，文集則皆稱范陽，初疑武寧之誤，然集中又有過故府中武威公交城舊莊詩，何至混同如此？姑從蓋闕。至解者概指王茂元，馮氏已駁正之矣。詩中自敘十年來蹤跡極詳，可以庀譜，而音節頓挫，尤類高岑，馮氏所謂神來妙境，本集中少有匹者也。

戲題樞言草閣三十二韻　箋曰：此亦徐幕作，馮解甚精。「尚書」亦謂弘正。義山由盩厔尉而承徐辟，故曰「我自仙遊來」也，與茂元無涉。紀曉嵐評此篇為長慶體。又謂結四句長慶劣調。不知此篇前半波瀾起伏，音節錯落，乃純用古法；後結承「褭入」句說入，含蓄不盡，機杼遂別，豈元白滔滔如話者所能及哉？

獻寄舊府開封公　馮氏云：「舊新書志傳表，唐初鄭州滎陽郡，又以所屬浚儀、開封置汴州陳留郡。鄭氏在漢居滎陽開封，晉置滎陽郡，遂爲郡人。鄭善果，周時襲父誠開封縣公，至唐改封滎陽郡公，唐之鄭氏皆封滎陽，而此曰開封，稍晦之也。」箋曰：此寄鄭亞於循州者。首云：「幕府三年遠。」謂相別有三年之久。亞大中二年貶循，至是正三年也；若桂幕只年餘，不得云「三年遠」矣。次句謂豪其褒賞。「逐客」、「離騷」，貶黜之恨。「南溟」、「北極」，睽隔之情。結歎恩重望輕，末由酬報萬一也。馮氏編諸二年，其解首句謂入幕三年，叨其知遇，仍沿史傳之誤，可謂明於秋毫，而失之目睫矣。

追代盧家人嘲堂內　**代應**　本來銀漢。

箋曰：此徐幕自嘲之作。「盧家」，切府主姓也。「王昌消息」，指子直，屢啓陳情，故盼望好音也。「本來銀漢」，喻己夙在門館也。「楚水」，只取綯父之名。「入淮流」，暗點徐方。前章意謂何不迴希望令狐之心，終身依恃府主乎？所謂嘲也。此章則以己本令狐舊人答之，言不能不盼其消息耳。子強見拔於衞公，本非牛黨，故所言如是。

海客　箋曰：午橋謂從鄭亞作，以桂管近海也，馮氏從之。余細玩詩意，當是徐幕作。若大中元年子直方遠刺湖州，尚未內召。「星娥罷織」，亦尋常事，何妬之可言？今定爲徐幕，則情事恰合矣。徐亦近海，固不獨桂管也。此必初聞子直入相時作。

讀任彥昇碑　箋曰：何義門云：「中書堂裏坐將軍」，溫飛卿嘲令狐綯者，綯固短於文學，所謂燮理之餘，時宜覽古者也。馮氏則引唐闕史弘正魁梧富貴未嘗言山水一條，謂爲子強作。考弘正先鎭義成，後除武寧。「梁臺初建」，語似無根，且義山雖與盧交舊，蹤跡似不如子直之昵，亦不應如此戲謔也，仍當屬之令狐爲是。詩中著重在『可憐』二字，以任昉自比，借古寄慨，無庸泥也。此子直初相時作，今從午橋。

【編年文】爲度支盧侍郎賀畢學士啓　補編。錢氏云：『畢學士，畢諴也。』案畢諴充翰林學士，在大中四年二月十三日，見重修學士壁記。此啓有『映淮之月』語，是徐幕作。惟題恐誤，弘正已出鎭，不書范陽公，而書其京銜，似未合也。余初疑爲弘正初鎭義成時作，細玩亦非，容再覈。

爲尙書范陽公賀吏部李相公啓　補編。錢氏云：『李相公，珏也。』

爲山南薛從事傑遜謝辟啓　馮氏云：『山南有東道、西道。唐人稱興元直曰山南，稱襄州每曰漢南，此必西道興元府也。此府主會職翰林，細檢翰林諸人，王源中太和八年辭內職，十一月出鎭，九年十月爲刑部尙書，見紀文；鄭瀚開成二年十一月出鎭，四年春卒，王起會昌四年秋出鎭，大中元年卒，封敖大中三年正月出鎭，十一年拜太常卿，皆見紀傳；敖在鎭頗久，詳詩集寄興元渤海尙書。今思王源中似太早，瀚爲宰相餘慶子，餘慶曾鎭山南，瀚來復繼前美，起四典貢舉，此啓中皆無此意，則似封敖無疑也。』案馮說確，惟封敖出鎭，實大中四年，非三年，已見譜，故編此。

大中五年辛未　義山四十歲。

四月乙卯，同平章事令狐綯爲中書侍郎兼禮部尙書。新書宰相表。案綯由兵部侍郎入相，在去年十月。本集有上兵部相公啓，蓋在未兼禮部前，時義山已罷徐幕還京矣。書此備參。　又案全唐文有授令狐綯太清宮使制，又有授弘文館大學士制。宋敏求春明退朝錄云：『唐制：宰相四人，首相爲太清宮使，次三相皆帶館職。』然紀傳中多略，綯之領使及兼弘文，皆不能詳其爲何年矣。上兵部相公啓云：『伏奉指命，令書元和中太清宮寄張相公舊詩上石者』，則指令狐楚元和時爲相事也。

七月，河南尹柳仲郢爲梓州刺史東川節度使。參本集。案仲郢除鎭東川，舊傳但云『出爲河南尹，大中年轉梓州刺史劍南東川節度使』，無細年月。馮譜泥於盧弘正大中三年鎭徐及鎭徐四年之文，定爲大中六年，而不知弘正出鎭年月，已不足據也。考補編四證堂碑銘述仲郢事曰：『五年夏，以梁山蟻聚，充國鴟張，命馬援以南征，委鍾繇以西事；大張鄰援，尋覆賊巢。既而軍壘無喧，郡齋多啟』云云。『蟻聚』、『鴟張』，指大中五年蓬果賊擾三川事，是則仲郢之除東川，在是年夏秋間矣。惟命討蓬果羣盜，通鑑書於十月，當據果州刺史王贄弘充行營兵馬使時言之，實則寇掠三川，必已閱數月也。此碑大可證史。仲郢當於六月拜東川之命，其赴鎮不妨稍遲。今據乙集序書於七月，則情事兩得矣。

十月戊辰，戶部侍郎判戶部魏謩同中書門下平章事兼集賢殿大學士。原譜據新紀宰相表參舊書謩傳。案謩之入相，舊紀在五月，今從新紀，其兼集賢，或當稍後也。

蓬果羣盜，依阻雞山，寇掠三川，以果州刺史王贄弘充三川行營兵馬使討之。原譜據通鑑。案新書封敖傳：『大中中，歷興元節度使。蓬果賊依雞山，寇三川，敖遣副使王贄捕平之，加檢校吏部尚書。』通鑑：『時封敖奏巴南妖賊言辭悖慢，上怒甚。崔鉉曰：此皆陛下赤子，迫於饑寒，盜弄兵於谿谷間，不足辱大軍，但遣一使者可平矣。乃遣京兆少尹劉潼詣果州招諭之，賊皆投弓列拜，請降。潼歸館，而贄弘引兵已至山下，竟擊滅之。』此事命討始是年十月，至六年二月始平。胡三省注：『雞山在蓬果二州之界。三川：東西川及山南西道。』集中迎寄韓魯州詩：『寇盜纏三輔，莓苔滑百牢。』自注：『時興元賊起，三川兵出。』補編爲興元裴從事賀封尚書加官啓亦云：『雖合勢於三川，實先鳴於二子。』是當時鄰鎮，各已出師，固不獨命贄弘充行營也。贄弘，新傳但作王贄，史載此甚略，故詳著之。

是年，盧弘正卒於鎮。參舊傳。案舊書弘正傳：『鎮徐四年，遷檢校兵部尚書汴州刺史宣武軍節度，宋、亳、潁觀察等使，卒於鎮。』證以乙集序，當是拜宣武之命未行，而仍卒於徐也。傳不書月，似在春時。

鄭亞卒於循州。參本集。案兩書均無亞傳，僅附見鄭畋傳中。但云『貶循州刺州卒』，而卒年不詳。新書本傳：『亞謫循州，商隱從之，凡三年乃歸。』考義山未嘗隨亞循州，當是亞貶循後三年而卒耳。獻寄舊府開封公詩有：『幕府三年遠』句，係在徐幕作，時亞尚未卒，則卒當在是年也。觀故驛迎弔故桂府常侍有感詩，雖史無明文，大可參證，故徑補之。

韓瞻出爲果州刺史。參本集。　案本集迎寄韓魯州瞻同年詩，馮氏注曰『舊新書志：「調露元年，於靈夏南境，以降突厥置魯、麗、含、塞、依、契諸州，謂之六胡州。」其後分合廢置不一。開元二十六年，於此置宥州，寶應後廢。元和時又置，爲吐蕃所破。長慶四年復置，復置者止宥州。而吐蕃傳「長慶元年以壯騎屯魯州」者，仍其地舊名耳，且與詩之興元、百牢，絕不相涉。愚玩史鑑，疑王贇弘由果州刺史爲興元副使，充行營兵馬使，而韓瞻或代刺果州，故行程必過百牢關，果魯音近而訛也。』馮說精確絕倫，茲據以改定入譜。又案據留贈畏之詩自注：『時將赴職梓潼，遇韓朝迴』，有『中禁詞臣尋引領』句，證以赴職梓潼留別畏之員外同年詩佳兆聯翩一首，是韓瞻未出刺時，當以員外郎而兼內職。東觀奏記載：『夏侯孜爲右相，以虞部郎中韓瞻聲績不立，改鳳州刺史。』夏侯孜入相，在大中十二年五月，則瞻早由果州還朝遷郎中矣，即義山亦已罷職東川，與詩中自注不合也。惜韓瞻兩書均不爲之立傳，韓偓傳亦失載細迹，頗難顯徵耳。

義山徐州府罷入朝，復以文章干綯，補太學博士。正六品上階。妻王氏卒，會河南尹柳仲郢鎮東蜀，辟爲節度書記。馮氏曰：『乙集序：「七月，河東公奏爲記室；十月，改判上軍。」非若徐府之本奏爲判官也。』十月得見，改判上軍，旋檢校工部郎中。從五品上階。馮氏曰：『新書傳作員外郎，北夢瑣言亦云「商隱官止使下員外」也。然博士已正六品上階，不應辟請反降，故從舊書。』冬，差赴西川推獄。本傳參本集。

案馮氏年譜之繆，莫甚於以王氏之卒繫諸五年，而以蜀辟繫之六年也。義山悼亡，據乙集序『三年以來，喪失家道』語，其爲是年無疑。而集有悼傷後赴東蜀辟至散關遇雪詩，則妻歿未久，即赴辟可知。悼亡時，義山在京，初承蜀辟，有王十二兄與畏之員外相訪見招小飲時予以悼亡日近不去因寄及赴職梓潼留別畏之員外同年二篇，足爲的證。房中曲：『憶得前年春，未語含悲辛。歸來已不見，錦瑟長於人！』『前年春』指大中三年，義山時留假參軍，正在京。『歸來』句則謂今不幸徐州罷歸，方期重樂室家之好，而其人已不見矣，非妻歿在義山未歸前也。其後義山赴東川，而畏之亦出刺果州，故又有迎寄之作。所謂『迎寄』者，以果州近梓，故云。若義山身在徐幕，東勞西燕，去題萬里矣。且諸悼亡詩皆兼赴辟遠行而言，必如馮說妻亡在是年，何以是年無一首詩，而必待六年始重疊致哀耶？揆諸人情，又豈可通？韓冬郎卽席二首云：『劍棧風檣各苦辛，別時冬雪到時春。』『劍棧』，義山自指；『風檣』，指韓。義山赴蜀，在是年之冬，其罷職入京，在大中十年之春，時畏之必亦由果州還朝矣。此詩蓋東川歸後，追紀是年冬郎十歲裁詩相送事，故序云『他日余方追吟，連宵侍坐，徘徊久之，句有老成之風，因成二絕寄酬，兼呈畏之員外』，文義均極易解，而馮氏又欲改余方爲徐方，以與徐幕相合，總由不知悼亡與赴辟同屬一年，故妄逞臆見耳。悼亡、赴辟，既皆在是年，則博士之除，亦當在是年。觀乙集序述徐州府罷及蜀辟事曰：『明年府罷，選爲博士，在國子監太學，始主事講經，申誦古道，教太學生爲文章。七月，尙書河東公守蜀東川，奏爲記室。十月得見，吳郡張黯見代，姑蘇志：張籍子黯，不詳歷官。又會昌六年侍郎陳商知貢舉，有進士張黯名，即其人。改判上軍』可見。故辛未七夕詩曰：『豈能無意酬烏鵲？惟與蜘蛛乞巧絲。』喜絢之意漸轉圜，慨己之得不償願，俱見言外。傳所謂『復以文章干綯，乃補太學博士』者，此也。爲河東公上西川相國京兆公書：『姚熊頃時鬬毆，偶在坤維　阿安未容決平，遽詣風憲。當道頻奉臺牒，令差從事往推。今謹差節度判官李商隱侍御往，馮氏云：『因阿安人控御史臺，故牒下東川，令遣官赴西川會讞。舊書紀：大中四年魏謩奏：「諸道州府百姓詣臺訴事，多差御史，煩勞州縣。請令諸道觀察使幕中判官帶憲銜者委令推劾，如累推有勞，能雪冤滯，御史臺闕官，便奏用。」從之。本傳：「檢校工部郎中。」此專曰「侍御」，是擧「憲銜」稱之。』案補編爲河東公復京兆公啓，事在六年，亦稱節度判官李商隱侍御，疑檢校工部郎中，或當在七八兩年間，此時尚未奏加也。譜中姑從馮說，附辨於此。以今月十八日離此。其他並附李侍御口述。』此爲義山差赴西川推獄之迹，馮譜列於六年，余意亦當在是年之冬。五言述德抒情獻杜七兄僕射相公詩有『悼傷潘岳重』句，補編獻相國京兆公啓亦云：『始榮攀奉，俄歎觵屯。以樂廣之淸羸，披揚雄之瘨眩。矧以游丁鰥孑，不忍羈孤。期既迫於從公，力遂乖於攜幼。安仁揮涕，奉倩傷神。男小於嵇康之男，女幼於蔡邕之女。每蒙顧問，必降咨嗟。撫身世以知歸，望門牆而益懇。』蓋妻喪未除，故餘哀見之楮墨也。若在六年，則悼亡已閱年餘，縱使伉儷情深，豈宜輕形尺牘，瀆人尊聽哉？惟西亭、夜冷二章，皆洛中崇讓宅作。馮氏謂爲謝仲郢請奏改判官而來，不知仲郢除鎭在夏杪，而王氏之歿亦在秋初，留別畏之詩所云『柿葉翻時獨悼亡』也。二詩皆屬秋景，是時河南尹固早已易人矣。且義山七月承辟，十月改判上軍，其間亦無緣往返東都也。詳味詩意，當係大中十年梓府罷後，回洛追悼之作。余初定爲是年因葬妻暫歸故鄉，引錦瑟詩『藍田玉暖』爲證，今而知其誤矣。（『藍田玉暖』與埋玉樹土中故實不同，必非所用。）要之宣宗一朝，大臣拜罷，史多疏略，而是年蹤跡，亦爲之晦。余參之補編，證以本集，全從諸詩中細心紬繹而得，故敢徑糾馮氏之失，閱者取原譜覆審之，當知予非好辨也。又案補編梓州道興觀碑銘自述生平曰：『余也五郡知名，三河負氣。屬以魚車受寵，璧馬從知。髮短於孟嘉，齒危於許隱。謝文學之官之日，歧路東西；陸平原壯室之年，交親零落。』謝文學句用謝朓上隨王箋語，陸平原句用陸機歎逝賦序語。歎逝賦序云：『余年方四十，而懿親戚屬，亡多存寡。昵交密友，亦不半在。』隸典取此。時義山正四十矣，恃茂元而茂元前卒，依令狐而令狐又乖，牛黨既不能容，而李黨又復疊敗，沈淪使府，絕迹天階，故文有含意也。惟壯室當作强仕，或係筆誤歟？

【編年詩】憶梅 箋曰：『梅』取鹽梅之義。『天涯』指徐方。去年子直入相，在十月，正梅開時，恨之故不能不憶之也。佳天涯矣，而加以『定定』，慘極。

海上 箋曰：馮氏謂在兗海作，非是。此徐幕痛盧弘正之薨也。考轉韻詩已云『望見扶桑出東海』矣，故以『徐福』暗點徐幕。子強相待不薄，既辟軍判，又得臺銜，『麻姑搔背』，所以喻其厚愛也。若兗海，府主雖卒，令狐尚在，義山是時亦正年少氣盛，安有滄海桑田之慨耶？細玩乃可別之。

天涯 箋曰：『春日天涯』，點時點地。『日又斜』，府主又卒也。『最高花』，所指顯然。 馮編梓幕，大誤。

無題 相見時難。 箋曰：此徐府初罷，寓意子直之作。『春蠶』二句，即諺所謂不到黃河心不死之意。結言此去京師，晢探其意旨之所向也。確係是時作，觀起語自悟。

蜂 小苑華泄。 箋曰：首二來往空衙。三四伶仃末路。『崖蜜盡』、『霧巢空』，喻府主之逝。結以相見不遠慰之。是徐府初罷寄內之作也。

華山題王母祠 馮氏云：『似指令狐交誼，願修好久要而不更變也，可與「欲就麻姑買滄海」同參。』箋曰：馮氏已悟到，余更定爲徐府罷，入京塗次作耳。

子直晉昌李花 箋曰：此初入京往謁令狐時作，故有『愁極客襟分』語。前半則狀其華貴，而陳情之意，自寓言外。

李花 馮氏云：『此章全以自傷，第二句一篇之主。「無月夜」、「欲風天」，境象可慨矣，獨明以標秀，強笑以混俗也。五六言才華沾丐他人。「徐妃已嫁」者，借比己之久薄於令狐，而屢至他人幕府也。「猶自玉爲鈿」，謂猶妝飾容貌以悅之也。愁情懸懸，終何依託歟？』箋曰：馮說極通。『徐妃久嫁』，兼喻從徐府來京也，不但取猶尚多情之意，義山隸典幽邃，眞未易尋其綫索。

無題四首 來是空言。 箋曰：文集有上兵部相公啓云：『令書元和中太淸宮寄張相公舊詩上石者，昨一日書訖。』令狐綯大中四年十月以兵部尚書同平章事，五年四月換禮部尚書。義山是年春初還京，詩有『書被催成』語，正指其事。以四章『白日當天』證之，詩作於三月子直未改禮部時也。首章紀令狐來謁，匆匆竟去之事。『蠟照』二句，去後寂寞景況。結言從前內相位望，已恨懸隔；今則禮絕百寮，眞不啻雲泥萬里矣。次章盼其重來。『金蟾』句瓣香甚切。『玉虎』句汲引無由。後四句言賈氏窺簾，以韓掾之少，宓妃留枕，以魏王之才，我豈有此哉？『相思寸灰』，深歎思之無益也。三章紀往見令狐，亦匆匆一面，不容陳情之慨。首句含情已久。次句暫見而未能交歡。『樓響』句，足將進而趨超。『籬烘』句，人可望而難即。五六含羞抱媿之態。結言失意而歸，只有『華星』相送耳。四章紀歸來展轉思憶之情。『何處』二句，謂惟令狐一門可以告哀，『櫻花永巷』，比子直得時貴顯也。『老女不售』，自喻；『溧陽公主』，比令狐。『同牆看』，亦可望而不可親之意。末二句則極寫獨自無聊耳。四首各有綫索，如此解之，詩味倍長矣。馮氏句釋未能分析，今爲拈出。紀曉嵐好掎摭古人，而此詩次章所說獨無誤，可從也。

促漏

箋曰：徐氏謂寄意令狐，是也。首句音信常聞。次句書函屢啓。三言我之摧殘如故。四言彼之名位又升，暗用荀令事也。五郎『華星相送』之意。六郎『何處哀箏』之意。結盼好合或當不遠也。蓋屢啓陳情，漸有轉圜之望，其後博士之除，當於此中消息之。

當句有對

箋曰：此初除博士之寓言也。首二句言復官鑾下，密邇禁近。『池光』句，言從前隨黨局流轉，無有定止。『日氣』句，言今日新得沾溉，然已力盡心瘁矣。『但覺』二句，言人但見我遷官，如游蜂、舞蝶之得意，而豈知貌雖合而神則離，我仍望其重諧鸞鳳耶？結言雖得遷除，而顯達尚未可期也。八句皆自爲對，標以爲題，猶無題耳。

詠懷寄祕閣舊僚二十六韻

今本只二十四韻。馮氏云：『此爲博士時作也。乙集序云：「在國子監主事講經申誦古道，致太學生爲文章。」與詩中諸句皆符。其中於入幕情事，三致意焉者，蓋桂管則遭貶，徐州則府公卒，皆有憂危，故有「僕御」、「巢幕」等句。「柏臺」四句，乃專指徐方也。第又以述懷訴恨之詞，前後錯入，讀者易致淆亂耳。』

辛未七夕

箋曰：此補太學博士後，喜令狐意漸轉圜而作。首二句反言之，實則深喜之。『清漏』句，舊好將合。『微雲』句，屬望尚奢。『豈能』二句，言博士一除，我豈不感激厚恩，而無如所得僅此，或者仙家故教迢遞，以作將來之佳期，未可知也。用意極爲深曲，然不詳考其本事，固不能領其妙趣耳。

妓席暗記送同年獨孤雲之武昌

箋曰：起聯寫景，似由長江上峽水程，皆義山大中二年所經也。此詩必追感李回而作，故以『望夫』爲喻。回由賀州貶撫州長史而卒，不詳何年，此時殆已卒矣。妓席暗記者，襲題晦其迹耳，姑編是年。

寄蜀客

箋曰：與上篇同意，似一時作。金徽無情，故夫不憶，義山之屢啓陳情，豈得已哉？此所以大鳴積恨也。首句當亦指獨孤。

王十二兄與畏之員外相訪見招小飲時予以悼亡日近不去因寄

箋曰：王十二，義山妻之兄弟，文集有王侍御瓘，詩集有王十三分司校書，此王十二，或即瓘。『悼亡日近』者，謂悼亡後一二日未久也。首句言同爲王氏姻婭。次言琴瑟之樂，獨讓畏之。『檀郎』指韓而言。『嵇氏』一聯謂其子女，即啓所謂『男小於叔夜之男，女幼於伯喈之女』也。末句『萬里西風』云云，則初承梓辟，又將遠行，意謂愁病相兼，度夜如歲更何心復赴讌集耶？馮氏謂悼亡日近，王氏之卒期近，非初亡時，若如此解，則次聯『更無人處簾垂地，欲拂塵時簟竟牀』，皆悼亡後語，爲不合矣，故今不從之。

房中曲 箋曰：此篇悼亡，程氏、馮氏所說最當。

故驛迎弔故桂府常侍有感 箋曰：鄭亞貶循州，卒於官，不詳何年；在徐幕義山尚有詩寄獻，則卒當在是年也。『二紀征南恩與舊』，自指李鄭交誼而言，不必深求。馮氏謂兼感衞公，亦可備一解。要之，黨局嫌猜，義山於此大有難言之隱，此則讀詩者當於言外領之者也。

柳 曾逐東風。馮氏云：『初承東川命，假物寓姓而言哀也。上痛不得久官京師，下慨又欲遠行。東川之辟在七月，正清秋時。「斜陽」喻遲暮，「蟬」喻高吟，言沈淪遲暮，豈肯尚爲人書記耶？尋乃改判上軍，若僅以先榮後悴解之，淺矣。』箋曰：末句亦兼悼亡而言，悽婉入神。

宿晉昌亭聞驚禽 箋曰：陳情之感，悼亡之痛，遠行之恨，觸緒紛集。『飛來』句喻博士纔除，舊好將合。『過盡』句喻梓府承辟，良緣又阻。『失羣』比喪偶，『掛木』比依人。遠隔天涯，將赴東川也。晉昌爲子直所居，南塘亦其中地名，羈緒鰥鰥，雙關而起耳。又案此云『宿晉昌亭』，而寫景不似相府，且亦未言謁見令狐與否，或晉昌里卽子直之別館，而義山偶爾借宿歟？

無題二首 鳳尾香羅。箋曰：首章起聯寫留宿時景物。三句自慚形穢。四句未暇深談。『曾是』二句，相思已灰，好音絕望。七八言將遠行，『垂楊岸』寓柳姓，『西南』指蜀。次章上半狀不寐凝思，惟有寂寥之況。『神女』句，言從前顛倒，都若空歷。『小姑』句，言此後因依，更無門館。五謂『菱枝』本『弱』，何堪屢受『風波』，慨黨局也。六謂『桂葉』已『香』，『誰』遣重添『月露』，歎文采也。結言亦知『相思』無益，無如『怊悵』癡情，終難自已耳。此本馮說，而余爲融釋之。

無題二首 待得郎來、戶外重陰，舊本此二首與清時無事一首，題爲留贈畏之。才調集選第二首下注：『遇韓朝迴』，馮默庵評才調集云：『俗本一作無題，趙氏刊萬首絕句則作無題二首』，今從之。馮氏云：『題既當作無題，則幷非爲畏之發也，同年僚壻，必不澹漠至此。上首是去而留宿以候，及入朝時，終不得見；下首是傍晚又往謁也，惟子直之家情事宜然。』箋曰：馮說確極，此必與鳳尾香羅一首同時作，非東川歸後也。

晉昌晚歸馬上贈 西北朝天路，原編集外詩。箋曰：起聯不可解，下半則與人話別，言將至蜀也，姑附此。

留贈畏之 自注：『時將赴職梓潼，遇韓朝迴。』箋曰：自注不誤。『左川歸客』，猶言思歸之客，虛擬之詞耳。首句朝迴。三句祝韓掌誥。四句寫己懷思。『郎君』二句，羨其妻子之樂，言外見己則妻亡子幼也。結言當時登第，彼此皆年少新婚，今日思之，眞如一夢矣。冬郎卽席爲詩相送正此時，此詩亦必同時作也。舊本皆合待得郎來及戶外重陰二絕句作三首，才調集只選第二首，則又注曰：『遇韓朝迴』，細玩實不類，必他篇失題而錯簡者。馮默庵評才調集云：俗本一作無題，可以悟其非一題矣，今仍分之。

赴職梓潼留別畏之員外同年　箋曰：前詩將赴梓時作，此則行期已定，畏之相送而重贈者。作詩先後，細繹自別。

餞席重送從叔余之梓州

悼傷後赴東蜀辟至散關遇雪

井絡

張惡子廟　箋曰：廟在梓潼縣七曲山。此到東川詠古之作。結語略有寓意。

迎寄韓魯州瞻同年　箋曰：起言正爾相思，不知忽有此遠行。五紀時事。六想程途。結以還朝祝之。魯州當從馮注作果州。義山到梓，畏之旋出刺果，故有此迎寄之作。餘詳譜中。

李夫人三首　馮氏云：『三首爲悼亡，潘岳悼亡詩：「獨無李氏靈，髣髴覩爾容。」題取此意。義山赴蜀後，河東公賜以樂籍張懿仙，上啓力辭，正此時也。』箋曰：馮氏從『鰥魚渴鳳』字悟出悼亡，可從。『白茅人』比仲郢，亦巧合，惟謂『姸眼』、『秋眸』，婦人之美，莫先於目，義山妻以此擅秀，則杜撰不根矣。夫詩家用典，羌無故實，泛論以致哀思而已，安得求其事以實之，且加義山之妻以輕薄哉？如此說詩，眞所謂固哉高叟也。

武侯廟古柏　箋曰：因武侯而借慨贊皇也。『大樹』二句，一篇主意。贊皇始終武宗一朝，後遭貶黜，故曰『陰成外江畔，老向惠陵東』也。『葉彫』句指李回湖南。『枝折』句指鄭亞桂海，二人皆義山故主，又皆受衞公恩遇，同時遠竄，故特言之。『玉壘』句暗指衞公維州之事。『金刀』句言其相業煙消，亦以見天之不祚武宗也。結則搔首彼蒼之意。此爲義山是冬赴西川推獄時所賦。若大中二年蜀遊，僅及巴閬，未嘗至成都也。

【編年文】上兵部相公啓　令狐綯也。案宣和書譜載李義山正書月賦、行書四六本藁草，云：『李商隱佐令狐楚，授以章奏之學，遂得名一時。蓋其爲文瑰邁奇古，不可跂及，觀四六藁草，方其刻意致思，排比聲律，筆畫雖眞，亦本非用意，然字體姸媚，意氣飛動，亦可尙也。』澠水燕談錄：『錢塘沈振蓄一琴，名冰清，腹有晉陵子銘。晉陵子，杜牧之道號。篆法類李義山筆。』玉堂嘉話：『李陽冰篆二十八字，後有章處厚、李商隱題。商隱字體絕類黃庭經。』是義山當日以善書稱。金石錄所載義山所書碑數種，惜皆不傳矣。因啓有『令書元和舊詩』語，附著之。

獻河東公啓一

獻河東公啓二

爲東川崔從事福謝辟并聘錢啓一

爲東川崔從事福謝辟并聘錢啓二　馮氏云：『舊書崔

戎傳不及其子，新書只雍一人。舊紀：「咸通十年賜和州刺史崔雍死，雍之親黨原、福、朗、庚、序皆貶。」時福以比部員外郎貶昭州司戶。通鑑書曰：「兄弟五人。」今合之宰相世系表：「庚表作庾，與序皆戣子，原表作厚，與雍福裕皆爲戎子，朗爲戢子。」福於乾符二年由主客郎中爲汾州刺史，見舊書紀。東川即柳幕也。』

上河東公啓　爲舉人獻韓郎中琮啓

案文有『一日三秋，空詠馬嵬之淸什』語，舊書柳仲郢子璧傳：『文格高雅，嘗爲馬嵬詩，詩人韓琮、李商隱嘉之。』馮氏據此定爲代璧作，似之。附此。璧大中九年登進士第，見傳。又案馬嵬詩當是錄於行卷以爲贄者，琮賞之，故以爲言。嘗檢程大昌演繁露：『唐人舉進士必行卷者，爲緘軸其所著文，以獻主司。其式見李義山集新書序，曰：「治紙工率一幅，以墨爲邊準，用十六行式；率一行不過十一字。」』此可考唐時行卷程式。新書序當是義山佚篇，演繁露於下注卷七二字。今樊南全集已亡，無從詳其次第矣。

爲河東公上西川相國京兆公書　獻相國京兆公啓

案京兆公，徐氏以爲杜悰，是也。此蓋推獄西川時獻詩爲贄，而先之以啓，故有『纓拾』、『斧斤』語。補編有與此同題者，大可參證。馮氏妄疑韋琮，無據。又案余近得馮氏文注初稿，亦定此篇京兆公爲杜悰，惟繫之會昌四年悰拜相時，誤。

大中六年壬申　義山四十一歲。

二月，王贄弘討平雞山賊。興元節度使封敖加檢校吏部尚書。原譜據通鑑，參新書敖傳。

敕賜元舅右衛大將軍鄭光，雲陽鄠縣兩莊，皆令免稅。通鑑。

四月，西川節度使杜悰遷淮南節度使　邠寧節度使白敏中檢校司徒，爲西川節度使。新舊書表傳參通鑑。案舊書悰傳：『悰以蔭三遷太子司議郎。元和九年，尚岐陽公主，累遷至司農卿。太和六年，轉京兆尹。七年，檢校刑部尚書，出爲鳳翔隴右節度。八年，授忠武軍節度使，加兵部尚書。開成初，入爲工部尚書判度支。三年，改戶部。會昌中，拜中書侍郎同平章事，尋加左僕射。大中初，出鎭西川，俄復入相，歷鎭重鎭，加太傅邠國公。』新書傳則云：『會昌初，爲淮南節度使。踰年，召拜檢校尚書右僕射同中書門下平章事。劉稹平，未幾，以本官罷，出爲劍南東川節度使，徙西川。復鎭淮南，罷，兼太子太傅分司東都。踰歲，起爲留守，復節度劍南西川，召爲右僕射，進兼門下侍郎同平章事。未幾，册拜司空，封邠國公，以檢校司徒爲鳳翔荆南節度使，卒。』兩傳所書悰所歷官只此，而除鎭皆無細年月，其由西川復鎭淮南，亦不詳何時。檢舊紀，是年秋七月丙辰書：『前淮南節度使李珏卒，贈司空。』則悰之遷鎭，蓋代李珏，其在是年無疑。新書宰相表是年又書：『四月甲辰，白敏中檢校司徒平章事西川節度使。』是敏中又代悰鎭西川也。補編爲河東公復相國京兆公第一啓云：『今月某日，已遣某職鮮于位奉啓狀謁賀新寵。伏承決取峽路，東指廣陵。』第二啓云：『今月某日，潘押衙侍御至，伏承仁恩，榮賜手筆數幅。伏承鳳詔已頒，鷁舟期艤。日臨端午，路止半千。不獲親祝松年，躬攀檜楫。持百錢而莫追劉寵，鬧五鼓而空憶鄧攸。感恩戀德，不知所爲。』敏中既於四月除西川，則悰之離鎭在五月端節明矣。惟李珏之卒，紀在七月，與啓不符，而舊書珏傳又則謂『大中七年卒於淮南』也，豈悰之除鎭淮南爲七年事耶？不然，則紀文之七月必誤也。且不但李珏，卽白敏中節度西川，舊傳亦書於七年也。然考新書敏中傳：『宣宗立，以兵部侍郎同平章事，凡五年十三遷。會党項數寇邊，敏中以司空平章事，兼邠寧節度招撫制置使，踰年檢校司徒，徙劍南西川。』敏中招討党項在大中五年三月，其兼邠寧在五月，至八月平夏、南山、党項悉平，見新舊兩紀。玩傳中『踰年』字，則節度西川，必不能遲至七年。傳又云：『治蜀五年有勞，加兼太子太師，徙荆南。』舊書傳則云：『十一年二月檢校司徒平章事江陵尹、荆南節度使。』檢宰相表：『十一年二月，魏謩出爲西川節度使，代敏中。』以敏中治蜀五年數之，是出鎭正在是年，故通鑑書於大中六年，與宰相表合也。至李珏卒於淮南年月，新書珏傳雖云『以吏部尚書召，俄檢校尚書右僕射淮南節度使，卒於鎭，贈司空，謚曰貞穆』，而不詳何時。余考樊川集有册贈李珏司空制書：『大中六年五月十六日壬午，皇帝若曰：咨爾淮南節度使李珏』云云，則珏洵於六年春夏之交卒矣。史策歧誤，得此補遺，殊爲快事，今故剖其異同而載之。又案全唐文，沈詢有授杜悰淮南節度使制，文稱『劍南西川節度使杜悰』，又有授白敏中西川節度使制，乃一時作。溫飛卿集亦有題城南杜邠公林亭詩，自注：『時公鎭淮南，自西蜀移節。』至薛逢送西川杜司空赴鎭詩，則大中末悰由東都留守復鎭西川時也。又送司徒相公赴闕詩，則咸通二年二月悰又從西川入相時也。悰由留守加司空，再鎭成都，加司徒，咸通再相，始加太傅封邠國，時義山亦已卒矣，故本集諸題但稱之爲僕射也。又案唐會要祥瑞門載：『大中六年九月二日，淮南節度使杜悰奏：海陵高郵兩縣百姓，於官河洒得聖米』云云，此尤爲悰是年移鎭之確據。馮譜誤列七年，因之又取義山赴蜀及西川推獄，皆列諸六年，仍沿舊紀駁文，宜其分悼亡之年與赴辟之年爲二也。

七月，起居舍人庾道蔚充翰林學士承旨。翰苑羣書重修承旨學士壁記。案壁記在大中六年七月十五日，舊紀於大中三年九月書：『以起居郎庾道蔚充翰林學士。』似誤。

太子少師盧鈞檢校司空充太原尹、北都留守、河東節度使。原譜參舊紀。案舊書鈞傳：大中四年由宣武入爲太子少師，至是年又出鎮河東也。

義山由西川推獄回，杜悰遷淮南，往渝州界首迎送，旋即返梓。參本集。

案五言述德抒情詩曰：『歸期過舊歲，旅夢繞殘更。』補編獻相國京兆公啓曰：『伏恐本府已有追符，即日徑須上路。不復拾級賓階，致辭公府。企望旌幢，無任隕涙。』則由西川返梓，當在春初矣。又爲河東公復相國京兆公啓曰：『仰諸行李，願就坰夷，今日蒙降專人，且云告別。伏承決取峽路，東指廣陵。雖二江雙流，懸蜀土去思之懇；而一日十旦，慰揚州來暮之謠。封域匪遐，藩宣爲累，不獲仰瞻使節，竊止仙舟。今遣節度判官李商隱侍御往渝州及界首已來，備具餼牽，指揮館遞。伏維俯從祖軷，暫駐征帆。南望煙波，恨無毛羽。下情不勝瞻戀。』杜悰遷鎮淮南在是年四月，義山蓋曾奉仲郢之命，至渝州界首供帳迎祖，故集有巴江柳篇。通典：『渝州南平郡，古巴國，謂之三巴。』水經：『江水至巴郡江州縣。』注：『江州縣，古巴子之都。』題之所以稱巴江也。馮氏曰：『二漢書志、華陽國志、通典諸書，古巴子國境東至魚復，西至僰道，北接漢中，南極黔涪，自古言巴在蜀之東偏也。唐之梓州，厥初亦巴西郡，梓之西北緜州，東北閬州，皆巴西地。然自漢初分置廣漢郡，梓潼久屬廣漢，至蜀漢又自置梓潼郡，故常璩漢中志列梓潼郡於梁州，而曰「東接巴西，南接廣漢」；蜀志列廣漢郡於益州，而曰「北接梓潼，東接巴郡」也。其梓潼江、涪江水固通巴入漢，然即稱潼江為巴江，則未可矣。本集中於梓州則曰「巴南」也。』案馮說固通，然集中如初起詩乃大中七年在梓州作，固亦云『三年苦霧巴江水』矣，則巴江巴南亦屬通稱。惟巴江柳一篇，余詳味詩意，必是時作。其初起詩或追感此行之跡歟？原譜、編年均誤。時義山必託杜悰附狀令狐，希冀內擢，故後又有壬申七夕、壬申閏秋題贈烏鵲諸篇。『兩度塡河』，移陰金殿，心心相待，義山已自言之，得此一證，詩意倍極明顯。不然，仲郢相遇不薄，苟非杜悰渝州之便，安忍輕言他就哉？馮氏概謂追感大中二年巴蜀遊蹤，誤之甚矣。乙集序：『時公始陳兵新教作場，閱數軍實，判官務檢舉條理，不暇筆硯。明年記室請如京師，復攝其事。』案在梓幕所作表狀，惟是年獨多，以此。

【編年詩】五言述德抒情詩一首四十韻獻上杜七兄僕射相公　今月二日不自量度輒以詩一首四十韻干瀆尊嚴伏蒙仁恩俯賜披覽獎踰其實情溢於辭顧惟疏蕪曷用酬戴輒復五言四十韻詩一章獻上亦詩人詠歎不足之義也　錢木庵云：『二詩以全力赴之者也，莊重典雅，不減少陵。』案句下細釋，箋不能具，参觀馮注自明。

杜工部蜀中離席 箋曰：此擬杜工部體，集中如韓翃舍人卽事，卽其例，作辟者非。首點『離席』。『雪嶺』二句以工部之時況今日，言天使仍稽雪嶺，前軍尚駐松州，言外見世路干戈；需人贊畫，而己獨不預，故曰『惜暫分』也。後聯一『醉』一『醒』，或『晴』或『雨』，比喻顯然。結云：『成都美酒』可以『送老』，奈何使『文君』舊壤，而爲若輩所盤踞哉？離羣之恨淺，蔽才之歎深，細味詩意，是西川推獄時，追慨前遊失意之作矣。

西溪 悵望西溪水。箋曰：文集謝河東公和詩啓：『某前因假日，出次西溪。既惜斜陽，聊裁短什。蓋以徘徊勝境，顧慕佳辰，爲芳草以怨王孫，借美人以喻君子。斐然而作，曾無足觀。不知誰何，仰達尊重。果煩屬和，彌復兢惶。』朱氏謂所云和詩，卽和此詩是也。『龍孫』、『鳳女』，卽『龍種』、『鳳雛』意，分憶在京之子女。結言從前作客他方，尚有『雲波』之『寄』，今則無矣。意實悼亡，而啓文云云，晦之耳。妻喪未除，餘哀猶在，故觸類增悽也。今編是年。

三月十日流杯亭 箋曰：流杯亭，未詳。徐氏、馮氏皆謂梓幕作，似之。乙集序：『時公始陳兵新教作場，閱數軍實，判官務檢舉條理，不暇筆硯。』首句所言是也。

巴江柳 箋曰：首二不甘使府之慨。後二望其汲引入朝。杜悰遷淮南，義山奉仲郢命往渝州迎候，詩當作於此時。

壬申七夕

壬申閏秋題贈烏鵲 箋曰：二詩粗看易解，細審則難會也。義山赴梓，在大中五年，詳譜。壬申爲大中六年，此二首東川時作無疑。但詩意皆係望薦語。惟初依仲郢，遽謀他就，揆之事理，又寧可通？然『成都卜肆』，所指顯然，豈別有所屬意於杜悰耶？悰鎭西川，義山五年冬曾至成都推獄，六年移節淮南，又有渝州迎候之迹。當時或託悰向子直將意，觀『兩度塡河』語，情事約略可見。述德抒情詩云：『營巢憐越燕，裂帛待燕鴻。』上言暫依柳幕，不過偷安；下言爲我達書，重入京輦。用蘇武上林寄書事，曰『待燕鴻』者，卽此詩『心心待曉霞』之意，猶云靜候好音也。然則此類諸詩，殆亦屬意令狐，而非別圖他就者比矣。鄴城用典，取切魏武，詩意無庸鑿解。

屬疾 箋曰：王氏忌辰，託病休沐，故曰『悼亡』，曰『殊方』，必是年梓幕作。

寄太原盧司空三十韻 原編集外詩。盧司空，盧鈞也，詳譜。

【編年文】**獻相國京兆公啓** 補編。錢氏云：『本集有獻相國京兆公啓，徐氏以爲杜悰，馮氏以爲韋琮，今覈之是啓，而知其必爲杜悰也。考悰於會昌四年由淮南入相，文中「出持戎律，入踐台司」，當指其事，若韋琮固未嘗出鎭也。又云：「詳觀天意，取在坤維。」則尤爲節度西川之證。義山奉河東公命往西川推獄，是篇云：「伏恐本府已有追符，卽日徑須上路。」知爲臨行投贈之作。若文中「玄鶴」、「丹鳳」

之喻，與本集啓內「大振斯文」等語，則文人戲謔，例多溢美，馮氏必以「禿角犀」爲疑，則詩集述德抒情詩何又以爲杜悰耶？』

謝河東公和詩啓　爲興元裴從事賀封尚書加官啓補編。原注：『裴卽封之門生。』錢氏云：『封敖也。裴從事，未詳。』　爲河東公謝相國京兆公啓一　爲河東公謝相國京兆公啓二　爲柳珪謝京兆公啓一　爲柳珪謝京兆公啓二　爲柳珪謝京兆公啓三　爲河東公謝相國京兆公第三啓補編。錢氏云：『本集爲河東公謝相國京兆公啓二首，皆因柳珪被辟作，時悰節度西川。此啓則悰移鎭淮南時上。』案新書珪傳：『杜悰表在幕府，久乃至。會悰徙淮南，歸其積俸，珪不納。悰舉故事爲言，卒辭之。』據此啓，則悰之移鎭淮南，仍復辟珪矣，故舊傳云『累辟使府』也。　爲河東公復相國京兆公啓補編。　爲河東公復相國京兆公第二啓補編。　爲河東公上西川白司徒相公賀冬啓補編。

大中七年癸酉　義山四十二歲。

四月，以御史大夫鄭朗爲中書侍郎同平章事。舊紀。　案舊書朗傳：『遷御史大夫，改禮部尙書，以本官同平章事，加中書侍郎集賢殿大學士，修國史。大中十年，以病辭位，進加檢校右僕射守太子少師。十一年十月卒。』新書宰相表十年正月丁巳書：『御史大夫鄭朗守工部尙書同中書門下平章事。』或誤以辭位爲入相也，似舊紀爲是。補編有爲河東公上鄭相公狀，錢箋謂鄭朗，余疑河東公爲濮陽公之誤，則鄭相公，鄭覃也，說見前，仍載此備參。

義山在梓幕，十一月編定樊南乙集。參本集。

案乙集序曰：『三年已來，喪失家道，平居忽忽不樂，始剋意事佛。方願打鐘掃地，爲清涼山行者。於文墨意緒闊略，爲置大牛篋，塗逭破裂，不復條貫。十月，弘農楊本勝新書宰相世系表：楊籌字本勝，監察御史。始來軍中。本勝賢而文，尤樂收聚箋刺，因懇索其素所有。會前四六置京師不可取者，乃強聯桂林至是所可取者，以時以類，亦爲二十編，名之曰四六乙。此事非平生所尊尚，應求備卒，不足以爲名，直欲以塞本勝多愛我之意。是夕是大中七年十一月十日夜。』又義山居東川，頗耽禪悅。於長平山慧義精舍經藏院，自出財俸，特創石壁五間，金字勒妙法蓮花經七卷，啓仲郢爲記文，見集中，亦當在是年。

【編年詩】二月二日　初起箋曰：遠客思入京華之慨。『咸池日光』，所指甚顯。蓋去歲曾託杜悰附狀，今則消息闃如，故詩有餘歎也。　夜飲箋曰：義山行年四十餘，故曰『衰鬢』。在梓州，故曰『異方』。『百戰場』泛言時勢艱難。結謂無人能甘隱遯也。此夜飲蓋尋常讌集，非離席也，馮說誤。　七夕鸞扇斜分。馮氏云：『此篇亦悼亡作，年已漸久，酌編於此。』箋曰：詩是悼亡，亦兼慨『兩度塡河』之恨。妙處無窮，任人自領。　寫意　楊本勝說於長安見小男阿袞

【編年文】梓州道興觀碑銘幷序。補編。　唐梓州慧義精舍南禪院四證堂碑銘幷序。補編。金石錄：『四證堂碑，李商隱撰，正書，無姓名，大中七年十一月。』　道士胡君新井碣銘幷序。補編。　上河東公啓一　上河東公啓二　樊南乙集序

大中八年甲戌　義山四十三歲。

五月，翰林學士承旨蕭寘遷戶部侍郎知制誥，依前充職。翰苑羣書重修學士壁記。案文集爲舉人上翰林蕭侍郎啓，馮氏謂代柳璧作。蕭侍郎，蕭鄴也。新書鄴傳：『及進士第，累遷監察御史，翰林學士，出爲衡州刺史。大中中，召還翰林，拜中書舍人，遷戶部侍郎，以工部尚書同平章事。』而無細年月。學士壁記則載，『鄴，大中五年正月自考功郎中充翰林學士。七年六月十二日遷戶部侍郎知制誥，依前充。』合之啓文，是二蕭並通也。然考之仲郢傳：『璧兄珪，大中五年登進士第。』而『璧於大中九年登進士第』，若蕭鄴則八年十二月已守本官判戶部，出院矣。此啓是應舉時代作，似於寘較合，故載此與原譜互證焉。

義山在梓幕。參本集。

【編年文】爲舉人上翰林蕭侍郎啓　文中原注：『其長兄兩舉及第。』馮氏云：『此知爲柳璧作，謂慚其兄珪之及第也。璧後至僖宗幸蜀，授翰林學士，累遷諫議大夫。』

劍州重陽亭銘　并序。馮氏云：『此文徐氏采之全蜀藝文志。金石錄無跋語。亭屢建屢圮，碑文必多剝落矣。使果出義山手，何無矯然表異者乎？義山自稱，或曰玉谿，或曰樊南，其郡望則隴西，故他人稱之曰成紀，此書河內，雖合史傳，而準之文翰，則可疑也。徐刊本作河南，豈別有據，抑傳寫之訛歟？鄭氏通志金石略亦載之，但作太和八年劍州，不言何人文，何人書，則更可疑矣。頗疑碑文久漫漶，而楊用修爲補全之，恐未可篤信也。』今且附列於此。

大中九年乙亥　義山四十四歲。

七月，以河東節度使檢校司空太原尹北都留守盧鈞守尚書右僕射。舊紀。

十一月，以河南尹劉瑑檢校工部尙書、汴州刺史、兼御史大夫、宣武軍節度宋亳汴潁觀察處置等使。原譜據舊紀。案文集爲崔從事福寄尙書彭城公啓，馮氏曰：『崔福於咸通十年尙爲比部員外郎，則其從事東川之時，必非甚遠。以時考之，此彭城公蓋大中時劉瑑也。舊書傳：「瑑，彭城人。開成初，進士擢第，會昌末，累遷尙書郎知制誥，正拜中書舍人。大中初，轉刑部侍郎，出爲河南尹，還檢校工部尙書、宣武軍節度使。十一年五月，移鎭河東。十二月，拜戶部侍郎，尋同平章事。」新書傳：「瑑，大中初擢翰林學士，時始復隴，書詔夜數十，捉筆遽成，辭皆允切。」餘與舊傳略同。證之舊紀，則大中五年瑑爲刑部侍郎，九年十一月以河南尹充宣武軍節度。而十一年八月又以鄭涯充宣武節度，則瑑當於是時移太原矣。十二月卽入爲戶部，十二年三月以本官同平章事。玩啓中「擁節浚郊，建牙隋岸」數聯，當爲瑑在宣武未移太原之時所寄。其云「灉水」「巴山」者，謂已在東川幕也；其云「去歲洛陽」者，謂瑑尹河南時約在大中六年，則東川必卽柳仲郢幕，或意有不合，故寄書宣武，求踐昔約，所謂「剸任安之席」也，情事朗然矣。』案此啓乃是年瑑初鎭宣武時作。『去歲洛陽，獲陪良宴。懇拒台階，請從藩屛』云云，當指大中八年。或其時崔因事請如東都，得與瑑相見，及回梓而仲郢適於是年內召矣。故別希就瑑。觀啓中『樹有何依之鵲』，『巖無不斷之猿』，可見非意有所不合也，馮說小疏。

是年，柳仲郢在鎭，美績流聞，徵爲吏部侍郎。舊書仲郢傳參通鑑。案仲郢內徵，紀不書。舊傳云：『在鎭五年，美績流聞，徵爲吏部侍郎，入朝未謝，改兵部侍郎，充諸道鹽鐵轉運使。大中十二年罷使，守刑部尙書。』仲郢節度東川，據補編四證堂碑在大中五年，以傳『在鎭五年』數之，則內徵當在是年。其領鹽鐵，舊紀書於十一年十二月，而十二年二月又書『以夏侯孜充鹽鐵』，是仲郢領使不過數月，必不其然。檢新舊書裴休傳：『休大中初累官戶部侍郎，充諸道鹽鐵轉運使，轉兵部侍郎、兼御史大夫，領使如故。六年八月，以本官同平章事，判使如故。在相位五年，十年罷相，充宣武軍節度使。』休之罷相鎭宣武，宰相表在十年十月。唐會要云：『裴休，大中五年領鹽鐵使，十年出鎭，尋以柳仲郢、夏侯孜、杜悰迭判之。』裴休既以十年十月出鎭，仲郢代之，必在其時，而內徵或在前也。通鑑書仲郢領鹽鐵於九年十一月，實則內徵當在九年十一月耳。舊傳「入朝未謝，改兵部侍郎」是一事；「充諸道鹽鐵」又是一事。新傳云：『居五年，召爲吏部侍郎，俄改兵部，領鹽鐵轉運使。』文法亦同，安有十年還朝之事哉？馮氏誤列仲郢鎭蜀於大中六年，又誤讀舊傳，以內徵與領使合而爲一，皆不可據，故爲正之。　又案舊紀於九年二月書：『裴休充宣武軍節度使。』新書宰相表八年十一月又書：『休罷鹽鐵使。』與兩書休傳皆不符。　而仲郢內召，代之者爲韋有翼。　英華有授有翼東川制，其結銜曰『兵部侍郎、鹽鐵使韋有翼』。　唐語林亦曰『東川韋有翼尚書，自判鹽鐵，鎮梓潼，有重名』云云，是有翼以鹽鐵使出鎮，又似仲郢入朝，即代有翼充使者。然則裴休或即於八年罷使歟？此由宣宗朝簡籍遺落，故史家歧文如此。　考古者但以文證史，從其通者可也。　又案本集有行至金牛驛寄興元渤海尚書詩，是爲義山隨仲郢還朝途次所作。　詩有『樓上春雲水底天』句，仲郢內徵在是年十一月，則還朝當在十年正初，故寫景皆春時也。　今據傳文，分書於九年、十年，較爲得實。雖史無顯證，固可依略見之矣。

詔復前撫州長史李回湖南觀察使，贈刑部尚書。新書回傳。　案李回大中二年左遷湖南後事迹不詳。舊書回傳：『大中元年冬，坐與李德裕親善，改潭州刺史湖南觀察使，再貶撫州刺史。　白敏中、令狐綯罷相，入朝爲兵部尚書，復出爲成都尹劍南西川節度使，卒贈司徒，謚曰文懿。』考回責湖南在二年，其再貶也，乃撫州長史，非刺史。　舊傳已自相歧誤，則入朝出鎭，殆不可信。　新書傳云：『以與德裕善，決吳湘獄時，回爲中丞，坐不糾擿，貶湖南觀察使，俄以太子賓客分司東都。給事中還制，謂責回薄，遂貶賀州刺史，徙撫州長史卒。　大中九年詔復湖南觀察使，贈刑部尚書。』全唐文有貶李回太子賓客分司東都制，又有貶李回賀州刺史制云：『前制命爾爲太子賓客，給事中封還我敕，且曰：「責坐之詞至重，降移之秩太輕。」是用移謫臨賀，冀厭羣議，可持節賀州諸軍事賀州刺史。』足與新傳印證。　惟貶賀州不詳何年，其再貶撫州及卒，亦無細年月。　玩制文『況又聞頃司政柄，每欲除授，咸取決於德裕，不自行其至公。　物議所興，以斯爲重。　豈可猶委澄清之任，復領湘潭』數語，則賀州之貶，似在大中二年，與衞公貶崖相先後，其卒或當在四五兩年歟？余疑集中蜀桐一篇，爲回貶臨賀時作；寄蜀客一篇，爲回卒後作。　惜史策無可佐證耳。　回之復官，傳在是年，書此備參。

案通鑑考異載實錄注引東觀奏記云：『令狐相綯夢德裕曰：「某已謝明時，幸相公哀之，許歸葬故里。」綯具爲其子滈言之。　滈曰：「李衞公犯衆怒，又崔相鉉、魏相謩，皆敵人也，見持政，必將上前異同，未可言也。」後數日，上將坐延英，綯又夢德裕曰：「某委骨海上，思還故里，與相公有舊，幸憫而許之。」既寤，復謂澔曰：「向見衞公精爽尙可畏，吾不言，必掇禍。」明日，入中書，且爲同列言之，既而於帝前論奏，許其子象州立山縣尉曄護喪歸葬。』又是時柳仲郢鎭東蜀，設奠於荆南，命從事李商隱爲文曰：『恭承新渥，言還舊止。』疑古邱字形誤。又云：『身留蜀郡，路隔伊川。』此事不詳在何年，唐實錄必有細日月，今無從追考矣。姑附是年之末。案德裕歸葬在大中朝，其追復贈官，則在咸通元年。通鑑：『咸通元年九月右拾遺句容劉鄴上言：「李德裕父子爲相，有聲迹功效，竄逐以來，血屬將盡，生涯已空，宜賜哀閔，贈以一官。」冬十月丁亥敕：「復李德裕太子少保、衞國公，贈左僕射。」』此復官之事，而歸葬實在先也。裴且李太尉南行錄引劉鄴表有『枯骨未歸於塋域』語，似誤，考異疑之是已。考異又載實錄注云：『白敏中爲中書令時，與右庶子段全緯書云：「故衞公太尉災興鵩鳥，怨結江魚。親交雨散於西園，子弟蓬飄於南土。嘗蒙一顧，繼履三台。保持獲盡於天年，論請爰加於寵贈。」全緯嘗爲德裕西川從事，故敏中語及。』而譏其掠劉鄴之美。不知非掠美也，蓋宣宗崩後，牛黨與援已衰，恐衞公之徒，起而尋仇，故以此言見好輿論耳。又案北夢瑣言：『太和中，李德裕鎭浙西，有劉三復者，少貧苦學，有才思，德裕因遺詣闕求試，果登第，歷任臺閣。其子鄴敕賜及第，登廊廟。上表雪德裕，以朱崖神櫬，歸葬洛中，報其先恩也。士大夫美之。』亦誤以復官爲歸葬，今且以實錄爲據。

【編年詩】搖落 箋曰：詩多遲暮羈孤之感，必梓府將罷時作，午橋箋良是。結謂定知衰颯之淚，不減別離之苦，泛言之也。謂寄內者誤。 梓州罷吟寄同舍 飲席戲贈同舍 箋曰：「馮氏定爲梓州府罷作，似之。蓋同舍戀其所歡，不忍別去，故戲贈也，與上篇參看。 飲席代官妓贈兩從事 馮氏云：『官妓送舊迎新，故以兩從事爲言。

玩「從事」、「江邊」字，必與上章同作。』案第二句下朱本有自注云：『隋獨孤信擧止風流，曾風吹帽簷側，觀者塞路。』馮本失載，補之。

〔附〕柳　爲有橋邊。箋曰：起二句言年少氣盛，視功名如拾芥，不復以光陰爲惜。今老矣，沈淪便府，雖蒙府主厚愛，而不覺年華遲暮，無能爲矣。通體自傷投老不遇。曰柳者，寓姓也。

柳　柳映江潭。箋曰：首句蒙愛，次句遠客，後二思入京師也。乃不直言，而借巴雷托出，意曲而摯，耐人尋味。

細雨成詠獻尙書河東公　原編集外詩。

寓目　箋曰：詩有『遠客』、『衰翁』語，的是東川晚年作。結寓悼亡，與『京華他夜夢，好好寄雲波』，同一用筆。馮編桂管，謂園桂點桂林，殊不足據。

柳下暗記　馮氏云：『柳璧入都應擧，義山代之作啓，詳文集，故作此暗記之。「吹臺」爲梁王之蹟，暗以鄒枚自比，言其泥我揮毫也。「黃映白」，卽「妃靑儷白」之意，謂四六文也。「杏花媒」，謂將藉以得第。玉泉子載楊希古事，有曰「今子弟之求名者，大半假手也。」可爲此章的證。』

夜出西溪

寓興

西溪　近郭西溪好。

病中聞河東公樂營置酒口占寄上　原編集外詩。

南潭上亭讌集以疾後至因而抒情　徐氏云：『南潭卽南江。文苑英華有宋之問梓潼南江泛舟序云：「艤舟於江潭」，蓋梓州遊宴之所。』

聞著明凶問哭寄飛卿　箋曰：著明，盧獻卿也，見司空圖一鳴集。本事詩：『范陽盧獻卿，大中中擧進士，作愍征賦數千言，時人以爲哀江南之亞。連不中第，薄游衡湘，至郴而病，夢人贈詩曰：「卜築郊原古，靑山惟四鄰。扶疏遶䕺樹，寂寞獨歸人。」後旬日而歿。郴守爲葬之近郊，果以夏初窆，皆符所夢。』而不詳歿於何年。味此詩腹聯寫景，當是梓幕所作。『江勢』、『天文』，泛言高遠。馮氏云：『徐商鎭襄陽在大中之季，時義山在東川，故有寄飛卿詩。』不知飛卿從事徐商幕，乃大中十二年事，義山已前一年卒矣。考溫寄義山詩有『渭城風物』語，此或寄飛卿京邸歟？

有懷在蒙飛卿　原編集外詩。箋曰：在蒙不詳何人。據五六寫景，是梓州作也。飛卿集有秋日旅舍寄義山李侍御詩，結云：『子虛何處堪消渴？試向文園問長卿。』蓋寄義山東川者，溫李酬唱始此。以上皆東川詩，而不能定編何年矣，附此年末。

【編年文】爲某先輩獻集賢相公啓　集賢相公，魏謩也。馮氏云：『舊書傳：謩鉅鹿人。五代祖文貞公徵。謩太和七年登進士第，文宗以謩魏徵之裔，頗奇待之。至宣宗大中二年爲御史中丞，兼戶部侍郞，尋以本官同平章事，兼集賢大學士。十年以本官平章事、成都尹、西川節度使。謩儀容魁偉，言論切直，上前論事，讜言無所畏避。宣宗每曰：「魏謩綽有祖風，名公子孫，我心重之。」然竟以語辭太剛，爲令狐綯所忌，罷之。新書紀表：蘷爲相大中五年十月，罷相鎮蜀十一年二月。此啓代柳珪作，求其以京職舉用。其先頌文貞，非惟述其世德，亦實事宜然也。』

爲崔從事福寄尙書彭城公啓 劉瑑也，詳譜。

爲京兆公乞留瀘州刺史洗宗禮狀 補編。案舊書地理志：『劍南東川節度使，管梓、緜、劍、普、榮、遂、合、渝、瀘等州。』文云：『當管瀘州。』當爲東川時事。考本集京兆公皆謂杜悰，悰罷相鎮東川，在會昌五年。其由東川移西川，在大中二年。時義山方從事桂管，徘徊巴閬，而有早歲乖投刺之詩，何緣而有此作？錢氏因疑別爲一人。表兄吳廷燮則曰：『此代韋有翼作耳。』考柳仲郢內召，在大中九年，已詳譜，而舊紀大中十二年又有『崔愼由梓州刺史劍南東川節度，代韋有翼，以有翼爲吏部侍郎』之文，則有翼鎮梓必在前，其爲代仲郢無疑。全唐文有授有翼東川制，而侯圭梓州東山觀音院記：『十年秋，川主尙書韋公請居慧義院。』云云，尤爲確證。然則此文洵爲代有翼者。其在梓府初罷，新舊交替時歟？

〔附〕爲河東公上四相賀冬啓 補編。

爲河東公上翰林院學士賀冬啓 補編。

爲河東公上尙書侍郎給事賀冬啓 補編。

爲河東公上方鎮武臣賀冬啓 補編。

爲河東公與周學士狀 補編。

陳甯攝公井令牒 補編。新書地理志：『公井縣，中下，屬劍南道榮州。』

周宇爲大足令牒 補編。新書地理志：『大足縣，下，屬劍南道昌州。』案榮州、昌州，皆東川節度所領。此與上七篇皆柳幕作，不能詳其何年，附列於此。

大中十年丙子　義山四十五歲。

正月，翰林學士承旨駕部郎中知制誥庾道蔚守本官，尋除連州刺史。翰苑羣書重修承旨學士壁記。

是年柳仲郢入朝，未謝，改兵部侍郎。十月，本官兼御史大夫，充諸道鹽鐵轉運使。舊傳參會要。案會要轉運鹽鐵總敘門既載『十年裴休出鎮澤潞，尋以柳仲郢、夏侯孜、杜悰迭判之』，而鹽鐵使門又載『大中十二年兵部侍郎柳仲郢充諸道鹽鐵使』，十二年必是十年之誤。裴休傳，十年出鎮宣武，至十一年冬始改昭義，舊紀亦同，非初鎮卽澤潞也。會要小疏，仍當以傳爲據。

義山隨仲郢還朝，尋仲郢奏充鹽鐵推官。本集參東觀奏記。

案梓州罷吟寄同舍詩：『不揀花朝與雪朝，五年從事霍嫖姚。』寄酬冬郎兼呈畏之詩：『劍棧風檣各苦辛，別時冬雪到時春。』合之金牛驛詩『樓上春雲』句，則抵京在春初矣。其後夏秋之交，當至東都，以西亭、夜冷二章見之。裴廷裕東觀奏記云：『商隱以鹽鐵推官死。』是仲郢領鹽鐵使時，曾奏義山充推官，傳略之耳。新書食貨志：『劉晏上鹽法，置巡院十三，曰揚州、陳許、汴州、廬壽、白沙、淮西、甬橋、浙西、宋州、泗州、嶺南、兗鄆、鄭滑。』義山旣充推官，但不知知何院。考集中江東詠古諸作，前此江鄉、巴蜀遊踪，斷不暇有此，其爲充推官時所賦無疑。然則宦轍所經，多在吳、越、揚、潤間歟？過招國李家南園詩：『長亭歲盡雪如波，此去秦關路幾多？』蓋在京將至江東時作也。

【編年詩】籌筆驛 箋曰：此隨仲郢還朝途次作。結指大中五年西川推獄，曾至成都也。 行至金牛驛寄興元渤海尙書 箋曰：興元渤海尙書，封敖也，有補編啓文可證。馮考甚確。

重過聖女祠

箋曰：此隨仲郢還朝時作。『上清淪謫得歸遲』，一篇之骨。『來無定所』，似指桂州府罷，來京選尉，既又假京兆參軍；徐州府罷，復還太學博士也。『去不移時』，似指參軍未幾，又赴徐幕；博士未幾，又赴梓幕也。結則迴憶子直助之登第，正經過此廟之年。今則無復『靈風』，只有付之『夢雨』而已，倘堪復問也哉！馮編於大中二年蜀遊時，考當時歸途，仍由水程，聖女祠在陳倉大散關之間，非其行蹤所歷矣。

贈庾十二朱版

自注：『時庾在翰林，朱書版也。』箋曰：朱氏云：舊紀：『大中三年九月起居郎庾道蔚充翰林學士。』即其人。考翰苑羣書重修承旨學士壁記：『道蔚大中六年七月十五日自起居舍人充。七年九月十九日加司封員外郎。九年八月十三日加駕部郎中知制誥，並依前充。十年正月十四日守本官出院，尋除連州刺史。』與紀不合。樊川集有庾道蔚守起居舍人充翰林學士等制，杜牧於大中五年冬自湖州刺史召拜考功郎中知制誥，此制即其時所作，則道蔚充學士，自當以壁記爲定。道蔚十年正月十四日始出院，此詩必義山初從東川歸時作也。

韓冬郎即席爲詩相送一座盡驚他日余方追吟連宵侍坐徘徊久之句有老成之風因成二絕寄酬兼呈畏之員外

箋曰：義山大中五年秋末赴梓，散關遇雪詩可證，有留別畏之作，故云『別時冰雪』。九年冬隨仲郢還朝，十年春至京，有樓上春雲詩可證，故曰『到時春』。畏之自義山赴梓後，亦出刺果州，有迎寄詩可證，其還朝當在大中十年，所謂『劍棧風檣各苦辛』也。『劍棧』，自謂；『風檣』，指畏之。冬郎十歲裁詩相送，則追述大中五年赴梓時事，故留贈畏之詩有『郎君下筆驚鸚鵡』之句，至大中十年，冬郎當十五歲矣。馮說支離不足據。近人震鈞編韓譜，則又列此詩於大中七年，似仍沿馮謬也。

與同年李定言曲水閑話戲作

箋曰：此篇甚難索解，細玩結語，似爲悼亡而發，疑李亦抱黃門之痛者。『海燕參差溝水流』，暗喩失偶。次句同病相憐，『相攜』而非『秦贅』，則無妻明矣；『對泣』而『類楚囚』，則兩人俱有羈客之感矣。『碧草』兩聯言從前寓此，今則樓苑依然，其人已埋香五勝，地下傷春，能不白頭也耶？蓋義山在京攜家，曾居曲江，後有秋暮一首可證。詩意倍極沈痛，必非徒感閒情，因贈友人，故製題託之戲作耳。又案桂林思歸詩有『舊居連上苑，時節正遷鶯』句，又有詩云：『新春定有將雛樂，阿閣華池兩處棲』，合之他詩『家近紅蕖曲水濱』，則義山在京，攜家居曲江無疑，可爲此詩一證也。

夜冷

西亭

徐氏云：『崇讓宅有東亭、西亭，此與上章皆悼亡作。』

題鄭大有隱居

自注：『君居近子晉憩鶴臺。』箋曰：鄭大，鄭畋也。據畋謁昇仙太子廟詩題後云：『余大中八年爲前渭南縣尉，閒居伊洛，常好娛遊。春夏之交，獨登嵩少，路由緱嶺，謁昇仙太子廟，雲霞之志，於斯浩然。遂搆詩一章，用申凝慕。今者繆塵樞務，已及四年，忽覩成庶大夫奏牒，請以玄元廟李鍊師配住賓天觀，則知緱嶺靈宇，儀象重新，輒寫舊詩，寄王公請標題於廟內。』畋已罷尉，故此稱前渭南縣尉，考其伊洛閒居之迹，則此詩是大中十年東川歸後作矣。

銀河吹笙　箋曰：此在京聞女冠吹笙而悵觸黃門之感也。首句破題。次句點在京中。二聯正意，兼寫徹夜無眠之景。結言伉儷情深，不須浪作仙情豔想也。取首句標題，亦無題之類。紀氏譏其纖俗，太苛。

房君珊瑚散　徐氏云：『段成式哭房處士詩：「獨上黃壇幾度盟？印開龍渥喜丹成。豈同叔夜終無分，空向人間著養生。」李羣玉亦有送房處士閒遊詩：「注藥陶貞白，尋山許遠遊，刀圭藏妙用，巖洞契冥搜。」皆即其人，蓋方技之流耳。』馮氏云：『徐箋是矣，但信義山於東川讀天眼偈之事，而謂其時所作，則必非也。』箋曰：讀天眼偈事，據贊寧高僧傳，義山時居西京永崇里，考其蹤跡，乃東川歸後，當在是年。詩雖泛詠方藥，然房君得名大中末，徐說亦殊巧合也。今編於此，不必致疑。

暮秋獨遊曲江　箋曰：此亦追悼之作，與贈荷花等篇不同，作豔情者誤。

鄠杜馬上念漢書　箋曰：此刺宣宗也。宣宗入承大統，與漢宣同。而厚寵母氏，虐待懿安，好察細微，不務遠大，唐家之業，自此衰矣。馮解甚精，參觀之，當知此詩之隱也。

過招國李家南園二首

大中十一年丁丑　義山四十六歲。

義山遊江東。參本集。

【編年詩】正月崇讓宅　何義門云：『此悼亡之詩，情深一往。』

江東　箋曰：此充推官時遊江東之作，馮氏謂極寫客遊之無聊賴，是也。

風雨　箋曰：『新知遭薄俗』，謂鄭亞李回輩；『舊好阻良緣』，謂子直不能久居京師，翻使『窮年羈泊』；自斷此生已無郭震、馬周之奇遇，詩之所以歎也。味其意致，似在遊江東時矣。

隋宮　乘輿南遊。

隋宮　紫泉宮殿。

詠史

南朝　地險悠悠。

南朝　玄武湖中。

齊宮詞　箋曰：以上皆遊江東時詠古之作，別無寓意，深解者失之。

贈鄭讜處士　馮氏云：『首二自謂。三四謂偕鄭遊。五六留物贈之。七八敍交情，期後會，是江鄉旅次偶然之地主也。用張陸事，其遊江東時歟？』箋曰：馮說得之，是充推官遊江東時作，非開成時也。未至建州，不知何爲有此？』箋曰：江東之遊，或者自越而衢，自衢而建歟？有龍邱道中詩，似可參證。六月至龍邱，合之義山遊蹤，更不可符。案江東之遊，行蹤或有此，而詩則不類義山，可疑也，姑附此。

武夷山　程氏云：『嘗見武夷山志，題詠之詩，以義山爲始，考蹤跡

龍邱道中　箋曰：詩見戊籤，是五律，齊灰通叶，後人分爲二首，非也。馮氏謂玩詩意是春末發京師，五

大中十二年戊寅　義山四十七歲。

二月，以兵部侍郎柳仲郢爲刑部尙書。以守尙書戶部侍郎夏侯孜爲兵部侍郎，充諸道鹽鐵轉運使。舊紀。

義山廢罷，還鄭州，未幾病卒。本傳。

案東觀奏記曰：『敕：「鄉貢進士溫庭筠早隨計吏，夙著雄名。徒負不羈之才，罕有適時之用。放騷人於湘浦，移賈誼於長沙。尙有前席之期，未爽抽毫之思，可隨州隋縣尉。」舍人裴坦之詞也。庭筠字飛卿，詞賦詩篇，冠絕一時，與李商隱齊名，時號溫李。連舉進士，竟不中第，至是，謫爲九品吏。前一年，商隱以鹽鐵推官死。商隱字義山，文學宏博，箋表尤著於人間。自開成二年昇進士第，至上十二年竟不升於王廷。』考

舊紀：裴坦爲中書舍人，在大中十一年，至十三年尙以中書舍人權知貢舉，則飛卿謫隋縣尉，正當其時。案舊書庭筠傳：『累年不第，徐商鎭襄陽，署爲巡官。咸通中，失意歸江東，路由廣陵，心怨令狐綯在位時不爲成名，既至，狂遊狹邪，又乞索於揚子院，醉而犯夜，自是汙行聞於京師。屬徐商知政事，頗爲言之。無何，商罷相，楊收怒之，貶爲方城尉，再遷隋縣尉，卒。』新傳則言：『大中末，試有司，廉視尤謹，廷筠不樂，上書千餘言，然私占授者已八人。執政鄙其所爲，授方山尉。徐商鎭襄陽，署巡官。』餘與舊傳同，而不載再遷隋縣尉事。考楊收爲相在咸通四年，而東觀奏記所述皆大中時事，余疑飛卿謫隋縣尉，在大中十三年，而其貶方城尉，則在咸通間。李騭徐襄州碑：『大中十年春，東海公自蒲移鎭於襄。十四年，詔徵赴闕。』是徐商之鎭襄陽，至大中十四年始罷。金華子雜編載『段郎中成式博學精敏，時溫博士庭筠方謫尉隋縣，廉帥徐太師商留爲從事，與成式甚相善』云云，可證新傳載授尉於爲徐商從事前，較爲得實，惟誤隋縣爲方山耳。舊傳於貶方城尉下，無端贅以『再遷隋縣尉卒』句，則大謬矣。　所謂前一年者，大中十二年也，而義山卽於是年卒矣。柳仲郢罷使在二月，義山因是廢歸。其時當由京先至東都，有井泥篇可證。還鄭病卒，或稍後也。幽居冬暮一首，詞意頹唐，頗近晚境，其殆絕筆也歟？舊傳云：『大中末，仲郢坐專殺，左遷，商隱廢罷。』而仲郢傳云：『咸通初，轉兵部，俄出爲興元尹、山南西道節度使，因決贓吏過當，以太子賓客分司東都。』非大中末事，舊傳已自相歧誤。新書但云『東川府罷，客滎陽卒』，而又漏書充鹽鐵推官，宜徐氏、程氏妄以重佐山南，互生穿鑿也。　又案宋贊寧高僧傳悟達國師知玄傳云：『有李商隱者，一代文宗，時無倫輩，常從事河東柳公梓潼幕久，慕玄之道學，後以弟子禮事玄。時居永崇里，玄居興善寺，義山苦眼疾，慮嬰昏瞀，遙望禪宮，冥禱乞願。玄明旦寄天眼偈三章，讀終疾愈。迨乎義山臥病，語僧錄僧徹曰：「某志願削染，爲玄弟子」，臨終寄書偈決別。鳳翔府寫玄眞，李義山執拂侍立焉。』考義山與知玄東川相遇，當在大中八年。玄傳云：『武宗御宇，玄卽歸巴岷舊山，例施巾櫛，方扁舟入湖湘間，時楊給事漢公廉問桂嶺，延止開元佛寺。』此在義山未遊桂管前。傳又云：『屬宣宗龍飛，玄復掛壞衣歸上國寶應寺。帝以舊藩邸造法乾寺，詔玄居寺之玉虛亭。大中三年，因奏天下廢寺基，各敕重建。八年，上章乞歸故山，大行利濟，受益者多。』玄，眉州洪雅人，旣歸舊廬，則義山以弟子禮事玄，必在其時。其寄天眼偈，義山方居永崇里，永崇里在西京，見長安志，乃東川歸後事矣。義山大中末病還鄭州時，玄弟子僧徹方充左右街應制，賜紫，（見僧徹傳，事在懿宗前。）故又有臨終寄偈一段因緣。義山晚年棄道逃禪，屢見集中，而知玄一傳，卽出僧徹所述，事皆徵信，不必懷疑，故詳錄之，以見慧業之有自。（佛祖通紀：『憲宗元和元年，詔沙門知玄入殿問道，賜號悟達國師。玄五歲能吟詩，出家爲沙彌，十四講經。李商隱贈以詩云：「十四沙彌解講經，似師年紀止攜餅。沙彌說法沙門聽，不在年高在性靈。」』考贊寧傳：『玄年十三，指擿緇徒，露老成之氣。時丞相杜公元潁作鎮西蜀，聞玄名，命升堂，講談於大慈寺普賢閣下。』是知玄十三四歲方在西蜀，而元和元年義山時尙未生，安得有贈詩事哉？此必好事者僞造，今且以贊寧傳爲據。至集中奉寄安國大師詩是玄是徹，殊難確斷。別智元法師詩乃女冠一流，字本不同，安可附會？此則馮氏已駮正之，不可爲牧齋讕言所惑也。

馮氏曰：『余既考定生年，義山竟未五十而歿。』案錦瑟詩云：『錦瑟無端五十絃，一絃一柱思華年』者：乃舉成數而言，與『憔悴欲四十』正同，當時固不自料遽卒也。陸魯望曰：『玉谿生官不挂朝籍而死。』位卑年促，皆在一語中，文人薄命，千古傷之矣！案裴廷裕已云：『豈以文章爲極致，已靳於此，遂於祿位有所愛耶？不可得而問矣！』義山以高才坎壈，受厄僉壬，竟至未踰下壽，當時人已惋歎如是，況異代乎？今者重審行年，筆削告終，不能不洒悵望千秋之淚也。又案柳仲郢於義山本非恩舊，既辟從事，又奏推官，在大中朝不可謂非一知己。觀其感李德裕之知，傷李氏無祿仕，領鹽鐵時取德裕兄子從質爲推官，知蘇州院事，令以祿利贍南宅。令狐綯不悅，仲郢與書自明曰：『任安不去，常自媿於昔人；吳詠自裁，亦何施於今日？李太尉受責既久，其家已空，遂絕蒸嘗，誠增痛惻！』綯深感歎，尋與從質正員官，可謂拳拳不忘故舊，而待義山尤爲始終有恩禮者，較之子直伐異忌能，誠不可以道里計矣，故表而出之。

【編年詩】井泥 箋曰：此篇感念一生得喪而作。贊皇輩無端遭廢，令狐輩無端秉鈞，武宗無端而殂落，宣宗無端而得位，皆天時人事，難以理推者，意有所觸，不覺累累滿紙，怨憤深矣。觀『行行來自西』語，蓋推官罷後自京還洛時也。即以詩格論，意境頹唐，亦近晚年。馮氏謂衞公當國時，爲牛黨致慨，眞臆說矣。又案何義門云：後半與牧之杜秋詩極相似，天問之遺。題曰井泥者，蓋取樊筱語『豈甘井中泥，時至出作塵』意也。

寄在朝鄭曹獨孤李四同年 獨孤雲、李定言見本集。舊書鄭餘慶傳：『孫茂休，開成二年登進士第，累官至祕書監』，曹確傳：『開成二年進士第，至咸通五年同平章事。』當卽其人。馮氏云：『初定永樂閒居時作，不如大中末病還鄭州，年深詩味更深也。』

錦瑟

箋曰 此爲全集壓卷之作，解者紛紛，或謂寓意令狐青衣，或謂悼亡，迄不得其眞象；惟何義門云：『此篇乃自傷之詞，騷人所謂「美人遲暮」也』，其說近似。 蓋首句謂行年無端將近五十。『莊生曉夢』，狀時局之變遷。『望帝春心』，歎文章之空託，而悼亡斥外之痛，皆於言外包之。『滄海』、『藍田』二句，則謂衞公毅魄久已與珠海同枯，令狐相業方且如玉田不冷。衞公貶珠崖而卒，而令狐秉鈞赫赫，用『藍田』喻之，卽『節彼南山』意也。 結言此種遭際，思之眞爲可痛，而當日則爲人顚倒，實惘然若墮五里霧中耳，所謂『一絃一柱思華年』也，隱然爲一部詩集作解。 疑義山題此以冠卷首，後人因之，故諸本皆首此篇也。 義門又謂：『義山集三卷，猶是宋本相傳舊次，始之以錦瑟，終之以井泥，合二詩觀之，則吾謂自傷者，更無可疑矣。』斯眞定論，諸家臆說，亦可以少息也哉。 又案困學紀聞引司空表聖云：『戴容州謂詩家之景，如藍田日煖，良玉生煙，可望而不可置於眉睫之前也。 李義山「玉生煙」之句，蓋本於此。』此說是也。 可望而不可前，非令狐不足當之，借喻顯然。 戴容州叔倫，蕭穎士門人，貞元十六年進士，在義山前，其語必有所出，唐時佚書固多也。 種玉、埋玉之解，皆誤，不可從。 馮注又引錄異傳『吳王小女曰玉，抱之如煙然』事，以詁此句。 夫玉乃人名，借作物用，詩家從無如此隸典者，況精純如義山乎？尤紕繆矣。

幽居冬暮

箋曰：此詩遲暮頹唐，必晚年絕筆，馮編永樂閒居，誤矣。 程氏云：『此乃大中末廢罷，居鄭州時作。起句曰：「羽翼摧殘日。」又曰：「頹年寖已衰。」情語顯然』，所解極是。 今以殿編年之末，識者審之。

【不編年詩】

韓碑

馮氏云：『昌黎年至長慶四年，段墨卿年至太和九年，此當非太和前所作。』箋曰：未定何年，雖力學韓體，變化未純，恐是少作。

富平少侯

才調集無少字。

箋曰：此當與集中少將、公子等篇參看。 徐氏謂指敬宗，引漢書成帝微行，自稱富平侯家人事解之。 然細玩詩意，但詠勳閥，非指帝王家也。 徐說太鑿。

日高

箋曰：此假艷情，寓可近而不可親之意。 篇中皆從想望著筆。 結郎『宓妃愁坐芝田館，用盡陳王八斗才』意，或亦暗指令狐陳情不省歟？ 馮氏謂刺敬宗，說太迂晦。

無題

幽人不倦賞。 箋曰：舊本與八歲偸照鏡一首相連。 吳喬謂招友同遊不至之作。 馮氏因改爲失題，謂似同應舉失意者，而詩中不見應舉意，且天下安有應舉之幽人哉？殊誤。

宿駱氏亭寄懷崔雍崔袞

馮氏云：『白氏長慶集過駱山人野居小池詩自注：「駱生棄官居此二十餘年。」是爲長慶二年出守杭州，初由京城東南次藍溪而過之也。 杜牧駱處士墓誌：「駱處士峻，揚州士曹參軍。 元和初，母喪去職，於灞陵東阪下得水樹居之，朝之名士，多造其廬。 棲退超脫三十六年，會昌元年卒。」此與白公所詠，或一或二,必有此題合者。崔雍由起居郎爲和州刺史,見新書傳,乃咸通時矣。又唐漳州陀羅尼石幢咸通四年造,有「朝議郎使持節漳州諸軍事守漳州刺史崔衮」名,此首未定何年也。』

公子

箋曰:詩有『金唐公主』語,新書諸公主傳:『穆宗女金堂公主,下嫁郭仲恭。』唐堂古通,仲恭爲汾陽王裔,昇平長公主之孫,憲宗郭皇后之姪,故戲詠之。或當時有所指斥,殊難定解。

商於新開路

箋曰:馮氏引新書志:『商州,貞元七年刺史李西華自藍田至內鄉開新道七百餘里。』又引寶刻類編有商於驛路記,韋琮撰,柳公權書,李商隱篆額,大中元年正月立,而謂碑亦作新驛記,乃修治驛路,而新道早開矣。余考舊書后妃傳有『崔湜嘗充使開商山新路,婉兒草制,曲敍其功』語,則商山新路,歷朝均有開鑿,頗難定指何時,馮說甚是。大要集中往來商於之作甚多,或皆未第及游江東時所作,惜無可編年耳。

失題

家近紅蕖。箋曰:舊本作寄成都高苗二從事,誤,今從戊籤。馮氏則以此爲病中早訪招李十將軍遇挈家遊曲江詩之又一首,非也。考義山開成五年移貫長安,大中二年又攜家赴選,頗有居近曲江之跡。至甲集序所謂『十年京師窮且餓』,則約略往來行跡而言。此詩首二自謂,後二望其薦達,而恐他人我先,皆希冀入幕之意。若如馮說,則李十將軍不過偶挈家往遊耳,合之首句『家近紅蕖曲水濱』語,實不可通。大要此詩作於大中二年以後,但不詳爲何年也。

和韓錄事送宮人入道

箋曰:馮氏謂韓錄事即爲濮陽公奏充判官之韓琮,不知判官與錄事,官品自別也。又引舊紀『開成三年六月出宮人四百八十,送兩街寺觀安置』。謂詩作於是時。夫唐俗重道,宮人入道者歷朝多有,史特紀其最多者耳。即詩人集此題亦數見,安得定指爲開成三年作耶?

宮中曲

箋曰:戲作宮怨,別無深意。馮氏謂初官祕書寓言,解太迂曲,吾無取焉。義山一集,寄託雖多,然豈必篇篇皆然,不許詩人偶爾弄筆耶?此類宜分別觀之。

鏡檻

箋曰:此篇用事太晦,或屬豔情。馮氏據結語謂作於校書時,然義山兩爲祕省房中官,會昌六年又重官正字,何時所作,頗難定編。

曲江

箋曰:此詩專詠明皇貴妃事。首二句總起,言曲江久廢巡幸,只有『夜鬼悲歌』,亟寫荒涼滿目之景。『金輿』一聯,言『苑波猶分玉殿』,而『傾城已不返金輿』矣,所謂傷春也。後二聯則言由今日迴想天寶亂離,『華亭唳鶴』,『王室銅駝』,『天荒地變』之慘,雖足痛心,然豈若『傷春』之感,愈足使人悲詫耶?舊注皆兼甘露之變言,詩意遂不可解。馮氏又臆造楊賢妃棄骨水中以附會之,益紕繆矣。

垂柳

箋曰:馮氏謂喻朝貴爲新君所斥者,似之。又謂垂柳喻嗣復,則恐未然,使果寓意嗣復,何詩意無深摯之痛乎?

破鏡

箋曰:馮氏謂以衡鑒言選才,是也。此慨一登第後,祕閣不能久居,從此沈淪放廢也。『菱花散亂月輪虧』,喻黨局之異,語尤顯然,豈僅致慨座主哉?

明神

箋曰:

此篇寓意不詳。馮氏謂昭義平後，李訓兄仲京、郭行餘子台、王涯姪孫羽、韓約男茂章、茂實、王璠子遐、賈餗子庠，凡亡歸從諫者，皆斬，詩傷之，爲是而作，眞嚮壁虛造之解也。

花下醉 箋曰：此等詩何處不可作？馮氏列之永樂，殊無據。

題小松 一作小柏。箋曰：何義門評：『殊覺疏薄，不似義山手筆』，誠然。惟詩境略似永樂閒居時，但苦無顯證耳。

過故府中武威公交城舊莊感事 箋曰：交城屬太原，此云故府中，必故府之爲太原。令狐楚留守北都，義山似有入幕之跡，然詩意卻不在此，而注重舊莊。惟武威不詳何人。考偶成轉韻詩嘗稱盧弘正爲武威將軍矣。弘正，盧簡辭弟，范陽人。後徙家於蒲，或有莊在交城也。但弘正以檢校戶部尚書出爲武寧軍節度使，後換兵部尚書，徙汴而卒，未嘗封爵加平章事，似與腹聯用典不合。或『新蒲』句以班超投筆比己入幕，『芳草』句以辟吏汧茵比盧厚愛，意亦可通。唐自季葉，徐州常爲巨鎭，往往思效河朔故事。舊書弘正傳云：『徐方自智興之後，軍士驕怠，有銀刀都尤勞姑息，前後屢逐主帥，弘正在鎭期年，皆去其首惡，喻之忠義，訖於受代，軍旅無譁。』故結以魏博牙兵爲喻，言弘正遺愛在人，而深歎繼之者之無才，所謂感事也。其後龐勛之亂，即起於徐，可爲遠見。此詩當作於東川罷後，但不能定指何年也。馮氏初解謂追感劉從諫，後又以爲李光顏，雖與題似符，然與義山實皆風馬牛不相及。至諸家槪斷爲王茂元，更誤之誤矣。

題鷺 箋曰：詩意謂今日更不敢自矜文采，惟恨舊恩之不能重合耳。起二句遠幕依人之慨。此亦陳情不省後作。頗似徐幕時，必非嶺南也。

河淸與趙氏昆季讌集得擬杜工部 箋曰：不詳何年。馮氏引劉夢得送趙司直轉官參山南令狐僕射幕云：『趙氏兄弟皆僕射門客。』謂即此趙氏昆季，亦未敢定。

寓懷 原編集外詩。箋曰：詩多用道書語，寓意未詳。馮氏謂爲子直作，解多穿鑿，大約此類詩愈解愈使人迷，祇宜闕疑，所謂『不食馬肝，未爲不知味』也。

利州江潭作 自注：『感孕金輪所。』箋曰：頗不易解，誠如馮說。利州屬山南西道，或與元往來之作，暗傷令狐之速化耶？『自攜』句似言入幕。『欲就』句似言不料其死。結歎厚愛無人，知己彫謝也。是則余之臆測矣。謂專詠則天，則太愚。

射魚曲 箋曰：詩本難解，馮氏謂悲李衛公貶崖州而作，尤難解矣。惟『尋潮背日』句，尙可附會，其下則眞謎語矣。故余箋義山集，遇此等篇，皆不敢妄下武斷也。又案馮氏謂追慨衛公，余細審之，若以爲指楊嗣復貶潮事，似尤通。起二句寫彼讒者之勢力，毒如弩、力如虎，大約指中官及李黨言。蓋嗣復等之貶，實發於中官，而李黨又交搆之也。『尋潮』二句，言彼讒者終日伺釁，竟能上迴天聽，所謂『貝闕夜移鯨失色』也。嗣復等已先貶，故曰『泅鱗』。『纖纖』二句，謂搆造賢妃託立祕謀，其初意專爲嗣復等，不過以安王爲香餌耳。『綠鴨迴塘養龍水』，謂賢妃撫養安王溶也。『含冰』句言賢妃傳語事，本河漢無稽，縱欲辨之，而天遠九重，求如盤水加劍，死於請室，又何可得哉？此爲武宗初遣中使往湖南殺嗣復時作，如此細釋，不較馮說明顯哉？雖然，義山與嗣復至交，果詠此事，何以更無深摯之痛，如燕臺諸詩者？夫同一詩也，此解之而通，彼解之而亦通，則無爲定論矣。姑附鄙見於此，亦以見解詩難，解義山詩尤不易也。

一片　箋曰：此爲當軸者效忠告也。前半寫其得君，後半預憂盛滿，而戒其早自爲所，非感士不遇也。謂指令狐，恐未確。陳帆云：『「非烟」、「仙仗」、「龍吟」、「鳳舞」，皆序行樂之事。「榆莢」二句，言當星移月落時也。末語似勸而實諷，意味深長。』此解得之。

寄懷韋蟾　箋曰：大中三年，義山自桂返京，曾和韋蟾孔雀詠。此則不定何年。詩用謝幼度賭紫羅囊故實，必有本事，今亦無從臆測矣。

蟬　箋曰：頗難徵實。馮編徐幕，無據。

有感 非關宋玉。　箋曰：楊氏謂爲無題作解，是也。但不能定指何年。

春日 欲入盧家。　箋曰：午橋謂將入幕府供職，箋奏苦於奔忙之寓言，所解近之。蓋義山爲人濾倩作文，當未入幕之先，必先代作表狀，集中頗多，此詩所詠是也。『盧家玉堂』，其暗點徐幕歟？惟寫景與奏辟之時不符，若馮氏謂指代柳璧諸啓而作，則必非也。

江亭散席循柳路吟歸官舍　箋曰：此詩馮氏所解，迂僻殆堪發噱，不知此亦流覽景光之作，無他寓託。惟江亭不知爲桂江抑梓江耳。

題僧壁　箋曰：此僧壁不詳何寺，亦未定何年作。馮編東川，引慧義精舍創石壁勒法華經事，未免武斷。義山東川時雖耽禪悅，然早年已在惠祥上人講下，何處無僧壁，安可臆定爲慧義精舍耶？

題白石蓮華寄楚公　箋曰：詩本無深意，惟楚公未詳何僧耳。西山隨處可稱，不必定在東川；即謂東川尤確，而詩固云：『時夢西山老病僧』矣，亦必東川歸後情事始合。馮說進退失據，至所解言外之意，沾滯皮附，益無論矣。

春深脫衣　箋曰：題太詭，詩則妓席讌集之作，惟略含憤語耳。馮編梓幕，不知何據。

贈田叟　箋曰：不定何年，亦不似義山手筆，可疑也。

水齋　箋曰：馮編病廢鄭州，與首句不合，鄭本義山故鄉，不得謂『欣依有道』也。而次句『南塘』，又與諸詩南塘大異。略似永樂閒居時，而寫景亦不細符，無從懸揣矣。

寄羅劭興 一作輿。　馮氏云：『舊書孝友羅讓傳：「讓子劭京，讓再從弟子劭權，並歷清貫。」北夢瑣言：「劭權，咸通時使相也。」此劭興當與爲昆弟，語意似未第時。』箋曰：劭興當作劭輿，唐語林載『封侍郎知舉，首訪能賦人，盧駢詣羅劭輿』云云可證，又云：『劭輿居宜平』，其後歷官無考。

崔處士

霜月　箋曰：馮氏云：『艷情也』，案未定。

清河　馮氏云：『清河，洛水也，自商洛以東，從洛水至河南。』薛能清河泛舟詩：『都人層立似山邱，坐嘯將軍擁棹遊。」義山入京應舉，屢出此途，此章則未第而迴也。』

禨　馮氏云：『唐人每以桂枝喻得第，此亦泛洛應舉之作，嫦娥自喻。』

同學彭道士參寥　馮氏云：『亦未第之感。』

效長吉　馮氏云：『傷罷歸也。』

舊頓

寄永道士

一片　一片瓊英。　馮氏云：『自歎之詞，當在未第時。』

少年　箋曰：此與富平少侯一首頗可參觀，益知前首非詠敬宗也。

元微先生

公子

閒遊　馮氏云：『似少作。』

贈歌妓二首

秋月　箋曰：此亦戲作艷語，不必深解。

樂遊原

向晚

俳諧　箋曰：三首皆似少作。

藥轉　箋曰：題與詩均難解。說者託之朱竹垞謂如廁之義，馮氏又以私產解之，皆非也。余細審之，此蓋詠人之以藥墮胎者耳。當時或有此事，爲朋輩所述，義山偶爾弄筆，以博笑謔，觀結語『憶事懷人兼得句』，可以見矣。此等詩本無意於流傳，後人掇存之，爲累不小，此則義山所不及料已。

屏風

風　撩釵盤孔雀。　箋曰：此與上首皆刺詩。

九成宮

少將

爲有　馮氏云：『言外有刺。』

幽人　箋曰：詩意不知何指，馮氏謂似甘露變後作，亦不類。

子初全溪作　箋曰：子初，不詳何人，後又有子初郊墅詩。此則似子初和義山者，故其題如是，因義山原詩佚去，獨存此首，遂誤爲義山作耳。古人詩集，和詩往往居前，且提行書，與自作一例，杜工部等集可考。

贈宗魯笻竹杖　馮氏云：『宗魯未知何人，詩亦云全溪，疑其人名宗魯，字子初，或是兩人，未可定也。其年當長於義山。』

微雨

詠雲　箋曰：與風詩皆諷刺之隱約者，不必定指其人其事以實之。

碧城三首　箋曰：此詩向無定解，惟胡孝轅戊籤云：『此似詠其時貴主事，味「簫史」一聯反引用董偃水精盤故事，大指已明，非止爲尋常閨閣寫艷也』，其說大通，已詳馮箋矣。若謂指明皇貴妃，則必非也。大抵義山信道，好以仙情艷語入詩，有實有本事者，亦有別有寄託者，細審實不易分別。苟所解於通體不甚融洽，固不如仍舊說之爲愈矣。

石榴　程午橋云：『即杜牧「綠葉成陰子滿枝」之歎。』

擬沈下賢　箋曰：刻鏤處略似沈，寓感則未詳也。

蜨　程氏云：『遊冶而作。』

牡丹　壓逕復緣溝。　馮氏云：『直是詠物，與令狐家無關。』

春風　箋曰：詩意寓盛滿之戒，不詳指何人也。

人欲　箋曰：寓意難解，與吳宮、可歎不同，馮說似誤。　又案近見徐龍友義山集批本，龍友名夔，何義門弟子，所解大同義門，間出新意，非僻即繆；惟此章解云：『詩似爲贊皇崖州時作，贊皇之貶，當時有深快之者，如飛卿題衞公詩二首，痛詆之至所謂「人欲天從」也。』說似可從。末二句蓋言天意皆知其寃，而無如吾君爲羣小所蒙，至死不悟也。此解頗較馮說深警。雖然，此類諸詩，所含比興之義太廣，終不如闕疑爲愈耳。

吳宮

可歎　箋曰：此亦假艷情寓慨之作。首句機會可乘。次句光陰虛度。三四借古人幽期密約之事，以況今之不然。『冰簟』句偏敎獨處。『瓊筵』句未能交歡。結慨費盡才華，而兩情依然睽阻也。故以可歎命篇，通體皆是自傷遇合之無成，豈刺他人淫泆哉？頗似爲子直作，馮氏謂大傷忠厚，非也。

偶題二首　箋曰：此是艷情。

荷花

送臻師二首　送，戊籤作別，亦通。

街西池館　馮氏云：『唐時街東、街西各坊第宅、園館，大略載宋敏求長安志。本集中所可徵引，如昭國、開化、晉昌，皆街東也；若街西池館，如興化坊晉國公裴度池亭，宜義坊司徒李逢吉宅，園林甚盛，皆無相涉。此是主人爲太守、將軍，而池館供其棲止者，無可妄舉其人以實之也。』

華清宮　華清恩幸。

百果嘲櫻桃

櫻桃答　箋曰：此二首似譏宣宗母孝明鄭太后者，然語意殊尖薄矣。馮疑侍婢之流，微誤。

曉坐　一作後閣。程氏云：『應茂元之辟，致令狐之怨，莫保紅顏，有自來矣。』箋曰：詩係自傷，不定何年也。

日射

華清宮　朝元閣迥。馮氏云：『一題兩首，用韻又同，此較意莊而語直，疑友人同作，未必皆出義山。』

獨居有懷　箋曰：語麗情深，似寓意令狐。起句謂身世孤危，『柔情』自指。『遙妬』指子直。『浦冷園空』，牛黨未得意時也。『蠟花遞淚』，『箏柱移心』，比己之去牛就李。玩『覓使』一聯，其會昌五年洛中作乎？頗可編年也。馮氏謂寄內、艷情，未確。

代董秀才卻扇

驪山有感

思賢頓　原編集外詩。

龍池

蜨　初來小苑中。舊本連長眉畫了二絕，作蜨三首，從戊籤。馮氏云：『自慨之作。』起二句喻初爲祕省，得與諸曹接近；下言不意彼斥讓，他人乘時升進也，似出尉時所賦。』箋曰：馮說是，似可編年也。

無題二首　長眉畫了，題從戊籤。箋曰：冶遊之作，無別寄託。

別薛巖賓

曉起

閨情

月夕

謝先輩防　一作昉。

記念拙詩甚多異日偶有此寄

馬嵬二首

妓席

燒香曲　原編集外詩。箋曰：此篇祇可闕疑。馮氏謂詠入道宮人，固非；即程氏謂歎杜秋娘之流落，雖有『漳宮』二字，可以綰合，而按之通篇，實亦難通。金鑾密記，遺佚多矣，我輩生千載後，僅憑一二書冊，搜剔叢殘，又安能強合也哉！

判春　箋曰：胡孝轅謂爲二美判同價，余疑或假艷情評隲牛李二黨之作歟？

無題　近知名阿侯。箋曰：此非艷情，惟命意未詳。

贈　一作送。

白道者

咸陽

離亭賦得折楊柳二首 馮氏云：『艷體傷別之作。』

十字水期韋潘侍御同年不至時韋寓居水次故郭汾寧宅 徐氏云：『舊作郭汾寧，又一作汾陽，皆誤。張籍法雄寺東樓詩：「汾陽舊宅今爲寺，猶有當時歌舞樓。四十年來車馬散，古槐深巷暮蟬愁。」是久爲禪客居矣。此當作邠寧，蓋郭行餘爲邠寧節度，而與甘露之難，故有第三句。行餘當有故宅在東都，而韋寓居其中也。』馮氏云：『在洛中作，而未定何年也。故宅之稱，雖不拘久近，然感歎當在喪之未久耳。所慨未可細測。』

酬崔八早梅有贈兼示之作 自注：『時余在惠祥上人講下，故崔落句：「梵王宮地羅含宅，賴許時時聽法來。」』箋曰：戊籤采此落句爲崔珏詩，程氏又指崔福，皆無據；惟馮氏謂即同詣藥山之崔八，似之。玩落句似在洛中作，不能定編何年也。

東阿王　**涉洛川** 箋曰：此二篇馮氏均斷爲艷情，然宓妃、洛神，以比所思可也，安有顯以君王天子自喻者？且柳枝爲東諸侯取去，不聞有讒之者，則灌均何所指？近閱張穆閻百詩年譜載百詩毛朱詩說曰：『近日吳喬先生共余讀李商隱東阿王詩，說曰：「後二語似有悔婚王氏之意，夫婦不及十年，甥舅不過一年，而竟致一生顛躓，此種情事，出於口則薄德，而意中不無展轉，故以不倫之語志之。若論故實：丕爲世子，在建安十二年丁亥，子建賦洛神，在黃初三年壬寅，相去十五年也。唐人作詩，意自有在，或論故實，或不論故實，宋人不解詩，便以薛王壽王同用，譏刺義山，何異農夫以菽麥眼辨朱草紫芝乎？」此解可謂妙絕千古，發端一語，已道令狐綯之當國矣。』案吳喬字修齡，即著圍爐詩話者。此條解詩，似較馮說警策；然以君王天子自比，愚意終覺未安，且以灌均比令狐，亦不妥。惟徐湛園云：『東阿王作，謂文宗疑安王與賢妃有私，而不得立也；涉洛川作，謂楊賢妃不勸文宗殺仇士良，而反受其害也。』似爲近之。但安王之不立，發自李珏，史傳於安王母事賢妃外，固未嘗有他語也，安可於千載後加古人以莫須有之事哉？竊謂不如闕疑，或直作詠古看，無庸深解也。

歸來 箋曰：首云：『舊隱無何別。』則別固未久，詩意似學仙王屋時作。

韓翃舍人即事 箋曰：此擬韓之作，寓意未詳。馮氏謂指柳枝，太迂。

送崔珏往西川

人日即事

柳 江南江北。箋曰：此與人日詩皆不似義山手筆，不必曲解。

無題 白道縈迴。箋曰：詩未詳，必非別情。

春雨

丹邱 馮氏云：『上二句夜復夜、日復日也；下二句遠無消息，徒勞憶念。』

齊梁晴雲　**效徐陵體贈更衣**　**又效江南曲** 箋曰：三首皆擬古之作，無寄託，深解便誤。

聽鼓

宮

妓 馮氏云：『此諷宮禁近者，不須日逞機變，致九重悟而罪之也，託意微婉。』 宮辭 箋曰：與宮妓詩意同。唐自中葉，漸開朋黨傾軋之風，而義山實身受其害，此等詩或者爲若輩效忠告歟？千載讀之，有餘喟焉。

板橋曉別　關門柳　寄裴衡　聞歌　贈華陽宋眞人兼寄清都劉先生　楚宮 十二峯前。　水

天閒話舊事 月姊曾逢。舊本皆連楚宮作二首，今從才調集選。箋曰：馮氏謂『七絕託意未明，要異於七律之用意。』是也。案此或係艷情。 中元作 箋曰：刺女道士之淫泆也，唐時風俗如此，不

必穿鑿他解。 日日 一作春光。馮氏云：『客子倦遊，情味渺然。』 流鶯 馮氏云：『頷聯入神，通體悽惋，點點杜鵑血淚矣，亦客中所賦。』 題李上謩壁　復京 箋曰：

『虜騎』指朱泚，『胡兵』指吐蕃，事皆見李晟傳。起句總括西平一生戰功，逆臣稱虜，史傳極多，不必泥也。 渾河中　北齊二首 馮氏云：『程氏、徐氏以武宗遊獵苑中，王才人必袍騎而從，故假事

以諷之。夫武宗豈高緯之比？斷非也，當直作詠史看。』箋曰：近見徐龍友批本，亦有王才人之解，皆一時繆說，故今采馮箋以闢之，後有解者，勿爲所惑也。 別智元法師 箋曰：石林以爲當作知玄，不知

智與知，元與玄，字固別也。首云『雲鬢』，豈有鬢髮如雲衲子乎？馮說殊妙。此智元蓋女冠之流，故詩語亦略含狎昵。 贈孫綺新及第　寄華嶽孫逸人　賦得桃

李無言　賦得月照冰池　贈從兄閬之　常娥 箋曰：義山依違黨局，放利偷合，此自懺之詞，作他解者非。 殘花 箋曰：即『苦節不可貞』之

意，史所謂無特操也，咎以誨淫，尤屬皮相。 天津西望 馮氏云：『與灞岸、舊頓同看。首句指安祿山之亂，自此遂廢東幸。末句蕭颯，所歎深矣。』 汴上送李郢之蘇州 箋曰：

唐語林：『李郢有詩名，鄭尚書顥門生也。居杭州，不務進取，登第回江南，駐蘇州。』鄭顥大中十年知貢舉，郢之登第，當在其時。此送其返家，或在郢未第時歟？ 憶住 一作匡。 一師　早起

細雨 帷飄白玉堂。 歌舞　魏侯第東北樓堂郢叔言別聊用書所見成篇 馮氏云：『岑參送魏四落第還都詩：「長安柳枝春欲來，洛陽

梨花在前開。魏侯池館今尚在，猶有太師歌舞臺。」似其跡在東都。此篇結句似洛下水程，疑可前後相證，而難詳考也。 華師　過華清內廄門　贈荷花 馮氏云：『艷情。』

樂遊原　萬樹鳴蟬。馮氏云：『與五絕同慨。』　嘲櫻桃　箋曰：前已有題，疑皆爲孝明而作。前二首宣宗初立，尊册太后之時，此則似懿安崩後作矣。孝明本懿安侍兒，宣宗既以商臣之酷，加罪穆宗，又以鄭后故，迫懿安以暴崩，人理盡矣。詩人諷刺，固不嫌刻薄也。

和張秀才落花有感　馮氏云：『以艷體比花，常調也。此似歎秀才下第而歸，情終不能忘耳。若義山自有託意，則未定。』

櫻桃花下　箋曰：此亦遇合遲暮之感。首句喻黨局。『他日未開』，未得薦拔之力，『今日謝』，反受排笮也。意尤顯了，不得概以艷情解之。

月夜重寄宋華陽姊妹

雨中長樂水館送趙十五滂不及　箋曰：趙滂，字思齊，一作思濟，見新書世系表。據崔嘏授蔡京趙滂等御史制，滂嘗爲忠武軍節度副使，必與義山舊稔者。紀曉嵐云：趙十五當是得意急行，故此詩刺之。『碧雲苑路』，比趙，『雨雲驛路』，自比。末言榮華終有盡日，不須如此得意也。

裴明府居止

子初郊墅　馮氏云：『筆趣殊異義山，結聯情態亦不類。』箋曰：馮說甚是，此必他人和作，而誤入者，與全溪一首，皆可疑也。

池邊　箋曰：感歎流光之作，未必寓意令狐。

送王十三校書分司

復至裴明府所居　馮氏云：『是將行役敘別之作。』

戲題友人壁

王昭君　箋曰：但分朋黨，不獎孤寒，從此萬里羈遊，漢宮有長隔之痛矣，豈獨爲昭君致慨哉？

曼倩辭　馮氏云：『以仙境比淸資，而歎久遭淪謫。上元爲尊貴之神，窗外偶窺，不得深款，當借指朝貴，其亦寓言子直歟？』

細雨　蕭灑傍迴汀。

蜨　孤蜨小徘徊。

奉寄安國大師兼簡子蒙　箋曰：石林以安國大師爲大達法師端甫，錢牧齋序朱氏又以爲即悟達國師知玄，考贊寧高僧傳，知玄未嘗住安國，住安國者乃僧徹也。義山嚴事玄徹，乃玄之弟子，此稱大師，亦不細符。子蒙蓋安國眷屬，亦必非河南尹之盧貞，無可妄揣，馮說得之。義山晚年喜與衲子往還，詩意頗似遊江東時，非桂管也。

端居

夜半

滯雨

月　過水穿樓。馮氏云：『總是失意之語，未必定有所指。』

城外　馮氏云：『寓意未曉。』

北青蘿

僧院牡丹　馮氏云：『頗難猝解，蓋刺僧之隱事也。首言其人嬌小，次以避客反託，「依僧」、「色淺」，謂不便濃妝。五六寫其時地，「裂繒」似只取妹喜二字，謂僞託眷屬，或言其惟不敢狂笑也。此種尖薄，大傷詩致。』

高花

嘲桃　馮氏云：『艷情尖薄之詞。』

送豐都李尉　箋曰：豐都縣屬山南東道，李出尉必經商於，故假以寄慨。馮氏疑巴蜀歸後作，似之，非在商於相遇相送也。

訪隱

蜨　葉葉復翻翻。箋曰：總屬失意語，難以跡象求之，謂寓令狐者誤。

蠅蜨雞麝鸞鳳等成篇　箋曰：題詭詩纖，此偶爾戲筆耳，未必有所寄託也。

樂遊原　向晚意不適。箋曰：楊氏云：『遲暮之感，沈淪之痛，觸緒紛來』，可謂善狀此詩妙處。謂憂唐之衰者，只一義耳。

寄遠　馮氏云：『上二句皆女仙，下二句謂何日免離別也。淺言之，則爲艷情，「伊水」借言伊人也；深言之，則爲令狐而作。首句喻我之誠求。次句喻彼之冷笑。三四則「欲就麻姑買滄海」之意也。二說中以寓令狐較警。』

明禪師院酬從兄見寄

訪隱者不遇成二絕　箋曰：馮氏謂：『滄江白石，時聽猿啼，當是遊江鄉時作，或在後之東川時作也。』案此類詩總難定編。

雨　槭槭度瓜園。

和人題眞娘墓　自注：『眞娘吳中樂妓，墓在虎邱山下寺中。』

和鄭愚贈汝陽王孫家箏妓二十韻　箋曰：新書藝文志：『棲賢法雋一卷，僧惠明與西川節度判官鄭愚論佛書。』其節度嶺南則在咸通中，見舊紀。汝陽王，汝陽郡王璡，讓皇帝子，卒於天寶九載。此王孫家箏妓，必有本事，今無可考，故詩亦難解，姑從蓋闕可也。

失題　舊本題作送從翁東川弘農尚書幕，誤，今從戊籤。詩敍祿山之亂，明皇幸蜀事。馮氏云：『詩格頗類本集，然多敍喪亂，未及平定，自述蹤跡，危苦親嘗，直疑肅宗初避亂蜀中者之所吟，尙非杜公佚篇，況義山乎？無可妄測也。』

送阿龜歸華　馮氏云：『意境不似玉谿，今而知爲香山詩也。香山，下邽人，華州之屬縣也。香山弟行簡，行簡子龜郎，史傳中亦呼阿龜，而白公詩集尤詳之。此必白公送姪歸家之作，乃香山集漏收，而反入斯集，可怪已。』

赤壁　見杜牧集。

垂柳　見唐彥謙集。

清夜怨　馮氏云：『聲調清亮，而用意運筆，不似義山。樂府陸州歌皆取舊人五言四句分章，其排遍第四，即此「曙月」以下二十字，惟征雲作征人耳。』

定子　見杜牧外集。

遊靈伽寺　見許渾集。

題劍閣詩　見薛逢集。案以上八首，皆非本集，由後人采摭附入者。又佛祖通紀載李商隱贈知玄詩七絕、浩然齋雅談載李商隱晉元帝廟詩七律、萬花谷別集載李商隱重午七絕、續集載李商隱詠三學山七律，亦皆不似義山。其他諸書所引斷句，眞贋尤難辨矣，已載諸家注本，今亦不詳出焉。　又案義山詩自馮注出後，幾於崔顥題詩，余所見皆馮氏以前注本；馮氏以後箋義山詩者，求之不得。近閱王西莊蛾術編有說義山詩數條，係出馮注後，然所駁正，大都馮氏初稿，亦往往有與今本暗合者，則孟亭最後定本，西莊亦未之見也。其中小有新意，而紕繆者甚多，如云：『未婚之前張書記潛，字審禮，先爲王婿，義山有戲贈詩，實其作合也』，誤張書記爲張潛，仍承馮氏初注之訛。又誤寄惱畏之詩爲戲贈書記詩，而不悟詩無作合之意也。又云：『令狐楚必舊帶中書令銜，故稱爲吏部相公，而天平公座詩已稱令公，新舊書楚傳皆不言其帶中書令銜。』不知中書令爲中書省尊官，楚雖未帶此銜，以其曾同中書，亦可稱令公，白香山集已如是，非史有漏也。又云：『鄭亞觀察桂管，在大中元年二月，義山赴幕，未必即在是春，謝往桂林詩有「金星」、「銀漢」，乃秋令語也。』不知『金星』、『銀漢』，只是用典形容高貴，義山赴幕，實與鄭亞同行，有文集可證也。又云：『赴職梓潼留別畏之詩似韓瞻斷絃，續娶前妻之妹，不然，相隔已十五六年，何必作此綺艷語？』此更一無證據，洵如迮鶴壽所謂想當然耳。惟解蜀中離席詩云：『此成都將歸，留別邊將之駐雪山、松州者，雖駐松雪；亦得以公事留寓成都，或其人本與義山有舊，故末聯慰之。成都亦堪送老，勿恨不得歸朝也。』似較馮氏妥帖，然統全詩味之，終不如余說之深警。此外與馮說大同者，不足采矣。余箋已成，始見西莊書，不能都入詩下，附此載之。

【不編年文】爲閒廄使奏判官韓勵改名狀 馮氏云：『此狀未詳何年。』

爲同州張評事潛謝辟并聘錢啓 馮氏云：『太平廣記引野史：「會昌二年，鄭顥狀元及第；第二人，張潛。」通鑑：「大中十二年，右補闕內供奉張潛疏論藩府羨餘，上嘉納之」，時頗相合，未知何年所作。』

一 爲同州張評事潛謝辟并聘錢啓二

爲賀拔員外上李相公啓 馮氏云：『篇中「版圖」、「花幕」語，頗易歧混，細審乃可定之。李相公者，蓋以宰臣而兼戶部度支使者。度支即戶部之職，而更有使，或即以戶部領，或以他官判；其判戶部者，亦或以戶部之官判，或他官判。唐時戶部、度支、鹽鐵稱三司，皆有僚屬，既皆在司下佐理，亦每帶憲銜、郎官銜出赴諸道檢察，詳閱前後紀傳可證。文云「版圖被召，花幕分榮」者，乃辟爲屬下判官，非外鎭也。題曰「員外」，是以戶部員外兼判官矣。其以外地爲請者，明是懸在京之宰執也。但太和九年十一月李石判度支，開成元年四五月李固言判戶部，三年正月李珏判戶部，會昌二年二三月李紳權判度支，五年五月李回判戶部，詳諸傳及表，斯李相公未考定何人矣。韓昌黎科斗書後記有元和末進士賀拔恕，唐詩紀事：長慶中王起再主文柄，有不肖負故交白敏中之賀拔惎，此賀拔當在其後，亦未知何人也。一無徵實，不可臆斷。』又云：『細玩是判戶部，非判度支。固言於開成二年十月出鎭西川，回於大中元年八月出鎭西川，二相中似回較是。』

上時相啓 馮氏云：『時相未詳何人。』

端午日上

所知劍啓　馮氏云：『所知指府主，唐人常語，時在何幕則莫辨。』

端午日上所知衣服啓

賽城隍神文　馮氏云：『題不著地，而語切晉疆，懷州，春秋時屬晉。玩「炎焚」字，豈在會昌四年夏乎？或謂鄭介晉楚之間，即鄭州禱雨後事，似亦通。』　案皆難定，何年所作未詳。

爲李兵曹祭兄濠州刺史文　案李兵曹之兄，是以宗正卿出使外夷歸而貶郡者。　舊紀及吐蕃迴紇傳李姓出使者頗多，馮氏妄以李文舉當之。　考李文舉祗見舊書宣紀云：『大中五年十二月，盜斫景陵神門戟，京兆尹韋博罰兩月俸，貶宗正卿李文舉睦州刺史。』　其前之奉使及後之從濠皆無考，乃馮氏不徵史文，憑虛臆決，輒改文中竟陵山水爲巖陵，以證實其爲睦州，尤武斷矣。　何年所作，無從懸測。

容州經略使元結文集後序　李賀小傳

蝨賦　蝎賦　象江太守　華山尉　齊魯二生　宜都內人　斷非聖人事　讓非賢人事

爲弘農公上虢州後上中書狀　補編。

爲弘農公虢州上後上三相公狀　補編。

爲弘農公上兩考官狀　補編。　錢氏云：『弘農爲楊氏郡望，而新書宰相世系表無歷職與之相合者，惟舊書楊虞卿傳：「虢州弘農人。　從兄汝士，開成四年卒。　子知溫，登進士第，累官至禮部郎中知制誥，入爲翰林學士、戶部侍郎，轉左丞，出爲河南尹、陝虢觀察使。」約計時代相及，又與曲臺、維桑兩考官並合，似爲近之；然河南尹、陝虢觀察使皆不治虢州，未敢牽合。』　案以文中『出守郡符』及『近郡』語推之，是虢州刺史，非陝虢觀察使也。　翰院壹書學士題名：『楊知溫大中十一年九月八日自禮部郎中充。　十二年十月十一日拜中書舍人。　十四年十月拜工部侍郎知制誥。』　則爲陝虢，在咸通間。　錢說未的。　劉夢得集有寄楊虢州與之舊姻詩，首云：『避地江湖知幾春，今來本郡擁朱輪。』必即其人。　夢得外集又有祭虢州楊庶子文云：『維太和六年月日。』中敍楊之仕履甚詳，云：『歷佐侯藩，拾遺君前，克揚直聲，不愠左遷。　五剖竹符，皆有聲績。　南湘潛化，巴人啞啞。　比陽布和，戰地盡闢；壽春武斷，姦吏奪魄。　滎波砥平，士庶同適。　朝典陟明，俾臨本州。　靜治三載，臥分主憂。　直氣潛消，頹几不留，九天難問，萬化同休。』　則楊於太和六年卒於虢，而祭文言：『靜治三載』，其出刺當在太和三四年間，惜名無考耳。　檢夢得集，又有寄唐州楊八歸厚詩，合之祭文『比陽布和』二語，似虢州即爲歸厚也。　此狀乃楊赴任時作，中云：『因緣儒術，塵汙郡符。』皆與祭文合；惟第二狀『拔自曲臺』語不符，或楊尙有入莅京職事，祭文所敍從略歟？據劉集頗可編年，姑附此。

上容州李中丞狀

補編。案此容州李中丞未詳。吳廷燮謂即新書宗室世系表寧王房之容管經略使左庶子李景仁，未知確否。狀云：『某方臥痾一室，斂跡他山。』似會昌中在洛居憂時作，但無可定編矣。

上考功任郎中狀

補編。案錢氏據『華省名曹，南臺雜事』語，謂即本集上崔相國啓之任侍御憲。詳彼啓似為幕僚，此狀所言確為京職。唐郎官石柱題名戶部郎中、度支郎中、祠部郎中，皆有任憲名；而考功郎中未載。其前後莅官無考，不能定為何年作也。

為潼關鎮使張琯補後院都知兵馬使兼押衙牒

補編。案錢氏謂：潼關鎮使，周墀也。考文云：『況又秦中共事，海內相從。』又云：『脂車秣馬，昔嘗為我以前驅；被甲執兵，今合撫予之後勁。』新書墀傳：『武宗即位，以疾改工部侍郎，出為華州刺史。』其前未嘗踐歷方鎮，與牒語不合，此潼關鎮使，當別是一人。本集之例，凡為墀代作者，皆稱汝南公，標題固自不同也。何年所作無考。

為相國隴西公黃籙齋文

補編。錢氏云：『文首有「忝系仙枝」語，必唐宗室也。新書宗室世系表，宰相十一人，與義山同時者程也、石也、回也，回為義山座主，此文或為回而作。』案文云：『早佩相印，屢登齋壇。』又云：『入輔出征，緜時歷歲。』合之李回，亦不細符，惟李石差近，其永樂閒居時作歟？

為故麟坊李尚書夫人王鍊師黃籙齋文

補編。錢氏云：『舊書地理志麟州、坊州，並屬關內道，新書方鎮表有鄜坊節度使，而無麟坊，抑麟即鄜字之譌耶？李尚書未詳。』

韓城門丈請為子姪祭外姑公主文

補編。錢氏云：『新書地理志：韓城縣屬關內道同州。門丈未詳何人。文中有「唐推姜姓，周重崔門」二語，考新書宰相世系表：崔氏出自姜姓，此公主必下嫁崔氏者也；惟宰相世系表及公主傳所載諸崔尚主者甚多，今標題不載封邑，難以確指耳。』

為柳州鄭郎中謝上表

文苑英華闕人名，全唐文作于邵。

為成魏州賀瑞雪慶雲日抱戴表

英華闕名，馮氏定為崔融。

為賈常侍祭韋太尉文

補編。

為西川幕府祭韋太尉文

補編。二文英華及全唐文皆作符載。

修華嶽廟記

見華嶽全集，錢氏取以補遺。

上宰相啓、**上崔相公啓**

二篇諸本不載，見四六法海，全唐文作溫庭筠。

案以上七篇，皆他人文誤入者。馮注本尚有逸句數條，惜已非完篇，否則當更有創獲也。考玉谿生詩，唐、宋藝文志均三卷，與今本似合；雖通志作一卷，晁氏讀書志作五卷，分合之故無可考，大要尚無散佚。惟文集唐志所戴樊南甲集二十卷、乙集二十卷、賦一卷、文一卷，宋志所載賦一卷、雜文一卷、文集八卷、四六甲乙集四十卷、別集二十卷，今皆失傳。馮錢二本，皆出後人掇拾。聖論、才論、令狐楚墓誌、奠牛僧孺文、爲老僧八戒謝復三學山表，既有目無文；諸家所引，若爲柳仲郢奠李衛公文、爲鄭州天水公言甘露事表、江之嫣賦、新書序、三怪物賦、王仲元墓誌、雪賦、美人賦，又但存斷句，則遺佚多矣。昔楊大年孜孜求訪，凡得五、七言詩、長短韻歌，幷雜言二百八十二首；錢若水留意摭拾，亦得詩四百餘首，而今所傳之數實過之。馮孟亭爲詳注，恨未窺永樂大典，而錢氏補編實出於玉堂灰劫之餘，余今爲義山重訂年譜，視馮氏差無遺憾。惟生平未見宋槧，無以考編定之次第，不能不耿耿耳。海內不乏藏書，其有出祕籍見餉者，尤日望之矣。又案義山詩文集數自當以唐志爲據，後史及藏家書目，每據見本著錄，必有同一書而兩收者，故卷帙較唐志多寡不同。至集外著述，如：蜀爾雅三卷、雜纂一卷、雜纂一卷、金鑰二卷、桂管集二十卷、使範一卷、家範十卷，書久不傳，亦無庸詳考矣。惟雜纂載入說郛中，然已非全書，似後人聚斂所成，其眞贋蓋不足辨也。又案余之爲義山詩文補箋，初意取馮錢二注本，删薙繁蕪，與譜別行。沈丈曾植見之，謂不如移入譜下，較便省覽，且詩文典故，諸家注釋已詳，無取駢枝，如姚平山、程午橋、屈悔翁之襲朱注也，今從之。若馮氏、錢氏箋語，可與題相發明，仍遴其精者附入，以與年譜印證；至詩文中句下注釋精者尤多，箋不能具，掛漏之譏，自知不免，閱者仍當取馮錢二注合觀之，可也。又案余箋義山詩文所見諸家注本，不下數種。疏通證明，左右采獲，實以馮氏爲優。錢氏後出，尚非其倫，他無論已。其諸家注釋，有與馮氏同者，則徑載馮；其有與馮異，而小有新意者，則亦略載一二，表而出之；若其紕繆爲馮所駁，或爲馮所已見而不取者，今亦削而不論。別識心裁，體例宜然，此則又非掛漏之謂矣。後有作者，幸勿輕取諸家，以議余書也。

玉谿生年譜會箋平質

岑仲勉

導言

唐集韓、柳、杜之外，後世治之最勤者莫如李商隱，三百年來可十餘家。（釋道源石林，朱鶴齡長孺，程夢星午橋，姚培謙平山，徐逢源滿園，陳許廷靈茂，李世熊元仲，許昂霄蒿廬，徐德泓武源及陸鳴臯十湄，徐樹穀藝初及徐炯仲炯，多不傳。）自馮浩兩詳註出，世以爲崔顥題詩，然樊南遺文二百篇未得見，揣測自不無舛誤。錢振倫補編毀譽參半（馮寶圻稱箋註精善，劉承幹序及會箋四均謂不逮馮氏），惜書藏缺收，難爲衡量。張爾田氏玉谿生年譜會箋四卷，民國初刊入求恕齋叢書，近取覽一過，其年譜部分，應有而有，弗蔓弗枝，誠不愧譜之正宗。史文每條下鈎稽條貫，曲達旁通，唐集人事之討究，自今已前，無有若是之詳盡，豈徒愛商隱詩文者須案置一冊，亦讀文、武、宣三朝史者必備之參考書也。劉序稱其學故長於史，不爲溢美。雖然，考訂方法，分應注重歸納，篇中如江鄉，巴蜀之遊，皆編年詩大關鍵，張乃因沿舊說，取途參悟，遂使將次顯明之事實，復被層霧所翳陰！得毋令人生瑕瑜互見之感乎。

論商隱身世者，其誤導源於舊唐書，舊傳云：『商隱既爲茂元從事，宗閔黨大薄之，時令狐楚已卒，子綯爲員外郎，以商隱背恩，尤惡其無行，——而俱無特操，恃才詭激，爲當塗者所薄，名宦不進，坎壈終身。』按晚唐諸傳，率取材野史，其書又多爲牛黨所編撰或傳述（詳拙唐史餘瀋牛李之李無黨條），商隱全傳不過五百三十五字，而爲馮氏所糾謬者已八事，彼之詆議，未可盡信也。新傳大致承舊書而略有修補，修補之中，『又自有誤者』（馮說）；卽如『綯以爲忘家恩，放利偷合，謝不通』，馮云：『未至謝不通也，三字誤。』宋氏好自逞文筆，專改字句，『放利偷合』殆『惡其無行』之改本，亦卽宋氏意中對商隱之責辭，後之論者輒曰：無怪乎綯責其『放利偷合』，何盡信至於此極耶？論者又謂商隱一生有關黨局，夫德裕會昌秉政五年餘，商隱居母喪已超其三分之一，德裕微論無黨（見同前引文），就謂有之，然商隱二年書判拔萃，官止正九品下階之祕書正字，無關政局，何黨之可言？抑開成前王茂元四領方鎭（邕、容、嶺南及涇原），均非德裕當國時所除，會昌一品集請授王宰兼攻討狀云：『王茂元雖是將家，久習吏事，深入攻討，非其所長。』德裕又非曲護茂元如黨人所爲者。若曰德裕素厚遇，則白敏中與綯何嘗不爲德裕所厚，是不特商隱非黨，茂元亦非黨（徐逢源說略同）。善哉馮氏所云：『下此小臣文士，絕無與於輕重之數者也。』馮又云：『舊傳必先敍德裕與李宗閔、楊嗣復、令狐楚大相讎怨，乃修史者於一時朝局，心手熟習，贅及之耳。』蓋已洞達舊傳之無聊牽敍矣。

與陶進士書推功於令狐綯，然綯亦藉父廕者，是商隱得第，楚之力也（見上令狐相公狀）。楚旣去世，綯復居喪，且官不過補闕，無如何提挈力，商隱孤貧，一家所托（祭姊文），自不能不憑其文墨，自謀生活；擇婚王氏，就幕涇原，情也，亦勢也。然論者必曰『心懷躁進，遽託涇原』（馮、張說），然則將令商隱全家坐而待斃，以俟乎渺無把握之令狐提挈？是責人出乎情理之外者也。『義山少爲令狐楚所賞，此適然之遇，原非爲入黨局而然』（馮說），論誠破的，何張必謂『一與入黨無異』耶（箋三）？箋詩之流，常自詡得玉谿三昧，詳其實，則毀辱之、謾罵之而已。依其所言，乃爲一患得患失輩，念念不忘子直（綯字），無絲毫自樹力量，『一不得當，則煩冤莫訴，如醉如迷，偶假顏色，則又將喜將懼，急自剖白』（箋四），直如小孩哭笑，刻畫得不成樣子，商隱何取乎後世之『鄭箋』？豔情綺語，唐世不嫌，毋寧採朱熹『此亦淫奔』之例之尚近乎人情矣。張氏固云：『同一詩也，此解之而通，彼解之而亦通，則無爲定論。』（箋四）上之所述，余不敢斷商隱不如此，尤不敢信商隱必如此，與其唐突前賢，何若寧從蓋闕。夫史實之具在，散文之易通，張氏考據又其表表者，然下所列舉舛謬、疑誤、漏略之處，尚如此種種，況夫感觸百變，韻語多歧，今謂生千載後，一句一字，深得其情，恍曾鑽入當日玉谿心坎中，誰將信之？

商隱曾與往還之顯要人物，除茂元及令狐父子外，見現存詩文中者，計有：

任畹	任憲
宇文鼎	李璟
李回	李執方

李景仁
李訥
杜悰
周敬復
韋溫
韋琮（？）
柳仲郢
高元裕
崔戎
崔龜從
楊虞卿
盧貞
盧弘止
蕭澣

李褒
李貽孫
周墀
封敖
韋有翼
柳璟
孫瑴
契苾通（？）
庾道蔚
楊倞
鄭亞
盧簡辭
盧鈞
魏謩

李郎中（璟兄）　　李郎中（戶部）

馬郎中（水部）　　賀拔員外（惎？）

劉舍人　　鄭州天水公

大多不著牛黨色彩。其稟性也，詆之者曰『恃才詭激』（舊傳），恕之者曰『負才傲兀』（朱序）。其賦感也，『於劉蕡之斥，則抱痛巫咸，於乙卯之變，則銜冤晉石。』（朱序，參邵氏聞見後錄引爲鄭州天水公言甘露事表）由是進推其爲人，太牢諸輩碌碌尸位，必素所弗滿，故非萬不得已時，不願依令狐爲活。此而目曰放利偷合，則必將朋比奸邪，擾亂朝政，如八關十六子所爲，然後得免於咎戾也（酌用朱序語）。在綯則或特惡茂元，因而幷及商隱，要之背恩云云，『僅一家之私事』（馮說），兩人後半生交情落落，大抵如此。余不能詩，詩意尤難妄測，然愛玉谿者苟能循此軌以量之，則非爲過褒，亦不至甚貶，庶幾免乎『詩魂飮恨』也（箋二語）。

箋中所擬爲舛誤諸事，茲約分六類質之。

覼誤　專就商隱生年立論。

承訛　沿襲舊文而誤者，計十五條。

欠碻　考訂之大可疑者，十九條。

失鵠　所釋不中的者九條。

錯會　錯解舊文因而舛誤者，十六條。

缺證　未能證定或有漏略者，十七條，如蘄州李郎中名播，鄧州周舍人名敬復，李舍人名訥，河南崔尹名璪，京兆李尹名拭，弘農公爲楊倞，於江陵府見除書狀應改題『賀□□□(或周學士)狀』，上張雜端狀應加『爲濮陽公』四字，爲河東公與周學士狀，河東應作『濮陽』，爲弘農公上兩考官狀之『爲弘農公』四字衍，其著要者也。

(甲) 辨誤

一、商隱疑年　朱鶴齡譜以爲生貞元十一、二年間，徐樹穀以爲楚鎮河陽時當十六歲(約生貞元十九)，其妄不待辨。自馮浩以還，猶分三說：

元和八年　馮浩玉谿生年譜。

元和六年　錢振倫樊南文集補編注。

元和七年　本箋。

檢其所根據，如驕兒詩，馮編大中四年，詩云：『顦顇欲四十。』則不定爲三十八歲。又云：『況今西與北，羌戎正狂悖。』可兼用於三、四兩年。袞師之生，馮只云約會昌六年，張乃引蔡寬夫詩話袞師是樂天後身以實證之，齊東野說，果可據乎？（獻相國京兆公啓，『男小於嵇康之男。』未知所小若干。）次裴氏仲姊誌狀曰：『至會昌三年，商隱受選天官，正書祕閣，將謀龜兆，用釋永恨。會允元同謁，又出宰獲嘉，距仲姊之殂，已三十一年矣。神符夙志，卜有遠期，而罪釁貫盈，再丁艱故，且兼疾瘵，遂改日時。明年冬，以潞寇憑陵，擾我河內，懼罹焚發，載軫肝心，遂泣血告靈，攝練襄事，卜以明年正月日爲我祖考之次滎陽之壇山。』錢氏補箋：『據舊書紀，澤潞之亂，在會昌三年四月，是年冬，命將進討，四年八月平，此文既言會昌三年，至明年冬劉稹已平，不當更云潞寇憑陵。因改會昌三年爲二年，並引曾祖妣誌狀曾孫商隱以會昌二年由進士第判入等授祕書省正字爲證，由會昌二年逆溯三十一年，仲姊當歿於元和七年。』（據張氏節引）考『二』『三』僅差一畫，書本最易傳訛，如會要孟簡元和十三年罷浙西，箋一據太守題名記作十二年正之；全唐文李磎蔡襲傳，會昌二年，劉稹據上黨反，箋二謂係三年之訛；全唐文七七七爲絳郡公上李相公啓，『周旋三郡』，箋三引作『二郡』，求諸張氏本箋，已不乏厥例，錢氏據改，實此狀最正軌之解釋。詎張覔妄逞臆見，強詞奪理，云：『此文會昌三年距仲姊之殂已三十一年矣爲一段，罪釁貫盈至卜以明年正月爲一段，三十一年句直承會昌三年。中間商隱受選天官正書祕閣等語乃追敍之詞，罪釁貫盈謂丁母艱，義山丁母艱在會昌二年，所謂明年冬者承上文仍指三年而言。至卜以明年正月云云，始實指會昌四年也。三十一年若由會昌三年數之，則仲姊之歿，實爲元和八年。』其前後兩截，尙無可議，惟通常所謂『承上文』自指會昌三年，三年之『明年』應是四年，今乃曰仍指三年，古來都無如此『承上』之解釋。年下追敍，史例極多，但商隱二年丁母艱，苟如此寫法，人將謂其奪情起復，商隱能文者，當不冒犯語忌也。（曾祖妣誌狀，『曾孫商隱以會昌二年由進士第判入等授祕書省正字，……尅以來年正月日啓夫人之櫬，』箋三云『來年謂後年。』殊不知『來年』係就請盧尙書代撰誌文時立言，箋三固編此狀於會昌三年，則『來年』亦作『明年』解；請人撰誌，須將葬期通知以免延誤，必不作模稜語。總由張氏先誤解『明年』，遂不惜多生枝節矣。）然則由會昌二年上溯三十一年，裴氏姊其卒於元和七年乎？余曰，是又不然，若如此解，則與後證斷斷不能相合也。原文之意，三十一年係從最初卜改葬期時上數之，此改葬期之時當在會昌三年，所可知者：一、狀云『有遠期』，遠字從會昌二年言，亦以便允元履任後從容辦理也。二、李丁母艱在二年冬暮（據箋二考定），如卜在二年，或早已改葬，惟其在三年，故母卒之後，遂改日時。狀文會昌三（二）年至已三十一年矣一段，係指會昌二年而暗遞到三年，惟明年冬字仍指二年之明年，此與箋四所釋乙集序例同而小異，視張氏釋『明年冬』之說，遠爲自然矣。

裴氏姊卒元和八年，旣如上說，次與此有關者爲祭裴氏仲姊文。文云：『靈有行於元和之年，返葬於會昌之歲，光陰迭代，三十餘秋，……奄忽凋違，時先君子以交辟員來，南轅已轄，……淛水東西，半紀漂泊，某年方就傅，家難旋臻，……亦以靈寓殯獲嘉，向經三紀，……靈沈緜之際，殂背之時，某初解扶牀，猶能記面。』箋釋之云：『是姊亡未久，義山之父即赴潮辟，在潮六年，旋丁父憂也。義山之父赴潮，當在姊歿後一年，數至六年，義山九歲，與年方就傅語合。』（方，將也，謂將及就傅之年也，不必泥看。）由此推之，姊歿時義山必已周歲，——扶牀記面，非周歲無此情景。義山既周歲姊歿，姊歿於元和八年，則義山之生，必在元和七年壬辰無疑矣。余按常人兩歲已前事，長時恒不能記憶，又生八九月便可扶步，扶牀記面，直言之即及見其生，『不必泥看』。張曾云：『仲姊之歿，不詳何月，安知非八年冬暮？』（箋一，十三頁下）吾今敢以同樣語調答張氏曰：『商隱之生，不詳何月，安知非八年春初？』僅挾典藻之詞，無以證李必生七年也。抑依張說，李父於裴氏女歿後一年赴潮，從此起數六年，李亦祇八歲非九歲，依馮說從元和八起數六年，李祇七歲，然馮譜固云，『三紀畢成數，不必細拘。』推之『半紀』亦舉成數（箋一，長慶元年下云，『在潮約六年有奇』，即所以自圓前說），是『年方就傅』之文，依馮說生八年，同一可通也。

凡上所引，皆不涉商隱出生之碻年，故上移下移，都可牽就。求諸見存樊南詩文中，其直接記商隱年歲者，實僅上崔華州書一事，今試先徵其文而後論之。書曰：『愚生二十五年矣，——凡爲進士者五年，始爲故賈相國所憎，明年病，不試，又明年，復爲今崔宣州所不取，居五年間，未曾衣袖文章，謁人求知。』

錢說未有以證『二十五』之必誤，乃欲改爲二十七，強文從己，則元和六之擬，根本不能成立。所待論者，元和七或八之兩說耳。崔華州卽龜從，宣州卽鄲，衆無間言，其樞紐乃在乎此書爲某年所上。馮譜云：『崔龜從爲華州，紀在開成元年十二月，崔鄲爲宣州，在二年正月，書爲其時所上，而云愚生二十五年，今自元和八年至開成二年，數乃正符，此尤其朗然者，故斷以是年爲生年。』解釋純正，本無可訾，而張則獨生曲說曰：『舊紀，大臣除拜，往往據赴任時月，如令狐楚傳，十一月除天平而紀書十二月，崔鄲當是開成二年正月赴宣歙觀察使任，其被命實在元年十二月，文所以稱今崔宣州也。』然『一』『二』之差，與『二』『三』同，安見楚傳非『十二』之訛。張爲維持其曲說，不惜再三申言，如舊紀，元和十三年十一月丁未，令狐楚爲河陽，箋一云：『按傳云元和十三年四月出爲華州刺史，其年十月，皇甫鎛作相，其月，以楚爲河陽懷節度使，較紀所書差一月，蓋據被命時言也。』按鎛之入相，舊紀、新紀、表及通鑑皆在九月，舊傳庸可盡據乎？又太和三年楚除天平，箋說略同前文，不再引。及解至舊紀太和八年三月丙子，以崔戎爲兗海觀察使，六月庚子，崔戎卒兩條，而箋說窮矣。爲安平公兗州謝上表『卽以今月五日到任上訖』，丙子二十五日，非五日也。箋一春游詩注云：『舊紀，崔戎移兗海在三月，詩又云「五月至止六月病」，蓋三月奉詔，五月到任，其起程當春杪矣。』何此處獨不書其上任時耶？如曰赴任指起程之日，則歷檢唐人文集，祗有謝除、謝上兩表（例如本集爲兗海公兩表），並無起程之表。今試再舉唐例反證之：舊紀一六，長慶二年七月，『壬寅，出中書舍人白居易為杭州刺史』，白集四四，杭州刺史謝上表『去七月十四日蒙恩除授杭州刺史，——今月一日到本州，當日上任訖』，壬寅即十四日，何嘗是赴任時耶。且歷朝實錄之纂修，必以每日詔令為基礎，外臣除授，有不拜者，有未赴改官者，有中途追還或轉調者，有路上暴卒或賜死者，苟不依詔下之日，試問如何追書？張為此說，非徒武斷史文，抑亦昧於史宬規律，見笑大方矣。箋又云，『若開成二年義山已得第，安用上書求舉者』，其言若甚辯。考唐時進士，正月就禮部試，通於二月放牓，四月送吏部，（見登科記考凡例，然放牓日似無一定，上令狐相公狀，『今月二十四日禮部放牓，某徼倖成名。』又『前月七日過關試訖，——即以今月二十七日東下。』則開成二年放牓似在正月。）唐人視進士甚重，苟猶有一線之望，當不惜竭力干求，戎除華州在開成元年十二月十五庚戌，鄭除宣歙在二年正月十一乙亥，安見上崔華州書不在正月中旬？白集二七與陳給事書，『正月日，鄉貢進士白居易謹遣家僮奉書獻於給事閣下，——今禮部高侍郎為主司則至公矣，而居易之文章可進也，竊不自知之，欲以進退之疑取決於執事。』登科記考一四以為即登第年之正月，是李正月上書，大有前例。張不審乎人情，考乎舊制，計乎時日，遂來安用上書之妄辯矣。

前引華州書之末節，尚有須辯釋者。考唐進士科，舉子先就府試，取錄則登於朝，謂之鄉貢進士。再就禮部試，得售則曰登第，曰進士。然『鄉貢進士』時亦省稱『進士』（參拙唐史餘瀋），如白居易與陳給事書首署鄉貢進士白居易（見前引），而文有云：『大凡自號爲進士者，無賢不肖皆欲求一第成一名。』又云：『迨今十年，始獲一貢，每見進士之中，有一舉而中第者，——又見有十舉而不第者。』所謂『進士』，皆鄉貢進士之省。唐文常稱『舉進士不第』，卽舉鄉貢進士而不第也，曾被鄉貢而不第者自稱曰『前鄉貢進士』。（清制之舉人，略類唐之鄉貢，故清人亦或稱舉人曰鄉貢進士，然舉人有大挑、改教等出身，唐鄉貢無之，清代一舉便可屢貢，唐制則否，其所異也。）華州書『凡爲進士者五年』，其『爲進士』與白書之『爲進士』同，猶云自初被鄉貢，於今已五年也。此一句是總揭，下三句是分疏，茲將此五年中商隱赴舉之經過，表列如次：

太和七年鄉貢，知舉賈餗，不取。
太和八年病，不試，知舉李漢。
太和九年鄉貢，知舉崔鄲，不取。
開成元年無明文，當是府試已不取，知舉高鍇。
開成二年鄉貢，知舉高鍇，登第。

七年之鄉貢，府試雖在六年，然禮部試仍在七年正月（說見前），餘類推。馮譜不察，竟於六年下書『是年應舉，爲賈餗所斥。』八年下書『是年應舉，爲崔鄲所不取。』殊未知賈餗、崔鄲之不取，實七、九兩年春間事，則與知舉李漢忤矣（參登科記考二一）。張譜尤而甚之，八年下竟書『義山應舉，爲崔鄲所不取，隨崔戎自華至兗掌章奏』，殊未知商隱隨戎至兗，係八年春、夏間，及六月戎卒，隨赴府試（八、九月），獲得鄉貢，九年春間始爲禮試崔鄲所黜，張譜直倒亂事序之後先矣。此五年中，商隱得貢者凡三，故獻相國京兆公啓曰：『鄉舉三年，纔霑下第。』華州書之『居五年間，未曾衣袖文章，謁人求知』，卽蒙上凡爲進士者五年言，謂在此五年中未嘗行卷以干薦也。前節文義本甚明，張竟不能理會，乃云：『據此，則義山應舉始於太和二年，太和二年至六年正得五年，下云居五年間，則統計太和六年開成元年也。』則不知未登鄉貢，弗得稱進士，且『始爲』之始字無着，果太和六年之前既均不售，奚得曰『始爲』？在被擯數年內未嘗袖文求知，正是提高自己身份，若云兩擯已後，始不復干謁，然則前五年中固屢屢干謁而卒被擯乎？如斯說法，豈復自重語氣。況前之『五年』爲太和二至六，後之『五年』又重自太和六起數至開成元，其計法複沓，苟非自加箋注，他人應莫之明，上長者書而謂商隱肯作是晦昧語乎？箋一東還詩注云，『義山自太和二年應舉，至此將十年矣，故云十年常夢采華芝也。』『十年』舉成數，與前『三紀』同，若必作『五年』……『九年』非復詩人之詩矣。謂李太和二年始應舉，純是影響之說。

又商隱撰梓州道興觀碑銘云，『陸平原壯室之年，交親零落。』箋四大中五年下云，『用陸機歎逝賦序語，歎逝賦序云，余年方四十，而懿親戚屬，亡多存寡，昵交密友，亦不半在，隸典取此，時義山正四十矣』，張意蓋以影響其元和七年之說，顧編年文又編大中七年（四十二歲）下。按商隱在梓，後先五歲，大中五赴梓幕時有散關遇雪詩，則抵梓在秋末冬初，歲底復上西川，若擬爲五年作，其可能性殊甚少也。

討論既畢，是非漸明，依張說則可攻之隙甚多，依馮說則仲姊誌狀之『會昌三年』，張與余雖主張不同，而由會昌三逆數至元和八爲三十一年，其結果無異。且馮說並無可抵之隙，故余敢一言以判之曰，涉商隱生年，在未有新佐證提出以前，仍應推馮說爲定案，即生元和八年卒大中十二年，享年四十六歲也。

（乙）承訛

一、文宗時翰林學士崔愼由　箋一謂文宗廢立之危，間不容髮，是也。但引新書仇士良傳愼由一事爲證，則承新傳之誤而不察，愼由當日固非翰學也，辨見翰學壁記注補愼由條。

二、五松驛　玉谿生詩詳註一云：『朱（鶴齡）曰：白氏長慶集有自望秦赴五松驛詩，此驛在長安東。』箋一承其說，編此詩入開成元年，云『義山東還過此所賦也』。余按白集八，長慶二年七月自中書舍人出守杭州路次藍溪作詩：『東道既不通，改轅遂南指，自秦窮楚越，浩蕩五千里。』同集四四，杭州刺史謝上表：『屬汴路未通，取襄漢路赴任，水陸七千餘里。』試彙合集八各詩題：

宿清源寺（在輞溪）

自望秦赴五松驛馬上偶睡

鄧州路上作

登商山最高頂

初下漢江舟中作

自蜀江至洞庭湖口

便見其當日所取之約略路徑。又初貶江州司馬時前段路程與上同，據白集一〇及一五，則有：

初貶官過望秦嶺

藍橋驛見元九詩

初出藍田路作（朝經韓公坂，夕次藍橋水。）

韓公堆寄元九

仙娥峯下作（商山）

發商州

武關南見元九題山石榴花見寄

題四皓廟

再到襄陽

襄陽舟夜（下馬襄陽郭，移州漢陰驛。）

登郢州白雪樓

考通典一七五商州：『上洛，漢舊縣，有秦嶺山。』史記封禪書正義引括地志：『灞水，古滋水也，亦名藍谷水，即秦嶺水之下流，在雍州藍田縣。』是望秦嶺及五松驛在赴襄鄧路中，居長安東南，張顧採朱說以爲東還所經，里地，考史，兩俱失之。

三、祭韓氏老姑文　箋二云：『玩文用蠡父趙母故實，韓威當更有獲罪賜死事，其得罪未必因羈延赴鎭之故。考舊紀，易定軍亂，不納新使李仲遷，立張璠子元益爲留後，則韓威赴鎭，或即討元益，因兵敗被貶死，惜史傳無可徵實也。』此乃拾馮說而衍之者。馮之誤，余已辨正於方鎭表正補，蠡父，趙母，無非表其有先見，謂韓氏姑幸止威不令赴鎭，否則早如君賞之被逐，此等隸事，不易恰切，故爲斷章取義，猶之姑是女性而乃用蠡父典實耳。張箋常以不可泥看爲辭，此處反躬蹈其弊。

四、李德裕入相月　箋二系開成五年四月，云：『案德裕入相之月，舊書傳曰，武宗即位，七月，召德裕於淮南，九月，授門下侍郎同平章事，舊紀亦同，新書亦無異辭，本集會昌一品集序，唐葉十五帝謚昭庸，始以太弟茂對天休，既三四日，乃詔曰，淮南伯父，汝來輔予，四月某日入覲，是月某日登庸。據此，則入相當在四月，非九月。 考會昌一品集有宣懿太后祔廟制云：朕因載誕之日，展承顏之敬。又有宣懿皇后祔陵廟狀云：臣等伏以園寢已安，神道貴靜，光陵因山久固，僅二十年，福陵近又修崇，足彰嚴奉，今若再因合祔，須啓二陵，或慮聖靈不安，又以陰陽避忌，亦有所疑，臣等商量祔太廟不移福陵，實爲允便。宣懿祔廟事在六月，舊書武帝紀云：五月中書奏，六月十二日皇帝載誕之辰，請以其日爲慶陽節，祔宣懿太后於太廟。又云：初，武宗欲啓穆宗陵祔葬，中書門下奏曰云云，其文卽節錄會昌一品集此篇，則其時德裕已登台席矣。若使七月內召，九月登庸，祔廟大禮，非所躬遇，安得有此等制狀哉？然則紀、傳時月，洵不足信也。』余按張氏所持最強之據，爲李商隱集序，但考通鑑二四六，『召淮南節度使李德裕入朝，九月甲戌朔，至京師，丁丑，以德裕爲門下侍郎同平章事，庚辰，德裕入謝，言於上曰，……』到京，入謝，名有的日，他書未之見；又下敍進言一段，與新書德裕傳互有詳略，宋及司馬當日尚見德裕自著之文武兩廟獻替記（考異曾引之），上所云云，必本自此記，其爲強證，遠勝於商隱之序也。張引舊紀初武帝欲啓穆陵一節，今會要二一敍於開成五年二月追謚宣懿之下，可見各書記載有異，舊紀自武宗以後，失次者甚多，安見『紀傳時月洵不足信』之不可適用於此節耶？抑懿后祔廟制，會要一六又書在會昌元年六月，舊紀之紀年，亦難專信，『展承顏之敬』係針對下文太皇太后言，載誕之節，歷年皆有，尤不限於開成五年。合此以觀，所稱四月入相，殊未敢信。德裕入相先後，於牛黨之造謠排擠，極有關係，不可不詳審也。

五、開成末江鄉之遊　創自徐氏、馮氏，而馮自疑之，余嘗力辨其非（唐史餘瀋）。箋二亦云：『要之此段行蹤，篇什獨多，最難索解。』夫使本有其事，苟得綱領，自易收迎刃之功；惟以無為有，斯索解難矣，惜張氏之先入不悟也。馮所誤編，張原多所辨正，如云：『文集獻相國京兆公啓，京兆公為杜悰，啓在東川時上；所謂東至泰山，空吟梁父，指大中四年幕遊徐州事；南游郢澤，徒和陽春，指大中二年留滯荊門事，皆詳補箋中。江東、隋宮、南朝諸詩，則大中十一年充柳仲郢鹽鐵推官時詠古之作；懷求古翁詩，則大中元年寓使南陵之跡，更與本年江鄉之遊無涉矣。』又云：『寄成都高苗二從事詩自注，時二公從事商隱座主府，座主指李回，……義山方隨鄭亞桂管，詩即寄於是時。』凡斯持論，皆足掃除紕謬，奈何其拒虎復進狼耶！以燕臺四章為因嗣復而作，此兩種解釋，可任人安置，說各自圓，不值絮辨。嗣復出除湖南，張既定為八、九月間，李赴湘幕，又據與陶進士書謂九月三日東下，則楊、李啓行約同時。使令狐綯果薦李於楊者，李何不與使節偕程？又何故李行如是遲遲，竟至抵湘之日楊已再貶離去也。集有任弘農尉獻州刺史乞假歸京詩，明李雖忤孫簡，並未解職；『明日東去』（陶進士書），正蒙上『今太守憐之，催去復任』言，故仍自署弘農尉，張乃以此書為在洛所作，大失厥指。抑唐代交通視今異，張意若謂由陝赴湘，循隴海、平漢之軌躅也；稽諸唐史，則自關中之荊楚，率取道商、鄧、江陵，之江西亦然（參上五松驛條），如李遊江潭，當云南去，不當云東去。箋二有言，『唐時洛東乃相、澶等州，湘、潭皆江南地，即安、黃、襄、鄧亦伊洛之南，不得言東，況可遠及池、昇、楊、潤耶，』夫洛東猶秦東也，同一『東』字，而數頁之內，所釋乖違，此張之說仍不能通者一。箋二復云，『唐時內外官從調者，不限已仕、未仕，選人期集，始於孟冬，終於季春，……至會昌四年祭姪女寄寄文所謂赴調京下，移家關中者，則罷尉後求調者也，由寄瘞泉骨，五年於茲溯之，當爲開成五年。』夫移家而後從調，移家箋系於五年之夏，則從調應在開成五之冬會昌元之春，明矣，顧又系南遊於開成五之冬，豈眞商隱學仙具分身術耶。倘謂因南遊而輟從調，則後來會昌四年祭寄寄文，不應復以從調爲辭，此張說之仍不能通者二。箋又云，『潭州距京約二千五百里，而爲華、陝賀郊赦表，至遲亦當在正月之杪，然則春雪黃陵與司戶送別之時，其在正初歟，』今假日行百里，到京已在正月之杪，華、陝迢遞，來去總需半月，賀表能閣筆以俟李返乎？且亦焉知李不中途留滯而延誤及時之申賀乎？此張說之仍不能通者三。此外如謝鄧州周舍人啓，強爲編傳，無怪情景弗符（別見）。總之，讀史方法，重在勾稽（歸納），若徒出以參悟（演繹），空中樓閣，安在而不時生枘鑿耶。

六、王茂元爲陳許　箋二依馮譜系會昌元，且云：『案祭張書記文在本年四月，時張氏喪夫，茂元尚在京，則陳許之除，或當在是年秋冬間歟？』據方鎮年表及考證，茂元代王彥威，彥威代李紳爲宣武，而紳去宣武在開成五年九月，則茂元除陳許當同年事。爲外姑祭張氏女文，『忽爾孀殘，旋移許下』，張卒時茂元雖在京；但祭張書記文，『今則列樹開封，揲蓍得吉，……將歸宿莽之庭，欲閉青松之室』，是葬前致祭，無茂元尚在京師之迹也。祭外舅文，『公在東藩，愚當再調』，東藩指忠武，再調在開成五年冬（見前），亦一旁證。

七、盧尚書　請盧尚書撰誌之盧尚書，箋二以爲簡辭，且云：『簡辭檢校工部尚書爲忠武節度使，在大中初，補編有請盧尚書撰諸誌文狀，事在會昌三年，時必已例加尚書矣。』謂是簡辭，初無片證。按唐制，尚書如非實授，則必外官雄鎮，始加檢校之銜，據方鎮年表，會昌三四年簡辭廉問浙西，樊川集祇稱盧大夫，又舊書一六三本傳，『會昌中，入爲刑部侍郎，轉戶部。』是簡辭當日非尚書，『例加』兩字，不能囫圇說過。揣錢氏之下此解釋，無非因商隱曾受弘止辟（簡辭弟）而云然，其實則不足徵也。據余所見，疑似者尚有兩人：一、盧鈞，據舊書一七七本傳，會昌初，遷山南東節度，山南雄鎮，常帶檢校尚書。請撰曾祖妣誌文狀自注：『故相州安陽縣姑臧李公夫人范陽盧氏，北祖大房。』文又云，『閤下我祖妣之族子。』依新表七三上，鈞固隸北祖大房，且又商隱弟羲叟之外舅也。二、盧弘止，請撰故處士姑臧李某誌文狀云：『閤下獨執文律，首冠明時，頃於篇翰之間，惠以交遊之契。』按偶成轉韻詩，『憶昔公爲會昌宰，我時入謁虛懷待，衆中賞我賦高唐，迴看屈宋由年輩。』是李與弘止以詩文相投契。會昌三年弘止雖非尙書，然固許編乙集時追稱也。之兩人者，尤以弘止近信，錢繹簡辭，殊未敢苟同。上漢南盧尙書狀：『今幸假途奧壤，……豈期此際，獲奉餘恩，而又詢劉范之世親，問欒郤之官族，優其通舊，降以言談。』李與簡辭交誼如此生疎，豈四年前曾屢請代撰文之人歟？

八、李執方爲陳許　馮譜系會昌四年，謂代王宰，箋三從之，且云：『上許昌李尙書……第二狀又述茂元喪事云，王十二郎十三郎扶引靈筵，兼侍從郡君，今年八月至東洛訖。』則執方之遷鎭，正當澤潞初平時。』此緣未參劉沔碑也（方鎭年表二）。茂元喪歸洛，或許遲至五年耳。

九、孫學士　箋三沿舊紀作孫轂，誤，應作瑴，參壁記注補。

十、終身　玉谿詩註二岳陽樓云，『惜慨一自婚於茂元，遂終身不得居京職也』，箋三採之。按是時商隱未及四十，安得知『終身』事，此等語病，編中間見，聊一發之。

十一、自桂林奉使江陵途中感懷寄獻尙書　箋三沿馮說，謂『節鎭例兼尙書，史多不具。』『例兼』固非是，且桂管祗觀察，亞又是初授及外貶，無緣帶尙書也，辨見唐史餘瀋。又此詩應去江陵時作，若在歸途，似當題『江陵歸途』，惟去時表明己之不抱衾別向，則意深言重。若如箋言『南郡使歸途次所作』，人既遄歸，似無須多此一舉矣。

十二、大中二年往來巴蜀　承誤之甚者，江鄉之遊而外，莫如往來巴蜀，斯二者皆編年詩之關鍵，不可不詳審也。　馮謂返至東郡，旋又出而行役，張已辨之。　張最注意荆門西下一首，（『一夕南風一葉危，荆門迴望夏雲時，人生豈得輕離別，天意何曾忌嶮巇，骨肉書題安絕徼，蕙蘭蹊徑失佳期，洞庭湖闊蛟龍惡，欲羨楊朱泣路岐。』）箋三云：『案荆門詩而謂之西下，明指下蜀而言，……回望夏雲，則指前此留滯荆州之迹，荆州在荆門西南。』說詩執滯，遂多誤解。　馮氏原註二云：『則西下者自西而下也，迴望二字，一章之主，洞庭蛟龍，亦從迴望及之。　此解近似，惟中四句不兼桂管罷貶之嗟，轉類初經別離之態，此則可疑也。』已大概得此章三昧，惜後來補注反別趨岐途耳。　其實荆門即『荆州』用典，猶云舟發荆州向東而下，以東向爲西下，古人自有此種語法，洞庭蛟龍則預計來途之嶮巇，並非迴望，鄭亞除桂管在二月，抵任在五月，過荆時約當四月，故云迴望夏雲。　簡言之，此詩乃隨亞赴桂途次作。　若入歸塗，方不日相會，何須『骨肉書題安絕徼』？可證馮、張兩說之窮也。　更如北禽詩：『爲戀巴江暖，無辭瘴霧蒸，縱能朝杜宇，可得值蒼鷹？石小虛塡海，蘆銛未破矰。』巴江隸東川管下，杜宇是兩川典故，不專限西川，尤非影射杜悰之姓（箋三），詩起聯言隨仲郢來東川以求託庇，三、四言雖得仲郢辟置，恐仍難免牛黨排擊，五、六言仲郢力量不敵牛黨，安見爲說不見杜悰之故。　梓潼望長卿山至巴西復懷譙秀詩，果州由巴西分置，　爲河東公復相國京兆公啓，『今遣節度判官李商隱侍御往渝州及界首已來，備具艤牽，指揮館遞。』（全唐文七七六）果州正由梓赴渝所必經，詩應此時之作。箋三云：『巴西，閬州也，蓋義山先赴東川謁杜悰，而悰已遷鎭，故又欲南向成都，及折回巴西而有此詩。』按詩題景況是由梓州向東南行，若謂商隱從湘至梓謁悰，則來時先已經果州，其事勢適相逆。箋又云：『玩詩意，當是義山先至梓州往謁，而悰已離鎭矣，故更欲徑向成都，及巴西而始折回也。』殊不知梓州今三台縣，西南爲成都，東北爲閬，由梓州赴成都而向東北，正無異南轅北轍。況既至閬州，取漢中還長安，非特通途，尤屬捷徑（李有赴東蜀辟至散關遇雪詩），胡爲北旋之日，仍道荆襄（陸發荆南始至商洛詩，馮、張均編桂管歸途），迂路數千，無乃勞費？作此設想者，直未曾揭開輿圖一閱矣。望喜驛在今廣元縣南，梓州在閬州西南，自長安赴東川任，係從漢中來。至廣元後則離嘉陵江而折向西南，望喜驛別嘉陵江水二絕，馮註二列入梓幕，極其貼切，張反以爲誤。夜雨寄北詩：『君問歸期未有期，巴山夜雨漲秋池，何當共剪西窗燭，却話巴山夜雨時。』巴山亦泛指東川，當梓幕時作，未見必留滯巴閬；若曰詩題或作寄內而商隱業賦悼亡，則唐人多姬侍，張固謂梓幕未攜家，不必其寄妻也。更有出乎情理外者，李回自西川責授湖南，東川杜悰徙代，箋三謂與鄭亞貶循同是二年二月事，說極可信（參舊紀）。若然，則悰遷鎭西川，商隱在桂時早於除書見之（此種除書，性質與淸之邸鈔相類），何爲越四五月後猶向東川尋杜悰耶？凡此諸章，各有所從，牽強比傅，遂致授隙。今試依上辨論，則商隱是年行蹤，大概得如下述：即鄭亞二月貶循，（史不著日，爲滎陽公與前浙東楊大夫啓云，『以今月二十三日南去』，箋三謂是二月二十三日，然桂州去西京四千七百里，詔命之傳，最速需十餘日，職是之故，或得爲三月也。）維時商隱方攝守昭平，如其須待替人，則去桂在三、四月。（箋三謂涖昭不過數日，恐未必然。）由是五月至潭，節序相合，流連湘幕，當滯旬時，夫故有賀馬相公登庸啓之代撰。李回降湖南，以二月命，不容五月尚未抵任，箋三謂潭州詩爲『桂管歸途暫寓湖南遲望李回之作』，無題詩黃鶴沙邊亦少留，爲『與李回相遇荆州爲之少留』，『而回並未攜任所』，可謂無一字有來歷。（黃鶴沙在江夏，如可作荆州典用，則前文之荆門，安見必指江陵已西？）風詩來鴻別燕，歸舟天外，其續發已入秋令。夷音接下牢，只言境地鄰接，並非巴、閬水程。再北而青辭木奴橘（陸發荆南始至商洛詩），鄧橘未全黃（歸墅詩），正深秋景象，是以有九月於東逢雪之作。箋三云，『舉家忻共報，是攜家赴選時』，夫深秋猶在商洛（今商縣），由此東達洛陽，復由洛陽赴京（此殊可疑，姑依箋說），以古代陸程遲滯，時日豈敷分配。箋又云：『唐時自洛入京有兩途，一經潼關，商州爲間道，題曰於東，當是由洛道武關所經。』夫函潼迄今爲陝、豫往來大道，商州祇用兵間道，張竟有此謬譬之『參悟』，眞匪夷所思矣。（商於新開路詩，蜂房春欲暮，馮註一疑元年赴桂時作，設想甚合，惜又泥於新道早開，不能堅其信。箋四疑游江東時作，殊未知往江東者逕出洛陽，循淮域，無需假途至商於也。）是歲萍蹤，大端如是，其他枝節猜擬，勿庸細辨。夫今古情事，本無異致，離乎情事之外，欲求史迹之實，難乎其有中矣。陳寅恪兄曾謂『巴蜀遊蹤之說，實則別無典據。』『遇李回於荊州之說，亦非有佐證』（集刊五本二分）。但彼處祇就無題一詩設解，今故詳闢之。

十三、盧弘止　箋三作弘正，云：『新傳弘正皆作弘止，世系表仍作正。』按郎官柱題名吏中，金中均弘止，作正，誤。

十四、河南尹劉瑑遷宣武　箋四承舊紀系大中九年十一月，按瑑遷宣武，方鎮年表二正爲七年，已無可疑。啓之『去歲洛陽，獲陪良宴』，正洽馮註所謂瑑尹河南約在大中六年。啓又云：『一昨伏承擁節浚郊，建牙隋岸，將求捧幣申好，裂裳就塗。』應是聞宣武命後不久所上，『樹有何依之鵲』，或因室家遠離，故欲改就，不得謂馮說小疏也。

十五、令公　天平公座詩之令公，箋四襲馮註以駁蛾術編，已於唐史餘瀋李溫詩注條辨正。

（丙）欠確

一、王茂元臨邕管年　舊紀，太和二年四月壬午，以邕管經略使王茂元爲容管經略使，箋一云：『舊紀於太和元年四月書以前亳州刺史張遵爲邕管經略使，余疑遵即代茂元者，而舊紀年歲必有一誤。』按官署一歲易三四人者事常有之，元年四月授張遵，安見二年四月茂元改授之可疑，此論未免無的放矢。箋又云：『檢本紀，長慶二年十一月，以前安南都護桂仲武爲邕管經略使，而罷任年月無考，大要在長慶、寶曆之間，意者茂元之授邕管，卽代仲武爲使者耶。』按箋下文引劉禹錫祭桂尙書文，於仲武之爲邕或容，未能決定，余則斷爲仲武除容管，非邕管(方鎭表正補)。是茂元代仲武之猜疑，亦復蹈虛也。

二、崔珙非李黨　箋一引唐語林、李德裕擠崔珙於嶺外，駁舊珙傳德裕與珙厚之不信。按語林此文本東觀奏記，余作唐史餘瀋別有辨，據舊書一七七、珙明爲崔鉉所擠，非德裕也。

三、喜聞太原同院崔侍御臺拜兼寄在臺三二同年　箋二編開成四年，云：『馮編會昌四年，似未審，惟義山開成二年登第，同年縱早達，未必兩年中卽擢中臺，此則不無可疑耳，詩似夢得，恐非玉谿手筆，故附此。』余按令狐綯固早達，且藉先廕，然舉太和四年進士，猶五六年後始官從八品之拾遺，如謂登第兩年，卽授正八已上之職，在唐制殆不可能，況復兩三人乎。馮編會昌，遠較張爲穩。箋又云：『先生柳用陶令故事，比縣尉。』此實張之根據(箋一亦云，陶潛五柳，唐人往往用爲尉令典故，此詩必義山辭尉求調時作)，然大鹵平後移家到永樂詩亦有『依然五柳在』句，箋三固云『依然五柳在者，以陶令閒居自比。』安見其必指縣尉乎？(僧孺子藂、商隱同年，然據大中三年杜牧所作僧孺誌，其見官猶不過正八上之浙南府協律耳。)

四、四皓廟　集有兩首，均七絕；其一羽翼殊勳棄若遺，馮編開成三年，其二本爲留侯慕赤松，馮編會昌六年，張皆從之，前者謂爲莊恪太子發，後者謂爲李德裕發。但今集已編次無序，縱使分詠兩人，獨不許事後同時追感乎？長安志一三：『四皓廟在（咸陽）縣東二十五里。』此種詩無寧同入不編年一類，勿強作解人也。

五、李紳入相年　箋二據舊紀參傳書會昌元年二月壬寅，然余以爲紳入相在二年，固別有較強之證據，詳唐史餘瀋。

六、楊嗣復貶湖州司馬　箋二據舊紀。按沈本湖作潮，東觀奏記上謂五相擠嶺外，湖非嶺外，亦非遠竄之所，舊新本傳均作潮，近是。

七、湖中　箋二云：『文章湖中實指貶湖之事，……吳歌點湖州。』按嗣復非貶湖州，說具前條，傅會而已。下文代贈云：『起用楊柳、湖上，是雙關法。』其誤同。

八、王茂元移河陽節度　通鑑書會昌三年四月，箋二云，『考祭外舅文云：赤狄違恩，晉城告變，假三齊之餘醜，犯神州之近甸，懷邑營匝，河橋旆轉。知茂元之移鎮爲討劉稹也，五月朝廷方會議可誅可宥之狀，非四月。再合之會昌一品集，六月十九日請賜澤潞四面節度使狀，已有茂元名，則移鎮當在五月也。新傳云徙河陽，討劉稹，最得其實。爲濮陽公遺表敍移鎮事，但云：當上黨阻兵之始，是歲竟拒詔之初。乃略文，不及祭文先敍劉稹拒命事爲分明矣。』按討伐澤潞，廟堂必早有成算，預爲佈置，五月朝議可誅可宥，特官樣文章鄭重其事而已（討回紇時亦嘗令公卿集議，見一品集）。新傳敍事往往抹却後先之迹，張必揣爲五月，書生之見，未免太深，箋屢以『無庸泥看』爲解，不意躬蹈其弊也。

九、戶部李郎中　馮詩註一以爲李丕，引一品集授丕晉州刺史充冀代行營攻討副使制，因詩題云送充昭義攻討也。　箋二云：『考會昌一品集，授丕汾州刺史制已云：忻州刺史兼御史中丞李丕，……豈丕出刺晉州又換郎中耶？』余按丕是昭義新降大將，本一武人，今詩云：『將軍大旆掃狂童，詔選名賢贊武功，……遠含雞舌過新豐，……早勒勳庸燕石上，佇光綸綍漢庭中。』所送明是文人，且非檢校官，當日贊助軍幕帶攻討銜者當不止李丕，不得因同是姓李而遽行傅會也。　戶部，戊籤作吏部，待考。

十、宣武王彥威卒　箋三系會昌四年，似不如方鎮年表系五年之可信。

十一、李褒虢州刺史　箋三謂在會昌四年後，不碻，參拙著翰學壁記注補。　所引狀文周旋二郡，全唐文七七七固作三郡也。

十二、令狐綯出湖州　箋三據舊傳系會昌五年，但吳興志一四則書大中元年三月，應考。

十三、大中二年由桂歸洛陽　其說馮譜發之，以戊辰會靜一篇作證，然道家會靜，何地不可，誠如箋三云豈必定在洛中也。　張雖駁其證，不駁其說，別提上韋舍人狀，『某淹滯洛下，貧病相仍，去冬專使家僮起居，今春亦憑令狐郎中附狀。』以爲是桂管府罷返洛之確據。　考會昌五年綯已爲郎中（箋三書於會昌四年，云：『寄令狐郎中詩有嵩雲秦樹語，係會昌五年義山病居東洛時作。』），附狀不必其賀拜考中，欠碻者一。張氏之意，固主舊傳會昌五年綯出湖州，然不知吳興志固有駁文（見前），欠碻者二。審閱狀文，通篇都無萬里歸來之意，而『無田可耕，有累未遣，蕭門晝永，或曠日方餐，蓬戶夜寒，則通宵罷寐。』純見久廢情景，欠碻者三。歸途商於，已屆秋深（見前），赴選須以冬集，而狀云『淹滯』，中間時日，實不相容，且篇末何不預露入京趨見之辭乎？欠碻者四。余尤所注意者，狀有云：『今者運屬長君，理當哲輔』，此種口氣，應屬會昌六年三月宣宗即位後不久之時，若在大中二年秋，則即位已逾兩載，不應如此行文，故余絕不敢傅會爲大中二年作也。商隱入京，張固據上鄭州李舍人狀定爲五年，然亦嘗舉出可疑之點，箋三，會昌六年賀翰林孫舍人狀注云，『舊書紀，轂（瑴）爲兵部員外郎充職書於本年二月，而義山入京則在去歲，上鄭州李舍人狀可證，此狀有某厚承恩顧，未獲趨承——語，豈義山是時尚未至京耶？』五年之譜，雖書『十月服闋入京』，大中二年之說，又謂『服闋入京則武宗已崩』，合觀上韋之狀，斯五年至京說大有可疑，或後來行期有變，至五年春末尚滯洛陽也。韋舍人，箋三疑有翼，然有翼是否二年官舍人，史無明文，苟依余所指，狀作於會昌六年，則韋舍人殆是韋琮；翰學壁記，琮於會昌四年九月拜中書舍人，惜下文闕佚，姑假其六年四月仍是中舍，不爲無理（參壁記注補）。總之，不論舍人確否爲琮，其狀斷不類大中二年作，此說果成立，則是年先返洛後赴京之主張，完全失其根據矣。上范陽公啓，『去年遠從桂海，來返玉京』，未及洛陽，可旁證也。

十四、大中三年京兆尹　箋四云：『馮氏曰，尹稱牛僧孺曰吾太尉，當是牛氏宗黨，與弘正（止）必不合。案舊紀，大中五年有京兆尹韋博罰俸事，或卽其人歟。』余按嘉泰會稽志，李拭大中二年二月自京兆尹授浙東。又劉沔碑，關中石刻文字二著爲大中二年十一月，撰人韋博結銜曰『朝請大夫守左諫議大夫』，新書一七七博傳：『因行西北邊商虜疆場，還奏，有旨進左大夫，爲京兆尹。』舊紀一八下除前引外，尙有五年十月己亥京兆尹韋博奏京畿富戶爲諸軍影占一條，但細閱沔碑，沔卒大中二年十一月七日，其立碑斷應在後，寶刻類編作十二月。故苟會稽志年月不誤，拭、博之間，尙有一人，博固許卽樊南文之京尹，然仍待確證也。

十五、李珏召爲吏尙　箋四系大中四年，云：『考舊紀，是年河陽節度使已有李拭，則珏之內召，必在三、四兩年間也，以補編有爲范陽公賀吏部李相公啓，姑載是年。』余按方鎭年表四，河陽，大中三年著珏及拭，說當不誤，但所引樊南、樊川兩文，仍非確證。考會稽太守題名記，拭在浙東三年十月追赴闕，當卽代珏，故四年九月拭又自河陽還太原也（後一節見舊紀一八下）。賀珏啓又云：『有手足凋零之痛。』應是簡辭卒於三年，此可補舊、新傳之略。

十六、山南薛從事僚遜之府主　箋四從馮說定爲封敖，但鄭涯亦有可能，參翰學壁記注補。

十七、韓瞻以員外兼內職　迎寄韓魯州瞻同年詩，箋四依馮說改果州，系大中五年，云：『據留贈畏之詩自注，時將赴職梓潼，有中禁詞臣尋引領句，證以赴職梓潼留別畏之員外同年詩，佳兆聯翩一首，是韓瞻未出刺時當以員外郎而兼內職。東觀奏記載夏侯孜爲右相，以虞部郎中韓瞻聲績不立，改鳳州刺史，夏侯孜入相在大中十二年五月，則瞻早由果州還朝遷郎中矣。』余按中禁詞臣尋引領者，頌其有詞臣希望，應著眼『尋』字，翰學壁記既無瞻名，若是知制誥，又當稱舍人，故知張所揣不合也。今郎官柱勳外見韓瞻，當未出守時所官；又嚴州重修圖經刺史題名，韓大中十二年四月七日自□州刺史兼本州鎮遏使拜，復據新表，孜於大中十三年八月方改中書侍郎(卽右相)。由此觀之，瞻或歇歷外郡，至大中十二年四月後方入朝爲虞中也。箋謂大中十年春畏之必亦由果州還朝，殆不碻。

十八、檢校工部郎中　爲河東公上西川相國京兆公書，『今謹差節度判官李商隱侍御往』，馮氏詳註八云：『本傳檢校工部郎中，此專曰侍御，是舉憲銜稱之。』是也。箋四乃云，『案補編爲河東公復京兆公啓，事在六年，亦稱節度判官李商隱侍御，疑檢校工部郎中或當在七、八兩年間，此時尚未奏加也。』余按白氏集三一有韋審規可西川節度副使御史中丞李虞仲崔戎姚向溫會等並西川判官皆賜緋各檢校省官兼御史制，省官卽郎中或員外郎，可見商隱亦當爲檢校工中兼侍御史，猶諸節度使常檢校京官兼大夫，觀察使常檢校京官兼中丞，其帶憲銜者所以持法臨民也，張氏闇於官制，故而生疑。

十九、王母廟兩詩　華嶽下題西王母廟，馮編會昌六年，箋從之，又華山題王母祠，馮不編年，箋四編大中五年。余按兩詩皆七絕，安見不同時作？若曰舊本已分，且題目小異，則須知集非原面目，多由後人掇拾來也。與陶進士書：『正以往年愛華山之爲山，——間者得李生於華郵，爲我指引巖谷，列視生植，僅得其半；又得謝生於雲臺觀，暮留止宿，旦相與去，愈復記熟；後又得吾子於邑中，至其所不至者，於華之山無恨矣。』則早年華山游蹤甚密，竟無一首留題詩，吾斯未能信。詩意拙於參悟，不欲多論，姑一發之。

（丁）失鵠

一、三十六　舊本傳：『與太原溫庭筠，南郡段成式齊名，時號三十六。』因三人俱行十六，故有是稱，易言之卽『李溫段』之綽號耳。自新傳改爲『號三十六體』，添一『體』字，易指人而指事，已失原意。箋更云，『三十六體亦指文言』，謂其稱限於文，尤誤中之誤。

二、代諸郎中祭太尉王相國文　箋一云：『案此篇全唐文與劉禹錫互見，……論文格似近夢得，或非義山之文也。』按文云：『維太和四年月日，某官等敬祭於……元亮等。』元亮卽趙元亮，見郎官柱左中，諸郎中左中最高，故由元亮領銜，覈其時代正合。四年初禹錫方以郎中充集賢，必在與祭之列，所以由其秉筆。若商隱則是歲方居天平幕，無緣捉刀。倘謂千里外求敎於年未弱冠之書生，南省中袞袞諸公，其能堪耶？故就事實論，可斷必非李文。

三、令狐楚卒日　舊紀書十一月丁丑，箋一云：『案劉禹錫楚集序，開成二年十一月十二日薨於漢中官舍，享年七十，紀書十一月辛酉朔，則丁丑非十二日，疑誤，俟考。』按此不誤也，唐實錄書法於外臣之卒，率以報到日爲準，固因追書不便，尤與廢朝有關，據通典一七五，興元去西京取駱谷路六百五十二里，快行五日自可達，丁丑，十七日也。

四、河陽李執方移易定　箋二書會昌元年；按方鎮年表四及考證，王茂元鎮河陽代執方，據通鑑在三年四月，應從之。

五、獻劉舍人啓狀　錢云：『文稱聖政維新，似會昌初作。』是也。箋二誤辭尉求調爲武宗初即位時（辨見前），因同編於開成五年，非是。箋又云，『狀有因緣一命，羈屑三年語，自開成二年登第數之，至開成五年辭尉求調，正三年，狀爲是年所作無疑。』按二年數至五年是四年，張謂是三年，古人無此計數法。且登第尙未入仕，惟開成四年釋褐後補弘農尉，始是一命之官，由四年至會昌元年求調，故曰羈屑三年也。張短於注釋駢儷，遠不逮其中表吳（廷燮）矣。抑德裕以五年九月至京，商隱以是月東去，而啓云：『卽日補闕令狐子直顧及，伏話恩憐，……方今聖政維新，朝綱大舉，徵伊皋爲輔佐，用褒向以論恩。』狀云：『違闕稍久，結戀伏深，前月獲望門牆，値有賓客。』皆是商隱入居京邸口氣，殊不容系諸五年也。依此推之，獻舍人河東公啓亦應同改編會昌元年方合。

六、嗣復自湘竄湖必過桂林　此箋河內詩八桂林邊九芝草二句之辭也。按韓愈貶潮，經商鄧、宜城(襄州)、昌樂瀧(樂昌)、始興江口等地(參韓子年譜七)，謂必經桂，乃閣於里地者之言也。

七、爲濮陽公上白相公杜相公崔相公馬相公鳳翔崔相公賀正啓　箋三，大中元年下，『錢氏云：濮陽當作滎陽，案馬相公當係追稱，杜相公上當有西川字。』余按鄭亞居桂管先後只一年，則賀正必二年之正，今據新書宰相表，元二年間之宰相，尚有韋琮，不應缺漏，馬植二年五月始相，相公雖可追稱，然試問啓中『伏惟相公……小甘茂之十官，倅叔敖之三相』，能適用於致植之箋乎？馬字直是『韋』訛，崔相公則兼門下之元式及河中之鉉也，時琮方在東川，作西川亦誤。

八、未敍朝散　杜牧有新轉南曹未敍朝散初秋暑退出守吳興書此見志詩，李詩『人間惟有杜司勳』，馮註一云：『惟既轉南曹，何以仍稱司勳，豈以新轉未敍故耶？』箋四謂馮註似未確，但於未敍朝散語弗能加以詮釋。余按唐制章服依散階論，五品始得服緋，故散階未及者常有賜緋之舉，朝散大夫從五品下，一加朝散，便可服緋，無需乎特賜；散階之轉，除特恩外，常於改官時行之，牧所由云既轉南曹未敍朝散也。白氏集一八初除尚書郎脫刺史緋詩：『親賓相賀問如何，服色恩光盡反初，頭白喜拋黃草峽，眼明驚拆紫泥書。便留朱紱還鈴閣，却著青袍侍玉除，無奈嬌癡三歲女，繞腰啼哭覓銀魚。』同集一七又有初除官蒙裴常侍贈鶻銜瑞草緋袍魚袋因謝惠貺兼抒離情，及初著刺史緋答友人見贈兩詩，蓋刺史例得假緋以重其臨民，解刺史後如散階未至，仍返衣綠，故曰刺史緋也。同集一九重和元少尹詩：『白頭俱未著緋衫，……朝散何時得入銜。』酬元郎中同制加朝散大夫書懷見贈詩：『靑衫脫早差三日，……五品足爲婚嫁主，緋袍著了好歸田。』初著緋戲贈元九詩：『那知垂白日，始是著緋年。』又有初加朝散大夫又轉上柱國詩，合觀之，足見唐官對朝散著緋之重視。至馮註所云牧『出刺江郡，自有失意之歎』，則又不然，牧刺湖州，蓋力求而始得者也，參拙會昌伐叛集編證一一二頁。

九、鄭畋罷渭南尉　箋四云：『畋加制誥自陳表云：臣會昌二年進士及第，大中首歲書判登科，其時替故昭義節度使沈詢作渭南縣尉，兩考罷免，楊收以結綬替臣……惟罷尉年月未詳。畋旣與楊收相替，檢舊書收傳云：悰移鎭西川，管記室，宰相馬植奏授渭南尉充集賢校理，改監察御史。杜悰鎭西川在大中二年後，而三年義山正在京，則畋之罷尉，必在其時。』余按唐制一歲爲一考，兩考罷免，則畋表已明言大中三年罷矣。詢於大中元年五月已自拾遺充翰學，又馬植三年三月罷相，其奏授楊收應在前，兩合之而畋官渭南之期間益躍然矣。

（戊）錯會

一、馬總贈僕射　箋一，長慶三年云：『案總二年已加左僕射矣，而新舊傳皆云卒贈右僕射，補編爲馬懿公郡夫人王氏黃籙齋文書故戶部尙書贈左僕射臣馬總，紀傳文疑互誤。』按舊紀一六，長慶二年十二月，『以前天平軍節度使馬總檢校左僕射，守戶部尚書。』所加者祇僕射虛銜，卒後所贈乃僕射實官，張未會檢校字，故云然，惟左、右必任一訛耳。箋三固知辨崔鄲檢校右僕射與眞除有別，何竟明於彼而闇於此？

二、王茂元衣朱　祭外舅文：『旋衣朱紱，入謁皇闈。』箋一云：『參以（陳情）表中旋帶銀章，似有入爲京職之事，當是於元和十三年由河中入朝，十四年出刺歸州也。』按唐文『銀章朱紱』即『賜緋魚袋』之典語，此謂賜緋後入朝，非言充京職也。入朝亦得爲十四年，不定在十三年。

三、招國李十將軍　馮詩註一：『初疑執方本金吾衞將軍也，然開成二年六月出鎭河陽，與秋塵之字不合，且執方德望，豈宜瀆以狂言，當別是一人。』箋一附開成二年，仍持執方之說以實羨婚王氏之解。余按上河陽李大夫狀及上忠武李尙書狀均稱執方二十五翁，是執方非行十，李十旣非執方，則羨婚王氏云云，純出小人之腹矣。

四、爲濮陽公上陳相公第一狀　箋一云：『案狀爲陳夷行初入相時作，……惟是年義山實未入茂元幕，豈爲人所還倩而作耶？』按狀云：『伏見今月某日制書，奉承相公顯由起部，光踐黃樞，唯彼秦宮（官），必加漢相。』據通典二一：『門下侍郎秦官有黃門侍郎，漢因之，……凡禁門黃闥，故號黃門。』門下侍郎，玄宗時亦嘗一度改稱黃門，黃樞卽黃門也。狀又云：『昔荀悅榮登，止通左氏，張華寵拜，空對建章。』據後漢書六二及晉書三六，悅、華均曾拜黃門侍郎。凡此皆頌祝夷行進門下侍郎之詞，故狀下文復有『爰從正位』語，蓋前以工侍同平章事，猶是準相而已。新表六三，開成三年，『九月己巳，夷行爲門下侍郎。』此正三年入涇原幕後作，張氏殊疎於數典。

五、濮陽公賀丁學士啓　箋一誤爲開成二年賀居晦轉司封郎中知制誥作，已於學士壁記注補辨正。據壁記，開成三年八月十四日居晦遷中舍，與前條賀夷行正是同時後先之作，張兩失其的，無怪乎有『本年爲濮陽代作表狀，或者議婚時藉此爲媒贄』之想入非非矣。

六、開成三年二月翰林學士承旨柳璟遷中舍　箋二謂據壁記，但壁記璟並未加承旨，張引誤。璟遷中舍殆在五年二月，說見拙著壁記注補。抑璟此遷與商隱詩文無關，殊覺無緣闌入。

七、霜憲及風憲　箋三云：『再據官告狀云：榮假冬卿，顯分霜憲。官後狀云：往在番禺，已分風憲，及臨安定，又假冬卿，是茂元出鎭嶺南已加御史中丞。』余按唐制，雄藩例兼御史大夫，觀察率兼中丞，此指大夫言，非中丞也。

八、韋溫除陝虢觀察　箋二附開成五年，云：『文集有爲京兆公陝州賀南郊赦表，……當太史撰日之際，猶立漢庭，及宗伯相儀之時，已辭魏闕。則溫之赴陝，當在會昌元年正月間，姑附此。』余按會昌元年正月九日辛巳南郊，大禮之預卜，儘在一月已前，溫之出陝，可決爲五年歲底也。

九、魏博節度何進滔卒　箋一云：『舊紀則書於十一月，考義山移家從調，以贈別令狐補闕詩證之，事在本年夏初。補編有上河陽李大夫二狀，上李尚書一狀，皆移家時執方假騾馬賜物致謝之作，惟中一狀云，昨者故侯，實有逆子，敢因微策，密有他圖，人得而誅，天奪之魄，盡窮餘黨，半在中權，此際誠合絕洹水之波，腥長平之草，二十五翁曲分蘭艾，大別淄澠，飛魂不冤，枯骨猶媿。……所言卽指弘敬事，使弘敬盜位果在十一月，則與義山移家之時不合，且十一月義山正留滯江潭，安得如此。……玩狀白露初凝，朱門漸遠二語，寫景乃秋時，則弘敬事必更在前，斷非十一月，舊紀書此於本年之末，蓋亦不詳其爲何月耳。』余按通鑑二四六，進滔卒於十月，差雖一月，要不在秋前。狀文故侯一段，實承上執方處分河陽亂事言，故侯指李泳；通鑑云：『節度使李泳奔懷州，軍士焚府署，殺泳二子』，當卽狀之逆子，史文過略，未得其情耳。故侯猶前侯，非已故之謂，如曰不然，狀方敍河陽亂事，如轉入魏博，自應特提，今云『昨者故侯』，於語安乎？重霸自知留後，朝廷且屬兩鎮使相勸，未敢討叛，商隱可遽稱曰逆子乎？執方、劉約之勸，重霸均不聽命，則蘭艾淄澠，更屬無着，試問執方有力處分魏博事乎？狀文本與移家不相觸，惟誤解故侯爲進滔則相觸；若夫江潭之遊，純是空中樓閣，前已辨之。

十、何重順　箋二云，『又案舊紀，何重霸賜名重順，新傳則重順乃本名，賜名弘敬，考會昌一品集諸詔敕皆作弘敬，舊書進滔傳亦同，則紀文疑誤。』按一品集六固見重順名，餘參拙著唐史餘瀋。

十一、韋潘前輩　箋二云：『集有十字水(期)韋潘侍御同年，此稱前輩，未知是一人否？』余按唐人用『前輩』、『先輩』字甚泛，黃御史集有二月二日宴中貽同年封先輩渭詩，此稱同年爲先輩之例也。劉禹錫有送李庚先輩赴選詩，是開成末作(參拙著續貞石證史)，時禹錫年將七十矣。兩韋潘應是同人。

十二、裴休爲宣歙觀察　箋三系會昌六年誤，應依方鎮年表考證作大中元年，爲滎陽公上宣州裴尙書啓作於元年之初，所云李處士十一月初離此訖，係追述六年底事，其時休當在湘任，『託之好幣』者，託致湖南，非託致宣州也，如此說法，情事便通。若張氏所據『唐語林載裴相爲宣州觀察，朝謝後閒行曲江遇廣德令事，下云宣宗在藩邸聞之，常與諸王爲笑樂。』則說部不經之談，蓋休從湖南調宣歙，安得有朝謝閒行曲江之事？如謂追赴闕而後外除，亦與啓『辜負明時，優游外地』及『託之好幣，十一月初離此訖』，情節不相合也。

十三、東郊非洛陽　偶成轉韻詩：『明年赴辟下昭桂，東郊慟哭辭兄弟，韓公堆上跋馬時，迴望秦川樹如薺。』箋三代元城吳令暗爲答云：『時赴桂管，先至洛下，追感舊歡，假以寫怨。偶成轉韻詩所謂東郊慟哭兄弟，正此時矣。』以東郊爲洛陽，誤甚。唐人自關中至荊湘通道，具詳前五松驛條；即就商隱此行言之，上度支盧侍郎狀稱：『某行已及鄧州』，上漢南盧尙書狀稱：『假途奧壤』、『前騰郢路』，可見是道出商鄧、襄郢。玉谿詩註二亦云：『白香山集，韓公堆在藍橋驛南，商州北。』長安志：韓公堆驛在藍田縣南。』自長安視藍田爲東南，故自東郊出發，詳言之則長安東郊耳。箋上文釋隋宮守歲詩消息東郊木帝迴云：『蒲在西京東北三百里，亦可謂之東郊。』何此處竟泥是洛陽？（東郊木帝是聯系語，張實指永樂，亦不可信，姑執矛以攻盾耳。）更有强反證焉，商隱弟羲叟登大中元年進士，進士通於二月放牓（見登科記考凡例），則是時羲叟當仍在京，乃以爲赴洛走辭，直同夢囈矣。

十四、周墀入相月　箋三系大中二年正月，云：『案樊川集周墀墓誌，今天子卽位二年五月，以本官平章事。新紀同，舊紀則在三月。考牧之內召在大中二年，而上周相公啓有伏奉三月八日敕除司勳員外郎史館修撰語，其時已稱相公，則墓誌五月疑係正月之誤。』余按牧上周相公啓，『不意相公拔自污泥，昇於霄漢』，則牧轉官斷在墀拜相後。墀相，新紀及通鑑均不著日，是啓之三月八日，亦得爲正月八日訛，所誤在彼不在此也。（新表書正月己卯上當奪五月字。）况樊川集三除官歸京睦川雨霽詩，『秋半吳天霽，……時節到重陽。』如果三月下詔，何至八、九月間始離睦任，『三』爲舛文，可無疑矣。

十五、翰林學士承旨　與一般翰林學士異，略見前柳璟條，元稹承旨學士院記，『始命鄭公絪爲承旨學士，位在諸學士上』，其文甚明，承旨猶諸淸之軍機章京領班，今之祕書長。與章京、祕書不能混視也。今箋四，大中三年『二月翰林學士承旨令狐綯拜中書舍人。』此時綯實未加承旨，抑翰學是差非官，謂由翰學拜中舍，亦屬不辭，應正云翰林學士考功郎中知制誥……也。後此如四年二月之畢諴，六年七月之庚道蔚，八年五月之蕭寘，十年正月之庚道蔚，均誤翰林學士爲翰林學士承旨，參拙著翰學壁記注補自序。

十六、柳仲郢兵部侍郎充鹽鐵轉運使　舊傳，徵爲吏部侍郎，入朝未謝，改兵部侍郎，充諸道鹽鐵轉運使，通鑑二四九系大中九年十一月，箋四據新宰相表裴休罷相出宣武在十年十月，謂仲郢代領鹽鐵，必在其時；然又引新表八年十一月休罷使，英華韋有翼授東川制結銜曰兵部侍郎鹽鐵使，唐語林韋有翼尙書判鹽鐵，疑仲郢入朝即代有翼，其論矛盾殊甚。余按休之罷相年月，諸說紛紜（參拙著方鎮年表正補），今且勿論，但宰相中間罷判，事所常見，會要之文，不可泥解（參箋大中十年注）。唐制：戶部、度支、鹽鐵稱三司，皆以他官判（說亦見箋三大中元年），舊傳之『改兵部侍郎充諸道鹽鐵』，依常例自應一氣連讀，柰張氏先入爲主，必謂『入朝未謝，改兵部侍郎是一事，充諸道鹽鐵又是一事。』己之失句，而反譏馮氏誤讀，更諉於史家歧文，多見捉襟見肘耳。

（乙）缺證

一、平陽之郡　請撰處士李誌狀：『時重表兄博陵崔公戎，表姪新野庾公敬休，平陽之郡等。』箋一云：『句有僞脫。』察其文義，平陽是郡，與博陵、新野相對舉，則『之郡』當爲姓名之譌奪。元和姓纂、平陽路姓望，路羣，太和三年充侍講學士，累遷中書舍人，即懿宗相路巖之父，由此校之，應正云『平陽路公羣等』也。

二、上張雜端狀　文有保定賢弟昨至語，箋二云：『錢氏謂後有爲濮陽公補保定尉張鴻巡官牒，疑卽其人，是涇原時作。』按狀又云：『是觀玉季，如對金昆。……況不羞小官，無辭委吏，一枝桂既經在手，五斗米安可折腰？侯館屈才，固難維縶，前籌佇美，卽議轉遷。端公厚賜眷知，又聯姻好。』與補保定尉張鴻巡官牒：『過藺成射策之年，誠思屈跡；當陸展染髭之日，難議折腰。屬賓楊方施，使車旁午，假其侯館，聊免沒階。』語氣正合。然『維縶』、『轉遷』，不切商隱身分，是此狀亦代茂元作，應補『爲濮陽公』四字也。祭張書記文列名『安定張某』，馮註六疑皆茂元壻，以『又聯姻好』句覘之，張某殆雜端子弟，惜皆缺其名矣。　雜端余頗疑卽曾充牛僧孺淮南副使之張鷺，但乏碻證。

三、蘄州李郎中　爲汝南公與蘄州李郎中狀，錢氏補編以汝南爲濮陽訛，箋二編開成五年，皆是也。　唐詩紀事四七，李播登元和進士第，以郎中典蘄州，廣記二六一。唐郎中李播典蘄州，又劉夢得文集二八有送蘄州李郎中赴任詩，余嘗薈合數證，謂播初典蘄應在會昌二已前（參方鎮表正補荆南盧弘宣）；今參此文，又知開成五年播已出守，與余前說合，此李郎中卽播，更無疑矣。　樊川集九進士龔軺誌：『會昌五年十二月，某自秋浦守桐廬，路由錢塘——時刺史趙郡李播曰。』同集一〇杭州南亭子記：『趙郡李子烈播，立朝名人也，自尙書比部郎中出爲錢塘。』知播系出趙郡，字子烈，惟比中是典蘄已前所官，抑典蘄後又入爲比中，無可確考矣。

四、鄧州周舍人　箋二編謝啓於會昌元年，云：『義山大中元年隨鄭亞赴桂管，上盧侍郞狀有某行已及鄧州語，二年自巴蜀歸，陸發荆南詩有鄧橘未全黃語，一正春夏之交，一在秋，皆與此啓孤燭扁舟，寒更永夜，寫景不符，則當是開成五年湖湘歸途作矣。是時義山方赴嗣復幕，至則嗣復已貶，失意而歸，所謂始邂逅於江津，又差池於門宇也。惟黃陵相別，乃係春雪之時，而文中所敍又似冬令，要無庸泥看矣。』余按鄧橘一句是歸墅詩，非陸發荆南詩，張引誤。橘至仲冬始全黃，不限於秋景，集有九月於東逢雪，於鄧相近，寒更句亦不定表冬深。啓冠鄧州，是時周當官州刺，舍人者，稱其前此之內官要職也，考翰學壁記，周敬復會昌二年九月守中書舍人出院，大中四年十二月自華州刺史授江西觀察，中間七年歷官不詳，余信此周舍人必卽敬復。蓋自西掖出歷數州刺史，邂逅江津，卽追溯李與周相識之始，於烏有之赴幕無關；循此推之，啓作於大中二年歸途，可無疑也。江鄉南遊，本是杜撰，何怪寫景不符。

五、李舍人　箋三謂上李舍人第一狀之李舍人非李褒，其說甚碻。據余考證，舍人名訥，詳翰學壁記注補。

六、爲裴懿無私祭薛郞中袞文　箋三系會昌四年，解懿字爲戚懿，謂『裴與薛是戚懿或與義山亦有戚懿』云云，說極矯強，不可從。文本不著年，箋因疑薛郎中與劉稹將薛茂卿為兄弟，又裴涉稹妻裴氏，故系之此年。余按郎官柱左外祠中有薛褒（集刊八本一分拙著），浙西觀察使苹子，吳興志一四，『薛褒會昌六年八月十日自安州刺史拜，卒官。』其下一人為令狐綯，大中元年三月授，則褒卒官似在二月。考祭文云，『漢棨出牧，晉議州兵』，言薛郎中之出守也。『橘稅既集，茶征是親，鷁度雪而去遠，鵠下亭而暝頻，……終自膏肓，傅於骨髓。』征茶、雪水皆湖州用典，（元和志二五，『貞元以後，每歲以進奉顧山紫筍茶役工三萬人，累月方畢。』又雪溪一名苕溪。）言薛郎中之守湖而卒也。唐人重內官，故稱郎中，合比之，知衰為褒之壞字，斷無疑矣。唯文言『翟虜氛興，殷楹夢起』，與大中元年不符，意吳興志之除授年月及接替，或不實不盡歟？文內殄灌宗，傾王氏二句，弗可泥看，至『將歡宋子，俄放湘南，……今則言去彬（郴）江，當移澧浦，稍脫疑網，猶罹罪罟』，不過言初謫郴州，今雖量移澧州，尚未還我本原耳，張謂因稹妻牽累，恐未必然。

七、於江陵府見除書狀　按此題不合，應云賀某某狀；其『於江陵府見除書』，係狀內之詞，接下伏承『榮兼史職』而言，後人既佚其題，遂截狀首七字以代耳。十三丈（全唐文訛十三大）錢氏謂指周墀，箋三云：『考周墀監修國史在二年拜相後，豈是年即已兼領史館乎？傳無可證，或別是一人也。』余意錢說頗可信，墀或帶集賢學士史館修撰，與拜相後之監修國史小異也。

八、河南崔尹　方鎮年表陝虢考證：『杜牧(崔)璪授刑部尚書制，……分憂陝服，尹茲東郊，……此璪鎮陝在河南尹之前之證，以樊南文集補編爲滎陽公與河南崔尹狀考之，璪於大中元年爲河南尹。』按璪是宰相珙介弟，故狀文稱十五丈。舊書一七七本傳，『會昌初，出爲陝虢觀察使，遷河南尹，入爲御史中丞，轉吏部侍郎，大中初，……』其紀年不足據也。(參下條)

九、京兆李尹　爲滎陽公與京兆李尹狀，箋三系大中元年，亦云未詳。余按狀云：『伏承榮膺新命，……然五歲之中，二都咸歷，東京圭表，已肅於殷頑，西雍山河，佇奔於晉盜。』據新書一四六李拭傳：『仕歷宗正卿，京兆尹，河東鳳翔節度使，以祕書監卒。』又通鑑二四八，會昌五年，『夏四月壬寅，以陝虢觀察使李拭爲冊黠戛斯可汗使。』然拭並未行(拙著會昌伐叛集編證一二三六——七頁)，又唐會稽太守題名記，『李拭大中二年二月自京兆尹除檢校左散騎常侍授』，是商隱文之京兆李尹，斷是李拭。但會昌五年正月河南尹尚爲盧貞(見本箋)，合觀上引通鑑，拭尹河南應在同年四月後，由會昌五年數至大中二年，亦不過四年，則疑狀『五歲之中』應正作三歲(三、五互訛，例如前舉樊川集)，簡言之，則拭因冊黠戛斯未行，同年改授河南尹，越兩歲，即大中元年，改京兆尹，新傳甚略，故不詳河南尹也。拭去河南，璪繼其任，此狀與前一狀蓋同時發矣。

十、義成周墀入爲兵侍　箋三據舊紀系大中元年，云：『案杜牧之所撰墓誌云，遷禮部尚書，鄭滑節度使，九歲入拜兵部侍郎度支兼戶部吏曹事，今天子即位二年五月，以本官平章事。九歲九字必譌，惟誌敍今天子即位於判度支後，又似判度支在宣宗即位之前者，考墀遷義成在會昌六年十一月，若如誌文，不應內召如是之速，豈史文有誤耶？』余按墀於大中元年行取入京，除『江陵府見除書狀』外，尚有一證；大中二年商隱賀相國汝南公啓云：『而契闊十年，流離萬里。』（全唐文七七八）商隱會昌二年之初，尚留連華幕，有爲汝南公賀彗星不見復正殿等表可證。三年東下，或因母喪未曾入謁，此後四年，墀自華遷江西，六年改義成，均與商隱不相值，由會昌二數至大中二，前後七年，十年契闊或爲七年之訛，否則舉其成數亦可通。假如墀於會昌六年召入，則商隱未赴桂管前儘能相見，此墀大中元年二月後內召之旁證也。牧所爲墓誌，側重入相，故以『今天子即位』冠於作相之年，其實入拜兵侍，已在今天子即位之元年矣，讀古人文字，宜兼顧筆法，不能徒就表面泥解也（古人撰文幷非備爲我輩考訂之用）。九歲，文苑英華注九一作暮，然暮歲亦不可通，以余參之，當是『一歲』，『一』寫作『乙』，又轉訛『九』，如是則恰與會昌六年改義成，大中元年召入相符矣。

十一、李回賀州之貶　箋四云：『似在大中二年，與衞公貶崖相先後。』按通鑑二四八，大中二年九月甲子同書德裕貶崖，回貶賀，史有明文也（王秉恩序曾引大詔令爲證）。

十二、李德裕歸櫬年　箋四始附大中九年，陳寅恪兄據晚近出土李濬撰郴尉李燁及燁自撰亡妻鄭氏兩誌，斷在大中六年，且釋無題詩『萬里風波一葉舟』爲此時作，說頗可信。今在由德裕自撰妻（非妾，別有說）劉氏誌煒所附記『壬申歲春三月，扶櫬帷裳，陪先公旌旐發崖州，……首涉三時，途徑萬里，其年十月，方達洛陽』推之，則過江陵當是中秋（是歲閏七月），惟無題詩若是活看，正不定商隱親至江陵耳。

十三、爲河東公與周學士狀　箋四云，柳幕作，不能詳其何年。余按箋三，開成三年下爲河東公上揚相等八狀，經張氏考定河東爲濮陽之訛，已無疑問，獨此一篇猶成漏網，其實亦代茂元作也，說詳翰學壁記注補周墀條。

十四、上考功任郎中狀　箋四云：『案錢氏據華省名曹，南臺雜事語，謂即本集上崔相國啓之任侍御憲，詳彼啓似爲幕僚，此狀所言確爲京職，唐郎官石柱題名戶部郎中度支郎中祠部郎中皆有任憲名，而考功郎中未載，其前後蒞官無考，不能定爲何年作也。』余按全唐文七七五收此篇，題無考功字，然今郎官柱考中欄甚殘泐，不能斷其誤否也。據柱題名憲歷官祠外，祠中（非度中，參拙著郎官柱題名），戶中，勳中，狀之『華省名曹，南臺雜事』，賀任氏以郎中兼侍御史知雜事也，其爲憲可無疑，循題名次序，狀應晚年所作。

十五、弘農公　集有爲弘農公上虢州後上中書狀云：『伏奉某日制書出守，以某日到任上訖。……

某因緣儒術，塵汙郡符。』又爲弘農公虢州上後上三相公狀云：『豈意相公拔自曲臺，致之近郡。』錢氏補編疑楊知溫，箋四謂其未的，是也。箋云：『劉夢得集有寄楊虢州與之舊姻詩，首云：「避地江湖知幾春，今年本郡擁朱輪。」必卽其人。夢得外集又有祭虢州楊庶子文云：維太和六年月日，中敍楊之仕履甚詳，云：歷佐侯藩，拾遺君前，克揚直聲，不慍左遷，五剖竹符，皆有聲績，南湖潛化，巴人啞啞，比陽布和，戰地盡闢，壽春武斷，姦吏奪魄，滎波砥平，士庶同適，朝典陟明，俾臨本州，靜治三載，臥分主憂，……則楊於太和六年卒於虢，而祭文言靜治三載，其出刺當在太和三、四年間，惜名無考耳。檢夢得詩集又有寄唐州楊八歸厚詩，合之祭文比陽布和二語，似虢州卽爲歸厚也。……惟第二狀拔自曲臺語不符，或楊倘有入蒞京職事，祭文所敍從略歟？』按夢得集之楊虢州爲歸厚，誠屬無疑（余別有考），然唐人重郎官，歷典五州，曾未省略，何此獨不言　是知李集弘農公之必非歸厚也。以余求之，此弘農公殆什九爲名傳於今而曾注荀子之楊倞；沈亞之送韓北渚赴江西序：『北渚賓仕於江西府，其友相與訊其將處者而誰歟？曰：有弘農生倞耳。』倞爲汝士族子（非汝士子，說見拙唐史餘瀋），曾官主客郎中，其前一名爲高少逸（郎官柱），約在開成中，則與曲臺（禮部）合。倞元和末注荀子，則與因緣儒術合。會昌四年葬之馬紓誌，撰人題汾州刺史楊倞，合諸郎官題名之時代，刺汾已前，當曾典守他州。循此推之，倞自主中出刺虢州，約當開成四、五年（據新表，四年七月甲辰至五年八月庚午期內，宰相三人），卽商隱守弘農尉時代作，弘農，虢州郭下，宜乎有此代勞矣。若在太和三、四年，則商隱猶未及冠，僅露頭角，今太和六年已前，尚無編年文可考（代諸郎中一篇非李作，辨見前），謝上表狀，詎竟委諸後生小子乎？考訂既竟，欣然有得，蓋由此知儒家之楊倞與詩人之商隱，曾發生一段因緣，前頭史家所未道及也。

十六、爲弘農公上兩考官狀　狀云：『伏見前月十九日恩制：座主相公登庸，某科等受恩，伏增榮忭。閣下同德比義，契重交深，載惟爰立之榮，佇見彙征之吉，下情不任迎賀踴躍之至，伏惟照察。』按前條兩表狀余既得厥解，唯對此狀頗涉惶惑，蓋以唐代制科常特派考官二、四人，與其選者率是清要（如舊紀一七上，寶曆元年考官中舍鄭涵，吏中崔琯，兵中李虞仲三人），倞於元和、長慶間已入仕，則在開成中較爲前輩，而開成四五年新入相者如崔鄲、崔珙，當憲、穆兩朝，並未躋清要，何忽來座主登庸也？忽悟樊南文題目，今多訛衍，狀末述己之地位，爲舊體書啓應有之義，今狀末無典守州條語，況求諸新表，開成四五年鄲、珙均非十九日登庸，惟新紀表書李回入相於會昌五年五月乙丑，即十九日也，然則此狀乃商隱與其同年等所上，故曰『某科等』，商隱稱回曰座主，連張氏所舉兩例，合此而三矣。商隱是時尙居洛陽，故曰『前月恩制』。與回同爲開成三年弘詞等制科考官之兩人，惜姓名無可考（登科記考二一亦漏書回是歲爲考官，可補入）。然一考官登庸而賀及其同寮，得此可略見唐人書牘酬應之繁瑣也。『爲弘農公』四字應衍，並改編會昌五年。

十七、赤狄及翟虜　箋曾言唐文虜字或用指叛將，余按祭外舅文：『赤狄違恩，晉城告變，假三齊之餘醜，犯神州之近甸。』又祭薛郎中文：『翟虜氛興，殷楹夢起』，翟與狄通，皆指劉稹之反。從諫本漢人；史記匈奴傳正義引括地志，『潞州本赤狄地。』是指其地，非指其人。唐人隸事頗寬，義取斷章，若在後世，則譏其不切矣。箋未之及，故申述之。

卅一年九月中旬稿成，偶檢得近人朱偰氏李商隱詩新詮一文（武漢文哲季刊六卷三號），所附商隱年表，無非據張譜簡寫，不必覆論。朱云：『惟張氏解詩，往往以意逆之，牽強附會，在在皆是，故其編年詩所列，多由曲解間接推之，未足為憑。』又云：『實則除詩題標明年代或實有事實可資證明外，編年詩頗不易為，寧闕無濫，斯為得耳，』所論碻中張氏之失。顧同人於無題等數十首（同前引四號），又別掀一莫須有之獄，斷為商隱與宮女言情而作，猶是五十步笑百步耳。『寧闕無濫』，竊願釋李詩者謹之。同年十一月下旬仲勉再識於南溪。

李義山詩辨正

例言

一、本篇從張氏手批本輯出。原用朱鶴齡注，三家評，三色套印本。張氏說十九針對紀氏評語之誣，於朱何兩家，偶一及之。茲將三家評有關張氏說者，附注於原詩之後。

一、張氏於三家評外，倘有涉及其他各家之說者，則檢原說附注於張氏說下，以便讀者。張氏說如已概括其說，可知大意者，則從略；張氏搜羅極博，今已不可得見者，則亦從缺。

一、張氏引書有過簡，不易瞭解者，則加按語注明。

一、張氏引用義山原詩，每不書篇名，特加注標出；至引其他詩人詩句則從略。

一、義山詩異文，悉依朱注本注明；其他各家，則只將與張說有關者錄入，以免繁瑣。

一、義山詩，凡張氏說不及者，從略，但僅十之一二而已。名篇鉅製悉在於此。

一、張氏於朱本總目，亦每有識語，大意在說明李詩先後，與後說多複，從略。

李義山詩辨正

張爾田撰

錦瑟

錦瑟無端五十絃，一絃一柱思華年。莊生曉夢迷蝴蝶，望帝春心託杜鵑。滄海月明珠有淚，藍田日暖玉生烟。此情可待成追憶，只是當時已惘然。何焯云：『「珠淚」、「玉烟」，以自喻其文采。』紀昀曰：『以「思華年」領起，以「此情」總承，蓋始有所歡，中有所阻，故追憶之而作；中四句迷離惝恍，所謂惘然也。韓致光五更詩云：「光景旋消惆悵在，一生贏得是淒涼。」即是此意，別無深解。因偶列卷首，故宋人紛紛穿鑿。遺山論詩絕句遂獨拈此首爲論端，皆風牆不動，賢者必自動也。』

『滄海』句指己，言流涕時多。『藍田』句指妻，言埋香日久。錢氏說可從。馮氏偏創異解，謂想其妻之容體，何其陋邪！義山伉儷情深，然見之篇章，多以『無題』晦之，後人奈何加以輕薄也？

此悼亡詩定論，首二句與結相應。『五十絃』取其悲不可止，所謂追憶也。『莊生』句暗用鼓盆義。『望帝』句切蜀，時在梓幕也。『滄海』句言對景流涕。『藍田』句言埋香日久，此所以使人追憶不禁而當時覺不料其至於此也。諸家異說紛紛，皆不可從，惟馮注最得。而其解後四句，尚有誤會處，余爲通之如此。

重過聖女祠

白石巖扉碧蘚滋，上清淪謫得歸遲。一春夢雨常飄瓦，盡日靈風不滿旗。萼綠華來無定所，杜蘭香去不移時。玉郎會此通仙籍，憶向天階問紫芝。何云：『「無定所」則非淪謫，「未移時」則異歸遲。』紀云：『前四句寫聖女祠，後四句寫重過。蓋於此偶有所見而託其辭於聖女。集中此題凡三見，互勘自明。』又云：『戈芥舟曰：「後四句未免落窠臼。」』

『來無定所』似指桂州府罷來京，選爲盩厔尉，既又假京兆參軍；徐州府罷，復選太常博士；所謂『無定所』也。『去不移時』者，似指參軍未幾，又赴徐幕；博士未幾，又赴梓幕。豈非不移時乎？

此詩未定何年所作，題曰『重過』，必在杏靄逢仙迹一首之後。全以聖女自慨己之見擯於令狐也。首二句『上清淪謫』，一篇之骨。『一春』句言夢想好合。『盡日』句則言終不滿意。『萼綠』二句言己方至京相見，匆匆聚合，又將遠去。結二句迴想當日助之登第，正是經此祠之時，奈之何屢啓陳情而不省哉！篇中大義如是，必非僅寫所見也。後四句皆係寓意，謂『落窠臼』，謬矣。

聖女厓在陳倉縣、大散關之間，與褒斜路相近，故首一篇爲興元北歸時作。此當是由京入蜀，赴職梓潼時所過也。若解作由梓幕罷入京時作，尤通。大中十年隨仲郢還朝，正春時也，與『一春』句合。

『去不移時』，謂使府未久也，不必泥看。結言重修舊好耳。

此詩今定爲大中十年由梓還京作，結不作希望語，蓋屢啓陳情不省之後，惟有迴想從前而已。細味詩意，乃可別之。

寄羅劭興 一作與

棠棣黃花發，忘憂碧葉齊。人間微病酒，燕重遠兼泥。混沌何由鑿？青冥未有梯。高陽舊徒侶，時復一相攜。紀云：『三四對法活變，五六微嫌徑直。』

五六暗寓未第之感，不徑直也。

令狐舍人說昨夜西掖翫月因戲贈

昨夜玉輪明，傳聞近太清。涼波衝碧瓦，曉暈落金莖。露索秦宮井，風絃漢殿箏。幾時綿竹頌，擬薦子虛名。紀云：『結句直露，未免意盡言並盡耳。』

結句乃作詩主意，借古人隱說，便不直致，且又切西掖與舍人，此眞玉谿極用意之佳篇。紀氏反病其言意俱盡，試問干謁之意，將如何說法，方爲有餘不盡邪？文章之厚薄，每關乎世運，故一代有一代之文字。詩創於漢魏，衍於六朝，而莫備於唐代。漢魏六朝之詩，樸懋淳古，無句可摘，正如璞玉渾金，未經鬬鑿。初唐體格法制具矣；然其詞高渾，如元氣內涵，無迹象可求。晚唐始漸趨工細，屬對精切，結體森嚴，吐韻淸亮，自古之詩律，至此發洩無餘蘊矣；而其間沈厚之氣息，深遠之神味，仍與初唐吻合，非宋以後所企及也。故評宋以後詩，工拙易見；評晚唐以前詩，優劣難見。宋以後詩，氣味日薄而法制益顯；晚唐則不然，此誠古今升降一大關也歟？因駁紀評，故附論之。

自喜

自喜蝸牛舍，兼容燕子巢。綠筠遺粉籜，紅藥綻香苞。虎過遙知阱，魚來且佐庖。慢行成酩酊，鄰壁有松醪。何云：『時物變遷，三春晤擲，言自喜實自悲也。』

祇取首二字爲題，無他寓意。馮氏定爲永樂閒居時所賦，觀起句及結，似近之矣。

題僧壁

捨生求道有前蹤，乞腦剜身結願重。大去便應欺粟顆，小來兼可隱針鋒。蚌胎未一作永滿思新桂，琥珀初成憶舊松。若信貝多眞實語，三生同聽一樓鐘。紀云：『禪偈爲詩，易墮惡趣，以東坡語妙天下，猶時不免於俚鄙，況下於此乎？無撏撦內典之迹，而山水清音，味含禪悅，則善之善矣。』

此詩與禪偈又別，山水清音亦用不著，無庸苛責。禪偈爲詩，自是一種文字，何至便墜惡趣？眞不通之語。

東坡以禪入詩，多用語錄中俗語，猶諺所謂打諢也，故不免於鄙俚。此詩則引用佛典，非禪偈語也，雖亦出於內典，而雅俗則不同，迴分天壤矣，何至墮入惡趣哉？此等似是而非之評，誤人不淺。

此題本是題僧壁，何處用得着山水清音？不得以王、韋一派概盡天下古今之詩也。

異俗二首

鬼瘧朝朝避，春寒夜夜添。未驚雷破柱，不報水齊簷。虎箭侵膚毒，魚鉤刺骨銛。鳥言成諜訴，一作詐多是恨彤幨。一作襜

戶盡懸秦網，家多事越巫。未曾容獺祭，只是縱豬都。點對連鰲餌，搜求縛虎符。賈生兼

事鬼，不信有洪爐。紀云：『此種選一家之詩則可存，選一代之詩則可刪。』

選一代之詩，何以可刪？此等評語，貌似通論，實則强作解人。

歸墅

行李踰南極，旬時到舊鄉。楚芝應徧紫，鄧橘未全黃。渠濁村舂急，旗高社酒香。故山歸夢喜，先入讀書堂。

此與陸發荆南始至商洛、楚澤二首及下商於詩皆係桂州府罷還東都所作。考桂州府罷在二三月，而諸詩多言秋景，集中又有荆門西下一篇，合之偶成轉韻所言『破帆壞槳荆江中』，似未至東洛之先，由桂至荆門，西入巴蜀。時義山座主李回自西川貶湖南，則義山此行，必屬望於回無疑。觀寄成都高苗二從事，求援之情，可以想見。故又有岳陽樓一詩，歎蛟龍之覆舟，蓋李回畏譏，因而疎之。及回已赴鎮，義山獨留巴蜀，別希遇合，而於是因書、寄北諸詩作矣、北禽一首，慨回之不能援手而入蜀之計左也。參互詳考，了無疑義。此皆玉谿一生行迹之關鍵，讀者務當細心着眼可耳。其餘此不具書，已別詳余所編年譜中矣。

商於

商於朝雨霽，歸路有秋光。背塢猿收果，投巖麝退香。建瓴眞得勢，橫戟豈能當？割地張儀詐，謀身綺季長。清渠州外月，黃葉廟前霜。今日看雲意，依依入帝鄉。紀云：「『建瓴』四句，上下脈絡未融。」

『建瓴』四句借故事以自慨，此正潛氣內轉也。紀評殊昧詩法。

此篇馮氏不能定其爲何年作，余詳味詩意，必係巴蜀歸後，由京赴洛所賦。原編與上首相連，定是一時事也。首二句點時，與陸發荊南一首情景正同。『背塢』二句暗寓沈淪使府。『建瓴』二句比令狐日益尊貴。『割地』二句，自慨巴蜀遇合之無成，受詐於人，謀事之計左矣。『清渠』二句寫景。結言將擬入都重修舊好也。確是大中二年桂州府罷時作。後更有於東逢雪一首，可以互證。馮氏泥於入蜀在歸洛之後，則此段行蹤，終不得的解也。

和孫朴韋蟾孔雀詠

此去三梁遠，今來萬里攜。西施因網得，秦客被花迷。可在青鸚鵡，非關碧野雞。約眉憐翠羽，刮目（一作膜）想金篦。瘴氣籠飛遠，蠻花向坐低。輕於趙皇后，貴極楚懸黎。都護矜羅幕，佳人炫繡袿。屛風臨燭釦，捍撥倚香臍。舊思牽雲葉，新愁待雪泥。愛堪通夢寐，畫得不端倪。地錦排蒼雁，簾釘鏤白犀。曙霞星斗外，涼月露盤西。妬好休誇舞，經寒且少啼。紅樓三十級，穩穩上丹梯。紀云：『語多湊泊，「輕於」二句尤鄙。』

不曉其用意，故以爲湊泊，實則句句妥帖也。『輕於』二句是晚唐詠物法。此篇大中三年從桂管還京選爲盩厔尉，京尹初留假參軍，管章奏時所作，全以孔雀自喻。起四句總起。『可在』四句，言己屬望甚遠，文采如此，當立致通顯。『瘴氣』四句，言不料沉淪使府。『都護』四句，敍京尹賞識之事。『舊思』四句，倘不能滿足之恨。『妬好』二句自解。結則望從此顯達也。義山詩使事命意，無不有寄託，其深處非細案行年，深探心曲，不能領其妙趣也。

人欲

人欲天從竟不疑，莫言圓蓋便無私！秦中久已烏頭白，却是君王未備知。紀云：『詞意淺拙。』又云：『「不疑」當作「可疑」。』

玉谿詩往往有此種不加修飾語，其原亦出於少陵，賴骨格蒼竦，故不覺討厭耳。紀氏謂詞意淺拙，過已。

作『不疑』方與下句『無私』意合，改此一字，卽可知紀氏閱詩之鹵莽矣。

此詩必有所刺，然非艷情亦非譏人帷薄之事。馮氏泥『人欲』二字，謂與可嘆篇同旨，大誤。可嘆一首蓋自嘆遇合之作，余已細爲箋解矣，與此詩命意，相去天壤，安得比而同之哉！案馮注云：『人欲天從，無私而竟有私矣。世間必無之事，乃竟有之意外，惟巧爲自掩，故無由覺也。可嘆深矣，與下此二首同。』馮本下此二首爲吳宮與可嘆。

華山題王母祠

蓮華峯下鎖雕梁，此去瑤池地共長。好爲麻姑到東海，勸栽黃竹莫栽桑。何云：『按穆天子傳，則黃竹是地名，不知作者何所承也？』

紀云：『未詳其意。』

結言當與彼始終相守，直至滄海桑田而不變也。『黃竹』取不改柯易葉意。

幸而紀氏未詳其意，故此首尙未批壞。

此詩亦暗寓令狐重修舊好之作。華山王母祠蓋途次經過，借以託寄也。其桂州府罷由東都入京之所詠歟？時子直內召，漸至貴顯，屢陳情款，皆一時之事迹也。

令狐綯，華原人，故假華山以寄意。與陶進士書亦嘗以華山借喩，可參觀也。

華清宮

華清恩幸古無倫，猶恐蛾眉不勝人。未免被他褒女（一作氏）笑，只教天子暫蒙塵。何云：『與馬嵬詩同失爲尊者諱之意，結又太輕薄。』紀云：『運意佻薄，絕無詩意，學義山者，最戒此種，長孺以爲警策，過矣！』

楊貴妃馬嵬之變，千古傷心之事也。唐人章之詩篇，或嘲或刺，或憐或惘，美矣！備矣！惟溫飛卿華清宮長律不下論斷，詞意尤爲傑出也。此詩意雖深刻，而語則樸實，依然晚唐本色，佻薄一派，不得藉口，但後人頗難學步耳。長孺固過譽，紀評亦太苛也。案長孺謂朱鶴齡。紀氏所引，見其所注義山詩。

楚澤

夕陽歸路後，霜野物聲乾。集鳥翻魚艇，殘虹（一作紅）拂馬鞍。劉楨原抱病，虞寄數辭官。白袷經年卷，西來及（一作又）早寒。何云：『落句與逢雪發端同意。』

於東逢雪是桂府歸後由東路赴京之作，在此篇之後，與九日樽前詩皆一時情事也。馮氏次遊巴蜀於歸東都後，而謂大中三年自蜀入京，而逢雪一篇，無從編定，其桂府罷以後之蹤迹全舛矣。何氏此評得之。

蟬

本以高難飽，徒勞恨費聲。五更疏欲斷，一樹碧無情。薄宦梗猶泛，故園蕪已平。煩君最相警，我亦舉家清。朱彝尊曰：『第四句更奇，令人思路斷絕。』紀云：『「一樹碧無情」句，沈歸愚謂取題之神，李廉衣則譏其纖詭，所見相反，而意可互參。』

起四句暗託令狐屢啓陳情不省，有神無迹，眞絕唱也，非細心不能味之。

『一樹』句傳題之神，何等高渾！而廉衣譏其纖詭，紀氏取之，無識甚矣。

江亭散席循柳路吟歸官舍

春詠敢輕裁，銜辭入半杯。已遭江映柳，更被雪藏梅。寡和眞徒爾，殷憂動即來。從詩得何報？惟感一作看二毛催。紀云：『通首粗獷，殊不稱題。』

此詩極細帖，粗獷之評，吾所不取，豈不容詩人作自負語邪？

潭州

潭州官舍暮樓空，今古無端入望中。湘淚淺深滋竹色，楚歌重疊怨蘭叢。陶公戰艦空灘雨，賈傅承塵破廟風。目斷故園人不至，松醪一醉與誰同？何云：『此隨鄭亞南遷而作。第三思武宗。第四刺宣宗。五六則悲會昌將相名臣之流落也。楚詞以蘭比令尹子蘭，蓋指白敏中、令狐綯。』紀云：『起結皆滑調，結句尤滑，五六似□激，實亦浮聲，一摹此種，即入嘉、隆七子門牆。』

開成五年江鄉之遊，時楊嗣復觀察湖南，不知義山即寓其幕中否？然集別無顯證。頗疑大中二年送李回至湘，再由荊門赴巴閬，別希遇合也。此詩其是時作乎？

起結看似近滑，實倍沈著。蓋沈著在骨，外面不露耳。晚唐勝於後人處全在此。後人無其用意而強學之，便滑矣。中聯分寫古今，迥異浮聲，不得以明七子徒有空架者例之。

哭劉司戶二首

離居星歲易，失望死生分。酒甕凝餘桂，書籤冷舊芸。江風吹雁急，山木帶蟬曛。一叫千迴首，天高不爲聞。

有美扶皇運，無誰薦直言。已爲秦逐客，復作楚寃魂。湓浦應分派，荊江有會源。并將添恨淚，一灑問乾坤。紀云：『李廉衣曰：「結句與前篇犯複。」』

二篇結句皆重疊致哀，語無倫次，方盡哭理，豈可以犯複病之哉！

悼傷後赴東蜀辟至散關遇雪

劍外從軍遠，無家與寄衣。散關三尺雪，回夢舊鴛機。

柳仲郢大中五年夏鎮東川，七月辟義山，是年義山悼亡，赴辟蓋在秋冬之交，故有此詩。馮氏係梓辟於大中六年，時悼亡已年餘，安得云『悼傷後』哉？馮氏曲為之說，謬甚。

北齊二首

一笑相傾國便亡，何勞荊棘始堪（一作悲）傷。小憐玉體橫陳夜，已報周師入晉陽。紀云：『芥舟曰：「病其太快。」廉衣曰：「病只在前二句欠渾。」』

巧笑知堪敵萬幾，傾城最在著戎衣。晉陽已陷休迴顧，（一作首）更請君王獵一回。紀云：『此首較有含蓄，妙於不纖不佻，惟起句稍滯相耳。』

前篇首二句語雖樸而神味極自然。此篇起句亦筆力蒼健，警策異常。紀氏謂其『欠渾』，謂其『滯相』，蓋未統會全篇氣息觀之耳。

街西池館

白閣他年別，朱門此夜過。疎簾留月魄，珍簟接煙波。太守三刀夢，將軍一箭歌。國租容客旅，香熟玉山禾。紀云：『後四句不甚可解。』

觀『太守』二句，疑此街西池館，卽茂元在京之宅。當是義山未成婚之前，卽蒙其厚廩，栖託於此。既而赴涇原之辟，始議娶其女也。若李十將軍住招國在街東，與此不符矣。攷祭外舅文，先辟後娶，情事顯然，可悟。

街西池館疑是李執方京邸所居。執方爲茂元妻屬，『太守』句指執方，『將軍』句指茂元，結則言蒙其厚廩，栖託於此也，詩意尙不難解。案與寄招國李十將軍詩文不符。

南朝

玄武湖中玉漏催，雞鳴埭口繡襦迴。誰言瓊樹朝朝見，不及金蓮步步來。敵國軍營漂木柹，前朝神廟鎖烟煤。滿宮學士皆顏（一作蓮）色，江令當年只費才。

金陵揚州懷古詩集中極多，大抵大中十一年充鹽鐵推官，客遊江東所作，馮編不能斷定，甚謬。

復京

虜騎胡兵一戰摧，萬靈回首賀軒臺。天教李令心如日，可待昭陵石馬來。朱云：『按「李令心如日」，則復京是詠德宗事。但朱泚是逆臣，非「虜騎胡兵」也。代宗廣德初，吐蕃率羌渾陷長安，帝幸陝州，賴郭子儀收復。若改李令爲郭令，於首句甚合。』紀云：『粗獷。』又云：『起四字複。』

切響堅光，音節高亮，何處著一點粗獷氣？虜騎指朱泚，胡兵指回紇，事皆見李晟傳，非重複也。紀評眞繆說。逆臣稱虜，史文中極多，不必泥。

渾河中

九廟無塵八馬回，奉天城壘長春苔。咸陽原上英雄骨，半向君家養馬來。紀云：『此詩亦淺。』

此詠事詩常格，紀氏病其淺，吾不知何等作法方爲深也。

鄠杜馬上念漢書

世上蒼龍種，人間武帝孫。小來惟射獵，興罷得乾坤。渭水天開苑，咸陽地獻原。英靈殊未已，丁傅漸華軒。紀云：『此有感外戚之事而託之漢宣，寓意全在末句；然殊乏深致。「世上」、「人間」無著作對，尤不佳。』

假讀古以諷宣宗，寓意極隱約，紀氏乃謂殊乏深致，何也？『世上』『人間』，唐人往往有此對法，不嫌無著。

『丁傅華軒』自是哀帝時事，以借詠故，不嫌湊合，亦由於筆妙也，溫李往往有此種用事法。

柳

動春何限葉，撼曉幾多枝？解有相思苦，應無不舞時。絮飛藏皓蝶，帶弱露黃鸝。傾國宜通體，誰來獨賞眉？紀云：『意格甚卑，末二句尤佻薄。』

此亦豔體應爾，紀氏以一己臆創之意格繩之，宜其以爲佻薄也。

巴江柳

巴江可惜柳，柳色綠侵江。好向金鑾殿，移陰入綺窗。紀云：『淺語。』

假柳以自寓，與曾逐東風一首前後映帶，皆玉谿極經營慘淡之作，似不得譏爲淺也。

同崔八詣藥山訪融禪師

共受征南不次恩，報恩惟是有忘言。巖花澗草西林路，未見高僧只見猿。紀云：『一句一折，紆紆曲曲，寄慨至深；然深處正是病處。末二句尤詞不達意。』

前二句已說明正意，故結句以含蓄不露作收，此正布局妙處。若後路一洩無餘，則是直布袋矣。紀氏謂『詞不達意』，眞不知詩之言也。

補編有爲滎陽公桂州補崔兵曹攝觀察巡官牒云：『兵曹出於華胄，早履宦途。』必此崔八，惜其名不可攷矣。

崔八疑鄭亞幕客，故有首句。此詩桂管歸途過湖、湘時所作，當是途次過訪禪師也。

聞著明凶問哭寄飛卿

昔歎讒銷骨，今傷淚滿膺。空餘雙玉劍，無復一壺冰。江勢翻銀礫，（一作漢）天文露玉繩。何因攜庾信，同去哭徐陵。（紀云：『五六句上下俱不貫。』）

五六兩句即玉谿文所謂『江遠惟哭，天高但呼』意，旋氣內轉，非不貫也。『銀礫』以比江水白泡翻湧之勢，若作『銀漢』，便與下文犯複矣。馮本從之，非也。

聽鼓

城頭疊鼓聲，城下暮江清。欲問漁陽摻，時無禰正平。

疑亦大中二年留滯荊楚時作，非開成江鄉時也。

送崔珏往西川

年少因何有旅愁？欲爲東下更西遊。一條雪浪吼巫峽，千里火雲燒益州。卜肆至今多寂寞，酒鑪從古擅風流。浣花牋紙桃花色，好好題詩詠玉鉤。紀云：『三四未雅。』

『一條』、『火雲』等字，皆唐人習用語，雅俗本無一定，但視用之何如耳。杜工部集中此類極多，不聞後人以不雅病之，況義山邪！

代贈

楊柳路盡處，芙蓉湖上頭，雖同錦步障，獨映（一作應）鈿箜篌。鴛鴦可羨頭俱白，飛去飛來煙雨秋。紀云：『格意未高。』

又是『格意未高』，吾不知紀氏所謂『格意』奉何人爲準繩！詩學莫盛於唐人，唐人詩不足爲『格』與『意』，則詩人無一可免於譏彈矣。

夜雨寄北

君問歸期未有期。巴山夜雨漲秋池。何當共翦西窗燭，却話巴山夜雨時！紀云：『探過一步作收，不言當下如何而當下可想。』又云：『作不盡語每不免有做作態，此詩含蓄不露，却只似一氣說完，故爲高唱。』

紀氏於玉谿一集，任口雌黃，動加駁擊，惟此等數篇以選入坊刻三百首中，故不敢菲薄，稍協公論。余嘗謂紀氏於詩學一道，全未夢見，祇讀得唐詩三百首一部，便自詡通人，豈屑說哉！後人有讀此集者，取余說與紀氏之評參觀之，當知確不可易耳。

此大中二年蜀遊時寄內之詩也。蜀遊是夏秋之交，玩楚澤等詩可見；此『秋池』、『夜雨』，亦係初秋景況。蓋寄此詩後，義山亦即作歸計矣。末二句預定歸計，與首句相喚，其抵洛當在七月底。集有七月二十九日崇讓宅詩，其初至洛中之作邪？若後此東川，則喪失家道，無此情事矣。

陳後宮

茂苑城如畫，閶門瓦欲流。還依水光殿，更起月華樓。侵夜鸞開鏡，迎冬雉獻裘。從臣皆半醉，天子正無愁！紀云：『四家謂全不說出爲妙，然此種尖冷之筆，作小詩則耐人咀味，作律詩則嫌佻薄，似有餘味，終非大方。言各有當，不得一概論之。』

不說出方有餘味，方得諷刺體，此比與所以高於賦也。紀氏烏足以知之。

律詩中能寓比興，得騷人九辨之遺音，有唐一代，惟玉谿一人，此所以獨成宗派也。若行之古體、樂府、歌謠，汗牛充棟，亦何足爲奇哉！紀氏只知尋常詩法，此種自成一家之佳篇，目所未見，便妄詆爲佻薄，爲尖冷，眞小兒強作解事者耳。

屬疾

許靖猶羈宦，安仁復悼亡。茲辰聊屬疾，何日免殊方？秋蝶無端麗，寒花只暫（一作更不）香。多情眞命薄，容易卽迴腸。紀云：『七八太劣。』

結乃情語，正如宋周清眞詞偶用纏令體，好處原不相掩也。何謂太劣哉？

石榴

榴枝婀娜榴實繁　榴膜輕明榴子鮮，可羨瑤池碧桃樹，碧桃（一作眉）紅頰一千年。紀云：『全不成語，卽有託寓亦不佳。』

『全不成語』者，乃不通之謂也，詩果不通邪？抑讀詩者不通邪？紀氏不曉託寓之意耳。若因此便謂之不佳，則古人飲恨不少矣。

結句言惟有瑤池碧桃，千年不改耳。深慨婦人生子，紅顏漸衰也。其牧之青子綠陰之戲言耶？石榴多子，故假以命篇。

明日

天上參旗過，人間燭燄消。誰言整雙履，便是隔三橋。知處黃金鏁，曾來（一作求）碧綺寮。憑欄明日意，池闊雨蕭蕭。紀云：『此確是幽期敍別之詩，無庸深解。』又曰：『後四句千回百折，細意體貼；然詞靡格卑，愈工愈下，溫、李並稱，正坐此等結習不盡耳。』

詩而不作艷體則已，詩而作艷體未有能舍此別趣者。紀氏謂其『詞靡格卑』，吾不知艷詩之詞格何等方爲不靡不卑也。若謂艷詩爲下品，則離騷之香草美人，亦皆下品矣。有是理邪？

此篇馮氏謂是艷情，余疑亦寓意令狐之作，當與謁山一首參觀。『誰言』二句，緣纔一面，便隔三生。『知處』句，想其今日之居。『曾來』句，記其昨日之來。首二句，即『安得繫日長繩』之恨。案見謁山詩，原句爲『從來繫日乏長繩』。結言回憶昨宵，惟有憑欄聽雨，獨自無聊而已。假怨女私會，以寓身世交際之感，集中此例極多。末語用健筆出之，沈著之至。若實係艷情，措詞必不如此莊重也。

飲席戲贈同舍

洞中屐響省分攜，不是花迷客自迷。珠樹重行憐翡翠，玉樓雙舞羨鵾雞。蘭迴舊蕊緣屏一作屏緣緣，椒綴新香和壁泥。唱盡陽關無限疊，半杯松葉凍頗黎。紀云：『晚唐靡靡之音。』

以晚唐詩爲靡靡之音，此乃明七子分門別戶之陋習。況此詩音調流美而筆力仍自老潔，神味仍自沈著，豈可以皮相定其優劣邪？

西溪

近郭西溪好，誰堪共酒壺？苦吟防柳惲，多淚怯楊朱。野鶴隨君子，寒松揖大夫。天涯常病意，岑寂勝歡娛。紀云：『兀傲太甚，微嫌露骨，便不協於中聲。』

此詩乃自傷，聊作排解耳，紀氏律以中聲，譏其兀傲、露骨，皆不甚切。且中聲不知指何等？恐紀氏亦不能舉其例也。

憶梅

定定住一作任天涯，依依向物華。寒梅最堪恨，常作去年花。紀云：『意極曲折，但篇幅少狹。』

小詩祇此篇幅，豈可充之令長？紀氏謂篇幅少狹，殊難索解。

贈柳

章臺從掩映，郢路更參差。見說風流極，來當婀娜時。橋迴行欲斷，隄遠意相隨。忍放花如雪，青樓撲酒旗。紀云：『題最小樣。』

代贈、代答題爲庸俗人套濫，故覺可厭，未可便橫議創始之人。紀氏苛責最無謂。

謔柳

已帶黃金縷，仍飛白玉花。長時須拂馬，密處少藏鴉。眉細從他斂，腰輕莫自斜。玳梁誰道好？偏擬映盧家。紀云：『此題更惡，若從此一路入手，即終身落狐鬼窟中。』

『贈柳』、『謔柳』，各有本事，非小家數所能託。且美惡在詩，豈係題目邪？紀氏防後人流弊，未爲不可，但不當集矢玉谿也。

北禽

爲戀巴江好，無辭瘴霧蒸。縱能朝杜宇，可得值蒼鷹。石小虛塡海，蘆銛未破矰。知來有乾鵲，何不向雕陵？何云：『統籤：「此必東川幕府不得意寄託之作。」』朱云：『此詩作於東川。義山自北來居幕府，故題曰「北禽」，以自況也。中二聯皆憂讒畏譏之意。末句有羨於雕陵之鵲，其爲周身之防至矣。此等詩意味深長，逼眞少陵家法。』

詩中全是自悔希求之無益，非憂讒畏譏也。注家謂東川時作，誤。中二聯言縱使得見其人，亦何能有援附之力？此如小石不能塡海，銛蘆不能破矰耳。具此心力，何不別向高門告哀哉？

『石小』句言其人勢力甚微，恐未能援引。『蘆銛』句言自己用盡心機，尙未得要領。故結嘆何不另向高門告哀也。中二語不合掌。

義山大中二年春罷桂州赴蜀，希望李回湖南幕府，及回赴鎭，始於巴閬別有所圖。回當於四月間赴湘，義山秋間始下荆門歸洛，此四五月之久，不知屬意何人？其人官位必不甚尊，觀此篇『蒼鷹』、『石小』等語可悟。中二聯卽牛刀割雞之意。蓋言用盡心力，希此無益之遇合，尙不能如願，何不別向高門求援邪？斯眞始計之左矣。此當作於大中二年夏秋之交，必非爲李回而發也。

初起

想像咸池日欲光　五更鐘後更迴腸。三年苦霧巴江水，不爲離人照屋梁。

在東川迴想京師之作。『咸池日光』暗指令狐。結語慨陳情不省也。『三年苦霧』，其大中七年作乎？『離人』謂遠客，不必泥看。馮氏係之大中二年蜀遊，則『三年』字不可通矣。

楚宮

複壁交青瑣，重簾挂紫繩。如何一柱觀，不礙九枝燈。扇薄常規月，釵斜只鏤冰。歌成猶未唱，秦火入夷陵！紀云：『意格與陳後宮一首相似，彼不說破，此說破耳。然較彼少做作之態，稍爲近雅。』

律體全以比興出之，義山創格，前無古人，與陳後宮一首各極其妙，皆天地間不可磨滅之文字也。紀氏強爲解釋，陋甚。

頗不易解，若謂指李回貶湘，亦不細切；且『如何』二句，語意與下不貫。馮氏謂指楊嗣復貶潮事，則更謬矣，燕臺事與嗣復無涉也。

離思

氣盡前溪舞，心酸子夜歌。峽雲尋不得，溝水欲如何？朔雁傳書絕，湘篁染淚多。無由見顏色，還是託微波。

『峽雲』句指蜀遊失意。『溝水』句指李回赴湖南，已不能從，彼此分流也。『朔雁傳書』，用蘇武上林寄書事，慨不能復官禁近也。『湘篁』亦指湖南，言不能復入回幕也。起結寫求援之感，言猶欲藉書通候也。用典無一泛設，眞絕唱也。

補編上韋舍人狀，大中二年歸洛作，云：『今春亦憑令狐郎中附狀。』蓋子直內召，義山在桂管時已通問矣。詩中『朔雁』句指此也。

風雨

淒涼寶劍篇，羈泊欲窮年。黃葉仍風雨，青樓自管絃。新知遭薄俗，舊好隔良緣。心斷新豐酒，銷愁斗幾千？紀云：『芥舟謂「舊好」句疵，余謂「新知」句亦露骨，此詩累於此二句。』

『新知』、『舊好』句法，老杜及名家集中多有之，此乃一篇之主意，而謂之疵累露骨，誠非末學所曉。

夢澤

夢澤悲風動白茅，楚王葬盡滿城嬌。未知歌舞能多少，虛減宮廚爲細腰。紀云：『「滿城嬌」三字太鄙。』

『滿城嬌』亦未見其鄙，此種皆不免有意苛責。

此與楚宮皆非爲燕臺所思之人而發，與楊嗣復更無涉。義山開成五年九月遊江鄉，而所思已遠去；嗣復則九月赴湖，明年三月貶潮，豈可牽合哉！

贈歌妓二首錄一首

白日相思可奈一作不何！嚴城淸夜斷經過。只知解道春來瘦，不道春來獨自多。

結言只知道我春來消瘦，不知道我春來獨自一人之時常多乎？蓋代妓自解也。

謝書

微意何曾有一毫？空攜筆硯奉龍韜。自蒙半夜傳衣後，不羨王祥得佩刀。紀云：『此謝令狐楚也，下劣至極，起句尤不成語。』

未至下劣至極，亦未至不成語，此等評語皆太過分。吾不知紀氏所作之詩，能勝過古人否？妄言不慚，眞足齒冷耳。

寄令狐學士

秘殿崔嵬拂彩霓，曹司今在殿東西。賡歌太液翻黃鵠，從獵陳倉獲碧雞。曉飮豈知金掌迥？夜吟應訝玉繩低。鈞天雖許人間聽，閶闔門多夢自迷。紀云：『此與玩月、戲贈同意，語較彼稍渾，格則較彼又薄。』又曰：『「從獵」句添出陳倉，不及出句之自然。』

盤鬱雄渾，集中上駟；未見其薄也。『從獵』句亦極自然。

酬令狐郎中見寄

望郎臨古郡，佳句灑丹青。應自邱遲宅，仍過柳惲汀。封來江渺渺，信去雨冥冥。句曲聞仙訣，臨川得佛經。朝吟搘客枕，夜讀漱僧瓶。不見銜蘆雁，空流腐草螢。土宜悲坎井，天怒識雷霆。象卉分疆近，蛟涎浸岸腥。補羸貪紫桂，負氣託青萍。萬里懸離抱，危於訟閣一作閤鈴。紀云：『「古郡」字無著，「丹青」句趁韻。』

『古郡』指湖州，非無著；『丹青』謂紙，非趁韻也。

七月二十八日夜與王鄭二秀才聽雨夢後作

初夢龍宮寶燄然，瑞霞明麗滿晴天。旋成醉倚蓬萊樹，有箇仙人拍我肩。少頃遠聞吹細管，一作笛聞聲不見隔飛烟。逡巡又過瀟湘雨，雨打湘靈五十絃。瞥見馮夷殊悵望，鮫綃休賣海爲田。亦逢毛女無憀極，龍伯擎將華嶽蓮。恍惚無倪明又暗，低迷不已斷還連。覺來正是平階雨，獨一作未背寒燈枕手眠。何云：『述夢即所以自寓，「夢龍宮」謂校書而爲尉。三四則應河陽之辟因得婚處也。以下四句謂從此沉淪使府，上下失敍。「瞥見」四句，則鈎黨刺促，陵谷變遷也。』紀云：『通首合律，無復古詩音節，語意尤凡猥。』又曰『杜秋詩、桐葉詩亦是此格意，必當時有此別體。然究不可訓，故後人罕爲之。』

『馮夷』似比李回；『殊悵望』言其遭貶失意也。『鮫綃』句寫黨局反復。毛女，始比令狐耳。『醉倚蓬萊』二句比無端昏於王氏。『瀟湘』句比桂管、湖南失意之事。『瞥見』下皆比令狐交誼之乖。令狐，華原人，故以『華嶽蓮』借喻。『恍惚』二句言己一生遇合顚倒。首句言當日得第事也。此其命意也歟？

唐人古詩，往往有似律者，觀初唐集自見，但後人倣效者少耳。何至不可爲訓哉？此詩雖非玉谿得意之作，然謂之『凡猥』，則太過分。紀氏自命通裁，皆故作高論，抹倒前賢，實皆泛語耳。此詩本事未詳，語太迷幻，故閱者不見其佳處。惟桐鄉馮氏謂自敍生平，似爲得之。但其句下解釋，未洽，余嘗細箋，已錄入副紙矣。案箋語詳年譜卷二會昌元年三十歲編年詩下。

漫成三首

不妨何、范盡詩家，未解當年重物華。遠把龍山千里雪，將來擬並洛陽花。

沈約憐何遜，延年毀謝莊。清新俱有得，名譽底相傷？

霧夕詠芙蕖，何郎得意初。此時誰最賞？沈、范兩尚書。紀云：『此種絕句，倡自工部，已落論家。然皆借事抒懷，故言盡而意不盡。使泛泛論古，則不免傖父。』

義山何嘗泛泛論古？工部創格豈可厚非！其所謂癡人前不得說夢也。

義山鴻博不中選，當時必有毀之者。首作，言何、范同屬知名之士，文人相輕，奈何因以及我哉！雖未解物華，亦何害爲詩家也。次作，憐之，毀之，要無傷乎我之名譽。三作，『霧夕』『芙蕖』，比己新婚之得意。『沈、范兩尚書』，指周、李二學士以大德加我也。此爲開成三年應鴻博時作。馮氏說最精，不可易矣。三首皆借用何遜事，意各不同，不必泥看，此唐人用典通例也。

槿花二首

燕體傷風力，雞香積露文。殷鮮一相雜，啼笑兩難分。月裏宵無姊？雲中亦有君。三清與仙島，何事亦離羣？紀云：『句句揑湊。』

玉谿詩用典無不以清氣運之，沈思出之，此首雖非傑構，格意亦不相遠，揑湊之評，眞欲加之罪耳。玉谿有知，尤當悲咤矣。

珠館薰燃久，玉房梳掃餘。燒蘭才作燭，襞錦不成書。本以亭亭遠，翻嫌脈脈疏。迴頭問殘照，殘照更空虛。紀云：『前四句亦不成語。五六亦不是槿花。七八小有意。』

五六二句空際傳神，前四句烘染鮮麗，蓋有託寓，意不在槿花也。紀氏評語太泥。

二篇蓋自傷一生交誼之乖而作。『燕體』二句，言己受黨局之傷，縱有文采不能顯達也。『殷鮮』二句，言黨局雜沓，遂至及我而受其累，諺所謂哭不得笑不得也。後四句言我本令狐門下之人，『月裏』、『雲中』，本有所主，奈之何沈淪使府，望長安如三清仙島之遙，如今日之自嘆離羣哉！『珠館』二句，以婦人之修容，比己陳情姿態。『燒蘭』二句，寫通書問候時，羞愧悵望之況。『本以』二句，言我當日自欲遠彼，而豈知今日反怨其疏我。『迴頭』二句，無聊之極，只有問諸殘照耳。雖殘照亦不能解我愁思也。怨恨悔惱，無可如何，故詩意倍極沈痛。以槿花命題者，初從桂管歸，假以自比也。槿花朝榮暮落，借以自比從前助之登第，今乃陳情不省之慨。且新從桂管歸，轉韻詩已云『朱槿花嬌』矣，故寄意於此，深處眞不易測也。

荊門西下

一夕南風一葉危，荊雲迴望夏雲時。人生豈得輕離別，天意何曾忌嶮巇！骨肉書題安絕徼，蕙蘭蹊徑失佳期。洞庭湖闊蛟龍惡，却羡楊朱泣路岐。何云：『自荊門迴望夏口乃西下也。』又曰：『小馮云：「不破之破。」』朱云：『觀長孺注及詩首句，則題疑當作北下。』紀云：『太盡便乏餘味。「安」字疑「空」字之訛。』

味詩意似從巴蜀歸時作。『西下』者謂由荊門自西而東下也。時已初秋，迴憶夏時之景，故曰『迴望夏雲時』，非夏口之雲耳。

語曲意深，餘味惘然，詩中全是失路之慼，久讀方領其妙，看似說破，實則未說破也，此善於用筆所致。紀氏乃痛其太盡，立論故與人反，豈有宿恨於玉谿而然邪？

首二句迴想夏時經過荊門情景。頷聯為黨局反復解嘲。『骨肉』句言室人來書尚疑我安於絕徼。『蕙蘭』句言所期更變。洞庭指李回湖南事。『却羡楊朱』強自排釋，眞不忍卒讀之詩也。

此詩蓋作於秋後，首句『一夕南風』亦從迴望想之，故云『夏雲時』也。

碧瓦

碧瓦銜珠樹，紅輪一作綸結綺寮。無雙漢殿鬢，第一楚宮腰。霧唾香難盡，珠啼冷易銷。歌從雍門學，酒是蜀城燒。柳暗將翻巷，荷欹正抱橋。鈿轅開道入，金管隔隣調。夢到飛魂急，書成即席遙。一作招 河流衝柱轉，海沫近槎飄。吳市蠀一作蟦 蛦一作蠛 甲；巴賨翡翠翹。他時未知意，重疊贈嬌饒。一作嬈 紀云：「琱琢繁碎，意格俱下，此是爾時習氣，楊、劉專學此種，遂使人集矢於義山。」

如此好詩，必欲批壞，吾不知紀氏與古人何仇至此，其亦可以已乎？碧瓦諸詩雖為西崑所祖，然玉谿詩體，全係託寓，西崑不過獵其辭藻耳。後人不能詳義山之本事，因西崑而集矢義山，此閱詩者之過，非作詩者之過也。『琱琢繁碎，意格俱下』，祗可施之西崑，與義山何與哉？

蜨

葉葉復翻翻，斜橋對側門。蘆花惟有白，柳絮一作葉可能溫。西子尋遺殿，昭君覓故村。年年芳物盡，來別敗蘭蓀。紀云：「以人事今昔之感，託意於蜨，頗有情致。但起句調劣，四句『絮』字與通首不合，一本作『葉』，又與『溫』字不貫；五六格亦卑俗，惟七八句可觀耳。」

起以朴率見筆趣，非劣也。『柳絮』字是虛說，何謂與通首不合？五六用典亦雅切，卑俗之格，安得比而同之哉！

蝺蝀雞麝鸞鳳等成篇

韓蝀翻羅幙，曹蝺拂綺窗。鬬雞迴玉勒，融麝暖金釭。瑇瑁明書閣，琉璃冰酒缸。畫樓多有主，鸞鳳各雙雙。紀云：『墮入惡趣，不復以詩格繩之。蘅齋謂：「山谷雅從此濫觴」，未是。山谷乃彷彿蔚宗和香方也。』當時自有此一體，白香山集中可證，雖非正格，亦不至便墮惡趣。古人偶爾弄筆，原無傷雅，特不宜專效此種也。

韓翃舍人即事

萱草含丹粉，荷花抱綠房。鳥應悲蜀帝，蟬是怨齊王。通內藏珠府，應官解玉坊。橋南荀令過，十里送衣香。朱云：『題亦不解。』紀云：『此不得其本事，亦不能解其詩。然就詩論詩，自不佳。』既不解其詩意，又不得其本事，則詩之佳否，何從定之？紀氏所云『就詩論詩』，豈非寱語？題曰韓翃舍人即事者，蓋擬韓翃之作也。其原唱失考，此篇遂不得其命意。馮氏謂以韓翃柳氏事自比柳枝爲人取去，細味詩意，却不見然，恐別有寄託也。案馮注引許堯佐柳氏傳云：『天寶中，昌黎韓翃，有詩名，其姬柳氏。翃擢上第，省家於淸池。盜覆二京，士女奔駭，柳氏寄跡法靈寺。是時，侯希逸節度淄青，請翃爲書記。洎宣皇帝以神武返正，翃遣使間行，求柳氏，以練囊盛麩金，題之曰：「章臺柳！章臺柳！顏色青青今在否？縱使長條似舊垂，也應攀折他人手。」柳氏捧金嗚咽答曰：「楊柳枝，芳菲節，可恨年年贈離別。一葉隨風忽報秋，縱使君來豈堪折！」無何，有蕃將沙吒利者，刼以歸第，寵之專房。及希逸除左僕射入覲，翃得從至京。偶於龍首岡見輜軿，翃偶隨之。自車中問曰：「得非韓員外乎？某乃柳氏也。」使女奴竊言失身沙吒利，請詰旦相待於道政里門。及期，以輕素結玉合，實以香膏，自車中授之曰：「當遂永訣，願寘誠念。」乃回車以手揮之，翃大不勝情。會淄青諸將合樂酒樓請翃。翃意色皆喪，音韻悽咽。有虞候許俊者，撫劍而言曰：「必有故，願一效用。」翃具告之。俊曰：「請足下數字，當立致之。」乃徑造沙吒利之第，候其出行里餘，乃被衽執轡，犯關排闥，急趨而呼曰：「將軍中惡，使召夫人。」遂升堂，出翃札示柳氏，挾之跨鞍，倏忽乃至。四座驚嘆。翃、俊懼禍，乃詣希逸。希逸大驚，遂獻狀言之。尋有詔：「柳氏宜還韓翃。」』又云：『題與詩初不可解，今詳採此事，與柳枝詩序及諸篇情事大有相近者。上四句寫柳之怨情。五喻美人如珠之深藏。六喻韓翃舍人，同於翰林之爲玉署也。七八記其道間相逢之事。柳枝屬意義山而東諸侯取去，安得有如許俊其人者哉！』

公子

一盞新羅酒，凌晨恐易消。歸應衝鼓半，去不待笙調。歌好惟愁和，香濃豈惜飄。春場鋪艾帳，下馬雉媒嬌。紀云：『極刻畫紈袴性情，愈工愈佻，未協雅音。』

此而謂之不雅，不知何者方爲雅音也。紀氏試以此題再自作一篇，即知其難矣。噫！古人不可妄議也。

子初全溪作

全溪不可到，況復盡餘醅。漢苑生春水，昆池換刧灰。戰蒲知雁唼，皺月覺魚來。清興恭聞命，言詩未敢迴。朱云：『「子初」二字不可解。』又云：『子初必全溪主人字也。』紀云：『前四句不失風格，五六太纖，七八太鄙。』

五六雖纖，然偶一爲之，亦自可喜。玉谿安身立命處，固別有在也。

子初蓋全溪主人之號。後有子初贈筇竹杖題可證。然詩疑非義山之作。似子初和玉谿者，故其題如是。後因義山原詩佚去，遂獨留此篇，誤爲義山之詩矣。

西溪

悵望西溪水，潺湲奈爾何！不驚春物少，只覺夕陽多。色染妖韶（一作嬈）柳，光含窈窕蘿。人間從到海，天上莫爲河。鳳女彈瑤瑟，龍孫撼玉珂。京華他夜夢，好好寄雲波。紀云：『七八句一開一合，寓意深微，言人間縱然到海，亦自不妨；但不可以天上爲河，隔牛女之會合耳。朱長孺謂：「到海取其朝宗，添設閒文，反隔語脈。」』又云：『後四句言戀闕情深，申所以「莫爲河」意。』又曰：『「鳳女」二句，即所謂「京華夢」也。』

『鳳女、龍孫』卽前詩『龍種』、『鳳雛』意，分指其子女也，故結句以從前憶家之意收之。此詩蓋在東川悼亡後所賦也。紀評未得其旨。案『前詩』乃指楊本勝說於長安見小男阿袞詩，中有句云：『寄人龍種瘦，失母鳳雛癡。』

柳下暗記

無奈巴南柳，千條傍吹臺。更將黃映白，擬作杏花媒。

馮氏謂在柳仲郢幕時作。末二語指柳壁應舉時爲代作諸啓也。『黃映白』謂儷黃對白，比己駢體之文也，似爲近之。首二句極狀沈淪使府無聊之況，失意之餘，觸物皆悲已。

少年

外戚平羌第一功，生年二十有重封。直登宣室螭頭上，橫過甘泉豹尾中。別館覺來雲雨夢，後門歸去蕙蘭叢。灞陵夜獵隨田竇，不識寒郊自轉蓬。紀云：『末句是一篇詩眼，通首以此句轉關，格本李太白越王勾踐破吳歸詩，但語太淺薄耳。』

義山七律往往以末句爲主意，掉轉全篇，集中此法極多，他人罕見，皆玉谿創格也。若太白越王篇，乃七絕，不得與此幷論矣。此詩措語皆倍沈厚，味之無盡，以爲淺薄，殊非定評。

無題

近知名阿侯，住處小江流。腰細不勝一作成舞，眉長惟是愁。黃金堪作屋，何不作重樓。紀云：『河中之水歌曰：「十五嫁爲盧家婦，十六生兒似阿侯。」此句誤用。』

生兒之兒，男女通用，安知河中歌不指女乎？詩幷未誤用，紀評非也。

玄微先生

仙翁無定數，時入一壺藏。夜夜桂露濕，村村桃水香。醉中拋浩劫，宿處起神光。藥裏丹山鳳，碁函白石郎。弄河移砥柱，吞日倚扶桑。龍竹裁輕策，鮫綃一作絲熨下裳。樹栽嗤漢帝，橋板笑秦皇。徑欲隨關令，龍沙萬里強。紀云：『句多拙俚。』

此篇細讀之，祇覺其用典雅切，無所謂拙俚者，不知紀氏何所見而云然。

藥轉

鬱金堂北畫樓東，換骨神方上藥通。露氣暗連青桂苑，風聲偏獵紫蘭叢。長籌未必輸孫皓，香棗何勞問石崇。憶事懷人兼得句，翠衾歸臥繡簾中。何云：『此自是登廁詩。』朱云：『題與詩俱不解。』

此篇本難強解，竹垞謂藥轉是如廁之義；馮氏則謂是詠閨人私產者；余謂若云專賦婦人月事似亦可通。此等詩題，可謂創千古所未有矣。蓋當時有此一種人，故義山聞而戲詠之。觀結語可見其詞務極輕薄，必非暗賦所歡之人也。若此大傷忠厚之篇，皆由後人掇拾存之，遂爲千古無行口實。其亦義山一大不幸邪！因表而出之，以爲學者厲禁，以見余不敢阿好古人也。案此言未確。馮注云：『此篇舊人未解，而妄談者託之竹垞先生，以爲藥轉乃如廁之義，本道書。余嘗叩之竹垞文孫稼翁，力辨其誣也。』

碧城詩云：『月輪顧兎初生魄，鐵網珊瑚未有枝。』又云：『檢與神方教駐景。』『顧兎』『生魄』，謂有孕也。『珊瑚未有枝』謂未產也。『檢與神方』謂用藥墮胎也。與此詩相合。彼是暗詠貴主爲女冠者，則此詩其賦貴主事邪？前有石榴詩寓多子色衰之歎，似亦可互證。噫！未免太傷輕薄矣。

岳陽樓

欲爲平生一散愁，洞庭湖上岳陽樓。可憐萬里堪乘興，枉是蛟龍解覆舟。紀云：『感遇之作，其辭太激。』

此因座主李回貶湖南而已不能從去致慨也。詞意倍極淒痛，自傷語非自負語也。何謂太激邪？

岳陽樓

漢水方城帶百蠻，四鄰誰道亂周班？如何一夢高唐雨，自此無心入武關。

此亦寓屬意李回湖南幕府之慨也。結言自婚於王氏，久依李黨，自此不復再入令狐門館也。時子直內召在京，故以入武關暗喻。其後屢啓陳情，眞非始願所及矣。

馮注謂：『恨從此沈淪關外也』，說亦可通；但與『無心』二字不合。『無心』者，不願之意，非不能也，似余說較長。亦可悟義山初心，始終在李黨矣。大可與萬里風波等篇參證。

寄成都高苗二從事

家近紅蕖曲水濱，全家羅襪起秋塵。莫將越客千絲網，網得西施贈別人。何云：『統籤作失題，下注舊本作寄成都高苗二從事，誤。』紀云：『亦不可解。』

此詩似當從統籤作失題，然詩意似有望援之慼，則從舊本亦可通，但不能確解耳。首二句似義山自謂，義山曾在京攜家居近曲江，集中曲水、曲池諸詩可以參證。故此云『家近紅蕖曲水濱』也。『全家』句言時已交秋，貧寒可念，卽九月無衣之慼。結則望人急爲設法，莫失機會，爲他人所得也。似作寄成都二從事亦通。然前篇余定爲大中元年秋在桂幕作，時西川李回，義山座主也。攷義山赴桂之年，全家歸洛，已不在京，後有於東逢雪，攜眷赴選之跡，與此詩首句不合矣。此當從統籤作失題，不能定其何年所賦也。

越燕二首

上國社方見，此鄉秋不歸。爲矜皇后舞，猶著羽人衣。拂水斜紋亂，銜花片影微。盧家文杏好，試近莫愁飛。紀云：『三四句劣。』又云：『前六句實詠燕；末二句輕按喻意，帶動次首，此是章法。』又云：『此詩本不佳，然二首章法相生，不容割裂。』

此首亦未見其必不佳也。三四晚唐句法，豈劣也哉！

將泥紅蓼岸，得草綠楊村。命侶添新意，安巢復舊痕。去應逢阿母，來莫害王孫。記取丹山鳳，今爲百鳥尊。

此篇蓋大中二年由桂管蜀遊歸洛時所作。桂林，南越地，故以『越燕』寄意。『上國』點洛京。『秋不歸』點時令。義山大中二年還洛正秋時也。時未入都，故曰『不歸』。『爲矜』句，言己文章合當致身禁近。『猶著』句，言尙沈淪記室，章紱未換也。『拂水』二句，暗比身世無依之況。結只取『莫愁』爲義，不必泥『盧家』二字，謂指徐幕也。次首初歸時景況。義山家在東洛，故曰『安巢復舊痕』，『阿母』句指令狐。『王孫』自比，義山本宗室也。二句言擬入京重修舊好。結言子直內召尊貴也。確係此時情事。馮氏係諸徐州，不及余說融洽矣。案馮注云：『在徐幕作，題取燕巢於幕之義，首章次聯言因恃才傲物而被擯於外也。七八句方是借點盧氏。次首三四謂地雖易而職則同，五六言去宜至我閨中，來則莫爲我害。義山本王孫也，時令狐已拜平章，禮絕百僚，故結句云。』

杜工部蜀中離席

人生何處不離羣，世路干戈惜暫分。雪嶺未歸天外使，松州猶駐殿前軍。座中醉客延醒客，江上晴雲雜雨雲。美酒成都堪送老，當壚仍是卓文君。

首句點離席。『雪嶺』二句以工部之時況今日，言天使仍稽雪嶺，前軍猶駐松州，言外見世路干戈，自已不能贊畫，翻使無才者排笮，所謂『惜暫分』也。後聯一醉一醒，或晴或雨，比喻顯然。結言成都美酒，可以送老，奈之何離羣而去哉！

馮氏係此詩於大中二年蜀遊，余攷大中二年義山遇李回，大抵在塗次相見，補編有爲回賀馬相啓可證。使果至成都，則杜悰正移西川，不應不謁見，而何以有『早歲乖投刺』之言邪？案句見今月二日不自量度輒以詩一首四十韻干瀆尊嚴伏蒙仁恩俯賜披覽獎踰其實情溢於辭顧惟疎蕪曷用酬戴輒復五言四十韻詩獻上亦詩人詠嘆不足之義也詩。此詩疑大中五年西川推獄時所作。否則大中七年，杜悰自西川遷淮南，義山奉仲郢命至渝州迎候時所作。結語『成都美酒』，蓋戲而留之之詞，其爲悰作無疑。題云『杜工部』，或亦暗寓其姓耶？

隋宮

紫泉宮殿鎖烟霞，欲取蕪城作帝家。玉璽不緣歸日角，錦帆應是到天涯。于今腐草無螢火，終古垂楊有暮鴉。地下若逢陳後主，豈宜重問後庭花。紀云：『純是襯貼活變之筆，無復排偶之迹，然調之不高，亦坐此。』又云：『結句是中唐別於盛唐處，李、杜決不如此，此升降大關，不可不知。學義山者切戒此種。』

此種有目共見之佳篇，紀氏必欲謂其調之不高，心術不可問矣。結以冷刺作收，含縮（案含縮疑是含蓄之誤。）不盡，愈覺味美於回，律詩寓比興之意，玉谿慣法也。此種體格，中唐亦鮮，何論盛唐。但恐後人學不到耳。紀氏乃欲學者切戒此種，癡人說夢，眞堪發噱，豈謂通人而作此謂言邪！

屏風

六曲連環接翠帷，高樓半夜酒醒時。掩燈遮霧密如此，雨落月明俱不知。紀云：『四家以爲寓浮雲蔽日之感，然措語有痕，反成平淺。』

此詩是詠屏風，借物寓慨，故措語不嫌太顯。此正深得比喻之妙，看似直致，實則寄託不露，神味更深，玉谿獨成家數，全在乎此。紀氏乃譏其平鈍（案紀氏云平淺不云平鈍）有痕，豈祇知工訶古人而不顧細看題目邪？

春日

欲入盧家白玉堂，新春催破舞衣裳。蝶銜（一作含）紅蘂蜂銜粉，共助青樓一日忙。

義山文集中，凡未入其幕者，如周墀、高元裕、弘農公、京兆公等，都爲代作表狀諸文。蓋入幕之先，必爲之作文數篇，合意者始行奏辟也。此詩疑指其事，但未識何人？或『盧家』卽指盧弘正邪？觀補編爲度支盧侍郎賀畢學士啓可證，蓋在弘正初鎭徐州時。其後大中三年十月，始赴其幕也。

武侯廟古柏

蜀相階前柏，龍蛇捧閟宮。陰成外江畔，老向惠陵東。大樹思馮異，甘棠憶召公。葉凋湘燕雨，枝折海鵬風。玉壘經綸遠，金刀歷數終。誰將出師表，一爲問昭融？紀云：「『湘燕』、『海鵬』字無着落，此等是崑體塗澤可厭處。」

詩中『湘燕』、『海鵬』二語，非寫景，蓋有實事在焉。詳余玉谿生詩補箋中。紀氏不能細攷，便坐以『塗澤可厭』四字，能勿使詩魂飮恨哉！

此篇因武侯而寄慨贊皇也。『大樹』二句，一篇主意。贊皇始終武宗一朝，後遭貶黜，故曰『陰成外江畔，老向惠陵東』也。『葉凋』句指李回湖南。『枝折』句指鄭亞桂海。二人皆玉谿故主，而皆受衞公恩遇，同時貶廢，故特言之。『玉壘』句暗指贊皇維州之事。『金刀』句言其相業烟消，亦以見天之不祚武宗也。結則搔首彼蒼之意，大有欲叫無從之感。此爲義山大中五年赴西川推獄時所賦；若大中二年與李回途次相晤，未嘗至成都矣。

即日

一歲林花即日休，江間（一作門）亭下悵淹留。重吟細把眞無奈，已落猶開未放愁。山色正來銜小苑，春陰只欲傍高樓。金鞍忽散銀壺漏，（一作滴）更醉誰家白玉鉤？何云：『觀「江間」之文，疑亦在東川時所作。』紀云：『純以情致勝，筆筆唱嘆，意境自深，曲池詩亦是此調，則近於靡矣。』

『江間』指桂江也。轉韻詩亦云『謝遊橋下澄江館』。義山桂幕只年餘，故曰『一歲林花即日休』。桂州府罷，在大中二年三月，正春間，故曰『春陰』，點時令也。結言失路無依之感，亦惟此時有此情況。何氏謂東川時作，疏矣。

此與曲池詩各有妙處。此首因唱嘆得神，而曲池一篇亦非靡靡之音也，揚此抑彼，未爲公允。

少將

族亞齊安陸，風高漢武威。烟波別墅醉，花月後門歸。青海聞傳箭，天山報合圍。一朝攜劍起，上馬即如飛。紀云：『此俠少之詞，亦無刺意。結頗駿爽，但少飄耳。』

長吉派既謂之澀，此種又譏其剽，古人眞無從解免矣。妄下論斷，不畏後賢檢點何邪？

詠史

歷覽前賢國與家，成由勤儉破由奢。何須琥珀方爲枕，豈得眞珠始是車。運去不逢青海馬，力窮難拔蜀山蛇。幾人曾預南薰曲，終古蒼梧哭翠華。紀云：『惡劣。』

『惡劣』二字之評無著，此詩而謂爲惡劣，則古人佳篇，無一可當紀氏之意者矣。

無題二首

昨夜星辰昨夜風，畫樓（一作堂）西畔桂堂東。身無綵鳳雙飛翼，心有靈犀一點通。隔座送鉤春酒暖，分曹射覆蠟燈紅。嗟余聽鼓應官去，走馬蘭臺類斷蓬。

聞道閶門萼綠華，昔年相望抵（一作倚）天涯。豈知一夜秦樓客，偷看吳王苑內花。

此二首疑在王茂元家觀其家妓而作，後篇已說明矣。『隔座』二句點明家妓。蓋因親串，故晦其題耳。

漢宮詞

青雀西飛竟未迴，君王長在集靈臺。侍臣最有相如渴，不賜金莖露一杯。紀云：『露若能醫消渴猶可，冀飲之長生，何不以一杯試之？用意最曲，若作好神仙而不恤賢臣，其意淺矣。』

武宗朝，義山丁憂閑居，不得入朝，故假武宗求仙以寄慨。『侍臣』二句，義山自謂，曾官祕書省正字，故曰『侍臣』也。紀評未詳其意，解釋晦曲，眞穿鑿之尤者也。

『相如渴』，以相如茂陵臥病，比己之閑居也。寄子直詩已言『茂陵秋雨病相如』矣。蓋同時作。

無題四首

來是空言去絕蹤，月斜樓上五更鐘。夢爲遠別啼難喚，書被催成墨未濃。蠟照半籠金翡翠，麝熏微度繡芙蓉。劉郎已恨蓬山遠，更隔蓬山一萬重！

『夢爲』二句，卽碧瓦詩『夢到飛魂急，書成卽席遙』之意。碧瓦一首疑亦同時所作，皆爲子直詠也。彼詩用事稍晦，此四首較明顯，學者當參觀之。

文集有上兵部相公啓云：『令書元和中太清宮寄張相公舊詩上石者，昨一日書訖。』令狐綯大中四年十月以兵部尚書同平章事，五年四月兼禮部，時義山於五年春罷徐幕來京，此篇『書被催成』卽指其事。味其寫景皆係春間，當是自徐還京，五年二三月間所作。未幾，卽補太學博士矣。以詩意攷之，蓋子直漸有轉圜也。

颯颯東風細雨來，芙蓉塘外有輕雷。金蟾齧鏁燒香入，玉虎牽絲汲井迴。賈氏窺簾韓掾少，宓妃留枕魏王才。春心莫共花爭發，一寸相思一寸灰。紀云：『賈氏窺簾，以韓掾之少；宓妃留枕，以魏王之才。自揣生平，諒非所顧，故曰「春心莫共花爭發，一寸相思一寸灰。」言思之無益也。』

含情春晼晚，暫見夜闌干。樓響將登怯，簾烘欲過難。多羞釵上燕，眞愧鏡中鸞。歸去橫塘晚，華星送寶鞍。

首句含情已久，惜乎太晚。次句暫見而不能交歡。『樓響』句足將進而趑趄。『簾烘』句可望而不可卽。次聯寫含羞抱愧之態。結言無聊而歸，祇有華星相送耳。

何處哀箏隨急管，櫻花永巷垂楊岸。東家老女嫁不售，白日當天三月半。溧陽公主年十四，清明暖後同牆看。歸來展轉到五更，梁間燕子聞長歎。紀云：『無題諸詩，大抵祖述美人香草之遺，以曲傳不遇之感，故情眞調苦，足以感人。特詩格不高，往往失之纖俗，衍爲七律，尤易浮靡。且數見不鮮，轉成窠臼。歸愚譏以「剪綵爲花，絕少生韻」，固不足以服其心。然摹擬剽賊，積爲塵劫，自命名士風流，其弊有不可勝言者。讀義山詩者，不可不知。』

『何處』二句，謂惟有令狐可告哀。『櫻花永巷』，比子直得時貴顯也。『老女不售』，自喻。『溧陽公主』，比令狐。『同牆看』，亦可望不可親之意。末二句歸家悵望景況也。

首章記子直來謁，匆匆竟去之事。『蠟照』二句，去後寂寞景況。結言子直位望，已恨懸隔，今則緣方一面，已隔三生，所謂『水去雲迴』之恨也。次章盼其再來。『金蟾』句瓣香已久。『玉虎』句汲引無由。後四句賈氏窺簾，以韓掾之少；宓妃留枕，以魏王之才，我豈有此哉！『相思一寸灰』，深嘆思之無益也。三章記往謁令狐不見空回之恨。四章歸來無聊之況。或三章記往見令狐亦匆匆一面，不容陳情之慨。四章記歸來展轉思憶之情。四首各有綫索，如此解之，詩味倍長矣。馮氏句下所釋，未能分析，今爲拈出。紀氏此段所說獨無誤，可喜也。

無題詩格，創自玉谿。且此體祗能施之七律，方可宛轉動情。統觀全集，無所謂纖俗、浮靡者。若後人倣效玉谿，誠有如紀氏所譏『摹擬剽賊，積爲塵坋』者，然豈能眞得玉谿萬一邪？紀氏欲因後人倣效之不善，歸罪於創始之人，聽斷未免太不公矣。

桂林路中作

地暖無秋色，江晴有暮暉。空餘蟬嘒嘒，猶向客依依。村小犬相護，沙平僧獨歸。欲成西北望，又見鷓鴣飛。紀云：『前四句頗有氣格，五六句搘拄不起，併前半篇亦成滑調矣。此等處如屋有柱，必不可順筆塡湊者，晚唐之靡靡，病多坐此。』晚唐詩格，雖異於中唐，然終勝宋人以後，未見其必靡靡也。且晚唐家派亦不同，不得一概無別。紀氏專守定坊刻三百首及宋後人集，隨聲附和，抹殺晚唐，豈通論哉？甚矣！詩家賞音之未易遇也。

無題

照梁初有情，出水舊知名。裙衩芙蓉小，釵茸翡翠輕。錦長書鄭重，眉細恨分明。莫近彈碁局，中心最不平。

此初婚后客中寄內之作。『照梁』句謂新婚。『出水』句謂從前卽聞名相慕。『裙衩』二句，狀室人裝飾。『錦長』二句，代寫盼歸之意。『莫近』二句，謂客途失意，室人亦代爲不平也。與他無題詩絕不相同。本集凡寄內之作，皆晦其題，此是全集通例。馮氏謂係鴻博不中時作，似爲近之。

蝶三首 錄一首

初來小苑中，稍與瑣闈通。遠恐芳塵斷，輕憂豔雪融。只知防皓露，不覺逆尖風。迴首雙飛燕，乘時入綺櫳。紀云：『後四句純是寓意，然格卑意淺。』

紀氏好以格意繩義山，吾所不取。且豔詩本自有格意，義山爲豔體大宗，豈猶不及紀氏所見邪？

無題二首錄一首

幽人不倦賞，秋暑貴招邀。竹碧轉悵望，池淸尤寂寥。露花終裛濕，風蝶強嬌饒。此地如攜手，兼君不自聊。紀云：『無題諸詩有確有寄託者，「來是空言去絕蹤」之類是也；有戲爲豔體者，「近知名阿侯」之類是也；有實有本事者，如「昨夜星辰昨夜風」之類是也；有失去本題而後人題曰無題者，如「萬里風波一葉舟」之類是也；有與無題詩相連失去本題，語合爲一者，如此「幽人不倦賞」是也；宜分別觀之，不必概爲穿鑿。其摘詩中二字爲題者，亦無題之類，亦有此數種。』近知名阿侯一首，必有本事，非戲作豔詩也。至萬里風波篇則確係無題，不得謂本有題而失之。其摘詩中二字爲題者，祇有寄託、本事二種，細玩全集自見。紀氏於玉谿一派本未深攷，宜其妄下注釋矣。

王十二兄與畏之員外相訪見招小飲時予以悼亡日近不去因寄

謝傳門庭舊末行，今朝歌管屬檀郎。更無人處簾垂地，欲拂塵時簟竟牀。嵇氏幼男猶可憫，左家嬌女豈能忘！秋一作愁霖腹疾俱難遣，萬里西風夜正長。紀云：『起二句鄙。』又曰：『嵇氏幼男指其子，左家嬌女，則對婦族稱王氏也。』

起句未至鄙。通篇皆傷感語，非憤激語。嵇氏幼男指其子，左家嬌女指其女，豈稱其妻王氏哉！『悼亡日近』者，悼亡未久也。首二句言我昔曾綴謝庭之末，凡有歌管事必與妻同樂；今則獨自一人，更何心復赴宴會耶？故曰『屬檀郎』也。『嵇氏』二句憫其子女，時義山已承梓辟，又將遠行。結云『萬里西風』暗指此事。王十二兄，茂元子，義山妻之兄弟也。

隋宮

乘興南遊不戒嚴，九重誰省諫書函？春風舉國裁宮錦，半作障泥半作帆。紀云：『後二句微有風姿，前二句詞直而意盡。』

紀氏嘗以陳後宮一首不說出爲非，此首句則明說出矣，何以又謂詞直意盡耶？此等矛盾評語，眞使人無所適從。

落花

高閣客竟去，小園花亂飛。參差連曲陌，迢遞送斜暉。腸斷未忍掃，眼穿仍欲歸。芳心（一作稀）向春盡，所得是沾衣。紀云：『芥舟曰：「起句眞是超絕，『眼穿』、『腸斷』，吾不喜之。」』

老杜詩紀氏所奉爲金科玉律者，亦常以『眼穿』對『心死』矣，何獨惡乎義山？『腸斷、眼穿』，亦晚唐詩家常用語。且此二句詞極悲渾，不得以字面論其工拙也。芥舟臆見可笑。

月

池上與橋邊，一作樓上與池邊難忘復可憐。簾開最明夜，簟卷已涼天。流處水花急，吐時雲葉鮮。姮一作嫦娥無粉黛，只是逞嬋娟。紀云：『意格俱卑。』

義山詩自有格意，特紀氏所臆見之格意不同耳。謂之『俱卑』，豈不宜哉！

贈宗魯筇竹杖

大夏資輕策，全溪問所思。靜憐穿樹遠，滑想過苔遲。鶴怨朝還望，僧閑暮有期。風流眞底事，常欲傍淸羸。紀云：『此晚唐纖小家數。三四愈刻畫愈瑣屑，七八尤不成語。』

三四雖刻畫而筆力老健異常。結亦樸率有姿趣。此玉谿本色，非纖小家數也。何至尤不成語哉？

垂柳

娉婷小苑中，婀娜曲池東。朝珮皆垂地，仙衣盡帶風。七賢寧占竹，三品且饒松。腸斷靈和殿，先皇玉座空。紀云：『三四太俗。五六尤墮惡道。結二句自有體，然亦鶻兀。』頷聯、腹聯稍近帖體，然以爲俗惡，則近誣也。結沈痛如許，謂之『鶻兀』，何哉？觀結語當有本事，然寓意未詳，或亦爲贊皇貶後，牛黨倖進而致慨乎？馮氏謂垂柳暗喻楊嗣復，恐未然。集中未嘗爲嗣復有詩。

曲池

日下繁香不自持，月中流豔與誰期？迎憂急鼓疎鐘斷，分隔休燈滅燭時。張蓋欲判江灩灩，迴頭更望柳絲絲。從來此地黃昏散，未信河梁是別離。紀云：『詩無情致，則粗獷不文；但取姿媚而乏筋節，其弊亦不可勝言。』又云：『「迎憂」字太造，「休燈滅燭」四字複，結亦太盛。』

晚唐詩派，多有此種看似姿媚無骨，實則潛氣內轉，迥非後世滑調所能假託。紀氏一概詆之，此未能致力唐賢詩律，所以語不中肯也。

『曲池』，即曲江也。余疑義山在京曾攜家居此，此其別閨人作乎？後有曲水閑話、秋暮獨遊曲江二詩，似可互證。

思歸詩：『舊居連上苑。』更可互證。余謂義山在京居曲池，固非臆說也。

代應二首

溝水分流西復東，九秋霜月五更風。離鸞別鳳今何在？十二玉樓空更空。

昨夜雙鈎敗，今朝百草輸。關西狂小吏，惟喝遶牀盧。紀云：『二首皆豔詞。前首頗淺。次首不甚可解。』

前首宛轉關生，豈淺近一派耶？次首則紀氏自不能解耳！

席上作

淡雲輕雨拂高唐，一作淡雲微雨恣高唐玉殿秋來夜正長。一作一曲清塵遶畫梁料得也應憐宋玉，一生惟事一作只因無奈楚襄王。紀云：『語頗粗淺，別本末句作「只因無奈楚襄王」，則病狂喪心，近乎周侯露穢矣。』

藉高唐關合席上家妓，抒自己感遇之意，亦寓其內，深處正未可測。此種入神之篇，當細心領會之，豈可僅據外面，妄詆為粗淺耶？

破鏡

玉匣清光不復持，菱花散亂月輪虧。秦臺一照山雞後，便是孤鸞罷舞時。紀云：『此亦寓言。午橋以為王氏卻扇之作，武斷甚矣。』

此初登進士第，應鴻博不中選之寓言也。結言豈料一登上第，便從此報罷乎？『破鏡』諭銜鑑不中之意。通體淒婉欲絕矣。

無題

紫府仙人號寶燈，雲漿未飲結成冰。如何雪月交光夜，更在瑤臺十二層。

此篇寓意亦未詳。馮氏謂指令狐，其說太晦。細玩詩意，並無感慨，與令狐諸篇迥不相類，未敢附會也。

李花

李徑獨來數，愁情相與懸。自明無月夜，強笑欲風天。減粉與園籜，分香沾（一作活）渚蓮。徐妃久已嫁，猶自玉爲鈿。紀云：『格意殊卑。』又云：『三句自好，對句則不稱李花。五六猥瑣。末亦輕佻。』

紀氏一遇豔體，不曰猥瑣，則曰輕佻；不然則曰格意卑靡。吾不知紀氏自爲之豔詩，能高過玉谿否？

柳

曾逐東風拂舞筵，樂遊春苑斷腸天。如何肯到淸秋日，已帶斜陽又帶蟬。紀云：『數虛字轉折唱嘆，弦外有音，調之稍弱，亦由於此。』

含思宛轉，筆力藏鋒不露，故紀氏以稍弱議之。吾謂紀氏不深於唐律，觀此評益信。

馮氏謂：初承梓辟，假府主姓以寄慨，意兼悼亡失意言之。遲暮之傷，沈淪之痛，觸物皆悲，故措辭沈著如許，有神無跡，任人領味，眞高唱也。集中蟬詩、流鶯詩，均是此格。其深處洵未易測也。

過招國李家南園二首

潘岳無妻客爲愁，新人來坐舊粧樓。春風猶自疑聯句，雪絮相和飛不休。

長亭歲盡雪如波，此去秦關路幾多？惟有夢中相近分，臥來無睡欲如何！紀云：『二首皆卑俗。』

二首惟前首起句失之卑俗，餘皆不如紀評。

二首皆感遊而作。首二句言從前無妻，客爲作合於此，故曰『新人來坐舊粧樓』也。今則潘岳悼亡矣，唱隨之樂，何可得耶？只有雪絮相飛，猶似當時景況耳！後一首言歲暮又將出遊，此地亦不能久過，欲託之夢中相見，而臥來無睡，雖夢亦不得矣。此爲義山罷職梓州還至京師時所賦。玉谿伉儷情深，於此可見。

柳仲郢大中十年十月代裴休領鹽鐵，曾奏義山充推官，此必其時將赴推官時所作。明年，當至洛中一轉，有正月崇讓宅詩可證。下篇亦一時之事，小注『時將赴職』不誤，後人誤添入『梓潼』二字，遂至費解。安得善本一校勘耶。

留贈畏之 原注：『時將赴職梓潼，遇韓朝迴三首』

清時無事奏明光，不遣當關報早霜。中禁詞臣尋引領，左川歸客自迴腸。郎君下筆驚鸚鵡，侍女吹笙弄鳳凰。空寄一云當作記大羅天上事，衆仙同日詠霓裳。

詩言『左川歸客』，必非赴職梓潼也。蓋梓府罷歸，由京將赴東洛時留贈之作，原與上詩同編。前云『此去秦關』可證。若後二首確係無題。遇韓朝迴則無題下自注。才調集必有所據也。

戶外重陰黯不開，含羞迎夜復臨臺。瀟湘浪上有烟景，安得好風吹汝來。朱云：『「含羞」二字不解。瀟湘非梓潼地，亦不解。』

瀟湘指彈言，豈地名耶？

無題

相見時難別亦難，東風無力百花殘。春蠶到死絲方盡，蠟炬成灰淚始乾。曉鏡但愁雲鬢改，夜吟應覺月光寒。蓬山此去無多路，青鳥殷勤爲探看。紀云：『三四太鄙。』

三四兩句如此典雅而謂之鄙，此眞小兒強作解事語，紀氏之詩學可知矣。

此篇爲陳情不省，留別令狐所作。首云：『相見時難別亦難。』結云：『蓬山此去無多路。』味其意其在大中三年將赴徐幕時耶？徐辟在十月，義山至幕則爲明年正月。詩中『東風』等字，不必泥看。況十月亦可稱小春乎。

此詩蓋已至徐幕所作。故寫景皆係春時，與轉韻詩『蒲青柳碧春一色』正同。玩結語知其非在京留別之作矣。

碧城三首

碧城十二曲闌干，犀辟塵埃玉辟寒。閬苑有書多附鶴，女牀無樹不棲鸞。星沉海底當窗見，雨過河源隔座看。若是曉珠明又定，一生長對水晶盤。
對影聞聲已可憐，玉池荷葉正田田。不逢蕭史休回首，莫見洪崖又拍肩。紫鳳放嬌銜楚
珮，赤鱗狂舞撥湘絃。鄂君悵望舟中夜，繡被焚香獨自眠。
七夕來時先有期，洞房簾箔至今垂。玉輪顧兔初生魄，鐵網珊瑚未有枝。檢與神方教駐
景，收將鳳紙寫相思。武皇內傳分明在，莫道人間總不知。何云：『統籤：「此似詠其時貴主事。唐初公主多自請出家，與二教人媟近。商隱同時如文安、潯陽、平恩、邵陽、永嘉、永安、義昌、安康諸主，皆先後丐爲道士，築觀在外。史郎不言他醜，於防閑復行召入，頗著微詞。味詩中蕭史一聯及引用董偃水晶盤故事，大旨已明，非止爲尋恆閨閣寫豔也。」』朱云：『三詩莫得其解，予細按之，似皆爲明皇、太眞而作。何以知之？玩第三首結句而悟之。蓋以明皇爲武帝，唐人之常也。則其爲明皇無疑。「碧城」四句，以仙家況宮中之繁麗也。「星」，小星也。「雨」，雲雨也。「星沈」、「雨過」，武惠妃已薨也。「當窗」、「隔座」，太眞後入宮也。結以飛燕比惠妃，合德比太眞，言惠妃不死而一生專寵，猶或不至召亂也。「對影」句，實寫太眞之美也。「玉池」句，指賜浴華清時也。蕭史謂壽王，洪崖謂祿山也。「放嬌」、「狂舞」，謂其恃寵之態也。鄂君謂明皇也。「獨自眠」，蜀道雨淋鈴時也。「七夕」二句，點長生殿私語時也。月初生魄，則不復圓矣。「珊瑚未有枝」，則不可期矣。猶言「他生未卜此生休」也。（案見馬嵬詩）「神方」二句，言鴻都道士之渺茫也。「武皇」總結三首，和盤托出，所謂微而顯也。』
此三首統籤所解最確，馮氏句下所釋最通，吾無間然矣。竹垞謂指明皇、貴妃，未免迂曲。貴妃事唐人不忌，多彰之篇章。本集亦不一而足，何必作謎語，使人迷幻耶？馮云：『胡孝轅戊籤謂刺入道公主者近之。第其句下所釋，尚有誤會，余更爲演之曰：首章泛言仙境，以賦入道。首句高居。次句清麗溫柔，入道爲辟塵，尋歡爲辟寒也。三四書憑鶴附，樹許鸞棲，密約幽期，情況已揭。下半尤隱晦難解。竊意「海底」、「河源」，暗用三神山反居水下，與乘槎上天河見織女事，謂天上之星，已沈海底，而乃當窗自見；暮行之

雨，倖過河源，而後隔座相看。以寓遁入此中，恣其夜合明離之迹也。「曉珠」似當爲日，「水晶盤」專取清潔之意，不必拘典。故本集中「侵裴嬌樹水晶盤」，狀女冠之素豔矣。（案見天平公座中呈令狐令公詩）惟「曉珠」不定，故得縱情幽會；若既明且定，則終無昏黑之時，一生只宜倚冷耳，蓋以反託結之也。次章先美其色，「對影聞聲」已極可憐，況得遊戲其間耶？「不逢蕭史」，謂本不下嫁，何有顧忌？「莫見洪[illegible]」，謂得一浮邱，情當知足。「紫鳳」、「赤鱗」，狂且放縱之態。然而尚有欲親而未得者，故獨眠而悵望耳。三章程箋頗妙，（案程箋謂程夢星午橋箋）謂記其跡之彰著而致聲於人言之可畏也。首句遡歡會也。次句以深藏引起下聯「兔曾在腹，網未收枝」，比喻隱而實顯，當與樊轉參看。戊籤謂初瓜寫嫩，誤矣。五六惟願美色不衰，歡情永結。若云鴻都道士，絕不可附。結二句總括三章，漢武內傳多紀女仙，故借用之，不可泥看。孝韞之子夏客云：「讀劉中山題九仙宮主舊院詩，武皇曾駐蹕，親問主人翁。前此詩人未嘗諱言，何疑於玉谿哉！以此解之，通體交融矣。」

對雪二首

原注：「時欲之東。」

寒氣先侵玉女扉，淸光旋透省郎闈。梅花大庾嶺頭發，柳絮章臺街裏飛。欲舞定隨曹植馬，有情應濕謝莊衣。龍山萬里無多遠，留待行人二月歸。

旋撲珠簾過粉牆，輕於柳絮重於霜。已隨江令誇瓊樹，又入盧家妬玉堂。侵夜可能爭桂魄，忍寒應欲試梅粧。關河凍合東西路，腸斷斑騅送陸郎。紀云：「二首惟結句可觀，前六句皆拙而俗。」

二首用筆輕倩而神味已不乏，集中變格也。拙俗之評，無乃有意嗤點耶！

首二句言從前登第入爲秘書。『梅花』句指隨鄭亞桂幕，桂亦在嶺南，故借用庾嶺故事。『柳絮』指京尹留假參軍。『欲舞』句言暫時入徐幕，曹植比己文章也。『有情』句言終當還朝，用謝莊事，取殿庭意也。故結以歸約作收。次首起句言去令狐而婚茂元，別傍他家門戶，故曰『撲珠簾，過粉牆』。『輕於』句言，從此沈落不能復起也。『已隨』句，借江令點桂江。『又入』句，借盧家點弘正姓，言已從鄭亞，今又赴徐幕也。『侵夜』、『忍寒』，狀淪落無聊之況。言不能以文章官禁近，徒藉章奏自試才華也。『闕河』二句，與家人話別，僕僕道塗，陸郎眞堪腸斷矣。二詩在著重『時欲之東』四字，對雲帶綰耳。江令似借『江』字暗點桂江，盧家則暗切盧弘正幕也。言前年遠赴桂林，今又將出遊徐州。『侵夜』『忍寒』，謂淪落之餘，猶欲以文采動人也。

蜂

小苑華池爛熳通，後門前檻思無窮。宓妃腰細纔勝露，趙后身輕欲倚風。紅壁寂寥崖蜜盡，碧簾迢遞霧巢空。青陵粉蝶休離恨，長定相逢二月中。紀云：『次句不成語。三四尤俗。後四句小有情致。』

次句未至不成語，三四切題，是晚唐詩法，非俗也。紀氏少見多怪，乃以爲口實。

起二句即『曉閣罷朝眠，前墀思黯然』意。『宓妃』二句，言已從前根基未定，故隨黨局流轉。『紅壁』二句，言李黨疊貶，無處可託。結言不須悔恨，尚有令狐一門可以告哀，屈指好期，當不遠也。此篇當是陳情之前，託意之作矣。

青陵在鄆州，義山受知令狐楚始鄆幕，故假以自喻己之素在令狐門下也。與青陵臺一首可以互參，義山大中五年春罷徐州入京，此有二月相逢語，或其時途次所作歟？

賦得雞

稻粱猶足活諸雛，妒敵專場好自娛。可要五更驚曉夢？不辭風雪爲陽烏。紀云：『此刺怙勢而不忠者，然比附有痕，嫌於粘帶。凡詠物託意，須言外得之方佳。』

紀氏亦知詠物託意，須言外得之，但恐紀氏不能於言外領之耳。玉谿名家，豈有比附粘帶之詩哉！

明神

明神司過豈令冤，暗室由來有禍門。莫爲無人欺一物，他時須慮石能言！紀云：『毫無思致。』

此詩病在樸率，未可謂其毫無思致也。

此與上篇寓意皆不可解。馮氏謂上篇以連雞喻藩鎮；此篇則謂王涯、韓約等子孫潛昭義者，劉稹平，伏誅而發。其謂石言，切晉地，比附支離，恐未然也。此種皆大事，而二詩皆以小物致慨，豈名手而出此哉！不如闕疑爲愈耳。

辛未七夕

恐是仙家好別離，故教迢遞作佳期。由來碧落銀河畔，可要金風玉露時。淸漏漸移相望久，微雲未接過來遲。豈能無意酬烏鵲，惟與蜘蛛乞巧絲。

此篇蓋初補太學博士喜令狐意漸轉圜而作。首二句反言之，實則深喜之。『淸漏』句言子直舊好將合。『微雲』句言屬望尚未滿足。『豈能』二句，則言博士一除，豈可不感激子直？而無如所得僅此，豈非仙家故教迢遞，以作將來之佳期哉？用意極爲深曲。然不詳攷其本事，固不能領其妙趣耳。

壬申七夕

已駕七香車，心心待曉霞。風輕惟響珮，日薄不嫣花。桂嫩傳香遠，榆高送影斜。成都過卜肆，曾妬識靈槎。紀云：『旣曰「待曉霞」，又曰「日薄」，又曰「桂嫩」、「榆高」，語殊夾雜。「桂嫩」二句，亦無取義。』

『桂嫩』指月。『榆高』指星。初七之月，魄猶未圓，故曰『桂嫩』。『日薄』馮本作『月薄』，然『日薄』指將夕，亦無大礙，紀氏詆之，未曉用意。

此與後一篇粗看易解，細審則難會也。義山赴梓幕在大中五年，已詳年譜。壬申爲大中六年，此二首必東川時作無疑。但詩意皆係望薦語，豈別有屬意於杜悰耶？悰時鎮成都，義山五年冬曾至西川推獄，當有所求援。惟初依仲郢，遽思他就，覯下篇『兩度塡河』之句，此中情事，約略見之矣。故詩首句言『待曉霞』猶之靜候好音也。二詩命意如是，終苦他無顯證，不能斷定耳。

案抒德陳情詩云：『營巢憐越燕，裂帛待燕鴻。』上句言暫依柳幕不過偷安；下句言託悰向子直轉圜，重入京華，故用蘇武上林寄書事。余謂屬意令狐者，觀此益顯然矣。非遽圖他就者比也。

壬申閏秋題贈烏鵲

繞樹無依月正高，鄴城新淚濺雲袍。幾年始得逢秋閏，兩度塡河莫告勞！紀云：『感遇之作，微病其淺。第二句用字亦湊泊。』

此詩蓋初承東川之辟，又新悼亡，故詩意隱曲，眞善於埋沒意緒者，不見其淺也。紀氏渾稱之爲感遇，知其然而不知其所以然，宜其不解詩中用意耳。二句亦非湊泊。

義山大中五年冬赴西川推獄。杜悰本係牛黨，疑義山曾託其向令狐子直轉圜，故此詩有『兩度塡河』

之語。否則既依仲郢，安得遽謀他就耶？惟屬意子直，稍於情事相近耳。

『鄴城新淚』，不詳所指。余初疑鄴城屬河北，近懷鄭，似指葬妻故鄉而言。然細核之，亦不符。俟再攷。

端居

遠書歸夢兩悠悠，只有空牀敵素秋。階下青苔與紅樹，雨中寥落月中愁。紀云：『四家謂「敵」字險而穩，此字練得自好，然專標此種以論詩，吾見竟陵之爲詩者矣。』

『敵』字練得固好，然義山好處原不在此也。紀氏過慮，吾知免夫！

夜半

三更三點萬家眠，露欲爲霜月墮烟。鬬鼠上堂蝙蝠出，玉琴時動倚窗絃。紀云：『此有意不肯說出，然不免有做作態，意到而神不到之作。夫徑直非詩也，含蓄而有做作之態，亦非其至也，此辨甚微。』

此詩神意俱到，且用筆亦極自然，無所謂『做作態』也。詩祇寫景而愁況自見言外，作者之意，本任讀者細領耳。

雨

槭槭度瓜園，依依傍竹軒。秋池不自冷，風葉共成喧。窗迥有時見，簷高相續翻。侵宵送書雁，應爲稻粱恩。紀云：『起二句及第四句寫景俱細，第三句近拙。』

『秋池』句在可解不可解之間，最佳。此巧句，非拙也。紀氏必欲批壞，眞不知其命意所在？

菊

暗暗淡淡紫，融融冶冶黃。陶令籬邊色，羅含宅裏香。幾時禁重露？實是怯殘陽。願泛金鸚鵡，升君白玉堂。紀云：『前四句俗，後四句寓意亦淺。』

起四句初唐詠物法，與俗格不同；後四句寓意，豈紀氏所能曉，謂之淺，寃哉！

牡丹

錦幃英華作帷初卷衛夫人，繡被猶堆越鄂君。垂手亂翻雕玉佩，招朱長孺云當作折腰爭舞英華作細腰頻舞鬱金裙。石家蠟燭何曾翦，荀令香爐可待熏。我是夢中傳彩筆，欲書花葉寄朝雲。紀云：『八句八事而一氣湧出，不見襞積之迹。所惡於碧瓦諸詩者，爲其雕鏤瑣屑，格意卑靡也，若此亦何惡於用事哉？』

碧瓦詩運典命意與此正同，何必強生分別？然紀氏不喜香奩體，此首評語獨能公允，亦可見良心不昧也。

北樓

春物豈相干，人生只強歡。花猶曾斂夕，酒竟不知寒。異域東風溼，中華上象寬。此樓堪北望，輕命倚（一作俯）危欄。紀云：『結太竭情，所謂蹶蹷聲也。』

結語讀之祇覺淒痛，不嫌直致，非蹶蹷聲也。且紀氏嘗以自負語爲激亢露骨，而此種則又以『竭情』訶之，詩人措辭，可謂窮矣。噫！豈不過甚也乎？

擬沈下賢

千二百輕鸞，春衫瘦著寬。倚風行稍急，含雪語應寒。帶火遺金斗，兼珠碎玉盤。河陽看花過，曾不問潘安？紀云：『不解所指，然不解處卽是不佳處，未有鉅手名篇而僻澁其字句者。』

不解所指，何以知其不佳？觀『不解處卽是不佳處』語，可知紀氏動以不佳詆古人者，實由於己不能解耳。古人詩句，何嘗僻澁哉！

蝶

飛來繡戶陰，穿過畫樓深。重傅秦臺粉，輕塗漢殿金。相兼惟柳絮，所得是花心。可要凌孤客？邀爲子夜吟。紀云：『前四句俗，五六句纖。末二句不甚可解。』

『纖俗』二字詆後人則可，詆玉谿則不可。紀氏於玉谿詩本不甚解，不恨自己學力未至，反歸咎古人，何其武斷不通若是耶？

飲席代官妓贈兩從事

新人橋上著春衫，舊主江邊側帽簷。願得化爲紅綬帶，許教雙鳳一時銜。紀云：『猥褻太甚。』

此種雅詩而猶以爲猥褻，吾不知何等詩方爲不猥不褻也。『飲席代妓』之作，唐人此題極多，紀氏何妨舉一篇不猥褻者以爲例。

代魏宮私贈

來時西館阻佳期，去後漳河隔夢思。知有宓妃無限意，春松秋菊可同時。

代元城吳令暗爲答

背闕歸藩路欲分，水邊風日半西曛。荆王枕上原無夢，莫枉陽臺一片雲。紀云：『二首辨「感甄」之誣，立意極正。然何不自爲一詩而代爲贈答，落小家窠臼乎？流弊所至，羅隱代孔子和詩矣。不得以顏延年織女贈牽牛詩藉口。』又曰：『「背闕」二字割裂。』

『代贈』、『代答』，唐人集中極多，未必便爲小家。且此二首玉谿借古以寓慨，非實爲『感甄』辨誣也，更不得以『代贈』、『代答』、『戲作』體例之。『背闕』祇取違背闕廷意，不必附會伊闕，病其割裂也。紀氏貌作解人，實則無一語中肯綮，讀者不可不辨。

『背闕歸藩』即洛神賦『余從京師，言歸東藩』二句意，注家兼引『背伊闕』句，紀氏亦誤詆之，可發一笑。

『背闕歸藩』，指柳枝爲東諸侯取去，自洛京赴任所亦可。『路欲分』謂彼此分阻也。『水邊』句想其冷落道途之態，非自謂也。若解作自謂，則與前首犯複矣。

此二首皆爲柳枝而作。『來時』句敍洛中之別，即柳枝序所謂『不果留』，故曰『阻佳期』也。『去後』句敍爲東諸侯取去之恨。漳河在洛東，所謂東諸侯者，其指河北乎？題曰『魏宮』蓋亦有寓意也。『春松』比其人之貴，『秋菊』比己之賤，一炎一涼，安可同時而語。此二句問之之詞。『背闕歸藩』，謂己由洛京入朝，『水邊風日』正日暮相思之詞。『荆王』二句，言其人本不知重色，勸其莫枉用情也，妬情可想。以洛神寄意，切柳枝洛中里娘耳。擬意一首在未取去之前。馮氏只知謂艷情而不知爲柳枝之作，且與通谷楊林二首同編，皆謬矣。故爲核之於此。

義山大中元年隨鄭亞赴桂，曾先至洛中，詩中『背闕歸藩』正指其事。仍係義山自謂，與前首不複也。閱者參之。

牡丹

壓逕復緣溝，當窗又映樓。終銷一國破，不啻萬金求。鸞鳳戲三島，神仙居十洲。應憐萱草淡，却得號忘憂。紀云：『全不成語。』

此首雖非義山得意之筆，然何至全不成語！所謂『全不成語』者，乃小兒初學爲詩者之謂，義山晚唐名家，豈不及一小兒耶？紀氏未免自命太高，視古人太淺矣。

此有寓意，故不全切牡丹。

百果嘲櫻桃

珠實雖先熟，瓊莩縱早開，流鶯猶故在，爭得諱含來？

櫻桃答

衆果莫相誚，天生名品高。何因古樂府，惟有鄭櫻桃。紀云：『此嘲刺之作。嘲詩攻其舊歷，答詩寫悍然不顧，恬然不恥之意。』又云：『漢詩橘柚生華實一首，古人偶一爲之，王無功衍爲贈答，已俗不可醫，盧仝至有蝦蟆請客詩，亦瑣陋極矣。』

此二首皆狹邪戲謔之作，當有本事。不過藉百果櫻桃寄意耳。與無功、盧仝詩不同，不可不辨。

曉坐

後閤一作閣罷朝眠，前墀思黯然。梅應未假雪，柳自不勝烟。淚續淺深綆，腸危高下絃。紅顏無定所，得失在當年。紀云：『有悔從茂元之意，意眞而格弱。』

此亦寓意令狐交誼，始合終離，非爲悔從茂元致慨也。紀氏乃謂意眞格弱，既不能知此詩之意，又安能辨其體格哉？此眞所謂似是而非者矣。

義山初爲令狐所知，及婚於王氏，子直遷怒，遂終於李黨。其後鄭亞、李回疊貶，莫肯援手，始轉向令狐告哀，詩所謂『紅顏無定所，得失在當年』也。此篇蓋感傷遇合之作，其情亦可悲已！

詠史

北湖南埭水漫漫，一片降旗百尺竿。三百年間同曉夢，鍾山何處有龍盤？紀云：『廉衣曰：「此詩漸近粗響。」』又曰：『「一片」句鶻兀。』

此種沈鬱悲壯之作而曰『粗響』，曰『鶻兀』，眞不解紀氏用心何等矣？紀氏評義山曰『全不成語』，余亦評紀氏曰『全不知詩』，觀此更信。

一片

一片非烟隔九枝，蓬巒仙仗儼雲旗。天泉水暖龍吟細，露畹春多鳳舞遲。榆莢散來星斗轉，桂花尋去月輪移。人間桑海朝朝變，莫遣佳期更後期。紀云：『此感遇之詩，與錦瑟詩一種格調，而又加淺俗。』

義山詩人皆病其艱深，而紀氏獨謂爲淺俗，見解可謂加人一等矣。可笑！可笑！

日射

日射紗窗風撼扉，香羅掩手春事違。迴廊四合掩寂寞，碧鸚鵡對紅薔薇。紀云：『複「掩」字。』

『掩手』當從馮本作拭手，不但不複，文義亦順矣。

題鵑

眠沙臥水自成羣，曲岸殘陽極浦雲。那解將心憐孔翠，一作雀羈雌長共故雄分。紀云：『此深刺異己之作，其詞淺露。』又云：『此恨鵑羣之不憐孔翠，朱長孺謂孔翠之羈孤，不及鵑羣之自適，作相羨之辭。非「那解」二字之義矣。』

此篇意極深曲難解。長孺說固非，而桐鄉馮氏箋，亦未盡詩意。余粗定之：首句蓋言己本令狐門下士，而今反與李黨王茂元鄭亞爲羣。『眠沙臥水』，極狀冷落之況。次句暗指羈宦桂管遠方。『殘陽』，則喻贊皇已貶，黨局又變也。『羈雌』自比，『故雄』比鄭亞，『孔翠』則比黨人。言桂州將罷，自己又與府主相別，更何暇復爲黨人分憂乎？其爲桂府託寓遇合之作無疑，非深刺異己也。以爲淺露，眞不知此詩之味者耳。　解作客中憶家之作，似更明顯。

華清宮

朝元閣迥羽衣新，首按昭陽第一人。當日不來高處舞，可能天下有胡塵。紀云：『詩太徑直，既失諱尊之體，又乖諷刺之義。』

此詩用筆亦頗婉轉老健，不當以徑直目之。至於不避忌諱，則唐時習尚也，或疑此非義山手筆。

梓潼望長卿山至巴西復懷譙秀

梓潼不見馬相如，更欲南行問酒壚。行到巴西覓譙秀，巴西惟是有寒蕪。

大中二年義山桂州府罷，希望李回湖南幕府。及與回相遇無成，更於閬中別有所圖。閬中不詳所望何人，然攷之諸詩，似是未見其人而返。北禽詩所謂『縱能朝杜宇，可得値蒼鷹』者，仍係懸擬之詞。余疑義山此行，蓋卽希意杜悰。及至閬中，恐其所圖不成，因而復返。杜悰乃牛黨分門別戶之人，故北禽詩言與其求此分門別戶之人，何如直向令狐告哀乎？『杜宇』二字，或卽借點其姓也。馬相如暗比李回。首句言希望李回湖南之事不成也。次句言更欲至成都別希遇合。『酒壚』用成都故事。余謂屬意杜悰者，於此可悟。結二句言及至閬中而所望全虛，僕僕道途，惟有寒蕪滿目而已。彼桓溫薦譙秀之事，安可期耶？與後嘉陵江水二詩互相貫通，皆一時情事也。攷義山生平依恃者如鄭亞、李回等，皆極有勢力之人，不應於閬中別求一名位不尊者，爲之援藉，此時杜悰自東川移西川，蜀中屬望非悰而誰？北禽詩所謂『石小虛塡海』者，蓋以悰罷相出外，不如令狐輩官禁近者易於援手耳。若謂義山希意實在閬中，則閬中已親至其地矣，安有更欲南行之語耶？惟此時未見杜悰，至閬中而空返，故後有『早歲乖投刺』之情事。（見杜工部蜀中離席詩案語）參互攷之，似可顯然。至馮氏妄疑其人爲李貽孫，則臆測別無佐證，余不敢從也。

齊宮詞

永壽兵來夜不扃，金蓮無復印中庭。梁臺歌管三更罷，猶自風搖九子鈴！

此自是詠史詩，別無寓意，深解者失之。謂指敬宗，亦無實證。義山大中十一年充柳仲郢鹽鐵推官，此或江東客遊時，經過六朝故宮而作者歟？

青陵臺

青陵臺畔日光斜，萬古貞（英華作春）魂倚暮霞。莫訝（英華作許）韓憑爲蛺蝶，等閒飛上別枝花。紀云：『「倚暮霞」三字趁韻，「倚」字尤不妥。』

『倚暮霞』三字練得極新極穩，神味倍覺深遠，此詩家格外烘染法也。以爲『趁韻』、『不妥』，豈非欲加罪古人耶？

酬崔八早梅有贈兼示之作

知訪寒梅過野塘，久留金勒爲迴腸。謝郎衣袖初翻雪，荀令熏爐更換香。何處拂胸資蝶粉，幾時塗額藉蜂黃？維摩一室雖多病，亦要天花作道場。紀云：『此種刻畫，自是不稱此花。』

此詩著重在『有贈』二字，早梅不過借以關合映帶耳，非專爲刻畫梅花也。篇中字字雙關，極有情致。結語一齊縮住，章法尤爲完密。紀氏看詩孟浪，泥定早梅，幾忘却題中『有贈兼示』等字矣。

蜀桐

玉壘高桐（一作梧）拂玉繩，上含非（一作霏）霧下含冰。枉教紫鳳無棲處，斲作秋琴彈壞（一作廣）陵。紀云：『其辭怨以怒。』

此正怨而不怒之佳篇，深得古詩比興之旨者也。紀氏故意批壞何耶？蓋紀氏之於義山，大抵不知作者本事耳。若能細攷其本事，自不至妄爲雌黃，嗤薄前哲也。此余之所以不憚細箋也與？

此傷座主李回也。回由西川貶湖南，義山不能相從，回亦不久即死，故以蜀桐寄恨，聲與淚俱矣。然以比喻出之，便不露骨，紀評非也。

李回傳，遷湖南後再貶撫州刺史，『壞陵』蓋以比回之再貶也，非謂其死耳。

漢宮

通靈夜醮達清晨，承露盤晞甲帳春。王母西歸方朔去，更須重見李夫人。紀云：「『春』字趁韻。」

『春』字作暖字解，極穩，非趁韻也。此種凡會作詩者無人不解，紀氏通人，豈尋常用字訣尚不之知耶？

判春

一桃復一李，井上占年芳。笑處如臨鏡，窺時不隱牆。敢言西子短，誰覺宓妃長？珠玉終相類，同名作夜光。紀云：「題目太纖，詩自不能有格。」

戲筆，無庸以紀氏之高格繩之。

江東

驚魚撥剌燕翩翾，獨自江東上釣船。今日春光太漂蕩，謝家輕絮沈郎錢。

此篇江東客遊所作。柳仲郢大中十年爲鹽鐵使，曾辟義山充推官。此與江東懷古諸詩皆大中十一年中賦也。『謝家輕絮沈郎錢』，亦暗喻鹽鐵也。馮氏編諸開成五年，大誤。

讀任彥昇碑

任昉當年有美名，可憐才調最縱橫。梁臺初建應惆悵，不得蕭公作騎兵。紀云：『此寓升沈之感。前二句鄙甚，後二句淺直。』

馮注謂爲盧弘正發，非例刺子直也。通體爽俊老健，紀氏奈何必以『淺直』、『鄙甚』誣之哉！

荷花

都無色可並，不奈此香何？瑤席乘涼設，金羈落晚（英華作曉）過。迴（英華作覆）衾燈照綺，渡襪水沾羅。預想前秋（英華作秋前）別，離居夢櫂歌。紀云：『起二句似牡丹。』

起二句詠荷雖泛，然謂似牡丹則誤矣。『香』、『色』二字，何花不可當之哉？

五松驛

獨下長亭念過秦，五松不見見輿薪。只應既斬斯高後，尋被樵人用斧斤。紀云『粗鄙。』

此亦晚唐詩常調，何至粗鄙？

灞岸

山東今歲點行頻，幾處冤魂哭虜塵。灞水橋邊倚華表，平時二月有東巡。紀云：『前二句粗淺，後二句以倒裝見吐屬之妙。若以後句意作起，前二句意作結，則索然矣。此用筆之妙。』

紀氏凡遇琱琢語，則以爲瑣屑；不琱琢語，又以爲粗淺。此非評文，乃故意與古人尋釁耳，謂之何哉？

七夕

鸞扇斜分鳳幄開，星橋橫過鵲飛迴。爭將世上無期別，換得年年一度來。紀云：『亦淺近。』

此亦感逝作，無期之別，年年棖觸，情何以堪！讀之使人增伉儷之重。

試問紀氏何等方爲深遠？

謝先輩防記念拙詩甚多異日偶有此寄

曉用雲添句，寒將雪命篇。良辰多自感，作者豈皆（一作徒）然。熟寢初同鶴，含嘶欲並蟬。題時長不展，得處定應偏。南浦無窮樹，西樓不住烟。改成人寂寂，寄與路綿綿。星勢寒垂地，河聲曉上天。夫君自有恨，聊借此中傳。紀云：『七八句拙，餘亦平平。』

此篇在集中允屬上駟，紀氏僅以平平了之，全不知唐人詩趣，眞孟浪立言者耳。七八亦未見其拙。『南浦』句謂多傷別之篇，即所謂『感念離羣』也。『西樓』句謂多陳情之什，即所謂『流連薄宦』也。案兩句見以舊詩上相國京兆公啓

馬嵬二首

冀馬燕犀動地來，自埋紅粉自成灰。君王若道能一作堪傾國，玉輦何由過馬嵬？紀云：『太徑直。』

結句反說冷刺，兩自字淒然，寵之實以害之，用筆曲折，警動異常，而以爲徑直可乎？

海外徒聞更九州，他生未卜英華作決此生休。空聞虎旅傳宵柝，無復雞人報曉籌。此日六軍同駐馬，當時七夕笑牽牛。如何四紀爲天子，不及盧家有莫愁！紀云：『歸愚謂虎、雞、馬、牛連用及末二句擬人不倫爲詩病，皆是。』

虎、雞、馬、牛四字用與並未並頭，原不礙格，歸愚之論未允。至末句借莫愁以寓慨，倍覺沈痛，不嫌擬非其倫也。紀氏祇見後人詩法，唐人格律，烏足以知之！

可歎

幸會東城宴未迴，年華憂共水相催。梁家宅裏秦宮入，趙后樓中赤鳳來。冰簟且眠金鏤

枕，瓊筵不醉玉交盃。宓妃愁坐芝田館，用盡陳王八斗才。紀云：『三四句直作詈詞，殊無詩意。』

此豔情也。首句有機會可乘。次句言虛度光陰。三四借古人幽期密約之事以況今之不然也。『冰簟』句獨眠冷落之態。『瓊筵』句未能交歡。結則自慨用盡才華，而兩情依然睽阻也，故以『可歎』命篇。通體皆是自傷遇合之無成，豈刺他人淫佚哉！紀氏不細會詩意，故誤以三四一聯爲直作詈詞耳。

望喜驛別嘉陵江水二絕

嘉陵江水此東流，望喜樓中憶閬州。若到閬中還赴海，閬州應更有高樓。

千里嘉陵江水色，含烟帶月碧於藍。今朝相送東流後，猶自驅車更向南。

『今朝』二句謂旣送李回東去，更於巴閬別希所圖也。前首言今日在希憶閬中遇合，若到閬中，又將希憶他處矣。言外見蜀中之行本意在回，而李回不能攜赴湖南，翻使我更屬他人，安知到閬中後，不亦同此變更乎？用意曲折，非詳攷本事，不易窺其深處也。但未知閬中屬意何人？疑其人亦李黨，官位必不甚尊，觀北禽一詩可悟。當時旣未顯言，千載下更難臆測已。

別薛嵒賓

曙爽行將拂，晨淸坐欲凌。別離眞不那，風物正相仍。漫水任（英華作淸）誰照，衰花淺自矜。還將兩袖淚，同向一窗燈。桂樹乖眞隱，芸香是小懲。淸規無以況，且用玉壺冰。紀云：『語多拙澁，結更淺率。』

詩樸實中有奇句，後人油滑一派，不能到也，何可詆爲拙澁哉！觀結語則『芸香小懲』似指薛由淸資謫外也，非義山自謂。結亦贈人頌美詩常調耳。謂之『淺率』，未免苛求。

富平少侯

七國三邊未到憂，十三身襲富平侯。不收金彈抛林外，却惜銀牀在井頭。綵樹轉燈珠錯落，繡檀迴枕玉雕鎪。當關不報侵晨客，新得佳人字莫愁。紀云：『太尖薄。』

通篇以冷語諷刺，律詩變格，何得目爲尖薄哉！

腸

有懷非惜恨，不奈寸腸何？即席迴彌久，前時斷固多。熱應翻急燒，冷欲徹微波。隔樹澌澌雨，通池點點荷。倦程山向背，望國闕嵯峨。故念飛書及，新懽借夢過。染筠休伴淚，繞雪莫追歌。擬問陽臺事，年深楚語訛。紀云：『題旣鄙俚，詩尤瑣屑。末二句亦無着落。』

此詩寓意令狐，著落全在結句。馮孟亭謂前幅寫題之貌，後幅傳題之神，豈鄙俚瑣屑足以病之哉！紀評謬甚。

補編有上韋舍人狀云：『去冬專使家童起居，今春亦憑令狐郎中附狀。』此文爲大中二年歸後作，與此詩同時。詩中所謂『故念飛書及』者，卽指寄書事也。

此詩爲玉谿桂管歸途，寓意令狐，重修舊好而作。『湘淚』暗指李回湖南之事。『郢歌』暗指荆門寓使之事。皆見余所著年譜中。言此二處屬望已虛，惟有向令狐告哀而已。但恐乖天公之厚意，至此多訛失耳。義山詩用典隸事，無一泛設，於此可見。此章馮注極佳。惟『染筠』二句解釋未能密切，故借爲拈出。今而後讀玉谿集者，當更有深味矣。　寓使事近已攷得爲大中元年使南郡時事。『郢歌』自指荆門留滯而言，不兼寓使也。

曉起

擬杯當曉起，呵鏡可微寒。隔箔山櫻熟，褰帷桂燭殘。書長爲報晚，夢好更尋難。影響輸雙蝶，偏過舊畹蘭。紀云：『晚唐纖體。』

玉溪此種詩皆豔體正宗，假閨襜瑣屑，男女媟褻之詞，以寓賢人君子不得志於世之隱痛，聞者足戒，言者無罪，正深得屈、宋騷辨之遺而變而出之，不獨晚唐爲然也。紀氏竟敢以晚唐纖體目之，彼晚唐之體格豈不通迂腐如紀氏者所能領其妙處耶？

閨情

紅露花房白蜜脾，黃蜂紫蝶兩參差。春窗一覺風流夢，却是同袍不得知。紀云：『亦是纖語。』

此詩以詞求之，尙可了了，以意求之，終難强解。謂爲纖語，眞皮相耳。

月夕

草下陰蟲葉上霜，朱欄迢遞壓湖光，兔寒蟾冷桂花白，此夜姮娥應斷腸。紀云：『廉衣曰：「三句拙湊。」』

三句寫景何等渾闊！『壓』字亦練得新穎，眞佳句也，而以爲拙湊，豈謂天下讀詩者，皆無目耶？蟾、兔、桂花，月中本有此三種，非疊牀架屋之比。

杏花

上國昔相値，亭亭如欲言。異鄉今暫賞，眽眽豈無恩？援少風多力，牆高月有痕。爲含無限意，遂對英華作到不勝繁。仙子玉京路，主一作佳人金谷園。幾時辭碧落，誰伴過黃昏？鏡拂鉛華膩，爐藏桂燼溫。終應催竹葉，先擬詠桃根。莫學啼成血，從教夢寄魂。吳王採香徑，失路入烟村。紀云：『病在作長律，遂覺廓落處多。』又云：『通首以杏花寄感，然無一字切杏，即改題作桃李亦得。「援少」二句，似秋非春。「鏡拂」二句尤無謂。詩家借物寫懷，題目在即離間者，往往有之。然非此之謂也。』

風月四時皆有，安見『援少』二句，似秋非春耶？『鏡拂』二句，借作點染，原自無礙，長律不必句句切題也。紀氏評語，有意苛索，皆非確論。

此正借物寫懷詩正格，句句皆不即不離也。紀氏何足以知之。

此亦暗喻李回也。義山開成三年應鴻博試，周李二學士舉之。周爲周墀，李即回也。故補編稱回爲座主。題借杏花以寓師生之感，唐人多以杏花比登第也。起四句總敍，言當日曾蒙以大德加我，今異鄉相見，奈何不哀憐耶？『援少』二句，言其以黨局嫌猜而疏我也。『爲含』二句，敍留滯不答之恨。『仙子』四句，追述在京蹤跡。『鏡拂』二句，暗喻己之文采。『終應』二句借以自解，言好合終有日也。『莫學』二句又借以自寬。結言窮途失意，眞始願所不料矣。篇中大意如此。馮氏妄謂爲高鍇而發，且杜撰鍇遷鎮西川以實之，甚謬。攷新、舊書，高鍇並無遷西川事，而馮氏橫造此言以自圓其說，何其武斷如是哉！

燈

皎潔終無倦，煎熬亦自求。花時隨酒遠，雨後背窗休。冷暗黃茅驛，暄明紫桂樓。錦囊名畫揜，玉局敗碁收。何處無佳夢，誰人不隱憂？影隨簾押轉，光信簟文流。客自勝潘岳，儂今定莫愁。固應留半燄，迴照下幃羞。紀云：「五句差切。」

時文評法，批尾家儅，安知義山之深淺哉！

此篇馮氏定令狐陳情所作。余細玩之，蓋爲屬意李回而發耳。蓋李回不能攜赴湖南幕府，實因遭貶畏譏，此詩所以解之也。首三韻言桂管府罷，急圖遇合。「錦囊」二句，言黨局反復。「何處」二句，代爲解釋，言不必因一時之不得志，有所顧忌。「影隨」二句，言己亦隨黨局流轉，決不肯希意他就。結則望其哀憐舊情，急爲援手也。必非例爲子直之作矣。

清河

舟小迴仍數，樓危凭亦頻。燕來從及社，蝶舞太侵晨。絳雪除煩後，一作俊 霜梅取味新。年華無一事，只是自傷春。紀云：『前四句小有致，後四句淺。』

後四句亦極有情趣，小題祇能如此著筆，不嫌其淺也。

韤

嘗聞宓妃韤，渡水欲生塵。好借常娥著，淸秋踏月輪。紀云：『不省所云。』

不省所云，正是紀氏短處，反嘵嘵妄論古人。甚矣！其武斷誤人不淺也。

追代盧家人嘲堂內

道却橫波字，人前莫謾羞。只應同楚水，長短入淮流。紀云：『與魏宮私贈二首同，終非詩體。』

不識紀氏所謂詩體者，何人所定？豈唐人詩猶不足以爲體耶？

離亭賦得折楊柳二首

暫憑樽酒送無憀，莫損愁眉與細腰。人世死前惟有別，春風爭擬惜長條。紀云：『此首竭情。』

驚心動魄，眞千古之名篇，何謂『竭情』？甚矣紀氏立言之悍也！

含烟惹霧每依依，萬緒千條拂落暉。爲報行人休盡折，半留相送半迎歸。紀云：『廉衣曰：「首二句格卑。」』

紀氏好以體格繩義山，吾不知所謂體格者，體爲何等體？格爲何等格？豈義山猶不足於體格耶？

華州周大夫宴席

郡齋何用酒如泉？飲德先時已醉眠。若共門人推禮分，戴崇爭得及彭宣。紀云：『憤語，殊乏詩致。』

詩慨己蒙周知遇而名位不進，反不及他人也，非憤語。紀氏誤會而繩之，可發一笑。

東下三旬苦於風土馬上戲作

路遶函關東復東，身騎征馬逐驚蓬。天池遼闊誰相待？日日虛乘九萬風。紀云：『戲筆不以詩論，此等編集者，原不必存。』

此亦道中詩常調，非戲筆。何至不以詩論耶？

莫愁

雪中梅下與誰期？梅雪相兼一萬枝。若是石城無艇子，莫愁還自有愁時。紀云：『此首本事偶借莫愁爲比，非詠莫愁也。詞殊佻薄。』

并不覺其佻薄，紀氏殊謬。

夢令狐學士

山驛荒涼白竹扉，殘燈向曉夢清暉。右銀臺路雪三尺，鳳詔裁成當直歸。紀云：『有意作對照語，亦嫌有做作之態。』

詩極自然，無所謂做作之態也。紀氏故意抑之，以自炫其識見不與人同，殊非君子居心，吾所不取。

涉洛川

通谷陽林不見人，我來遺恨古時春。宓妃漫結無窮恨，不爲君王殺灌均。

此詩與國事分明一篇，馮氏均定爲豔情。攷義山與柳枝在洛相遇，在會昌六年春，旋即入京。明年大中元年，因讓山墨詩故處，而義山亦於是年赴桂時，先至洛中別弟羲叟，所謂『東郊慟哭辭兄弟』也。案見偶成轉韻詩。此詩以『涉洛川』爲題，似於情事相合。但柳枝爲東諸侯取去，未聞有讒之者，則灌均何所指？且宓妃、洛神比柳枝可也，安有顯以君王、天子自喻者耶？至徐氏謂指安王溶、楊賢妃，則史傳無攷，且與題亦不切，不如闕疑之爲愈也。案馮注引徐逢源湛園曰：『東阿王作謂文宗疑安王與賢妃有私而不得立也。涉洛川作爲楊賢妃不勸文宗殺仇士良而反受其害也。二首是一時作。若論故實，則丕爲世子，在建安一十二年；植賦洛神，相去十五年矣，歲月懸殊，謂之詠史可乎？

有感

中路因循我所長，古來才命兩相妨。勸君莫強安蛇足，一醆芳醪不得嘗。紀云：「鄙俚不文。」

此種詩自有一種拙致可喜，奈何加以鄙俚不文之誚哉！

宮辭

君恩如水向東流，得寵憂移失寵愁。莫向樽前奏花落，涼風只在殿西頭。紀云：「怨誹之極而不失優愁唱歎之致。」廉衣曰：「末二句妙矣。緣西字與首句東字相應，轉成纖仄。」又曰：「次句欠渾雅。」

東西二字偶不檢點，非有意相應也。且亦不礙格，何得責以纖仄？次句極為自然，但未加修飾耳。集中此種頗多，轉覺有致，豈欠渾雅哉！

代贈二首

樓上黃昏欲望休，玉梯橫絕月中一作如鉤。芭蕉不展丁香結，同向春風各自愁。

東南日出照高樓，樓上離人唱石州。總把春山掃眉黛，不知供得幾多愁？

二詩疑會昌元年江鄉所作。義山開成五年冬作江鄉之遊，赴燕臺湘中之約。至則其人遠去，故集中多以此事寄慨。明年會昌元年正月，始北歸，有春雪黃陵，送別劉司戶之跡。此詩蓋同時所作。其人已去而義山亦作歸計矣。前首代其人寫彼此含愁之況，後首寫己將行之悵，故曰『離人唱石州』也。與柳枝情事，必不合矣。

瑤池

瑤池阿母綺窗開，黃竹歌聲動地哀。八駿日行三萬里，穆王何事不重來？紀云：『太快。』

此種皆膾炙人口之名篇，無容故作高論，橫加醜詆，貽笑於後人也。

柳

爲有橋邊拂面香，何曾自敢占流光。後庭玉樹承恩澤，不信年華有斷腸。紀云：『即題鵝詩意，亦徑直少味。』

題鵝余定爲客中憶家，此則自傷之作，逈不相同。紀評大失詩意。

起二句言年少氣盛，視功名如拾芥，不復以光陰爲可惜。今老矣，沈淪使府，雖蒙府主厚愛，而不覺年華遲暮，無能爲矣。通體自傷投老不遇，題曰詠柳者，蓋梓州柳仲郢幕作也。紀氏誤解，反謂徑直少味，豈知詩之言哉！

寄在朝鄭曹獨孤李四同年

昔歲陪游舊跡多，風光今日兩蹉跎。不因醉本蘭亭在，兼忘當年舊永和。紀云：『友朋相怨之詩，著意題中「在朝」二字，然太少含蓄，近乎詬詈。』

此首借以自慨，非怨詩，何至近乎詬詈耶？謬甚。

南朝

地險悠悠天險長，金陵王氣應瑤光。休誇此地分天下，只得徐妃半面粧。紀云：『纖佻之極。』

借香倩語點化，是玉谿慣法，不得以纖佻目之。紀氏少見多怪，淺陋可笑。

遊江東時詠古之作，別無寄託。義山大中十一年隨仲郢充鹽鐵推官，當至金陵、揚州諸地，且轉入建州。凡集中此種詩，皆其時作也。推官分諸道，但不知義山知何院耳？

題漢祖廟

乘運應須宅八荒，男兒安在戀池隍！君王自起新豐後，項羽何曾在故鄉？紀云：『亦粗鄙。』

豪語便以爲粗鄙，不會通篇氣味，眞強作解事者也。

韓冬郎卽席爲詩相送一座盡驚他日余方追吟連宵侍坐徘徊久之句有老成之風因成

二絕寄酬兼呈畏之員外

十歲裁詩走馬成，冷灰殘燭動離情。桐花萬里丹山路，雛鳳淸於老鳳聲。

劍棧風檣各苦辛，別時冰雪到時春。爲憑何遜休聯句，瘦盡東陽姓沈人。

冬郎卽席爲詩相送，當是大中五年義山赴職梓潼時事。時冬郎年當十歲，故曰『十歲裁詩走馬成』，至大中十年已十五歲矣。前一首係追述之詞，留贈畏之詩亦云：『郎君下筆驚鸚鵡。』與此二首疑同時作。彼詩當在大中十年冬也。馮氏不知義山赴梓爲大中五年，此詩與迎寄一詩遂無從編定。且疑『余方』二字當作徐方，謂徐幕所賦，不但事蹤不合，而文理亦不順矣。至迎寄詩又謂：『正爾相思，不知有此遠行。』則更謬。若如馮說，當改『迎寄』爲『迎別』始合。況自注指蓬果賊而言，王贄宏討蓬果賊在大中五年十月，是時義山正赴梓州，有留別畏之詩可證。安得更有迎別之事哉？余定爲梓幕迎寄之作，蓋義山赴東川後畏之亦旋出刺果州，前後蹤跡，皆相印合矣。甚矣！攷證不可不細也。

評事翁寄賜餳粥走筆爲答

粥香餳白杏花天，省對流鶯坐綺筵。今日寄來春已老，鳳樓迢遞憶鞦韆。

馮氏次此詩於會昌四年居永樂時，今從之。味詩意似是閑居景況也。

評事翁當卽劉評事。劉評事寓居永樂，在義山移家之先，豈後又重至永樂耶？

東阿王

國事分明屬灌均，西陵魂斷夜來人。君王不得爲天子，半爲當時賦洛神。何云：「吳喬云：『此義山自悔其婚於王茂元，因而見擯彭陽，終身淪落也。』從吳說亦得。」

來時西館二首余定爲柳枝作，以其假洛妃寄意也。此與通谷陽林篇恐皆非豔情，吳說亦未確。觀其以君王、天子爲言，古人雖不忌諱，然必無此比喻不倫者也。徐氏謂暗指楊賢妃、安王溶事，似爲近之。宮中遺事，當有所聞，惜史傳散落無攷耳。徐氏說見步洛川詩案語。

聖女祠

松篁臺殿蕙香幃，龍護瑤窗鳳掩扉。無質易迷三里霧，不寒長著五銖衣。人間定有崔羅什，天上應無劉武威。寄問釵頭雙白燕，每朝珠館幾時歸？紀云：『起二句其人在焉，呼之欲出；五六惡劣；七八亦佻薄。』

未至惡劣、佻薄，此種語不得輕加義山，立言當有分寸也。

獨居有懷

麝重愁風逼，羅疎畏月侵。怨魂迷恐斷，嬌喘細疑沈。數急芙蓉帶，頻抽翡翠簪。柔情終不遠，遙妒已先深。浦冷鴛鴦去，園空蛺蝶尋。蠟花長遞淚，箏柱鎮移心。覓使嵩雲暮，迴頭灞岸陰。只聞涼葉院，露井近寒砧。紀云：『格不甚高而語意清麗，純以情韻勝人。』又曰：『「嬌喘」二字未雅。』

紀氏動以格律詆義山，不知此種詩，正義山獨創之格也。何可以紀氏之格律繩之！『嬌喘』二字亦未見其不雅，苛論最爲可厭。

『浦冷』比李黨無依。『園空』指仍向令狐尋好也。

此詩亦寄意令狐所作，當是大中二年荆門歸後在洛賦者。是時子直交誼已乖，而己尚擬陳情而恐其疎我也，故曰『柔情終不遠，遙妒已先深。』『嵩雲』切洛，『灞岸』指子直京師也。

過景陵

武皇精魄久仙昇，帳殿淒涼烟霧凝。俱是蒼生留不得，鼎湖何異魏西陵？紀云：『即少陵「孔子盜跖俱塵埃」意，然立言無體，義山往往有此病。』

此詩馮氏謂假景陵以詠端陵而又追慨章陵也。『鼎湖』喻新成陵寢。『西陵』指章陵，文宗一子不能立，楊妃賜死，而武宗身後亦然。憲宗與武宗皆求仙而崩，篇首武皇，微而婉矣。此解最得，故詩中全是借發故君之痛，與少陵詩意不同，無所謂立言無體也。紀氏以追慨故君爲立言無體，然則於故君必皆作諛詞而始爲得體耶？以此說詩，固哉高叟矣。

義山會昌六年春，服闋入京，武宗三月崩，此當是途中聞武宗崩耗而作者。或六年中別有近境行役，亦可有此等作，則無從懸測矣。

臨發崇讓宅紫薇

一樹濃姿獨看來，秋庭暮雨類輕埃。不先搖落應爲有，已欲別離休更開。桃綬含情依露井，柳綿相憶隔章臺。天涯地角同榮謝，豈要移根上苑栽？紀云：『此必茂元亡後而不協於茂元諸子而去也，其詞怨以怒。』

義山雖卜居洛陽，與茂元諸子原不同居。補編祭外舅文可證。且集中與茂元諸子贈答極多，亦未有不協之迹也。此篇慨祕省清貧，不能久居，又將失意往遊江鄉。結句『上苑移根』是一篇主意。『紫薇』則以寓內職之意。『桃綬』二句兼憶家室，其時義山與妻京洛分處耳。紀氏不曉詩中命意，創爲臆說，反譏其怨怒，眞郢書燕說者矣。

義山開成五年夏間移家關中，前有沔然有作一首，是移家赴京經洛中時作，故只言深夏景況。及抵京已及秋矣，所謂『惜別夏仍半，迴途秋已期』也。此首似是九月遊江鄉時再過洛中之作。玩其寫景，可悟其前後也。案『惜別』句見酬令狐補闕詩。沔然有作一首亦有『新秋』字，疑與此詩皆移家時經過洛中作。至九月江鄉之遊，恐未必再至東洛，且味此詩寫景，與九月亦不符也。觀『迴途秋已期』可參悟矣。

及第東歸次灞上却寄同年

芳桂當年各一枝，行期未分壓春期。江魚朔雁長相憶，秦樹嵩雲自不知。下苑經過勞想像，東門送餞又差池。灞陵柳色無離恨，莫枉長條贈所思。紀云：『致怨同年，語尤過激，義山蓋褊躁人也。』

結句姚平山曰：『灞陵柳色豈知人離恨耶？反覺折贈之爲俗態也。』此蓋同年中相厚者未及話別，先之以詩，故措語皆深透一層，愈覺情意藹然，無所謂致怨過激之語也。紀氏不怪自己讀詩草率，反譏義山褊躁，曾謂通人而如是乎？

義山開成二年登第卽省親濟源，見補編上令狐楚啓。案卽上令狐相公狀。此東歸卽赴濟上也。

野菊

苦竹園南椒塢邊，微香冉冉淚涓涓。已悲節物同寒雁，忍委芳心與暮蟬。細路獨來當此夕，清樽相伴省他年。紫雲新苑移花處，不取霜栽近御筵。何云：『「寒雁」自比羈遠。「暮蟬」則不復一鳴，欲訴而咽也。三四言棄置而心不灰，追思其父，深怨其子矣。』又云：『湘衡以此詩與九日詩同旨，細讀之，近是。第二卽「霜天」句意。第六卽與「山翁把酒卮」也。結處卽「不學漢臣栽苜蓿」意。當與九日詩參看。』紀云：『末二句淺直。』

結句雖正面收足『野』字，而別有寓意，故不覺其淺直，與空泛閑語不同。紀氏此種詩法，一生未夢見在。

『紫雲新苑移花處』謂子直移居矣；亦暗喻內職尊貴之意。令狐楚居在開化坊，而集中有子直晉昌花下及白雲夫舊居等詩可證。是綯已還晉昌，不在開化矣。『清樽』句記昔年與楚觴詠於此也。楚最愛菊，補編上楚啓亦有『菊亭雪夜，盃觴曲賜其盡歡』語，此篇蓋亦爲子直而作。何評殊妙，約在大中三年秋間也。

過伊僕射舊宅

朱邸方酬力戰功，華筵俄嘆逝波窮。迴廊簷斷燕飛去，小閣塵凝人語空。幽淚欲乾殘菊露，餘香猶入敗荷風。何能更涉瀧江去？獨立寒流弔楚宮。紀云：『前六句庸俗，末二句結得鬆活，頗見筆意。』

前六句結體森密，吐韻鏗鏘，設采鮮豔，是玉谿神到奇境，以爲『庸俗』，可乎？

此篇甚難定其爲何年。開成五年江鄉之遊，係九月東去。大中元年使南郡是十月，明春還桂。若大中二年蜀遊，留滯荊門，乃初秋時，旋即返洛。此詩味其寫景，皆係初冬，與蜀遊時令不合，頗疑開成五年所作。然結語又與情事不細合，朱氏謂大中元年使南郡作。結似慨不欲重入記室，意或可通也。案朱鶴齡注：『楚宮在荊南，疑此詩乃自桂林奉使江陵時作，故有末二句。』

此在荊州時作。時衞公壘貶，故假伊愼寄慨，首二句明而顯矣。義山不能從李回湖南，故曰『何能更涉瀧江去』。『獨立』句言己留滯荊門也，時正秋間。『幽淚』二句點景。『殘菊』字不必泥看，蓋大中二年賦矣。

酬別令狐 英華有八字 補闕

惜別夏仍半，迴途秋已期。那修直諫草？更賦贈行詩。錦段知無報，青萍肯見疑。人生有通塞，公等繫安危。警露鶴辭侶，吸風蟬抱枝。彈冠如不問，又到掃門時。紀云：『曲折圓勁，甚有筆力。末二句太無骨格，遂使全篇削色，凡歸宿處最吃緊。』

末二句以淒婉作結，骨力深藏不露，非明七子以空架爲高格調也。紀氏何足知之！

此開成五年作。『夏別』是赴故鄉，移家關中。『迴途』句移家至京，已涉秋矣。『更賦贈行詩』，謂將暫詣江鄉蒙子直贈別也。江鄉之遊，不詳何事。詩中豔情極多，當爲風懷牽引也。千載以後，更難臆測已。

銀河吹笙

悵望銀河吹玉笙，樓寒院冷接平明。重衾幽夢他年斷，別樹羈雌昨夜驚。月榭故香因雨發，風簾殘燭隔霜清。不須浪作緱山意，湘瑟秦簫自有情。朱云：『疑此詩是詠吹笙，「銀河」二字，乃因笙而誤入耳。』紀云：『題太纖俗，通首亦浮聲多而切響少，從此一路入手最害事。』又云：『中二聯平頭。』

此種詩語淺意深，全在神味，皆義山獨創之體，自來無人學步，西崑不必論也。即有中毒戕命者，此乃效法之不善，與義山無關。紀氏因此一路害事，便欲抹倒古人，多見其不自量矣。中聯平頭，是唐人舊法。

『樓寒院冷』，似指在京宮觀，蓋女冠多寓京師也。此詩悼亡後作，當在大中十年隨仲郢由梓還朝時也。

此篇蓋義山悼亡後聞女冠吹笙而棖觸黃門之感也。首句破題。次句寫徹夜不眠之景。中二聯正意與錦瑟篇『此情追憶』相同。結二句則謂伉儷情深，不欲浪作仙情豔想也。如此解之，通篇融洽矣。『銀河吹笙』祗取首句四字標目，亦無題之類，原無深意。何關雅俗？紀氏不味通篇命意，坐以『浮聲』二字之評，豈不謬哉！

與同年李定言曲水閒話戲作

海燕參差溝水流，同君身世屬離憂。相攜花下非秦贅，對泣春天類楚囚。碧草暗侵穿苑路，珠簾不捲枕江樓。莫驚五勝埋香骨，地下傷春亦白頭。

此篇與上詩連編，疑是同時作，均約在大中十年也。後有秋暮獨遊曲江亦一時事。此在春，彼秋時耳。

此篇甚難索解，細玩結語，似爲悼亡而發。疑李定言亦抱黃門之痛者。首句『海燕參差，溝水分流』，亦暗切失偶。次句言與李同屬離憂，相攜而非秦贅，則無妻明矣；對泣而類楚囚，則兩人均有鼓盆之悲矣。『碧草』一聯言從前寓此，今則樓苑依然，其人已埋香五勝，此所以地下傷春，亦應白頭也。蓋義山在京，攜家曾居曲江，後有秋暮獨遊曲江一首可證。詩意倍極沈痛，必非徒感閑情。因贈友人，故製題託之戲作耳。

在桂林思歸詩有『舊居連上苑，時節正遷鶯』句，又有詩云：『新春定有將雛樂，阿閣華池兩處栖。』案見鳳詩則義山在京，攜家居近曲江無疑矣。大可爲余說一證也。

彭城公薨後贈杜二十七勝李十七潘二君並與愚同出故尚書安平公門下

梁山兗水約從公，兩地參差一旦空。謝墅庾村相弔後，自今歧路各西東。

令狐楚薨於開成二年十一月，時義山正赴興元幕，爲草遺表。十二月隨其喪還京，有行次西郊詩。此篇疑在興元將歸時所作。故云『歧路東西』，蓋杜、李亦當時興元舊僚也。義山是年赴梁是赴幕，補編上楚狀云：『況自今歲，累蒙榮示。促曳裾之期，問改轅之日。五交辟而未盛，十從事而非賢。至中秋方遂專往。』狀爲開成二年得第後上，則與元之行，非專爲楚薨也，與詩首句相合。舊書從事之稱不誤，馮氏詆之非矣。案謂舊唐書本傳從事令狐楚幕云云。

聞歌

斂笑凝眸意欲歌，高雲不動碧嵯峨。銅臺罷望歸何處，玉輦忘還事幾多？青冢路邊南雁盡，細腰宮裏北人過。此聲腸斷非今日，香灺燈光奈爾何！紀云：『首句點題，次句寫歌聲之妙，中四句擲筆宕開，七句總承，八句挽合，極有畫龍點睛之妙。但情韻深而格調靡。第一句鄙，第二句亦長吉澁體。入之七律終不宜。』

此詩在晚唐中少有媲，無所謂格調靡靡也。首句不鄙。『碧雲』句比喻極佳，而謂之長吉澁體，彼長吉之體，豈謭陋如紀氏者所能知耶！

楚宮二首

十二峯前落照微，高唐宮暗坐迷歸。朝雲暮雨長相接，猶是君王恨見稀。

月姊曾逢下彩蟾，傾城消息隔重簾。已聞珮響知腰細，更辨絃聲覺指纖。暮雨自歸山悄悄，秋河不動夜厭厭。王昌且在牆東住，未必金堂得免嫌。

集中楚宮詩數首，惟過楚宮一絕，似大中二年蜀遊時失意之作。此與複壁交青瑣篇均不得其寄託所在，未敢強解。馮氏謂皆開成五年江鄉之遊，寓意所歡，爲楊嗣復而發。不知燕臺事與嗣復無涉，集未嘗爲嗣復別有詩也。至此後一首當從才調集題爲水天閒話舊事，蓋暗比所思之人，或友人有所戀，暗指此事，與戲贈同旨，無庸穿鑿。此本合爲一題，不類甚矣。然二首均不詳爲何年所賦也。

題二首後重有戲贈任秀才

一丈紅薔擁翠筠，羅窗不識繞街塵。峽中尋覓長逢雨，月裏依稀更有人。虛爲錯刀留遠客，枉緣書札損文鱗。遙知小閣還斜照，羨殺烏龍臥錦茵。紀云：「此又以彼有所歡，此空凝望爲謔，此種皆不以詩論。」

古人戲謔、代贈往往有之，何爲不可以詩論？

有感二首

九服歸元化，三靈叶睿圖。如何本初輩，自取屈氂誅。有甚當車泣，因勞下殿趨。何成奏雲物，直是滅萑苻。證逮符書密，辭連性命俱。竟緣尊漢相，不早辨胡雛。鬼籙分朝部，軍烽照上都。敢云堪慟哭，未免怨洪爐。

丹陛猶敷奏，彤庭歘戰爭。臨危對盧植，始悔用龐萌。御仗收前殿，兵徒劇背城。蒼黃五色棒，掩遏一陽生。古有淸君側，今非乏老成。素心雖未易，此擧太無名。誰瞑銜寃目，寧呑欲絕聲？近聞開壽讌，不廢用咸英。

二詩悲憤交集，直以議論出之，筆筆沈鬱頓挫，波瀾倍極深厚，屬對又復精整，雖少陵無以遠過，豈晚唐纖瑣一派所能望其項背哉？『近聞』二句，蓋幸帝位之未移也。注謂諷文宗，謬矣。

重有感

玉帳牙旗得上遊，安危須共主君憂。竇融表已來關右，陶侃軍宜次石頭。豈有蛟龍愁失水？更無鷹隼與高秋！晝號夜哭兼幽顯，早晚星關雪涕收。紀云：『「豈有」、「更無」，開合相應，上句言無受制之理，下句解受制之故也。錢夕公以「豈有」爲諱之，亦非。大抵錢氏論詩，皆先存成見，而矯揉古人以從之。牧齋箋杜詩亦然。』又曰：『兼幽顯言，神人共憤也。』（案錢夕公謂龍惕）

起句言昭義據天下之上游，卽當安危與共。頷聯正意。腹聯言已得上游，豈愁失勢，奈何無分憂王室之人，如鷹隼之逐惡人也。結則望其速來誅君側之惡，雪人神之憤耳。此篇專爲劉從諫發。馮注最確，惟句下解釋，尙未融洽，故爲拈出。至紀評更失詩意，不足與辨矣。

壽安公主出降

嬀水聞貞媛，常山索銳師。昔憂迷帝力，今分送王姬。事等和強虜，恩殊睦本枝。四郊多壘在，此禮恐無時！紀云：『立言無體。』

據事抒慨，何謂無體？豈以諛詞粉飾爲得立言之體耶？

夕陽樓

花明柳暗繞天愁，上盡重城更上樓。欲問孤鴻向何處，不知身世自悠悠。紀云：『亦微有做作態。』

此詩神味極自然，絕不見有斧鑿痕，紀氏『做作』之評，不知其何所指？

春雨

悵臥新春白袷衣，白門寥落意多違。紅樓隔雨相望冷，珠箔飄燈獨自歸。遠路應悲春晼晚，殘宵猶得夢依稀。玉璫緘札何由達，萬里雲羅一雁飛。紀云：『此因春雨而感懷，非詠春雨也。亦宛轉有致，但格未高耳。』

吾不知何等詩方合紀氏之格，若謂香奩體詩爲不合格，則法惟有盡刪古今之香奩體詩而後可，而楚騷之美人香草，三百篇之螓首蛾眉，皆將爲詩敎中大罪人，文苑中野狐禪矣。有是理乎？且李、杜、王、韋有李、杜、王、韋之家派，義山有義山之家派，李、杜、王、韋之高格響調，豈所論於義山？使義山而貌襲李、杜、王、韋，雖合於紀氏之格，亦必不能如今日之獨傳千古也。

此與燕臺二章相合。首二句想其流轉金陵寥落之態。三四句經過舊居，室邇人遐，惟籠燈獨歸耳。五句道遠難親。六句夢中相見。結即『欲織相思花寄遠』之意，非義山在江鄉所作者也，余初稿似誤。

中元作

絳節飄飄宮國來，中元朝拜上清迴。羊權須得金條脫，溫嶠終虛玉鏡臺。曾省驚眠聞雨過，不知迷路爲花開。有娀未抵瀛洲遠，青雀如何鴆鳥媒？紀云：『此借中元所見而借以託遇合之感，措語特沈著。』

此詩桐鄉馮氏謂爲大傷詩敎；紀氏獨能賞其沈著，可稱特識，急當表而出之，以見鄙人非阿好也。若他篇皆能如此，則吾無間然也。

鴛鴦

雌去雄飛萬里天，雲羅滿眼淚潸然。不須長結風波願，鎖向金籠始兩全。紀云：『淺露亦鄙俗。』

此詩措語雖淺，尚不至鄙俗，若邵康節擊壤集方可謂之鄙俗也。

此卽『更替林鴉恨，驚頻去不休』意，（案見卽目詩）與燕臺四章『雌鳳孤飛女龍寡』相合，蓋開成五年在江鄉嘆所思之人又遠去也。結言安得鎖之金籠，可以稍慰風波之志願哉？『雲羅滿目』（案詩作『眼』）。卽『楚管蠻絃愁一概』之旨，（案見偶成轉韻詩）言無地可以再相聚合也。若楊嗣復則九月出鎮湖南，會昌元年三月貶潮，倘使燕臺之人，眞爲嗣復取去，則義山九月赴湘，嗣復亦初到任所，安有雌去雄飛之情事耶？馮氏臆測可笑也。

楚宮

湘波如淚色漻漻，楚厲迷魂逐恨遙。楓樹夜猿愁自斷，女蘿山鬼語相邀。空歸腐敗猶難復，更困腥臊豈易招。但使故鄉三戶在，綵絲誰惜懼長蛟。

何云：『開成元年三月，左僕射令狐楚從容奏：「王涯等既伏辜，其家遺滅，遺骸棄捐，請官爲收瘞，以順陽和之氣。」上慘然久之，命京兆收瘞涯等十一人於城西。仇士良使人發之，棄骨於渭水。此詩蓋傷其事而託言屈子沈湘困於腥臊也。渭水至清，故曰「漻漻」。涯等破族無後，故以「秦厲」爲比。』紀云：『三四自佳。五六太拙。』

此詩專弔三閭，似無寓意，疑五月五日荊楚記所見而賦之者。馮氏則係諸開成五年。據陶進士書九月東去，明年正月還京，有春雪黃陵送別司戶之跡，則江鄉之遊，非五月明矣。安得有此詩哉？惟大中二年巴蜀之遊，春夏之交，曾經過荆門，有荆雲迴望夏雲時詩可證，或其時所作歟？若謂暗喻王涯棄骨水中，恐未然也。

妓席暗記送同年獨孤雲之武昌

叠嶂千重叫恨猿，長江萬里洗離魂。武昌若有山頭石，爲拂蒼苔檢淚痕。

此暗記大中二年蜀遊失意，留滯荆門之恨。不欲顯言，故借『妓席』晦其意耳。不定何年所作。以武昌望夫石暗比己之繫念李回、鄭亞。二人皆遭李黨而貶，義山亦因此不得志，故以『妓席暗記』，不忘故主也。

宿晉昌亭聞驚禽

羇緒鰥鰥夜景侵，高窗不掩見驚禽。飛來曲渚烟方合，過盡南塘樹更深。胡馬嘶和榆塞笛，楚猿吟雜橘村砧。失羣掛木知何限，遠隔天涯共此心。

陳情之戚，悼亡之痛，觸緒紛來。『飛來』句喻博士一除，舊好將合。『過盡』句言屬望深遠，終不能滿足。『失羣』比失偶悼亡。『掛木』比依恃非人，遠隔天涯。時已承梓辟，將赴東川也。晉昌爲子直寓居。南塘亦其中地名。『纚緒縩縩』，雙闕而起也。

深宮

金殿銷香閉綺櫳，玉壺傳點咽銅龍。狂飆不惜蘿陰薄，清露偏知桂葉濃。斑竹嶺邊無限淚，景陽宮裏及時鐘。豈知爲雨爲雲處，只有高唐十二峯。紀云：『鈎勒清楚，然淺薄即在清楚處。』

祇覺其沈著，不覺其淺薄，清楚之評，亦不切也。

首二句暗寓不能復宦禁近。『狂飆』二句即無題『風波不信菱枝弱，月露誰敎桂葉香』意。『斑竹』指不能從李回湖南。『景陽』比子直得君。結言豈知今只有令狐一門，可以告哀乎？起二句即『閶闔門多夢自迷』意，案見寄令狐學士詩喻令狐之尊貴。『狂飆』句言其不哀憐薄宦。『清露』句言猶欲向彼陳情，望其沾溉也。後四句如前所解，大意全通矣。

明禪師院酬從兄見寄

貞吝嫌茲世，會心馳本原。人非四禪縛，地絕一塵喧。霜露欹高木，星河壓故園。斯遊儻爲勝，九折幸迴軒。紀云：『語多拙口。』

通篇全是杜法，『霜露』一聯尤爲闊遠。此種詩而謂之拙，則杜少陵眞不免村夫子之誚矣。

寄裴衡

別地蕭條極，如何更獨來！秋應爲黃葉，雨不厭青苔。沈約只能瘦，潘仁豈是才！離情堪底寄，惟有冷於灰。紀云：『起二句太突，末二句太率，三四自好。』

起句倒裝最得勢，杜集中往往有此法，不嫌鶻突。結句迴應，章法極完密，非率筆可擬也。紀評太苛。

即日

小苑試春衣，高樓倚暮暉。夭桃惟是笑，舞蝶不空飛。赤嶺久無耗，鴻門猶合圍。幾家緣錦字，含淚坐鴛機。

此篇當是會昌二年春間作，時蓋未喪母也。史書回紇掠靈朔北川於二年八月云：『乃徵發許、蔡、汴、濟等六鎭之師討之。』蓋徵師在八月，而回紇掠靈朔實在春間耳。史專據徵師而言，詩中『赤嶺』二句則指回紇事而不及命討，可以參悟。余初定爲會昌三年作，大誤。義山會昌二年丁母憂，詳曾祖妣狀，若實係三年作，則丁憂未久，安得弄筆墨耶？且詩語亦不類矣。

淮陽路

荒村倚廢營，投宿旅魂驚。斷雁高仍急，寒溪曉更淸。昔年嘗聚盜，此日頗分兵。猜貳誰先致？三朝事始平。

余定王茂元會昌二年出師陳許，據祭外舅文也。義山當至其幕。祭文所謂『公在東藩，懸當再調。束帛資費，銜書見召』也。義山是年重入祕省，則赴幕或在未入祕書之前。此詩卽會昌二年赴陳許時作。此日『分兵』，指討回紇也。與上首同編，亦可證上詩實二年作。前詩在春時，故不及命討事；此詩在秋時，故詳及徵師事。大可訂正史文。義山此等篇，亦何愧於少陵詩史哉！

崇讓宅東亭醉後沔然有作

曲岸風雷罷，東亭霽日涼。新秋仍酒困，幽興暫江鄉。搖落眞何遽？交親或未忘。一帆彭蠡月，數雁塞門霜。俗態雖多累，仙標發近狂。聲名佳句在，身世玉琴張。萬古山空碧，無人鬢免黃。驊騮憂老大，鶗鴂妬芬芳。密竹沈虛籟，孤蓮泊晚香。如何此幽勝，淹臥劇淸漳。

紀云：『「暫江鄉」言暫似江鄉也，語似未穩；「仙標」句亦粗獷；「鬢免黃」三字不雅，不得以黃髮事藉口。』

此爲義山將遊江鄉所作。『暫江鄉』言將暫詣江鄉，故下以『交親或未忘』接之，皆是虛擬之詞。若如紀氏說『暫似江鄉』，則下句語脈不貫矣。『仙標』句義山現任弘農尉，仙尉常用之典，自負語，無所謂粗獷也。『鬢免黃』謂黃塵點鬢，蓋言僕僕道途，無人能免，聊爲失意出遊解嘲耳。紀氏誤以黃髮解之，繆以千里，詩味亦索然矣。反據以議古人，何耶？

『無人』句蓋言遲暮之悲，無人能免，故卽以『驊騮』二句承之。余初稿解作黃塵點鬢，似與後聯不貫。

迎寄韓魯州瞻同年

積雨晚騷騷，相思正鬱陶。不知人萬里，時有燕雙高。寇盜纏三輔，自注：『時興元賊起，三川兵出。』莓苔滑百牢。聖朝推衞霍，歸日動仙曹。

大中五年義山赴梓時，畏之在京，有留別詩。蓋未幾卽出刺魯州矣。此義山在梓幕迎寄所作。據自注，其卽五年冬所作歟？

武夷山

只得流霞酒一杯，空中簫鼓幾時迴？武夷洞裏生毛竹，老盡曾孫更不來。紀云：『辨神仙之妄也。「幾時迴」是問詞。「更不來」是答詞。別本嫌二句意複，改爲「當時迴」，倂末句亦成死句，未喻其本不複也。』『當時』猶言當年，當字去聲，然作『幾時』亦通。

一片

一片瓊英價動天，連城十二昔虛傳。良工巧費眞爲累，楮葉成來不直錢。紀云：『亦激亦鄙。』

凡詩中一涉自負、自豪處，紀氏便以激鄙詆之，然則詩人必須作卑下語方爲不激、不鄙耶？

寄成都高苗二從事

紅蓮幕下紫梨新，命斷湘南病渴人。今日問君能寄否？二江風水接天津。

馮注謂座主爲高鍇，大誤。座主李回也，見文補編。回大中元年出鎮西川，二年貶湖南。此當是大中元年秋間寄贈之作也。

攷李回於大中元年八月罷相，出鎮西川，其辟二從事當在其時，正紫梨開花時也。詩暗寓望援之意。義山正從事桂林，故以湘南病渴自比。若高鍇則舊書紀書：『開成三年五月，以吏部侍郎高鍇爲鄂岳觀察使。』新書本傳則云：鍇於三年轉吏部侍郎，五月出爲鄂岳觀察使，卒。與舊紀合。是鍇不久卽卒，幷無移鎭西川事也。舊紀雖於開成四年七月又書鍇尹河南。攷傳云：『鍇兄鉥，太和九年五月以給事中觀察浙東。開成三年入爲刑部侍郎，四年七月出爲河南尹。』是河南尹爲鉥，紀傳自相歧誤耳。馮氏杜撰高鍇遷西川，實屬巨謬，不可不急正之也。

鄭州獻從叔舍人褒

蓬島烟霞閬苑鐘，三官箋奏附金龍。茅君奕世仙曹貴，許掾全家道氣濃。絳簡尙參黃紙案，丹爐猶用紫泥封。不知他日華陽洞，許上經樓第幾重？紀云：『庸俗殆不可耐。』

此亦晚唐應酬詩常調，爲後人套熟，故覺可厭耳。何至庸俗且不可耐耶？論古人當留餘地，不得如是妄下斷語也。

西南行却寄相送者

百里陰雲覆雪泥，行人只在雪雲西。明朝驚破還鄉夢，定是陳倉碧野雞。紀云：『以風致勝，詩固有無所取義而自佳者。』

鉅手名家，豈有無所取義之詩哉？紀氏自不曉詩中之義耳。

四皓廟

羽翼殊勳棄若遺，皇天有運我無時。廟前便接山門路，不長青松長紫芝。紀云：『拙鄙。「青松」暗指五大夫松。』

唐自敬宗以後，多以旁支入繼大統。文宗莊恪太子又以讒廢，此詩之所以借古發慨也，語最深婉。紀氏不能詳其用意，故以爲拙鄙耳。與玉谿何涉哉？

安定城樓

迢遞高城百尺樓，綠楊枝外盡汀洲。賈生年少虛垂淚，王粲春來更遠遊。永憶江湖歸白髮，欲迴天地入扁舟。不知腐鼠成滋味，猜意鵷雛竟未休。紀云：『刺同侶猜忌之作。』又曰：『五六句王荆公所賞，四家以爲逼近老杜，是也。然使老杜爲之，末二句必不如此淺露。』

結句言我志趣遠大，豈羨此鴻博一擧，而世情相猜忌哉？『腐鼠』指鴻博，出以比喻，使耐人尋味，似不得以淺露目之。馮氏定此詩爲鴻博不中，歸至涇原所作，良是。

隋宮守歲

消息東郊木帝迴，宮中行樂有新梅。沈香甲煎爲庭燎，玉液瓊蘇作壽杯。遙望露盤疑是月，遠聞鼉鼓欲驚雷。昭陽第一傾城客，不踏金蓮不肯來。紀云：『語多板滯。』腹聯活變，惟結語稍滯耳，然尚不礙格。馮氏謂寓意令狐，余疑是詠武宗王才人事也。此會昌間丁母憂居洛時借詠武宗求仙、女寵事也。首句『消息東郊』點明在洛。結似暗比賛皇得君，可以援引及己，不立致通顯，誓不至京也。此其命意已。

利州江潭作 原注：『感孕金輪所。』

神劍飛來不易銷，碧潭珍重駐蘭橈。自攜明月移燈疾，欲就行雲散錦遙。河伯軒窗通貝闕，水宮帷箔卷冰綃。此時燕脯無人寄，雨滿空城蕙葉雕。紀云：『既自注「感孕金輪所」，明以金輪寄意矣。如此立言，無乃非體，亦太不自占地步。』

詩蓋暗詠武后，然中有未詳處。若謂以金輪寄意，則未然。此疑與元往來之作。或亦暗傷令狐之速化耶？『自攜』句似言入幕。『欲就』句似言不料其死。結則嘆不能留命，更無知己也。是則余之臆測矣。

即目

地寬樓已迴，人更迴於樓。細意經春物，傷醒屬暮愁。望賒殊易斷，恨久欲難收。大勢眞無利，多情豈自由！空園兼樹廢，敗港擁花流。書去靑楓驛，鴻歸杜若洲。單棲應分定，辭疾索誰憂？更替林鴉恨，驚頻去不休。紀云：『起句峭拔，結亦妙不犯實，餘亦平平。「細意」句「大勢」句尤拙鄙。』

此詩與燕臺第三四篇情事正同。蓋尺素雙璫，本約湘川相見。及義山來遊江鄕，而所思之人又遠去矣。此爲義山留滯潭州寄懷之作。語淺意深，沈痛入骨。然不得其本事，何從領其妙哉？『細意』、『大勢』句正以拙致見巧思，大方家數，勝於後人處在此。紀氏徒泥後世琱琢字句之法而詆諆玉谿，過矣！

相思

相思樹上合歡枝，紫鳳靑鸞共羽儀。腸斷秦臺吹管客，日西春盡到來遲。

義山自婚於王氏，久爲李黨。贊皇當國時，義山時正丁憂，及服闋入京，而武宗崩，衞公亦罷相矣。遇合無成，此詩之所由慨也。首二句言已初婚王氏，『相思合歡』，以寓夫妻恩愛。茂元與贊皇皆一時人望，故曰『紫鳳靑鸞共羽儀』，亦以比衞公得君之盛，人無棄才也。後二句則慨到京稍遲，朝局漸變，不能附致通顯矣。『秦臺吹管客』自寓。義山服闋入都，在會昌六年春間，武宗三月崩，所以有『日西春盡』之嘆也。與茂陵詩『蘇卿歸國』可以互證。從此赴桂、赴徐、赴梓，沉淪使府，屢啓陳情，義山一生榮枯所由判歟？世謂義山終於牛黨，蓋未攷義山當日蹤跡，而不能曲諒其初心耳。此與萬里風波一首，一前一後，皆集中極有關係之作，學者不可草草讀之。

茂陵

漢家天馬出蒲梢，苜蓿榴花遍近郊。內苑只知含鳳嘴，屬車無復插雞翹。玉桃偷得憐方朔，金屋修成貯阿嬌。誰料蘇卿老歸國，茂陵松柏雨蕭蕭。

唐人遷官，卑官多好以賈誼、蘇武借喻。此『蘇卿歸國』，義山自比也。義山會昌六年服闋入京，武宗已崩，詩前六句分寫武功、好獵、求仙、寵王才人事。結則以蘇卿藉發故君之慨，所謂『日西春盡到來遲』也。徐氏謂指牛黨，謬矣。案徐氏謂：『宣宗立，武宗朝貶逐五相，同日召還。蘇卿指牛僧孺等。』

鏡檻

鏡檻芙蓉入，香臺翡翠過。撥弦驚火鳳，交扇拂天鵝。隱忍陽城笑，喧傳郢市歌。仙眉瓊作葉，佛髻鈿爲螺。五里無因霧，三秋只見河。月中供藥剩，海上得綃多。玉集胡沙割，犀留聖水磨。斜門穿戲蝶，小閣鎖飛蛾。騎襜侵韉卷，車帷約幰鈋。傳書兩行雁，取酒一封駞。橋迴涼風壓，溝横夕照和。待烏燕太子，駐馬魏東阿。想像鋪芳褥，依稀解醉羅。散時簾隔露，臥後幕生波。梯穩從攀桂，弓調任射莎。豈能拋斷夢，聽鼓事朝珂。紀云：『此種並無寓意，直是豔詞，摘首二字爲題。其詞琱繪瑣屑，殊非高格。海虞二馮專標此種爲崑體，而義山掃地矣。』

玉谿豔體諸詩，雖專以藻繪爲工，然設采處無不緯以清氣，運以沈思，古趣盎然，迴異塗附，由其用意爲主故也。西崑學步，僅獵其詞華而無其神味。譬如翦綵作花，非不繁豔也，就而觀之，去眞逾遠。此亦可悟義山天才，爲不可及矣。紀氏不能細辨義山、西崑之所以異同，反因西崑措辭瑣屑，并義山亦一概詆之，是何異子孫不肖，殃及祖宗耶！可謂不善於立言者已。

送鄭大台文南覲

黎辟灘聲五月寒，南風無處附平安。君懷一匹胡威絹，爭拭酬恩淚得乾。紀云：『語本應酬，借胡威絹關合父子，亦小巧。』

此詩蓋作於鄭亞貶循之時。結句關合雅切，實則語倍沉痛，並自己未能報恩亦暗寓其內，措詞又蘊藉不露，眞詩人之筆，不知者乃以爲巧也，豈尋常應酬詩所可比哉！

此詩當是大中二年義山罷桂幕赴巴蜀時於途次遇台文省父而作此送之者，故首句猶指桂江。時鄭亞貶循尙未起程，或起程尙未抵循也。台文當是先赴桂林，時在深夏，亦與義山留滯荆門諸篇寫景相合。余初定爲大中三年在京作。則彼時台文應徑至循州，不得有此首句情事矣。甚矣！箋詩不可不細也。

據文集爲滎陽公與浙東楊大夫啓，是義山北歸而亞亦赴循也。台文當覲父於桂林，尙未知亞赴循確信，故詩云『南風無處附平安』，細玩詩語自見。台文與義山途次相晤，作此送之。俱遭失意，故措詞倍復沈痛也。

風

迴拂來鴻急，斜催別燕高。已寒休慘淡，更遠尙呼號。楚色分西塞，夷音接下牢。歸舟天外有，一爲戒波濤。

大中二年巴游不遇歸荆門時途中所作。『歸舟』二字點題。馮氏次遊蜀於歸洛後，此篇遂難索解矣。

洞庭魚

洞庭魚可拾，不假更垂罾。鬧若雨前蟻，多於秋後蠅。豈思鱗作簟，仍計腹爲燈。浩蕩天池路，翱翔欲化鵬。紀云：『三四鄙俚，五六拙笨，七八庸俗。』

此等評語直是痛駡古人，眞當不起也！

深刺黨人倖進，觀結句疑指子直一流。然不覺顯露者，以其託物借寓也。紀氏遽以鄙俚、拙笨、庸俗目之，何也？

天涯

春日在天涯，天涯日又斜！鶯啼如有淚，爲濕最高花。

此篇與定定住天涯一首同意。皆大中五年徐幕作。『天涯日又斜』暗喻盧弘正又卒也。『最高花』指子直，可謂字字血淚矣。

喜舍弟羲叟及第上禮部魏公

國以斯文重，公仍內署來。風標森太華，星象逼中台。朝滿遷鶯侶，門多吐鳳才。寧同魯司寇，惟鑄一顏回。紀云：『前六句膚；末二句陋甚，不應無忌至此。即以詩論亦極拙。』孔子典故，古人常用，如少陵孔邱、盜跖等語，當時不以爲忌諱。宋以後始懸爲厲禁耳。前六句典切，絕非膚陋一流也。

哀箏

延頸全同鶴，柔腸素怯猿。湘波無限淚，蜀魄有餘冤。輕幰長無道，哀箏不出門。何由問香炷？翠幕自黃昏。紀云：『此摘「哀箏」二字爲題，非詠箏也。五六晦澀不成語。』詩有不甚可解而自佳者，『輕幰』二句是也。不當以晦澀病之。

『延頸』句癡望好合。『柔腸』句腸斷同羣。『湘波』句指湖南失意之恨。『蜀魄』句指巴閬留滯之慨。『輕幰』句即萬方一概，吾道何之之感。『哀箏』句即『何處哀箏隨急管』之意，言遇合無路，只有令狐舊日門下，可以告哀也。『何由』二句，言雖知令狐一門可告哀，但何由重結舊好，如燒香之能歆感乎？惟翠幕黃昏，獨自無聊而已，所謂『迴頭問殘照，殘照亦空虛』也。案此係槿花詩句，原作『更空虛』。集中寓意陳情之作，大致多相類，閱者宜合參之。馮氏亦見及於此，但句下所解，有未通者，今詳加箋釋。今而後深情妙緒，可以無餘蘊矣。

舊頓

東人望幸久咨嗟，四海於今是一家。猶鎖平時舊行殿，盡無宮戶有宮鴉。紀云：『起二句拙，後二句亦習徑。』

此唐人絕句，故猶有拙致。結語綴以感慨，就題發抒，含蓄有餘味；與後人習徑，迥分霄壤。紀氏吹毛索疵，殊可恨耳。

代董秀才却扇

莫將畫扇出帷來，遮掩春山滯上才。若道團圓似明月，此中須放桂花開。紀云：『小巧弄筆，此種可不必入集。』

此種詩唐人頗多，集中偶一爲之，亦自可喜。況義山詩只有此數，掇拾出於後人，豈忍過爲刪削哉！紀評不通，往往類此。

有感

非關宋玉有微詞，却是襄王夢覺遲。一自高唐賦成後，楚天雲雨盡堪疑。紀云：『義山深於諷刺，必有以詩賈怨者，故有此辨，蓋爲似有寓意而實無所指者作解也。四家謂爲無題作解，失其指矣。』又曰：『前二句言雖有諷刺，亦因人之憒憒而然；後二句乃言由此召疑。』

此詩四家謂爲無題作解，良是。蓋屢啓陳情，無非借豔體寄恨，人必疑其好色如宋玉矣。而豈知皆字字血淚乎！『襄王夢覺遲』，指令狐綯，猶言喚他不覺也。若如紀說，因賈怨而作辨，則『襄王』句爲閒言語矣。其失詩旨爲何如耶？

驪山有感

驪岫飛泉泛暖香，九龍呵護玉蓮房。平明每幸長生殿，不從金輿惟壽王。紀云：『既少含蓄，亦乖大體，此宜懸之戒律者。』

楊妃事唐人彰之詩篇，明譏毒刺，不一而足，何有於義山？當時原不以爲忌諱也。紀氏苛論無謂。

別智玄法師

雲鬢無端怨別離，十年移易住山期。東西南北皆垂淚，却是楊朱眞本師。紀云：『起句不似別詩。』

智玄蓋女冠，唐時女冠例稱法師。自諸家解作衲子詩，遂不可通。天下豈有雲鬢沙門乎？首句語兼戲謔，不言己之將別，反謂彼之怨別，文人弄筆狡獪處也。楊朱亦係用道家典。

贈孫綺新及第

長樂遙聽上苑鐘，綵衣稱慶桂香濃。陸機始擬誇文賦，不覺雲間有士龍。紀云：『淺俗。』

應酬詩祇能如是便佳。

亂石

虎踞龍蹲縱復横，星光漸減雨一作水痕生。不須併礙東西路，哭殺廚頭阮步兵。紀云：『語皆麤鄙，「廚頭」二字尤不佳。』

文人一作兀傲自負語，便以為粗鄙，此等詩法，不識紀氏受自何人？『廚頭』用典，何為不佳？此種詩皆無定解，總是窮途失意之痛。大約皆桂管、巴蜀廢罷留滯時，觸緒致慨者耳。必一一編年比次，未免太近穿鑿矣。讀者細參行蹤，詳味詩意，博通觀之可也。

文集有以舊詩獻相國京兆公啓。京兆公，杜悰也。此文大中五年西川推獄時所作。啓云：『某爰自弱齡，側聞古義。流連薄宦，感念離羣。東至泰山，空吟梁父；南遊郢澤，徒和陽春。』『東至』句似指大中三年徐幕。『南遊』句似指大中二年蜀遊。義山徐幕只年餘，時令狐已貴，翻使淪落使府，所謂『流連薄宦』也。桂州罷後，希望李回，遇合無成，留滯荊門，所謂『感念離羣』也。兩處皆屬失意，故篇什較多，可詳玩啓文而得其意耳。余編次玉谿詩集，獨此數年詩最比他時多至二三倍，固非敢妄為附會也。識者參之。

過楚宮

巫峽迢迢近楚宮，至今雲雨暗丹楓。微生盡戀人間樂，只有襄王憶夢中。紀云：『此以寓悼亡之意。』

篇中含味無窮，若悼亡詩，必更帖切，不如是之泛博也。細玩自見。余亦過經人世炎涼之人，每誦此詩，輒神不怡，幾若爲余而發者，文字感人，一至此耶！

詩意與亂石一首同，皆途窮痛哭也。深慨人世險巇，一無可以留戀，不如夢中尙得安靜片刻耳。讀之使人輒喚奈何！非曾經憂患，不識此味也。必非悼亡之詩，紀評強解可笑。

淚

永巷長年怨綺羅，離情終日思風波。湘江竹上痕無限，峴首碑前灑幾多？人去紫臺秋入塞，兵殘楚帳夜聞歌。朝來灞水橋邊問，未抵靑袍送玉珂。紀云：『六句六事，皆非正意，只於結句一點，運格絕奇，但體太卑耳。』

奇則不卑，豈有格奇而體卑之詩哉！體與格有何分別？紀評不通之至。

首句失寵。次句分離。『湘江』句暗喩不能入李回湖南幕府。『峴首』句暗喩巴遊失意，留滯荊門之恨。

『人去』句以明妃嫁遠，比己之沈淪使府。『兵殘』句以項羽天亡比己之坎壈終身。結則言豈若灞水橋邊，以青袍寒士，送玉珂貴人爲愈可悲乎！似指贊皇貶，八百孤寒而言；而己之不能依恃，亦在言外。衞公由分司貶潮，灞水專指在京孤寒也，不必泥看。此解發自馮氏，余爲演之。

十字水期韋潘侍御同年不至時韋寓居水次故郭汾寧宅

伊水濺濺相背流，朱欄畫閣幾人遊？漆燈夜照眞無數，蠟炬晨炊竟未休！顧我有懷同大夢，期君不至更沈憂。西園碧樹今誰主？與近高窗臥聽秋。紀云：『牽合無理，便嫌端緒紛如。』

此詩雖端緒紛繁，敍來皆有次第，何謂牽合無理？彼紀氏宋頭巾之理，豈所論於唐賢詩法哉！徐氏謂郭汾寧當作邠寧，指郭行餘也。行餘除邠寧節度使，即預甘露之變。當有宅在洛，爲韋所栖託。詩中『漆燈』句疑暗比甘露變事。『無數』言死者多也。不然措辭何得乃爾？此不過藉寫題『故郭汾寧宅』字，非專爲甘露事發，故隱約其詞，與有感二首明賦者不同。蓋賦詩體例宜然耳。馮氏疑之而不敢斷定，誤矣。

流鶯

流鶯飄蕩復參差，渡陌臨流不自持。巧囀豈能無本意？良辰未必有佳期。風朝露夜陰晴裏，萬戶千門開閉時。曾苦傷春不忍聽，鳳城何處有花枝。紀云：『前六句以鶯寓感，末乃結出本意，運意與蟬詩相類，但風格不及耳。』

此種含思宛轉，獨絕古今之佳篇，自來無人敢議；惟盲目者方不能領其妙耳。紀氏專守坊刻三百篇中李、杜、王、韋諸詩，以爲獨一無二之風格，宜其以義山爲不及也。

亦寓客中無聊，陳情不省之慨。味其詞似在京所作，豈大中三年春間耶？此等詩當領其神味，不得呆看；若泥定爲何人何事而發，反失詩中妙趣矣。讀玉谿集者當於此消息之。

出關宿盤豆館對叢蘆有感

蘆葉梢梢夏景深，郵亭暫欲灑塵襟。昔年曾是江南客，此日初爲關外心。思子臺邊風自急，玉孃湖上月應沈。淸聲不遠行人去，一世荒城伴夜砧。何云：『此永樂閒居時作，言昔江南流放，冀入修門，何意仍作關外人乎？其怨憤與子厚「十年蕉萃」之句蓋相等也。』

義山少年隨父兩浙，『昔年』句當謂此，不得謂指開成五年江鄉之遊。江鄉之遊，不過數月卽返，於『客』字意味疎矣。此不定何年所作。

和韓錄事送宮人入道

星使追還不自由，雙童捧上綠瓊輈。九枝燈下朝金殿，三素雲中侍玉樓。鳳女顛狂成久別，月娥孀獨好同遊。當時若愛韓公子，埋骨成灰恨未休。紀云：『庸俗。』

此詩庸俗與否，姑不必論。然紀氏敢以庸俗目義山，是必紀氏自爲之詩，高勝於義山而後可。余嘗讀紀氏詩集，所作皆本朝陋習，豈特不及晚唐，幷不及宋元，未見有不庸不俗之佳篇也。噫！批尾家僧，詎易言哉！聊書於此，以告後之評義山詩者。

即目

小鼎煎茶面曲池，白鬚道士竹間棋。何人書破蒲葵扇？記着南塘移樹時。紀云：『語不可解。』

『南塘』字集中屢見。又有作『蓮塘』者，蓋指子直所居之地耳。『蒲葵扇』言無端捉弄，價至十倍，及再索書，反遭不答。從前助之登第，今乃陳情不省，繫何人哉！首句記即目所見也。

聖女祠

杳藹逢仙跡，蒼茫滯客途。何年歸碧落？此路向皇都。消息期青雀，逢迎異紫姑。腸迴楚國夢，心斷漢宮巫。從騎裁寒竹，行車蔭白楡。星娥一去後，月姊更來無？寡鵠迷蒼壑，羈凰怨翠梧。惟應碧桃下，方朔是狂夫。何云：『通篇皆寓留滯周南之感。集中有重過聖女祠詩，則落句已三過也。』朱云：『集中聖女祠三首；第一首尙詠神廟；次首已似寄託，此首竟似言情矣。人雖好色，未有瀆及鬼神者，疑其有所悼而託以此題；或止因「聖女」二字，故借以比所思之人耳。』紀云：『合聖女祠三首觀之，卻是刺女道士之淫佚，但結句太露，有傷大雅，皆不及白石巖扉之蘊藉。』

此首向來解者多誤，惟徐湛園、馮孟亭謂傷令狐楚，所箋極精。蓋此篇爲義山山南北歸，途次經過聖女祠藉以感傷知己而作。首四句點明途次所經。『何年』句暗寓令狐楚已歿，故曰『歸碧落』。『向皇都』指北歸赴京。『消息』二句，言我期其入相，而逢迎望渺，腸迴楚夢，心斷漢巫矣。『從騎』二句，謂從其喪而歸。『星娥』二句，則謂令狐已死，更無知己。『寡鵠』、『羈凰』，寫己之哀情。結則言惟有其子令狐綯可以相守，借用方朔小兒字也。如此細繹，通篇情味盎然，脈絡貫通，無一滯句。與紀氏刺女道士淫佚之說，眞風馬牛不相及矣。傷露、傷雅之評，豈非癡人說夢耶？

七月二十九日崇讓宅讌作

露如微霰下前池，月過迴塘萬竹悲。浮世本來多聚散，紅蕖何事亦離披？悠揚歸夢惟燈見，濩落生涯獨酒知。豈到白頭長只爾，嵩陽松雪有心期。紀云：『三四對法活似江西派不經意詩；後半太平衍，便成滑調。』

紀氏不喜此派詩，故以爲『平衍滑調』，實則後幅宛轉達情，正妙於頓挫者也。結與無題『人生豈得常無謂，懷古思鄉共白頭』相合。詩有『歸夢』字，豈大中二年秋自荊蜀歸至洛中作耶？『浮世聚散』，聊爲遇合無成自解耳。通篇皆坎壈無聊之感，此可參合遊蹤，詳味詩意，而得之於言外也。

贈從兄閬之

悵望人間萬事違，私書幽夢約忘機。荻花村裏魚標在，石蘚庭中鹿跡微。幽徑定攜僧共入，寒塘好與月相依。城中猘犬憎蘭佩，莫損幽芳久不歸。紀云：『七句太露骨，使乏詩味。』

嘗見紀氏評蘇詩，凡傷時、憤世、不平之語，必以露骨抹之，充是說也，則小弁怨父，離騷怨君，皆將在紀氏削汰之列矣。況義山詩品與東坡又自不同，集中祇有憂生之歎，絕無憤俗之談。此等語不過偶然流露，何礙於詩味也哉？

吳宮

龍檻沈沈水殿淸，禁門深掩斷人聲。吳王宴罷滿宮醉，日暮水漂花出城。何曰：『亦刺禁籞不嚴，第二反言之也。』朱曰：『言禁門不能掩也，必有所刺。』結與無題『偷看吳王苑內花』相合，豈亦刺茂元家妓之放蕩耶？是則愚之臆測矣，俟再核。

常娥

雲母屏風燭影深，長河漸落曉星沈。常娥應悔偷靈藥，碧海青天夜夜心。紀云：『意思藏在第一句，卻從常娥對面寫來，十分蘊藉。此悼亡之詩，非詠常娥。』

寫永夜不眠，悵望無聊之景況，亦託意遇合之作。『常娥偷藥』比一婚王氏，結怨於人，空使我一生懸望，好合無期耳。所謂悔也，蓋亦為子直陳情不省而發。若解作悼亡詩，味反淺矣。馮氏謂刺詩，似誤。案馮氏云：『或爲入道而不耐孤子者致誚也。』

殘花

殘花啼露莫留春，尖髮誰非怨別人。若但掙關勞獨夢，寶釵何日不生塵？朱云：『誨淫若此，史稱其無行，信然矣。』

此蓋假殘花以自寓也。首二句聊以他人之怨別，爲自己解嘲。結則歎不能自甘隱遯也。通體淒痛殆絕，與香奩、本事，迥然不同，譏其誨淫，謬矣！

天津西望

虜馬崩騰忽一狂，翠華無不到東方。天津西望腸眞斷，滿眼秋波出苑牆。何云：『「無日」一作「無不」，「不」字誤也。然「日」字亦疑後人以意改。』紀云：『落句自好，首句拙，第二句尤欠穩。』

首句雖拙而有筆趣，非後世琱琢家數所及。次句當從馮本作『無日』則穩矣。紀氏疎於校勘而詆之，何也？

西亭

此夜西亭月正圓，疎簾相伴宿風烟。梧桐莫更翻淸露，孤鶴從來不得眠。紀云：『殘花詩病太深曲，此又病太淺直，皆不卻到好處。』

悼亡所作，情深一往，正如初搨黃庭，恰到好處，病其淺直，眞苛說耳。

過招國詩有『歲盡去秦關』字，則大中十年還洛是年終，而此皆秋景，大約梓州後京洛往來時有，其細蹤則難詳考也。

洛陽崇讓宅有東亭西亭，義山妻家也。此悼亡作，但不定何年。玩篇中『從來』二字，年代當已漸深。

馮氏列之大中六年固誤；余初定大中五年妻歿歸葬過洛所賦，亦恐未合。義山大中五年秋妻歿，即承梓辟，旋即赴幕，有散關遇雪詩，當在秋冬之交。其歸葬與否，雖難斷定，然細閱此詩，必非五年之作無疑。其大中十年罷職梓潼，由京返洛時宿此耶。

密鎖重關一首爲正月崇讓宅作，與招國詩『歲盡』合，當在大中十一年。此則不定何年矣。

昨夜

不辭鶗鴂妬年芳，但惜流塵暗燭房。昨夜西池涼露滿，桂花吹斷月中香。紀云：『感逝之作，所嫌露骨。』

沈痛語不嫌露骨，紀評非也。此首馮氏謂寓意令狐，然定爲悼亡亦得。

海客

海客乘槎上紫氛，星娥罷織一相聞。只應不憚牽牛妬，聊用支機石贈君。紀云：『此怨令狐綯之作，比附顯然，苦乏姿韻。』

此首姿韻最佳，紀氏謬解，眞堪噴飯。

『海客』指鄭亞。『星娥』自喻。『牽牛』乃謂令狐，時綯在湖州，此爲桂管託意之作。

玫轉韻詩云：『望見扶桑出東海。』徐州亦近海，『海客』若比盧弘正亦通。弘正與令狐本非一黨，且義山赴徐正當屢啓陳情之時，故結語云然。似非桂海託意之作。赴桂之年，令狐方守湖州，尚未顯達，何至預慮其妬哉！

初食笋呈座中

嫩籜香苞初出林，於陵論價重如金。皇都陸海應無數，忍翦淩雲一寸心。紀云：『亦病其淺。』

此種題何可深做？若太求深，則入險怪一派矣。紀氏以詩法自命，豈不知作詩當相題耶？

馮氏因於陵定爲兗海幕作，似可從。且詩語別無感慨，亦年少氣盛時口吻也。

早起

風露澹清晨，簾間獨起人。鶯花啼又笑，畢竟是誰春？紀云：『刺名場之擾攘也，氣體太薄，便近於佻。』

小詩自有體裁，佻薄之評，未免擬不於倫。

寄蜀客

君到臨邛問酒壚，近來還有長卿無？金徽却是無情物，不許文君憶故夫。

此亦爲座主李回致慨也。李回大中二年由西川貶湖南時，義山正桂州府罷，遠赴巴蜀，希冀遇合。及回畏譏，不能攜以入幕，而義山於是復向令狐陳情。去李黨而入牛黨，豈其初心哉！此篇當是李回又貶撫州後作。末言我非不欲專報故主，而無如時勢反覆何？借金徽言之，使不直致。語雖似嘲似諷，實則倍極沈痛，與玉壘高桐一首皆一時所賦。亦可以見義山之心，始終李黨矣。朱氏所謂『擇木之智，渙邱之公』，誠玉谿一生定論也。案朱氏謂朱鶴齡，語見義山詩注序。

行至金牛驛寄興元渤海尚書

樓上春雲水底天，五雲章色破巴牋。諸生個個王恭柳，從事人人庾杲蓮。六曲屏風江雨急，九枝燈檠夜珠圓。深慙走馬金牛路，驟和陳王白玉篇。紀云：『俗不可耐，三四尤惡。』

亦當時隨筆酬應之作，讀者取其典切可也。且此類詩境，晚唐常調，尚未至俗不可耐。諸生一聯，雖非佳句，然較之少陵『起居八座太夫人』語，不猶愈乎？『尤惡』之評，殊欠平允，吾不謂然。渤海尚書，封敖也。補編有爲興元裴從事賀封尚書加官啓可證。馮氏未見補編，而攷證暗與之合。高元裕未嘗爲山南西道，舊注誤矣。案舊注謂朱鶴齡箋注此詩蓋義山隨柳仲郢自東川還朝，途次所寄。仲郢大中九年冬內徵。詩有『樓上春雲』，則到京已涉十年矣。柳仲郢內召，事詳余年譜補證中。

深樹見一顆櫻桃尚在

高桃留晚實，尋得小庭南。矮墮綠雲髻，欹危紅玉簪。惜堪充鳳食，痛已被鶯含。越鳥誇香荔，齊名亦未甘。紀云：『此亦悔從王氏之作，五六分明，然不成語。』

此與集中嘲櫻桃諸詩大不相同，蓋借所見以自寓也。前四句寫孑然可憐之景。『惜堪』二句，言本當翱翔華省，反使沈淪記室。『越鳥香荔』，點明桂管，意謂己之文名，豈僅傲遠地人才而甘心哉？如此觀之，比喻分明，絕無所謂語病矣。

歌舞

遏雲歌響清，迴雪舞腰輕。只要君流盼，君傾國自傾。紀云：『殊乏蘊藉。』

正面說來，深戒色荒，意最警策。蘊藉在神骨，不在外面詞句也。

海上

石橋東望海連天，徐福空來不得仙。直遣麻姑與搔背，可能留命待桑田。紀云：『此刺求仙之作，似爲武宗發也。微傷於快。』又云：『平山曰：「此是進一層意，莫說不遇仙，即遇仙人何益？」』

馮氏謂此在兗海痛崔戎之作。『麻姑搔背』喻崔厚愛。『不能留命』謂未至數月而遽歿也。此所以有『徐福空來』之歎歟？必非例刺求仙。

馮氏謂在兗海作，余疑是徐幕痛盧弘正之薨也。攷轉韻詩已云『望見扶桑出東海』矣，故以徐福暗點徐州。若兗海時，義山正年少氣盛，安有滄海桑田之慨耶？

到秋

扇風淅瀝簟流離，萬里南雲滯所思。守到清秋還寂寞，葉丹苔碧閉門時。

亦大中二年巴閬遇合無成之慨。馮氏系諸開成五年江鄉之遊，謂屬意所歡；不知江鄉之遊，據陶進士書云：『九月東去，明年春還京』，非秋間事也，與詩中寫景皆不合。惟大中二年有此情景耳。馮氏矛盾，眞臆說矣。

華師

孤鶴不睡雲無心，衲衣筇杖來西林。院門晝鎖迴廊靜，秋日當階柿葉陰。紀云：『殊有靜意，然尚是著力爲出，非自王、韋詩派，遠宗彭澤，專標自然爲宗，與玉谿家數，異曲同工，不得以彼病此也。

華嶽下題西王母廟

神仙有分豈關情，八馬虛隨落日行。莫恨名姬中夜沒，君王猶自不長生。紀云：『病與海客詩同。』

看似直瀉無餘，實則沈痛刺骨。此種詩祕，宋以後無人能領會其趣矣。彼淺陋如紀氏者，吾何責哉！

樂遊原

萬樹鳴蟬隔岸虹，樂遊原上有西風。羲和自趁虞泉宿，不放斜陽更向東。紀云：『有遲暮之歎，首句太湊。』

首句當從馮本作『隔斷虹』，若如今本，豈但太湊而已，直不通也！

贈荷花

世間花葉不相倫，花入金盆葉作塵。紀云：『不成語。』惟有綠荷紅菡萏，卷舒開合任天眞。此荷此葉常相映，翠減紅衰愁殺人。

此等語正以不琱琢爲工，故饒有古趣。紀氏謂之不成語，豈以作詩必尖巧爲成語耶？

丹邱

靑女丁寧結夜霜，羲和辛苦送朝陽。丹邱萬里無消息，幾對梧桐憶鳳凰？紀云：『起二句太湊泊。』

首二句即『日復日，夜復夜』意，寫得濃至，恰極自然。以爲湊泊，失之矣。

小桃園

竟日小桃園，休寒亦未暄。坐鶯當酒重，送客出牆繁。啼久豔粉薄，舞多香雪翻。猶憐未圓月，先出照黃昏。紀云：『起二句好，末二句亦可觀。五句不佳，六句直是柳詩。』

此詩是當時宮體。六句云『香雪』，則非可移諸柳詩。『啼久』句亦雅切，紀氏以爲不佳，正不知其所以佳耳。

和張秀才落花有感

晴暖感餘芳，紅苞雜絳房。落時猶自舞，掃後更聞香。夢罷收羅薦，仙歸勅玉箱。迴腸九迴後，猶有剩迴腸。紀云：『微有作意，然亦非大方規格。六句太澀，七八句尤鄙。』

細意妥帖，雖無奇思，自見筆力，與鄙澀一派，相去翩反，不識紀氏何以云也？

代越公房妓嘲徐公主

笑啼俱不敢，幾欲是吞聲。遽遺離琴怨，都由半鏡明。應防啼與笑，微露淺深情。紀云：『略有齊梁意，然非齊梁之佳作。』

巧思拙致，齊梁名篇，多是此種。若再欲求佳，則明七子之學古，雙鈎塡廓而已。

鳳

萬里峯巒歸路迷，未判容彩借山雞。新春定有將雛樂，阿閣華池兩處棲。紀云：『寓諷亦淺。』

此篇純籤謂是寄內，馮氏因首句定爲桂管所作，然寓諷未詳，淺深安能臆測哉？

昭肅皇帝挽歌辭三首錄一

玉塞驚宵柝，金橋罷舉烽。始巢阿閣鳳，旋駕鼎湖龍。門咽通神鼓，樓凝警夜鐘。小臣觀吉從，猶誤欲東封。紀云：『廉衣曰：「結句調警而意纖。」』

結句以反託出之，意最沈痛，語尤得體，眞有欲叫無從之感，與少陵『欲往城南忘城北』句同一用意，讀之故君之慨凄然，謂之調警意纖，眞不知詩之言也。

無題二首

鳳尾香羅薄幾重？碧文圓頂夜深縫。扇裁月魄羞難掩，車走雷聲語未通。曾是寂寥金燼暗，斷無消息石榴紅。斑騅只繫垂楊岸，何處西南任好風？

重幃深下莫愁堂，臥後清宵細細長。神女生涯原是夢，小姑居處本無郎。風波不信菱枝弱，月露誰教桂葉香。直道相思了無益，未妨惆悵是清狂。

此爲將赴柳仲郢幕，寓意子直之作。『鳳尾』二句，記臥室所見。中四句陳情不省之況。『斑騅』句言暫依柳幕，乖楊暗點柳姓。『何處』句言安得西南好風，復吹入君懷耶？『重幃』二句，寫夜臥展轉不眠情態。『神女』句言當口婚於王氏，遂致令狐之怒，今已悼亡，思之渾如一夢耳。『小姑』句言己雖暫依李黨，下過聊謀祿仕幷非爲所深知，如小姑居處，久已無郎，奈何子直藉此爲口實哉？『風波』句言黨局嫌猜，爲所遷累。『月露』句言子直無端貴顯。結則言雖知陳情無益，而無如惆悵何也。通篇反覆自傷，不作一決絕語，眞一字一淚之詩矣。

病中早訪招國李十將軍遇挈家遊曲江

十頃平波溢岸淸，病來惟夢此中行。相如未是眞消渴，猶放沱江過錦城。紀云：『迂曲而無味。』

紀氏不得詩中命意，故以爲迂曲無味；眞諺所謂『想當然』耳。

詩意太曲，未詳所指。馮氏謂指李執方，且謂義山屬望王氏之婚，所解支離，玉谿詩用意雖深，然必無此比喻不倫者也。遊曲江亦常事耳，何必致慨如是耶？

昨日

昨日紫姑神去也，今朝青鳥使來賒。未容言語還分散，少得團圓足怨嗟。二八月輪蟾影破，十三絃柱雁行斜。平明鐘後更何事？笑倚牆邊梅樹花。紀云：『亦無題之類，語多近鄙。』

此篇寄意令狐屢啓陳情不省，故託豔體以寓慨。宛轉情深，字字血淚，眞玉谿生平極用意之作。措辭淒痛入神，絕無一點塵俗氣，紀氏必目以語多近鄙，甚非通人論議也。

『昨日』者，記除夕事也，蓋元旦所作。攷義山元旦在京之跡，只大中三年。蓋大中二年秋末赴選入京，因而陳情。若大中四年已在徐幕，大中六年已在梓幕，皆無此情事矣。馮氏誤系之大中四年，已駁正於前。

紫姑係正月十五日故事。此蓋記元夕事，詩爲十六日所作，故題曰『昨日』也。疑元夕子直來謁義山，匆匆而去，所謂『未容言語還分散』也。『少得』句言能見一面，足慰相思，已不可多得矣。『靑鳥』言好音不來也。後四句極狀癡情悵望之景況。『二八』句團圓日少。『十三』句分散時多。當與謁山一篇同參，眞一字一淚矣。又有明日一首，亦與此製題相同。

櫻桃花下

流鶯舞蝶兩相欺，不取花芳正結時。他日未開今日謝，嘉辰長短是參差。紀云：『集中屢詠櫻桃，必有所爲，亦可以意會之。』

紀氏能以意會，則於玉谿自不至妄加攻擊，但恐未然耳！

託意遇合之作，所謂恨遭逢之遲暮也。必非豔情，與嘲櫻桃詩不同，其座主李回貶湖時之深慨乎？

故驛迎弔故桂府常侍有感

饑烏翻樹晚雞啼，泣過秋原沒馬泥。二紀征南恩與舊，此時丹旐玉山西。

馮氏謂『征南恩舊』，暗指贊皇。攷贊皇卒於大中三年，未能歸葬，故結語兼悼之，倍極沈痛也。

新書傳：鄭亞貶循州，商隱從之，凡三年，始歸。觀此詩，則其誤不待辨矣。鄭亞貶循而卒，不詳何年。觀傳中『三年』字，豈歿於大中五年耶？亞大中二年春貶，至五年，正三年有餘。集中有幕府二年遠一首，言相別有三年之久，當是大中四年徐幕作，至五年，義山罷徐州矣，故有此迎弔之跡。參互攷證，情事顯然已。

槿花

風露淒淒秋景繁，可憐榮落在朝昏。未央宮裏三千女，但保紅顏莫保恩。紀云：『有粘皮帶骨之病，蒙泉抹之是也。』

正說更痛於婉言，可爲爭寵附黨者深警，意最透切，不嫌粘皮帶骨也。

此首與上詩同編，疑亦爲鄭亞寄慨。亞坐贊皇黨貶死，故有第二句。其歸葬當在秋間，前首『秋原』字可證，故有首句點景。結則深慨黨局反復，恩遇不能常保也。轉韻述桂州事，有『朱槿』字，與此同。

暮秋獨遊曲江

荷葉生時春恨生，荷葉枯時秋恨成。深知身在情長在，悵望江頭江水聲。朱云：『已似花間。』紀云：『蘼衣曰：「漸近潑調。」亦是。』

措語生峭可喜，亦復宛轉有味，巧思拙致，異於甜熟一流，所謂恰到好處者也。『潑調』二字，杜撰可笑。

亦是感逝而作，集中曲江、曲池題頗多，疑義山在京曾攜家寓此也。然詩意多不細符。若此篇則悼亡之意顯然，謂豔情者恐誤也。

任弘農尉獻州刺史乞假還京

黃昏封印點刑徒，愧負荊山入座隅。却羨卞和雙刖足，一生無復沒階趨。紀云：『毫無詩致。』

憤語，借卞和刖足說，便無痕迹，何至毫無詩致哉？紀評未免過於苛求。

贈句芒神

佳期不定春期賒，春物夭閼興咨嗟。願得句芒索青女，不教容易損年華。紀云：『題既纖俗，詩亦粗淺。』

此種題法唐人極多，余前已論之。纖俗粗淺，皆不甚切。

寓意令狐，託爲贈答，亦無題之類。詳味詩意，與『莫遣佳期更後期』正同，情趣則尤酸楚也。案『莫遣』句見一片詩。

無愁果有愁曲北齊歌

東有青龍西白虎，中含福星包世度。玉壺渭水笑清潭，鑿天不到牽牛處。騏驎踏雲天馬獰，牛山撼碎珊瑚聲。秋娥點滴不成淚，十二玉樓無故釘。推烟唾月抛千里，十番紅桐一行死。白楊別屋鬼迷人，空留暗記如蠶紙。日暮西風牽短絲，血凝血散今誰是？紀云：『長吉一派。』又云：『天馬獰、無故釘、鬼迷人、血凝血散，皆不成語。』

北齊高緯自創無愁曲，時人謂之無愁天子。玉谿反其意而擬之，故曰無愁果有愁曲。系以『北齊歌』者，溯其源，以示託寓之微意也。詳味詩旨，蓋感甘露之變而傷文宗崩後楊妃、陳王等賜死而作耳。東龍、西虎，指南北兩司。『中含』句言二司本爲護衞帝室而設，奈何出此無名之舉哉！『玉壺』句暗指王涯、訓、注諸人誅宦官不成，則所謂『鑿天不到牽牛處』矣。『牽牛』寓君側惡人也。『騏驎』句比仇士良等倒戈，大戮廷臣，氣燄益橫。『牛山』句卽史所謂文宗僞暗不語也。『秋娥』二句，更以文宗崩後，不能保一愛姬，痛之。『推烟』句謂楊妃賜死。『十番』句指陳王、安王賜死，國祚未衰，而文宗之緒斬焉，豈非一行死乎。『白楊』二句，言死者長已矣，徒留佚事在簡書而已。此所以向風牽起愁緒，千載而後，更誰復定其是非也哉？眞所謂無愁天子而竟有愁矣。此是通篇大意。至其詩體則全宗長吉，專以峭澀哀豔見長，讀之光怪陸離，使人欽其寶而莫名其器。紀氏於昌谷一派素未究心，徒以後學步者少，任情醜詆，與長吉何損毫末哉？適以形其謭陋耳。

玉谿古詩除韓碑、偶成轉韻外，宗長吉體者爲多，而寓意深隱，較昌谷尤過之，眞深得比興之妙者也。晚唐昌谷之峭豔，飛卿之哀麗，皆詩家正宗。玉谿則合溫、李而一之，尤擅勝境。觀此詩可見。

房中曲

薔薇泣幽素，翠帶花錢小。嬌郎癡若雲，抱日西簾曉。枕是龍宮石，割得秋波色。玉簟失柔膚，但見蒙羅碧。憶得前年春，未語含悲辛。歸來已不見，錦瑟長於人。今日澗底松，明日山頭蘗。愁到天池一作地。翻，相看不相識！紀云：『亦長吉體，然猶大堤曲之流，未至流爲詭怪。』又云：『天池，海也。「海翻」字出酉陽雜俎，別本作「天地」，非。』

長吉體以峭豔爲宗，源出楚騷，眞詩家之正嗣也。絕無詭怪之處。紀氏瞎語可笑。『天池』當作『天地』，空說方佳。

大中三年十月，范陽公奏入幕，義山至徐，卽在是年，有『臘月過大梁』之句。案見偶成轉韻詩弘正死於大中五年春間，是年罷職還京，秋間悼亡，此詩蓋卽大中五年所作。『憶得前年春』指大中三年也。『歸來已不見』謂自徐歸京而妻即死也。罷徐歸來在先，悼亡在後，此承前年句。言前年在京，雖病含悲辛而人尙在，今則歸來而人已不能常見矣，非妻死時義山尙未歸也。余謂義山大中二年冬抵京，得選尉，觀『前年春』句，亦可參悟。

齊梁晴雲

緩逐烟波起，如妬柳緜飄。故臨飛閣度，欲入迴陂銷。縈歌憐畫扇，敞景弄柔條。更奈天南位，牛渚宿殘宵。

效徐陵體贈更衣

密帳眞珠絡，温幃翡翠裝。楚腰知便寵，宮眉正鬬強。結帶懸梔子，繡領刺鴛鴦。輕寒衣省夜，金斗熨沈香。

又效江南曲

郎船安兩槳，儂舸動雙橈。掃黛開宮額，裁裙約楚腰。乖期方積思，臨酒欲拌嬌。莫以採菱唱，欲羨秦臺簫。紀云：『以上三首，皆酷擬齊梁，非惟貌似，神亦似之；然齊梁此種原非高唱。』

齊梁此種詩而不爲高唱，何等詩方爲高唱？以此論詩，噫！難矣！

月夜重寄宋華陽姊妹

偷桃竊藥事難兼，十二城中鎖彩蟾。應共三英同夜賞，玉樓仍是水精簾。紀云：『首句言宋等能如姮娥竊藥，而已不能如方朔偷桃也，然是底語。』

偷桃竊藥，道家常語，此必有借諷，不須如紀氏所解也。

訪人不遇留別館

卿卿不惜瑣窗春，去作長楸走馬身。閑倚繡簾吹柳絮，日高深院斷無人。紀云：『前二句鄙，後二句卑。』

沈痛卽在平易中見，紀氏未能虛心領略耳。以爲卑鄙，古人抱恨不淺矣。

雨中長樂水館送趙十五滂不及

碧雲東去雨雲西，苑路高高驛路低。秋水綠蕪終盡分，夫君太騁錦障泥！紀云：『趙十五當是得意疾行，故此詩刺之。「碧雲」、「苑路」以比趙，「雨雲」、「驛路」以自比。末言榮華終有盡日，不須如此得意也。』

趙滂蓋朋友中最相厚者，故以此戲之，非刺其得意急行也。

汴上送李郢之蘇州

人高詩苦滯夷門，萬里梁王有舊園。烟幌自應憐白紵，月樓誰伴詠黃昏？露桃塗頰依苔井，風柳誇腰住水村。蘇小小墳今在否？紫蘭香徑與招魂。紀云：『前四句方說汴上，後四句突入蘇州，端緒紛如，格亦庸下。』

紀氏謂前四句方說汴上，後四句突入蘇州，天下豈有如此安章宅句而可稱名手哉？蓋首句指汴上，次句已入蘇州，由汴至蘇，一南一北，故曰萬里。『梁園』謂幕府作客，唐人常語。『烟幌』句言李郢之蘇，必可騁其才華。『白紵』吳歌，故以相況。『月樓』句言己獨留汴上，無人唱答，以致惜別之意。『露桃塗頰』、『風柳誇腰』，雖預寫蘇州景物，實則暗寓義山往日所思之人。蓋其人流轉江鄉，歿於吳地，有河內詩及和人題眞娘墓詩可證，所以結句屬其代爲招魂也。通首端緒分明，何嘗有一點庸下語氣哉？

贈鄭讜處士

浪跡江湖白髮新，浮雲一片是吾身。寒歸山觀隨碁局，暖入汀洲逐釣輪。越桂留烹張翰鱠，蜀薑供煮陸機蓴。相逢一笑憐疎放，他日扁舟有故人。紀云：『意似後來劍南集詩，雖淸淺而無惡狀。』又云：『廉衣曰：「起二句俗。」亦是。然是熟調，非鄙語。』

統觀全集，用典必極雅切，措辭必極深婉，絕無一句鄙俗語可摘，正不煩紀氏強爲辨別也。

贈答詩別無寓意。觀首句『浪跡江湖白髮新』，蓋大中十一年充鹽鐵推官，客遊江東時作矣。馮氏疑開成五年江鄉作，則與首句不符，必不然也。案馮注：『首二自謂。三四謂偕鄭遊。五六留物贈之。七八敍交情，期後會，是江鄉旅次偶然之地主也。用張陸事，其遊江東時歟？』

覽古

莫恃金湯忽太平，草間霜露古今情。空糊赬壤眞何益？欲舉黃旗竟未成。長樂瓦飛隨水逝，景陽鐘墮失天明。迴頭一弔箕山客，始信逃堯不爲名。紀云：『起句淺俗，中四句庸下。以警戒意起，以獷語作結，尤無法律。』又曰：『結句是晚唐粗獷語，切忌效之。』

傷敬宗也。前句以泛論入，結以反言作收，中聯用典警切。淺俗、庸下、粗獷皆強加之罪。紀氏之法律，豈可責備古人哉！

馮氏謂傷敬宗遇弒，然解作甘露之變，似更深警，蓋文宗崩後作也。『空糊』句比事出無名。『欲舉』句比舉事不成。『長樂』二句，言其受制而崩，首句戒之，結句傷之，語皆沈痛。若敬宗狎昵羣小者，不足責矣。

當句有對

密邇平陽接上蘭，秦樓鴛瓦漢宮盤。池光不定花光亂，日氣初涵露氣乾。但覺游蜂饒舞蝶，豈知孤鳳憶離鸞？三星自轉三山遠，紫府程遙碧落寬。紀云：『西崑下派。』

此有寓意，豈西崑塗澤所能及！

此疑大中五年初除太學博士之寓言。首二句言復官輦下，密邇禁近。『池光』句言從前隨黨局流轉，無有定止。『日氣』句言今日新得沾溉，然而力盡心瘁矣。『但覺』二句，言人但見我遷官如游蜂舞蝶之得意，而豈知我仍望令狐好合耶？結言雖得遷除，而顯達尚未可期也。

井絡

井絡天彭一掌中，漫誇天設劍爲峯。陣圖東聚燕馮本燕從戊籤作烟江石，邊柝西懸雪嶺松。堪嘆故君成杜宇，可能先主是眞龍。將來爲報姦雄輩，莫向金牛訪舊蹤。紀云：『五六句用事精切。三四轉折太硬，意雖可通而費解亦甚。七八句太粗，七句尤粗。』

音節高亮，如鏗鯨鐘，三四寫景精切，結尤深警，無所謂費解也。豪語以爲太粗，過矣！

『燕江』當從馮本作『烟江』，若作『燕江』，則去蜀何啻萬里，以爲費解，亦宜。紀氏蓋據誤本，而妄爲之說耳。

隨師東

東征日調萬黃金，幾竭中原買鬬心。軍令未聞誅馬謖，捷書惟是報孫歆。但須鸑鷟巢阿閣，豈假鴟鴞在泮林！可惜前朝玄菟郡，積骸成莽陣雲深！紀云：『五六句歸愚所賞，然詩中筋節在此，過求筋節而失之板腐亦在此，所謂十成死句也。漁洋倡爲神韻之說，其流弊乃有聲無字之誚，故歸愚救以樸實，然樸實亦有流弊，在善學者斟酌之。』又云：『四家評曰：「終傷蹇直。」』

感事傷時，急不擇言，故據所見以直書，而草野私憂之情，自見言外，此賦體所以更高於比興也。何害於樸實哉？然以爲板腐、蹇直，則有大繆不然者。且詩借隨事以託諷，正得詩人譎諫之旨，故篇中不妨明抒己憤也。

宋玉

何事荆臺百萬家，惟教宋玉擅才華？楚辭已不饒唐勒，風賦何曾讓景差？落日渚宮供觀閣，開年雲夢送烟花。可憐庾信尋荒徑，猶得三朝託後車。紀云：『四家評曰：「失之鈎勒過明，又是一種不愜人意。」』

此詩乃玉谿使南郡時作。江陵有宋玉宅，故以自況，託寓深婉，味之無盡。至鈎勒分明，本係詩法應爾。紀氏不愜意此種，宜其妄下苛責也。

紀評有引廉衣、蒙泉、四家諸說，然既爲紀氏所取，則責備有歸矣。

韓同年新居餞韓西迎家室戲贈（韓同年即韓畏之）

籊籊征西萬戶侯，新緣貴壻起朱樓。一名我漫居先甲，千騎君翻在上頭。雲路招邀迴綵鳳，天河迢遞笑牽牛。南朝禁臠無人近，瘦盡瓊枝詠四愁。何云：『禁臠自比嘗婚於王氏爲黨人所擯。然義山以名重坎坷，如韓亦僚壻而未嘗妨其榮進，故上言漫居先甲也。』朱云：『自比禁臠，眞戲言也。』紀云：『起二句卑俗，末二句似是自嘲。蓋悼亡以後或以茂元之故，無人與婚也。如指韓則文意不可解。』

此調畏之新婚而作。『南朝禁臠』借比畏之，時義山未娶，故有『瘦盡瓊枝』之句，蓋戲之也。若玉谿悼亡之年，茂元已卒，畏之亦早生子冬郎矣，安有首二句之情事耶？且玉谿伉儷情深，失偶後即不再娶，觀上河東公辭張懿仙可見。紀氏妄說，殊爲可笑也。何氏評語亦誤。此詩如果作於義山悼亡以後，畏之至此，已官員外郎，不得專稱同年矣。前後詩題，可以參證。起句戲語而以爲庸俗，眞苛論耳。

奉和太原公送前楊秀才戴兼招楊正字戎太原公，王茂元也

潼關地接古弘農，萬里高飛雁與鴻。桂樹一枝當白日，芸香三代繼清風。仙舟尙惜乖雙美，綵服何由得盡同？誰憚士龍多笑疾，美髭終類晉司空。

新書茂元傳：鄭注用事，遷涇原節度使。注敗，悉出家財餉兩軍，得不誅，封濮陽郡侯。攷茂元鎭涇原爲太和九年十月，義山娶王氏爲開成三年，茂元封濮陽侯不知在何年，據傳似鄭注敗後卽得封。而詩中及送劉五經一首，多案『多』應作『都』。稱太原公，文集則皆稱濮陽公，當是詩文兩集全部之通例。亦如文集稱鄭亞爲滎陽公，而詩集則稱開封公也。注家謂稱太原公時，茂元尙未受封，故云然。恐未必確。卽如文集中開成二三兩年爲茂元所作啓、表，皆書濮陽，又何以解乎？

池邊

玉管葭灰細細吹，流鶯上下燕參差。日西千遶池邊樹，憶把枯條撼雪時。紀云：『此寫時光迅速之感。起二句俗，後二句小有意。』

起二句未至俗格，紀評非是。

賈生

宣室求賢訪逐臣，賈生才調更無倫。可憐夜半虛前席，不問蒼生問鬼神！紀云：『第二句率筆。』

第二句正以率筆見姿趣，紀氏不知也。

寄惱韓同年二首時韓住蕭洞

簾外辛夷定已開，開時莫放豔陽回。年華若到經風雨，便是胡僧話刼灰。

龍山晴雪鳳樓霞，洞裏迷人有幾家？我爲傷春心自醉，不勞君勸石榴花！

『蕭洞』即上篇新居，謂初婚時也。若玉谿悼亡之時，畏之久已服官，則當稱員外矣。韓與義山開成二年同年，其娶茂元女當在其時，時玉谿未娶，故有此戲言，與上篇情事正同。至開成三年義山成婚，始與韓爲僚壻耳。諸家解者多誤。

謁山

從來繫日乏長繩，水去雲迴恨不勝。欲就麻姑買滄海，一杯春露冷如冰。紀云：『未解其旨。』

『山』即義山之『山』，玉谿自謂。此蓋暗記令狐來謁之事。結二句言我方欲就彼陳情，而不料其匆匆竟去，徒令杯酒成冰，所以有『水去雲迴』之恨也。首句則言安得長繩繫日，使之多留片刻乎？通篇融洽矣。

鈞天

上帝鈞天會衆靈，昔人因夢到青冥。伶倫吹裂孤生竹，却爲知音不得聽。紀云：『太激憤語却無痕迹，由於筆妙故也。此種詩境，玉谿獨創，無庸故爲苛論。使非詩體。』

失猿

祝融南去萬重雲，清嘯無因更一聞。莫遣碧江通箭道，不教腸斷憶同羣。紀云：『語極曲折，然曲折而無味。』曲折而有拙致，味卽在其中，此唐人獨到之境，宋以後則絕響矣。紀氏祇知後世詩法，妄詆義山，眞門外漢之見耳。

此亦桂管府罷，感慨遇合無成而作。『祝融』二句，言桂州罷歸之況。『莫遣』二句，寓巴蜀遊滯失意之恨，從此去李黨而就令狐，故云『不教腸斷憶同羣』也。『失猿』者，卽轉韻詩所謂『鯉魚失鈎猿失羣』意耳。

寄遠

姮娥擣藥無時已，玉女投壺未肯休。何日桑田俱變了，不教伊水向東流。紀云：『言安得天地消沈，使情根亦盡也。用意深至，語則未工。』

語意沈痛，何至不工？此亦暗指令狐之作。

王昭君

毛延壽畫欲通神，忍爲黃金不顧人！馬上琵琶行萬里，漢宮長有隔生春。紀云：『鄙淺。』

以昭君寓意，不覺其鄙淺也。

赴職梓潼，託昭君以自寓也。令狐不省陳情，使之沈淪使府，從此漢宮有長隔之痛矣。巫山有昭君村，故云。

高松

高松出衆木，伴我向天涯。客散初晴候，僧來不語時。有風傳雅韻，無雪試幽姿。上藥終相待，他年訪伏龜。紀云：『芥舟曰：「三四太廓，五六太黏。」』

三四傳神，五六切地，卽以自寓在桂林留滯所作，不嫌『太廓』、『太黏』，紀評殊失詩意。

、昭州

桂水春猶早，昭川日正西。虎當官道鬬，猿上驛樓啼。繩爛金沙井，松乾乳洞梯。鄉音殊可駭，仍有醉如泥。紀云：『三四自好，後四句轉折未淸。』

中二聯一近一遠分寫，遂不合掌。結以異鄉作客爲收，虛實兼到，轉折極爲淸楚，章法全宗少陵。紀評太苛，不可從也。

陸發荆南始至商洛

昔去眞無奈，今還豈自知？靑辭木奴橘，紫見地仙芝。四海秋風闊，千巖暮景遲。向來憂際會，猶有五湖期。紀云：『芥舟曰：「三四鑴削而不工。」』

三四寫景切時，並無鑴削之迹，何謂不工？

陳後宮

玄武開新苑，龍舟讌幸頻。渚蓮參法駕，沙鳥犯勾陳。壽獻金莖露，歌翻玉樹塵。夜來江令醉，別詔宿臨春。紀云：『較茂苑城如畫一首骨法稍爲厚重。末二句太尖便佻，此是義山習氣。』

結以反刺作收，通體含蓄不露，味乃愈出，此玉谿慣技也，非尖佻家數可擬，紀評謬。

贈子直花下

池光忽隱牆，花氣亂侵房。屏緣蝶留粉，窗油蜂印黃。官書推小吏，侍史從清郎。並馬更吟去，尋思有底忙？紀云：『三四纖俗，結句太率。』

三四切花下，寫得豔至。義山長技，巧則有之，纖俗則未也。結亦唐賢舊格，以爲太率，非也。

獻寄舊府開封公

幕府三年遠，春秋一字褒。書論秦逐客，賦續楚離騷。地理南溟闊，天文北極高。酬恩撫身世，未覺勝鴻毛。紀云：『次句突兀無理，末二句亦鄙。』

起得超拔，無所謂突兀無理；結亦倍極沈痛；以爲率筆，豈其然乎？

詩蓋寄鄭亞於循州者。首言入幕：『三年』字活看。次言蒙其褒賞。『書論』二句指貶循。『地理』二句寫景。結則恨不能報恩也。

首句言相別有三年之久，義山在桂幕只年餘，無三年情事也。此當是大中四年徐幕作。時義山尚沈淪使府，故曰『幕府』。鄭亞大中二年貶循，至此正三年也。秦逐客亦自喻，尚爲幕僚也。惟稱亞爲開封公，不詳何指？文中則皆稱滎陽公，宜注家不得其解，紛紛臆說矣。

馮氏既知桂幕只一年，而解此尚謂入幕三年，叨其知遇。仍沿史傳之謬，甚誤。義山大中二年二月罷職，是一年尚不足也。首句當從余說始通。案在桂一年見馮譜。馮注本篇云：『今細審之，是寄鄭亞於循州者。首聯謂遠隨三年，叨其知遇。三四緊承說下，唐人每以罷官爲逐客，義山久不調，亞特奏充幕官，而乃得至湘南，用詞精切。五謂循州。六以還朝祝之，亦暗寓天高難問之慨。結則自愧無能報恩致力也。黨局猜嫌，故製題稍隱。』

向晚

當風橫去幰，臨水卷空帷。北土鞦韆罷，南朝祓禊歸。花情羞脈脈，柳意悵微微。莫嘆佳期晚，佳期自古稀。紀云：『格亦卑靡。』

此詩是義山少作，故骨格尚未大成，然詆爲卑靡，則不切也。

春游

橋峻斑騅疾，川長白鳥高。烟輕惟潤柳，風濫欲吹桃。徙倚三層閣，摩挲七寶刀。庾郎年最少，青草妬春袍。紀云：『芥舟曰：「起四句平頭。」』又云：『四家賞「濫」字之奇，然此字實不佳，專取此種，便入瀛奎律髓門徑。』又云：『芥舟以五六爲健筆，廉衣則以爲客氣，各有所見，可參觀之。』

平頭唐律不忌，『濫』字是義山練字訣，未嘗不佳。五六健筆，以爲客氣可乎？此詩集中上駟。馮氏定此詩爲大中元年赴鄭亞桂管幕作，以桂遊正春時也。余細玩結語『庾郎年最少』句，恐係弱冠時赴崔戎華州幕，或令狐楚東平幕時所賦。若大中元年，義山已三十八歲，不得云『年最少』矣。且其時屢經失意，亦無如此豪興也。攷安平公詩述華州事有『三月東風』等句，正係春時。舊紀太和八年三月，以崔戎爲兗海觀察使，此詩必係赴兗海時作矣。安平公詩又云：『五月至止六月病。』蓋三月奉詔移兗海，至五月抵任，其起程當在春杪矣。詩題曰『春游』，則作詩時在前，首途不妨稍後也。若拘泥時令以說詩，豈非固哉高叟耶？

離席

出宿金樽掩，從公玉帳新。依依向餘照，遠遠隔芳塵。細草翻驚雁，殘花伴醉人。楊朱不用勸，只是更沾巾。

此篇語兼失意，與上詩豪興迥殊，疑是大中元年桂遊時作矣。宜從馮說也。案馮云：『義山所歷諸幕，惟桂管春時從鄭亞出都。』

俳諧

短顧何由遂，遲光且莫驚。鶯能歌子夜，蝶解舞宮城。柳訝眉雙淺，桃猜粉太輕。年華有情狀，吾豈怯生平？紀云：『俳體亦有分寸，此嫌太纖。』

俳體不嫌太纖，然筆力老健，是玉谿本色，則非後來所及。

夜飲

卜夜容衰鬢，開筵屬異方。燭分歌扇淚，雨送酒船香。江海三年客，乾坤百戰場。誰能辭酩酊，淹臥劇清漳。紀云：『王荊公極推此五六句，通體亦皆老健，維三句微纖耳。』

三句不過語豔耳，以豔爲纖，繆以千里。

馮氏繫此篇於大中二年桂林府罷時。攷桂林只年餘，無三年之久。所謂『江海三年客』何所指耶？細玩詩中，並無離別之意，恐此夜飲，必非離席，或是東川大中七年所作也。義山大中五年赴梓，至七年正三年，是時義山年已四十餘，故首句云衰病也。案首句言衰鬢不言衰病也。梓州在京西，亦可云異方。『乾坤百戰場』，泛言時勢艱難，未必實有所指。結言無人能甘隱遯耳。義山沈淪使府之感，亦可於言外領之矣。似較馮說爲合。案馮云：『起結雖衰病，不辭起而一醉以散愁也。五句是桂管歸後，時海上、邕南兵事未息，故借時事以兼慨世途也。似巴蜀歸後，還京之前所作。』

屬疾詩在梓幕悼遊作，已云『何日免殊方』，與此『異方』同，不得專指桂林也。

涼思

客去波平檻，蟬休露滿枝。永懷當此節，倚立自移時。北斗兼春遠，南陵寓使遲。天涯占夢數，疑誤有新知。

補編有爲滎陽公上宣州裴尚書啓，中云：『李處士云，「於江沔要有淹留，及假之好幣」』語，蓋大中元年十月使南郡時先便道至宣州也；『南陵寓使』，是其事矣，此詩蓋在宣城作，玩其寫景，皆係初冬，至明年則還桂州也。

鸞鳳

舊鏡鸞何處？衰桐鳳不棲。金錢饒孔雀，錦段落山雞。王子調淸管，天人降紫泥。豈無雲路分，相望不應迷。紀云：『感遇之作，意露而格卑。連用四鳥，亦一病。』

託寓深婉，格意不卑露也。四鳥連用而不平頭，無害，唐律多有之。

此大中二年還京選尉時之寓言也。『舊鏡』句謂祕省淸資，不能復入。『衰桐』句比盩厔尉，言兩次爲尉，非心所願也。『王子』一聯，謂京尹留假參軍管章奏，義山本宗室，故曰『王子』。『天人』以喻京尹。『金錢』一聯，比己文章不能官禁近，徒以文采傲孔雀山雞，情何以堪耶？結望從此顯達耳。篇中命意，無不融洽矣。

李衞公

絳紗弟子音塵絕，鸞鏡佳人舊會稀。今日致身歌舞地，木棉花暖鷓鴣飛。紀云：『末句如指南遷所居，不應云歌舞地；如指舊地，不應云木棉鷓鴣，殊不可解。「致身」二字亦未穩。』

結句言今日從南荒迴想致身歌舞舊地，祇有木棉、鷓鴣，開落、悲語而已，蓋傷之也。『致身』猶言迴身，故晦其詞，使人尋味，紀氏不解，宜其妄加駁擊耳。

詩意言今日萬里投荒，始眞致其身於歌舞之地矣。祇有木棉亂舞而鷓鴣悲歌而已。從前絳紗鸞鏡之樂，安可得耶？語似嘲之，實悲之也。

韋蟾

謝家離別正淒涼，少傅臨岐賭佩囊。却憶短亭迴首處，夜來烟雨滿池塘！紀云：『題有脫字，詩遂難解。然就詩論，詩自不佳。』

未有不解其詩而可定其佳惡者，紀氏眞妄人也。

夜意

簾垂幕半卷，枕冷被仍香。如何爲相憶，魂夢過瀟湘。紀云：『小有情致，亦無深味。』

一氣渾成，耐人咀嚼，正深於味者，不但情致宛轉可誦也。

因書

絕徼南通棧，孤城北枕江。猿聲連月檻，鳥影落天窗。海石分棋子，郫筒當酒缸。生歸話辛苦，別夜對凝釭。

此義山桂管府罷，座主李回貶湖，案貶湖，湖應作湘，湖南不能簡稱湖也。滯留巴蜀寄內之作也。『因書』者，因家書而却寄也。蓋義山赴蜀，大有望於李回湖南幕府。及李回赴鎭，義山不能同去，必有隱恨，故詩中夜雨寄北、北禽諸作，皆一時之情事也。其詳別見余玉谿詩補箋中。

亦大中二年作，暗寓巴閬遇合無成之恨。蓋李回既不能攜之赴湘，而閬中所圖又變。結言惟有歸而相對話愁耳。前六句皆敍留滯蜀中景況。『海石』、『郫筒』，則言所得僅此而已。此爲寄內之作。惟閨中不詳屬意何人？其人必亦李黨，馮氏疑爲夔州刺史李貽孫，文有爲李貽孫上李相公啓，所測似近之。或疑時杜悰代回移西川，何以義山不謁見？而抒情詩尚有『早歲乖投刺』句耶？不知悰係牛黨，與贊皇相惡。自義山婚於王氏，令狐交誼已乖，此時子直一門，尚未轉圜，義山自不敢輕投杜悰，此義山當時隱衷也。細玩萬里風波、相思樹上諸篇，言外微意，大可想見。甚矣，誦詩讀書，不可不知其人，論其世也已！

奉寄安國大師兼簡子蒙

憶奉蓮花座，兼聞貝葉經。巖光分蠟屐，澗響入銅缾。日下徒推鶴，天涯正對螢。魚山羨曹植，眷屬有文星。紀云：『四句自好，後半殊俗。』

詩格峻拔，不當以俗詆之。

閑遊

危亭題竹粉，曲沼嗅荷花。數日同攜酒，平明不在家。尋幽殊未極，得句總堪誇。強下西樓去，西樓倚暮霞。紀云：『蘅齋曰：「荷風送香氣，竹露滴清響。澗影見藤竹，水香開菱荷。每誦孟公佳句，覺『題竹』、『喚荷』，殊爲不韻。」』

王孟詩派，與玉谿異趣，各有妥韻，豈得並論，此語殊誤。

縣中惱飲席

晚醉題詩贈物華，罷吟還醉忘歸家。若無江氏五色筆，爭奈河陽一縣花？紀云：『露才揚己，殊不足觀。』

與杜樊川『忽發狂言驚四座』同一豪致，以爲露才揚己，何也？豈詩人例作卑下語耶？

題李上暮壁

舊著思玄賦，新編雜擬詩。江庭猶近別，山舍得幽期。嫩割周顒韭，肥烹鮑照葵。飽聞南燭酒，仍及撥醅時。紀云：『江庭當是江亭之誤。』又云：『周顒韭猶可，因園葵賦而稱鮑照葵，殊見湊泊。』

『鮑照葵』是晚唐用典隸事法，看似湊泊，實則斷章取義，紀氏昧於唐律，乃以爲疵耳。

江村題壁

沙岸竹森森，維艄聽越禽。數家同老壽，一徑自陰深。喜客嘗留橘，應官說採金。傾壺眞得地，愛日靜霜砧。紀云：『三四如畫，「愛日」字俗。』

冬日可愛，本有出典，何以爲俗？豈可以後人用濫而責古人哉！

漫成五章

沈宋裁辭矜變律，王楊落筆得良朋。當時自謂宗師妙，今日惟觀對屬能。

李杜操持事略齊，三才萬象共端倪。集仙殿與金鑾殿，可是蒼蠅惑曙雞？

生兒古有孫征虜，嫁女今無王右軍。但向琴書終一世，何如旗蓋仰三分？

代北偏師銜使節，關中裨將建行臺。不妨常日饒輕薄，且喜臨戎用草萊。

郭令素心非黷武，韓公本意在和戎。兩都耆舊皆垂淚，臨老中原見朔風。何云：『此義山歷敍生平而作也。第一首言令狐綯以駢體章奏，惟能屬對而已，無甚深意。第二首自比李杜而嘆其遇之窮，末句疾讒也。第三首一句譏綯之不能肖父，次句直指茂元嫁女；當時蓋以其委身武人爲恥，下二句自爲分辨也。第四首前二句專指茂元，後二句言辟爲掌書記也。第五首言贊皇並非輕開邊釁，後二句言鮮于仲德征南敗沒之兵，至贊皇始得索還，有功而無過也。』

觀此五首則義山之心，終始李黨無疑。義山少年偶爲令狐所賞，本非爲入黨局；及婚於茂元，子直遷怒，義山始去牛而就李。其後雖屢啓陳情，令狐不省，其所依恃者柳仲郢諸人，皆贊皇一黨也。此詩大明心跡，而徐氏尚創爲異說，能不使詩魂飲恨耶？案徐氏以博士一舉爲據，創義山終於牛黨之說。

唐季牛李二黨分門戶，一時名士，無不依附太牢，如白香山杜牧之輩皆是也。惟義山終始贊皇。觀集中萬里風浪諸篇，苦心孤詣，千載而後，猶或見之也。徐氏輩不能細玩全集，競創臆說；馮氏雖見及此，而言之不詳，且謂義山無關黨局，吾不能不爲古人抱痛矣。

五首皆自述生平而作。一首言當日從楚受章奏，今所得者不過屬對之能而已。深慨己之名位不達而爲子直所排也。二首言李杜當時齊名，翔於華省，豈有如我之遭毀淪落耶！『蒼蠅惑雞』比子直毀棄也。三首更代妻致恨，言生男古有征虜之子，嫁女今已無右軍之壻，雖然琴書一世，何如旗蓋三分之爲榮乎？斯眞相依之計左矣。四首專美贊皇，言我平日嘗輕衛公而竟能起用草萊，任石雄以成中興之功，今豈有此人哉！五首又爲衛公辨謗，言子直輩雖忌之，要不足以爲定論也。此首爲衛公維州之事辨謗，因宣宗復河湟而追感也。

射魚曲

思牢弩箭磨青石，繡額蠻渠三虎力。尋潮背日伺泅鱗，貝闕夜移鯨失色。纖纖粉簳（同箭）馨香餌，綠鴨迴塘養龍水。含冰漢語遠於天，何由迴作金盤死？

此篇寓意殊難索解，馮氏謂慨贊皇叠貶，援據支離，恐不可從。然細玩結語，知其必有寄託，但不易醒然耳。

日高

鍍鐶故錦縻輕拖，玉笢不動便門鎖。水精眠夢是何人？欄棊日高紅髮鬆。飛香上雲春訴天，雲梯十二門九關。輕身滅影何可望，粉蛾帖死屏風上。

此或假豔情寓可近而不可親之意。馮氏謂指敬宗，說太迂晦。篇中皆從想望著筆，結即『宓妃愁坐芝田館，用盡陳王八斗才』意，似與可嘆篇可以參悟，必非暗詠帝王事也。

宮中曲

雲母濾宮月，夜夜白於水。賺得羊車來，低扇遮黃子。水精不覺冷，自刻鴛鴦翅。蠶縷茜香濃，正朝纏左臂。巴牋兩三幅，滿寫承恩字。欲得識青天，昨夜蒼龍是。紀云：『此於長吉派中為極軌。「水晶」二句、「巴牋」二句，寫兒女癡情入微。』

玉谿古體雖多學長吉，然長吉語意峭豔，至於命篇，尚不脫樂府本色；義山宗其體而變其意，託寓隱約，恍惚迷幻，尤駕昌谷而上之，眞騷之苗裔也。覩錦囊中語，青出於藍，後人不得相提並論也。

此亦戲作宮怨，別無深意。馮氏謂初官祕書寓言，解太迂晦，吾無取焉。義山一集，寄託雖多，然豈必篇篇皆如是也。豈不許詩人偶爾戲筆耶？此類均宜分別觀之。案馮注云：『首二長夜淸冷之態。三四定情羞澀之容。水精四句，綢繆繾綣，正寫承恩也。結句「昨夜」二字應轉羊車之來。宮中如曰宮廷。此乍爲祕省，得趨朝瞻天之寓言也。』

海上謠

桂水寒於江，玉兔秋冷咽。海底覓仙人，香桃如瘦骨。紫鸞不肯舞，滿翅蓬山雪。借得龍堂寬，曉出揲雲髮。劉郎舊香炷，立見茂陵樹。雲孫帖帖臥，秋烟，上元細字如蠶眠。

此在桂管自傷一生遇合得失而作。首二句敍孑身遠客，冷落可憐景況。『海底』二句，言從此沈淪使府，無異海底，『香桃瘦骨』，極狀消瘦無聊之態也。『紫鸞』四句，言從前贊皇當國，原可立致顯達，而無如忽而丁憂閑居，攀附不及，此實榮枯所由判也。『滿翅蓬山雪』指母憂也。『借得』二句，似暗喻閑居，相思詩已云『紫鳳青鸞共羽儀』，比衛公之得君 故此云『紫鸞不肯舞』，比李黨不能援引也。『劉郎』二句，敍武宗崩事，武宗崩而贊皇亦罷相矣，卽茂陵『蘇卿歸國』之恨也。『雲孫』自寓，義山系本王孫，二句言從此爲人記室，以文章依人矣，『細字蠶眠』，比己之文章耳。一篇命意如此，終苦使事太晦，不易顯豁。至馮注謂指德裕叠貶，鄭亞危疑，知其然而不知其所以然，解說支附，尤謬已。『借得』二句，暗比母憂後重入祕省，亦通。龍堂，喻清禁也，正字亦清貲。『曉出揲雲髮』，言一無所事，卽『臥枕芸香清夜闌』意也。案見偶成轉韻詩。『劉郎』二句，亦從禁院景況，追慨故君武宗崩而時勢變，乃義山一生不得志之由，故特言之。閱者勿以敍述不倫沒其意也。

李夫人三首

一帶不結心，兩股方安髻。慙愧白茅人，月沒教星替。

剩結茱萸枝，多擘秋蓮的。獨自有波光，綵囊盛不得。

蠻絲繫條脫，妍眼和香屑。壽宮不惜鑄南人，柔腸早被秋眸割。清澄有餘幽素香，鰥魚渴鳳眞珠房。不知瘦骨類冰井，更許夜簾通曉霜。土花漠漠雲茫茫，黃河欲盡天蒼蒼！朱云：『三首幷景陽宮井雙桐詩只可闕疑。』

三篇乃悼亡詩，觀『月沒星替』等語，其梓幕辭張懿仙時作乎？尚不難解。

『蓮的』、『波光』、『姸眼香屑』皆泛言以致其哀痛。而馮氏注竟謂婦人之美在目，義山妻以此擅秀，杜撰可笑。義山伉儷情深，香澤綺語，無端流露，後人因此反並義山妻加以輕薄，愛玉谿者，不應出此也。

景陽宮井雙桐

秋港菱花乾，玉盤明月蝕。血滲兩枯心，情多去未得。徒經白門伴，不見丹山客。未待刻作人，愁多有魂魄。誰將玉盤與，不死翻相誤。天更闊於江，孫枝覓郎主。昔妬鄰宮槐，道類雙眉斂；今日繁紅櫻，抛人占長簟。翠襦不禁綻，留淚啼天眼。寒灰劫盡問方知，石羊不去誰相絆？紀云：『五首皆長吉派，了無可取。』

長吉派亦天地間一種不可少之文，源出靈均，何謂了無可取？此言太不公允矣。紀氏不取長吉派，由於不知長吉詩佳處耳。

義山長吉體古詩數首，皆哀感沈綿，迷離惝恍，讀之使人哀樂循環無端，而不忍釋手，文字感人如是，眞可奴僕命騷也。紀氏乃以爲了無可取，豈非妄談！

此篇無一語切題，必非客遊江東時詠古之作，知其別有寄託矣。然使事太晦，不易索解。馮氏謂傷二美逝後作，固是。余考燕臺篇屢言石城景物，石城當指金陵，故又用玉樹亡國事。後河內篇復言閶門，豈其人自金陵赴湘，又流轉吳地而歿耶？後有送李郢蘇州詩，『紫蘭招魂』，似可參悟。若柳枝則多言郢路，其後蹤跡不能詳矣。此『雙桐』或即指燕臺詩所謂『桃葉桃根雙姊妹』者乎？至馮氏謂『石羊』暗喻楊嗣復，則臆測矣。要之此等詩，苦無確解，但知其爲風懷足已，必一一詮釋，未免愚妄。當日已難顯言，何煩臆揣哉！

秋日晚思

桐槿日零落，雨餘方寂寥。枕寒莊蝶去，窗冷胤螢銷。取適琴將酒，忘名牧與樵。平生有遊舊，一一在烟霄。紀云：『「莊蝶」、「胤螢」字鄙，五六劣調。』

『莊蝶』、『胤螢』是晚唐詩用典常法，不得謂鄙。五六率筆，名家不經意往往有之，非劣調也。紀評無取。

春宵自遣

地勝遺塵事，身閑念歲華。晚晴風過竹，深夜月當花。石亂知泉咽，苔荒任逕斜。陶然恃琴酒，忘却在山家。紀云：『此所謂馬首之絡。』

雖用少陵法而細意妥帖，仍自玉谿本色，非空腔滑調也。『馬首之絡』祇可詆明七子，豈可橫加義山！

七夕偶題

寶婺搖珠珮，常娥照玉輪。靈歸天上匹，巧遺世間人。花果香千戶，笙竽濫四鄰。明朝曬犢鼻，方信阮家貧。紀云：『無所取義，此種塵劫題可以不作。』

結句寄託顯然，語亦鮮麗，適異塵劫，紀氏何以知其無所取義耶？

因七夕以寄婚於王氏之慼，結言非歆其多財也。『靈歸』句言己僅得匹偶，而他人則沾其實惠耳。

靈仙閣晚眺寄鄆州韋評事

愚公方住谷，仁者本依山。共誓林泉志，胡爲樽俎間？華蓮開菡萏，荊玉刻孱顏。爽氣臨周道，嵐光入漢關。滿壺從蟻泛，高閣已苔斑。想就安車召，寧期負矢還！潘遊全璧散，郭去半舟閑。定笑幽人跡，鴻軒不可攀。紀云：『潘遊二句劣。』

『潘遊』二句，亦是晚唐人用法，後世此種爲試帖套熟，故覺可厭，實則非劣調也。

過姚孝子廬偶書

拱木臨周道，荒廬積古苔。魚因感姜出，鶴爲弔陶來。兩鬢蓬常亂，雙眸血不開。聖朝敦爾類，非獨路人哀。紀云：『句句鄙陋。』又云：『孝子詩倍難於節婦詩，殆於無措手處，作律詩尤難。』

結言豈獨路人哀之乎！時義山喪母，故云。此蓋託興成詩，非專爲孝子表彰也。集中偶一爲之，何至鄙陋哉！

永樂縣所居一草一木無非自栽今春悉已芳茂因書卽事一章

手種悲陳事，心期玩物華。柳飛彭澤雪，桃散武陵霞。枳嫩棲鸞葉，桐香待鳳花。綬藤縈弱蔓，袍草展新芽。學植功雖倍，成蹊跡尚賒。芳年誰共玩？終老召平瓜。朱云：『實敍六韻，又以瓜字落韻，律法不免於犯矣。』紀云：『句句雜湊。』又云：『「彭澤」字添出雪，「武陵」事添出霞，枳非鸞鳳所棲，不得謂之「棲鸞葉」。「綬藤」字俗，「袍草」字尤不通。』

前六韻實敍，瓜字韻虛說。結處祇是用典，似無大礙，不相犯也。

『雪』字貼柳，『霞』字貼桃，『綬藤』、『袍草』皆晚唐用典法，惟『棲鸞』取義稍別，然反襯亦無礙也。謂之雜湊，未免苛毒，吾所不取。

寒食行次冷泉驛

驛途仍近節，旅宿倍思家。獨夜三更月，空庭一樹花。介山當驛秀，汾水遶關斜。自怯春寒苦，那堪禁火賒。紀云：『前四句是夜宿之景，五六忽寫形勢，端緒不清。』又云：『「賒」字趁韻不妥。』

夜既有月，則形勢遠近，倍覺分明，豈有名家命篇而端緒不清者哉！『賒』字是贅說，然非趁韻也。

寄華嶽孫逸人

靈嶽幾千仞，老松逾百尋。攀崖仍躡壁，啖葉復眠陰。海上呼三島，齋中戲五禽。唯應逢阮籍，長嘯作鸞音。紀云：『三四不成語，餘亦淺率。』

此詩佳在後幅，前四句微傷平易。然氣韻自別，紀氏謂之淺率不成語，何以服義山之心哉？

和韋潘前輩七月十二日夜泊池州城下先寄上李使君

桂含爽氣三秋首，蓂吐中旬二葉新。正是澄江如練處，玄暉應喜見詩人。紀云：『首句七月，次句十二日，三句夜泊，四句韋寄李詩，字字清楚，而毫無意味。』又云：『首二句尤劣。』

題中字字皆到，前二句正以樸率取姿，而後結語愈覺得神得味。此詩人疎密相生之法也。紀氏不知，妄加論斷，實以形其陋淺耳。

徐氏曰：『杜樊川有處州李使君墓誌銘：使君名方元，字景業。由起居郎出爲池州刺史凡四年，會昌五年四月卒於宣城客舍。』則此詩必義山會昌間丁憂閑居時所作。韋潘前輩，當即劉韋二前輩，舊本列之永樂諸篇中可證。至義山南陵寓使，則大中元年使南郡時事。懷求古翁詩更在其後，此蓋韋出詩見示而和之，非義山曾至池也。馮氏與求古翁一首同編，謬矣。

花下醉

尋芳不覺醉流霞，倚樹沈眠日已斜。客散酒醒深夜後，更持紅燭賞殘花。紀云：『情致有餘，格律不足。』

含思宛轉，措語沈著，晚唐七絕，少有媲者，眞集中佳唱也。安得以紀氏之格律繩之！

正月十五夜聞京有燈恨不得觀

月色燈光滿帝都，香車寶輦隘通衢。身閑不覩中興盛，羞逐鄉人賽紫姑。

此必會昌東洛閑居時作。時劉稹初平，而義山居憂，不能入京，故曰『身閑不覩中興盛』。蓋武宗朝賛皇得君，義山忽而丁憂，攀附不及，宜其感歎不自已矣。

贈趙協律晳

俱識孫公與謝公，二年歌哭處還（一作皆）同。已叨鄒馬聲華末，更共劉盧族望通。南省恩深賓館在，東山事往妓樓空。不堪歲暮相逢地，我欲西征君又東。紀云：『統乎滑調，末二句尤滑。』

應酬常語，寫來情意眞切乃爾，豈滑調哉！

搖落

搖落傷年日，羈留念遠心。水亭吟斷續，月幌夢飛沈。古木含風久，疎螢怯露深。人閒始遙夜，地迥更淸砧。結愛曾傷晚，端憂復至今。未諳滄海路，何處玉山岑？灘激黃牛暮，雲屯白帝陰。遙知霑灑意，不減欲分襟。

此篇頗難定，味其寫景，皆是深秋，馮氏系之大中二年蜀遊。攷大中二年義山留滯巴閬，北禽諸詩，寫景皆夏秋之交，其回洛亦當在初秋，觀陸發荆南詩可悟。又有七月二十九日崇讓宅詩有『歸夢』字，則係初至洛中作，無緣深秋尙在蜀中也。余細玩此詩寫景，若作冬令亦可通。結云『分襟』，或梓幕將罷時賦耶？且首句亦是老境，『端憂』似暗比悼亡也。雖未能全洽，而大意不誤也。

月

過水穿樓觸處明，藏人帶樹遠含淸。初生欲缺虛惆悵，未必圓時卽有情！紀云：『第二句不成語，後二句亦徑直。』

此詩語雖徑直而有意味，去搔頭弄姿者遠矣。第二句亦不至不成語。紀評眞瞽說。

正月崇讓宅

密鎖重關掩綠苔，廊深閣迥此徘徊。先知風起月含暈，尙自露寒花未開。蝙拂簾旌終展轉，鼠翻窗網小驚猜。背燈獨共（一作立）餘香語，不覺猶歌起夜來。紀云：『悼亡之作，頗嫌格卑。』又云：『正月豈有綠苔？』

悼亡詩最佳者，情深一往，讀之增伉儷之重，潘黃門後絕唱也，乃以爲格卑，何耶？綠苔四時皆有，此言誤矣。

北靑蘿

殘陽西入崦，茅屋訪孤僧。落葉人何在，寒雲路幾層？獨敲初夜磬，閒倚一枝藤。世界微塵裏，吾寧愛與憎！紀云：『三四格高，末句「吾」字乃「君」字之訛。』又云：『芥舟曰：「五六嫌弱，結句尤湊。」』

此非贈人詩，君字何指？改『吾』爲『君』可見紀氏之不通。五六極健，結亦自然。評語眞憒憒也。

過故崔兗海宅與崔明秀才話舊因寄舊僚杜趙李三掾

絳帳恩一作思如昨，烏衣事莫尋。諸生空會葬，舊掾已華簪。共入留賓驛，俱分市駿金。莫憑無鬼論，終負託孤心。紀云：『語亦老潔，微嫌直致。』又云：『趙飴山談龍錄載吳修齡之言曰：「意喻之米，文則炊而爲飯，詩則釀而爲酒，飯不變米形，酒則變盡。啖飯則飽，飲酒則醉，醉則憂者以樂，喜者以愁，有不知其所以然者，如凱風小弁之道，斷不可以文章之道，平直出之者也。」此論入微，故此詩未爲高唱。』

沈痛語不嫌直致，紀氏不曉也。修齡所論，誠詩家祕訣。然持此以觀詩，惟義山學長吉體數篇，足以當之而無愧。紀氏既不喜長吉派，以爲無取，則此詩宜所擊賞，而又謂非高唱，何歟？直矛盾互持者耳。

南山趙行軍新詩盛稱游讌之洽因寄一絕

蓮幕遙臨黑水津，櫜鞬無事但尋春。梁王司馬非孫武，且免宮中斬美人。紀云：『語不可曉，然自不佳。』

以不曉爲不佳，皆紀氏陋見。

曲江

望斷平時翠輦過，空聞子夜鬼悲歌。金輿不返傾城色，玉殿猶分下苑波。死憶華亭聞唳鶴，老憂王室泣銅駝。天荒地變心雖折，若比陽（朱長孺注疑作傷）春意未多。

此詩專詠天寶貴妃之事。結言曲江久廢巡幸，鶴唳銅駝，荒涼滿目；然豈如傾城不返，傷春之意，不愈可悲乎？舊注皆兼甘露之變言，詩意遂不可解。馮氏又臆造楊賢妃棄骨水中，以附會之，益紕謬矣。首二句總起，言曲江久廢巡幸，只有夜鬼悲歌，極寫荒涼滿目之景。『金輿』一聯，言苑波猶分玉殿，而傾城已不返金輿矣，所謂『傷春』也。後二聯則言由今日迴想天寶亂離，華亭唳鶴，王室銅駝，天荒地變之慘，雖足痛心，然豈若傷春之感，爲愈足使我心悲耶！通篇皆慨明皇貴妃之事，此爲曲江感事詩，別無寄託也，深解者失之。

景陽井

景陽宮井剩堪悲，不盡龍鸞誓死期。腸斷吳王宮外水，濁泥猶得葬西施。紀云：『惜麗華不死於宮井，而死於清溪也。』

此只是江東詠古詩，別無寓意，不必穿鑿。馮注杜撰楊賢妃棄骨水中事，非也。紀評得之。

故番禺侯以贓罪致不辜事覺母者他日過其門

飲鴆非君命，茲身亦厚亡。江陵從種橘，交廣合投香。不見千金子，空餘數仞牆。殺人須顯戮，誰舉漢三章？何云：『「事覺母者」不解。』紀云：『題有脫字，疑「事覺母者」當作「事毋覺者」。』又云：『拙鄙之甚。』

『事覺』句當作『事毋覺者』，言無人覺其不辜也。

此詩稍失之拙，然尚未至鄙。紀評謬矣。

詠雲

捧月三更斷，藏星七夕明。纔聞飄迥路，旋見隔重城。潭暮隨龍起，河秋壓雁聲。只應惟宋玉，知是楚神名。朱云：『此作殆託詠北司之橫。』

玉谿好假豔體詠物，集中此例極多。後人見是豔體，往往穿鑿附會，不謂刺女冠淫佚，即謂寓意子直，而不知皆誤也。如此首確係詠物，別無深意，不必紛紛曲說也。

夜出西溪

東府憂春盡，西溪許日曛。月澄新漲水，星見欲銷雲。柳好休傷別，松高莫出羣。軍書雖倚馬，猶未當能文。紀云：『五六自佳。』又云：『五六雖是自比，然尚未說出，七八句突接無緒，意雖通而語不明。』又云：『七八亦太徑直。』

唐律承接，往往用潛氣內轉法，語自不貫而意已暗通，故有餘味，豈突接無緒可比哉！結以豪語作收，轉覺沈痛，玉谿慣法也。

效長吉

長長漢殿眉，窄窄楚宮衣。鏡好鸞空舞，簾疎燕誤飛。君王不可問，昨夜約黃歸。紀云：『他作往往似長吉，獨此云「效長吉」乃竟不似，未喻其說。』又云：『四句小巧。』

此係唐人小律，長吉集中五律極多，與此峭豔正相同。紀氏乃以爲不似，豈昌谷歌詩亦未寓目耶？

此雖云『效長吉』，實是宮詞，無庸深解。大抵玉谿一集有確有寄託者，有實係風懷者，亦有戲作豔體詠物或代作宮怨者，閱者均宜分別觀。若首首穿鑿，則反失詩中妙趣矣。余於篇中確有寄託者，無不悉按行年，潛探心曲，發明極多。至風懷諸什，如柳枝、燕臺，亦無不攷求畫一，不敢儱侗。惟詠物、宮怨等，則一切不加附會，詩中細味，任人自領可耳。注家紛紛曲說，余皆未敢悉從也。學者辨之。

柳

江南江北雪初消，漠漠輕黃惹嫩條。灞岸已攀行客手，楚宮先騁舞姬腰。清明帶雨臨官道，晚日含風拂野橋。如線如絲正牽恨，王孫歸路一何遙！紀云：『音調流美，然格之卑靡亦在此。此一派最誤人，歸愚所謂「詠物塵劫」也。』

此詩固音調流美，然氣味沈頓處，後世卑靡家數，萬萬不能望其項背。若有意再求不卑不靡，則江西派屈詰生硬耳。

九月於東逢雪

舉家忻共報，秋雪墮前峯。嶺外他年憶，於東此日逢。粒輕還自亂，花薄未成重。豈是驚離鬢，應來洗病容。

此大中二年由洛入京赴選作也。『嶺外』句指元年桂幕時攜眷入都，故有首句，若後此梓州罷歸，無此情景矣。

四皓廟

本爲留侯慕赤松，漢庭方識紫芝翁。蕭何只解追韓信，豈得虛當第一功？紀云：『酷似胡曾詠史詩，義山何以有此？』

此有寓意，不得作詠史詩呆看，豈胡曾派所可比耶？

九日

曾共山翁把酒時，霜天白菊繞堦墀。十年泉下無人問，一作消息九日樽前有所思。不學漢臣栽苜蓿，空教楚客詠江蘺。郎君官貴施行馬，東閣一作閣無因再得窺。紀云：『蒙泉以爲一氣鼓盪，信然。然後四句太訐，非詩人之意。』又云：『苜蓿乃外國之草，張騫移種而歸，種之上苑。義山本彭陽弟子，綯以其親於茂元，遂爲敵國，故曰「不學漢臣栽苜蓿」，此種究是迂曲。』『苜蓿』句祇取移種上苑之義，言令狐不肯援手，使之沈淪使府，不得復官禁近也。晚唐用事，往往有此種，豈以敵國寓慨哉！紀氏誤會，乃以爲迂曲耳。後四句當作虛料解，意味乃佳，故別本『再得窺』有作『許再窺』者，譏以太訐，繆以千里矣。

此詩乃大中二年由桂幕歸後作。桂管在湘之南，故以『楚客江蘺』自寓，且暗切屬意李回湖南幕府事也。玉谿詩用典切合極精，無泛設者，非詳攷其本事，不能領其妙處耳。

令狐楚卒於開成二年十一月，至大中二年約十年餘矣。故詩云『十年泉下無消息』也。李義山用事精切如此，則此詩確爲大中二年作矣。攷大中二年，義山罷桂州自巴蜀至洛，赴京候選，有九月於東逢雪詩，則重陽安得與子直相見？然北夢瑣言出五代人作，似亦可信。或途次賦此詩，至京後始書於令狐聽事耳。案北夢瑣言謂：『義山依彭陽令狐楚，以箋奏受知。相國既沒，子綯繼有韋平之拜。疎隴西，未常展分。重陽日，義山詣宅，於廳上留題云云。綯覩之慙悵，乃扃閉此廳，終身不處。』

嘲桃

無賴夭桃面，平明露井東。春風爲開了，却擬笑春風。紀云：『此刺得意負心者，詞亦佻薄。』

此亦狎邪戲謔之詩，不嫌佻薄，晚唐多有此結習也。

天平公座中呈令狐令公時蔡京在座京曾爲僧徒故有第五句

罷執霓旌上醮壇，慢粧嬌樹水晶盤。更深欲訴蛾眉斂，衣薄臨醒玉豔寒。白足禪僧思敗道，青袍御史擬休官。雖然同是將軍客，不敢公然子細看。紀云：『皆不成語。』

豔詩中最深婉者，措語鮮麗而有神味，絕非西崑塗澤所及。紀氏不好香奩體而以爲不成語，過矣。故余嘗謂紀氏論詩，皆以好惡爲是非，如此則當將玉谿一集，付諸刼火，點勘醜詆，意何爲耶？

此疑公座中有官妓曾爲女冠者，故有首二句。唐時女冠出入貴人家不避也。『白足』二句疑必有所指，不然措辭何得乃爾？唐詩紀事謂指蔡京，似之，故別本題下有義山自注。馮注乃疑爲後人所添，誤矣。

寓興

薄宦仍多病，從知竟遠遊。談諧叨客禮，休澣接冥搜。樹好頻移榻，雲奇不下樓。豈關無景物？自是有鄉愁。紀云：『五六自好，四句不佳，結亦徑直。』

『休澣』句亦杜法，何以謂之不佳？結亦沈痛，何以謂之徑直？皆不通之評語也。

東南

東南一望日中烏，欲逐羲和去得無？且向秦樓棠樹下，每朝先覓照羅敷。紀云：『似言進取無能，姑屬意於所歡。未甚了了，亦未見佳處。』

紀氏於此詩未甚了了，宜其不見佳處也。而乃苛責古人可乎？

子直晉昌李花

吳館何時熨，秦臺幾夜熏？綃輕誰解卷？香異自先聞。月裏誰無姊？雲中亦有君。樽前見飄蕩，愁極客襟分。紀云：『前四句支離；五六本非佳句，自套尤不佳；末句「分」字亦押不倒。』又云：『無一字似李花。』

此詩以寓意爲主，若呆貼李花，轉成死句矣。紀氏不知也。

『月裏』二句與前犯重，古人集中多有之，何謂自套？且此二句，紀氏以爲不佳耳。何謂本非佳句？豈作者千載後便知有工訶古人之紀氏以爲不佳哉！謂『自套尤不佳』更不通。『分襟』常用典故，何謂押不倒？前四句鮮麗可誦，何謂支離？此評無一語可取，堪噴飯也。

寓目

園桂懸心碧，池蓮飫眼紅。此生眞遠客，幾別即衰翁。小幌風烟入，高窗霧雨通。新知他日好，錦瑟傍朱櫳。朱云：『「他」疑作「當」，感舊之意也。若作「他日」，不應既衰猶動妄想。』

『他日』猶前日，不作後日解，本集中凡用『他日』處，皆同此義。正不必改爲『當』字也。

登霍山驛樓

廟列前峯迴，樓開四望窮。嶺飈嵐色外，陂雁夕陽中。弱柳千條露，衰荷一面風。壺關有狂孽，速繼老生功。紀云：『嵐色之外，豈辨小鼠？此句無理。末二亦突如其來。』

『嶺飈』是比喻，與『陂雁』句一虛一實，言遠望嵐色外，遙山數點，有如小鼠耳。不得以無理病之。結用霍山神告高祖事，見舊書本紀，方與上『廟』字相應。注不能擧其出典，紀氏因以突如其來致譏，皆未深攷史書，細會詩意耳。

行次昭應縣道上送戶部李郎中充昭義攻討

將軍大旆掃狂童，詔選名賢贊武功。暫逐虎牙臨故絳，遠含雞舌過新豐。魚遊沸鼎知無日，鳥覆危巢豈待風！早勒勳庸燕石上，佇光綸綍漢廷中。紀云：『亦是宏整，但無深味。』深味卽在宏整中，讀久方知，草率者不能領取也。

水齋

多病欣依有道邦，南塘宴起想秋江。卷簾飛燕還拂水，開戶暗蟲猶打窗。更閱前題已披卷，仍斟昨夜未開缸。誰人爲報故交道，莫惜鯉魚時一雙。

首句言『有道邦』當指洛京，此必會昌五年在洛居憂所作。時義山多病，詳祭外舅文。馮氏謂是晚年作，非也。

南塘當在京中，與曲江相近，令狐當有別館在焉。集中屬意子直諸篇，多舉南塘蓮塘爲言，義山在京，疑亦寓居於此。此句蓋迴想京居秋涼景況。馮氏謂與他篇南塘不同，則未細味此篇語意矣。

奉同諸公題河中任中丞新創河亭四韻之作

萬里誰能訪十洲？新亭雲構壓中流。河鮫縱翫難爲室，海蜃遙驚恥化樓。左右名山窮遠目，東西大道鎖輕舟。獨留巧思傳千古，長與蒲津作勝遊。紀云：『俗不可醫。』

此評亦苛。

過故府中武威公交城舊莊感事

信陵亭館接郊畿，幽象遙通晉水祠。日落高門喧燕雀，風飄大樹撼一作感熊羆。新蒲似筆思投日，芳草如茵憶吐時。山下祗一作只今黃絹字，淚痕猶墮六州兒。何云：『「中」字衍，交城卽三交城。』紀云：『五六最纖，所謂下劣詩魔。』

五六一聯，鬭合雖巧，而氣象宏整，絕非纖俗所得僞託。紀氏妄詆爲『下劣詩魔』，斯語祗可責後人，豈可橫加唐賢耶？

此題『中』字不當衍，蓋言有武威公交城舊莊在故府之中，玉谿經過借以感事也。不然，則似武威公是故府主矣。此『故府』指太原，前有喜聞太原同院崔侍御臺拜詩，疑義山曾入太原幕。但攷令狐楚曾爲太原尹，而補編文中有數啓云，借楚在太原日歌詩，則義山未至其幕可知。馮氏疑李石尹太原，義山當有往來，證以移居永樂詩似爲可信。然與母喪相近，不甚細符，舍此更別無佐據矣。武威公，馮氏謂李光顏，極是。必非暗指劉從諫也。

集中喜聞太原同院崔侍御臺拜詩，起云：『鵬魚何事遇屯同，雲水升沈一會中。』謂與崔同遇險難，後判升沈。後云：『寂寥我對先生柳。』則此詩當閑居時所寄。攷會昌四年，李石爲楊弁所逐，與詩首句『遇屯』相合。義山於楊弁平後，移家永樂，詩有『昔去鷩投筆，今來分掛冠』句，時正喪母閑居時也，與詩後句亦相合。玩『鷩投筆』等字，亦似佐幕語。則義山於會昌三年必曾應李石之招，特非奏辟，故其事散落耳。若謂入幕在令狐楚時，情事亦近，然與寄崔之詩不細符矣。如此攷之，而後此題故府二字始有着落，而集中他篇，亦可貫通也。

偶成轉韻詩稱盧弘正爲武威將軍，義山曾爲弘正幕僚，弘正，范陽人。或有莊在交城耶？似與故府二字甚切，『中』字當屬衍文。『新蒲』二句指從前槖筆從遊，蒙其厚遇，不必謂其暗切封侯加平章事也。但轉韻詩『武威』，余疑其爲『武寧』之誤，若再改此文，則太近午斷矣。案午斷當是武斷之誤 朱氏誤指茂元 案朱長孺注：『武威公，王茂元也。』甚繆，馮氏已辨之也。

贈田叟

荷篠衰翁似有情，相逢攜手遶村行。燒畬曉映遠山色，伐樹暝傳深谷聲。鷗鳥忘機翻浹洽，交親得路昧平生！撫躬道直誠感激，在野無賢心自驚。紀云：『結不成語。』

玉谿詩境，先從少陵樸實一派入手，後加色澤，故在晚唐中獨有骨氣，此種乃直露本色處，所以爲佳。此可與識者道，難爲淺見寡聞者言也。紀氏徒知後世詩法，專守坊刻三百篇，便欲論定唐賢，以爲不成語，宜矣。

贈別前蔚州契苾使君

何年部落到陰陵？奕（一作三）世勤王國史稱。夜捲牙旗千帳雪，朝飛羽騎一河冰。蕃兒襁負來青冢，狄女壺漿出白登。日晚鸊鵜泉畔獵，路人遙識（一作認）郅都鷹。紀云：『香泉曰：「少題中別字意。」』又云：『郅都酷吏非佳事，且號曰「蒼鷹」，非鷹爲都所畜也。此三字究不妥貼。』

結句已帶別意，細閱方能會其深妙也。

『郅都鷹』斷章取義，此溫李用事訣也。且『蒼鷹』語傳中著之，本以美都，原非惡事，古人豈似後世諱忌哉！鷹雖非都所畜，然文中借用，亦所不妨。紀氏之評，無一通者，眞可發噱耳。

和人題眞娘墓

虎邱山下劍池邊，長遣遊人嘆逝川。胥樹斷絲悲舞席，出雲淸梵想歌筵。柳眉空吐效顰葉，榆莢還飛買笑錢。一自香魂招不得，祇應江上獨嬋娟。紀云：『俗格。』

此等詩何等雅切，雖非義山極品，然晚唐中自不易多得，以爲俗格，眞所不解。

義山燕臺所思之人，自湘川遠去後，疑流轉吳地而歿，細玩河內詩閶門一篇可悟。故送李郢至蘇州有『蘇小小墳今在否？紫蘭香徑與招魂』之句。此篇其假眞娘以暗悼所歡耶？晦其意，故曰『和人』耳。否則詩中幷不及和意，豈名手賦詩而疎於法律如是哉？至馮氏疑原唱爲女冠，則更憑虛臆測矣。

人日即事

文王喻復今朝是，子晉吹笙此日同。舜格有苗旬太遠，周稱流火月難窮。鏤金作勝傳荊俗，翦綵爲人起晉風。獨想道衡詩思苦，離家恨得二年中。紀云：『前四句用經悖謬，後半堆砌不成語。』

詩亦不惡，然非玉溪手筆，馮氏疑之是也。案馮氏云：『玩結聯或他人見贈之作乎？與柳詩皆可疑也。』

春日寄懷

世間榮落重逡巡，我獨丘園坐四春。縱使有花兼有月，可堪無酒又無人。青袍似草年年定，白髮如絲日日新！欲逐風波千萬里，未知何路到龍津？紀云：『亦是滑調。』

此詩極有情致，豈是油滑一派？大抵紀氏論詩，專以好惡爲是非，未免有意吹索，皆非公論。

和馬郎中移白菊見示

陶詩只採黃金實，郢曲新傳白雪英。素色不同籬下發，繁花疑自月中生。浮杯小摘開雲母，帶露全移綴水晶。偏稱含香五字客，從茲得地始芳榮。紀云：『刻意寫白字，然此花格韻，不宜如此刻畫了之。』

此種詩語太酬應，究非義山所長，不敢爲古人護短，特拈出以視後賢辨正之。

喜聞太原同院崔侍御臺拜兼寄在臺三二同年之什

鵬魚何事遇屯同？雲水升沈一會中。劉放未歸雞樹老，鄒陽新去兔園空。寂寥我對先生柳，赫奕君乘御史驄。若向南臺見鶯友，爲傳垂翅度春風。紀云：『起句笨，餘亦平鈍。』

詩語輕淺，又是一格，然不類義山手筆。紀氏以爲平鈍，則未然也。

喜雪

朔雪自龍沙，呈祥勢可嘉。有田皆種玉，無樹不開花。班扇慵裁素，曹衣詎比麻。鵝歸逸少宅，鶴滿令威家。寂寞門扉掩，依稀履跡斜。人疑遊麪市，馬似困鹽車。洛水妃虛妬，姑山客漫誇。聯辭雖許謝，和曲本慚巴。粉署闈全隔，霜臺路正賒。此時傾賀酒，相望在京華。紀云：『鄙俚纖瑣，絕不稱題。寂寞二句稍可。』又云：『「粉署」、「霜臺」鬬合小樣。』

此種詩大抵非義山所擅場，故寫來不甚出色。蓋義山自有安身立命之地，於此等自不甚經意耳。余嘗謂義山詩境，長於哀感，短於閑適。此亦性情境遇使然，非盡關才藻也。令狐雖與義山少恩，然能成就義山千古詩派。倘使當日援引通顯，溫飽終身，安得有如許好詩流傳至今日哉！則綯之玉成義山爲不淺矣。

柳枝五首有序

柳枝，洛中里娘也。父饒好賈，風波死湖上。其母不念他兒子，獨念柳枝。生十七年，塗粧綰髻，未嘗竟，已復起去。吹葉嚼蕊，調絲擫管，作海天風濤之曲，幽憶怨斷之音。

居其傍，與其家接，故往來者，聞十年尚相與，疑其醉眠夢斷不娉。余從昆讓山，比柳枝居爲近。他日春曾陰，讓山下馬柳枝南柳下，詠余燕臺詩。柳枝驚問：『誰人有此，誰人爲是？』讓山謂曰：『此吾里中少年叔耳。』柳枝手斷長帶，結讓山爲贈叔乞詩。明日，余比馬出其巷。柳枝丫鬟畢粧，抱立扇下，風障一袖，指曰：『若叔是？後三日，鄰當去濺裙水上，以博山香待，與郎俱過。余諾之。』會所友有偕當詣京師者，戲盜余臥裝以先，不果留，雪中讓山至，且曰：『爲東諸侯取去矣。』明年，讓山復東，相背於戲上，因寓詩以墨其故處云。

化房與蜜脾，蜂雄蛺蝶雌，同時不同類，那復更想思？
本是丁香樹，春條結始生。玉作彈棊局，中心亦不平。
嘉瓜引蔓長，碧玉冰寒漿，東陵雖五色，不忍値牙香。
柳枝井上蟠，蓮葉浦中乾。錦鱗與繡羽，水陸有傷殘。
畫屏繡步障，物物自成雙。如何湖上望，只是見鴛鴦？

柳枝爲義山第一知己，此文極力寫之，有聲有色，是最用意之作。義山喪母後，還永樂，還鄭州，又定居東洛。會昌六年服闋，由洛入京，復官祕閣，具詳補編上李舍人狀。狀云：『今春華已煦，時服初成。』又云：『今茲奉違，實間山河。』則會昌六年入京在春時。此文上云『春會陰』，下云『詣京師』，與柳枝相逢，必是年情事也。至燕臺四章，則係開成五年前事，江鄉之遊所由作也。不得與柳枝混爲一事矣。馮氏牽附，不敢斷定，甚謬。案馮注云：『據序是先作燕臺詩，後遇柳枝，是兩事也。然豔情大致相同，豔詞每多錯互，合之湖湘尺素雙璫之事，終不能辨其是一是二矣。』義山會昌六年服闋入京，重官祕閣，大中元年三月又應桂管之辟，故偶成詩云：『明年赴闕下昭桂，東郊慟哭辭兄弟。』蓋至桂州時，先至洛中與弟義叟取別。東郊謂洛郊也。此文云：『明年，讓山復東。』當在未應桂辟之前，未幾而義山亦抵洛矣。

燕臺四首

風光冉冉東西陌，幾日嬌魂尋不得。蜜房羽客類芳心，冶葉倡條徧相識。暖藹輝遲桃樹西，高鬟立共（一作共立）桃鬟齊。雄龍雌鳳杳何許？絮亂絲繁天亦迷。醉起微陽若初曙，映簾夢斷聞殘語，愁將鐵網罥珊瑚，海闊天翻迷所處。衣帶無情有寬窄，春烟自碧秋霜白。研丹擘石天不知，願得天牢鎖寃魄。夾羅委篋單綃起，香肌（一作眠）冷襯琤琤珮。今日東風自不勝，化作幽光入西海。

右春

首二句總冒，爲四篇主意。『蜜房』二句，言我平日尋春，冶葉倡條，無不相識，未曾見有此人。『暖藹』二句，記初見時態。『雄龍』二句，既見依然分阻；『絮亂絲繁』，所謂有情癡也。『醉起』四句，託之夢中歡會，夢醒而雲迷處所，能不使人悵恨哉！『衣帶』四句，言自春徂秋，惟有相思刻骨，心同石堅，不可磨滅，安得鎖之天牢，不令分散也。『夾羅』二句點景。『今日』二句，言相思不勝，直欲隨之而去矣。亦晤起後篇意也。通篇皆狀苦思癡想，惆悵恍惚，眞深於言情者，宜柳枝聞而驚嘆歟？

前閣雨簾愁不卷，後堂芳樹陰陰見。石城景物類黃泉，夜半行郎空柘彈。綾扇喚風閶闔天，輕帷翠幕波淵旋，蜀魂（一作魄）寂寞有伴未？幾夜瘴花開木棉。桂宮留影光難取，嫣薰蘭破輕輕語。直教銀漢墮懷中，未遣星妃鎮來去。濁水清波何異源？濟河水清黃河渾。安得薄霧起緗裙？手接雲軿呼太君。

右夏

此首承前篇，代其人寫怨。其人爲人取去，必先流轉金陵，故以石城點題。首二句閉置後房，人不得窺。『石城』二句，預想金陵景物，生離死別，有類黃泉，空使我彈柘而歌奈何也。『綾扇』四句，皆狀其人冷落之態。寂寞中亦有歡伴乎？問之也。『桂宮』二句，爲人取去之恨。『直教』二句，言取之者直據爲己有矣。『濁水』二句，比其人落溷，昔爲清流，今爲濁汙，何能使人不妬也？結二句言安得親近其人，手接雲軿，呼而詢其近狀哉！此篇皆是想像之詞，馮氏謂實賦歡會者，謬矣。案馮注云：『此章全是夜深密約。』據河陽詩，義山與燕臺相見在人家飲席，其人已先爲人後房矣。故詩中只敍爲人後房情態，言其據爲獨有，更無出來之日也。無一語涉及爲人取去，自與柳枝先遇後取去者不同。馮氏泥『瘴花木棉』字，疑爲嶺南風景，謂指楊嗣復貶潮事，最爲無稽。不知瘴花木棉，泛言南方天暖耳。河陽詩亦有『蛺蝶飛迴木棉薄』句，金陵亦南方地，況篇中固明言石城景物耶？

月浪衝一作衡天天宇濕，涼蟾落盡疎星入。雲屛不動掩孤嚬，西樓一夜風箏急。欲織一作識相思花寄遠，終日相思却相怨。但聞北斗聲迴環，不見長河水清淺！金魚鎖斷紅桂春，古時塵滿鴛鴦茵。堪悲小苑作長道，玉樹未憐亡國人。瑤琴一作瑟愔愔藏楚弄，越羅冷薄金泥重。簾鉤鸚鵡夜驚霜，喚起南雲繞雲夢。雙璫丁丁聯尺素，內記湘川相識處。歌脣一世銜雨看，可惜馨香手中故！

右秋

此篇言其人自金陵至湘暗約相見之事。首二句點秋景。『雲屏』二句，言其又將遠去。『欲織』二句，言我欲寄書問訊，而無如終日思怨，兩情不能遙達，惟迴望北斗，嘆河清之難俟耳。『金魚』四句，言其人已離金陵，如鯉魚失鉤，但有鴛茵塵滿，舊時小苑，任人往來，眞有室邇人遐之恨；『玉樹亡國』，豈天意不憐美人如是乎？『玉樹』亦借用金陵故事。『瑤琴』四句，言其人至湘中正值初秋之時也。『雙璫』二句，記其人私書約我湘川相見，『內記』即指書中所言也。結言其人又去，手香已故，只有私書緘封，可想像其歌脣銜雨而已。蓋封書多用口緘也。此二句暗逗下篇，四首章法相生，學者細閱之，可以悟作詩之法矣。

天東日出天西下，雌鳳孤飛女龍寡。青溪白石不相望，堂中遠甚蒼梧野。凍壁霜華交隱起，芳根中斷香心死。浪乘畫舸憶蟾蜍，月娥未必嬋娟子。楚管蠻絃愁一槩，空城舞罷腰支在。當時歡向掌中銷，桃葉桃根雙姊妹。破鬟矮（一作委）墮凌朝寒，白玉燕釵黃金蟬。風車雨馬不持去，蠟燭啼紅怨天曙。紀云：「以『燕臺』爲題，知爲幕府託意之作，非豔詞也。純用長吉體，亦自有一種佳處，但究非中聲耳。」

右冬

吾不知何等爲中聲？此詩何以不協於中聲？若以李、杜、王、韋爲中聲，彼四家與長吉、玉谿各有傳派，安可相提並衡也？蓋紀氏讀此種詩，莫名其妙，而又無疵可摘，故謬謂『自有一種佳處，究非中聲』。眞所謂強詞奪理矣。噫！燕臺四章，柳枝聞而稱善，以紀氏之通人，而反不如當時一女子乎？吾不欲責之已。

紀氏妄謂『長吉體自有一種佳處』，實則不知其佳處在何處，若知之，自不致以中聲繩之矣。

此篇義山赴約至湘而其人又遠去之恨也。『天東』二句，彼此參商。『青溪』二句，室邇人遐。『凍壁』句點景。『芳根』句相思無益，芳心已灰。『浪乘』二句，對月懷人，言縱使再遇月娥，亦未必如彼美之嬋娟矣。『楚管』二句，言彼此含愁一概，其人當亦爲我消瘦，只有腰肢尚在耳。『當時』二句，言迴想舊歡，桃葉桃根之樂，安可復得耶？『破鬟』二句，憶其人之容飾。結言風車雨馬，匆匆持去，竟不能稍緩須臾，親近芳澤，空使我對燭流涕而已。『蠟燭』句卽杜牧之『替人垂淚到天明』意也。蓋其人春間與義山相見，卽爲人取去；夏間流轉金陵；至秋又赴湘川，曾約義山赴湘；及冬間赴約，而其人又不知轉至何處矣。詩所以分四時寫之。義山開成五年冬作江鄉之遊，當專爲此事。與柳枝不可混合也。

余閱才調集卷末載無名氏古詩數篇，皆倣長吉派者也。無長吉之哀感頑豔，徒掇拾其字面，敷衍成章，無論命意膚淺，去長吉萬里；卽練字練句，猶有間也。讀之味同嚼蠟。始知長吉一派，眞不易及，非具玉谿生之才，不能強學邯鄲之步也。唐人能學長吉者首推玉谿，其次則温飛卿。若才調所選，則下陋詩魔矣。當時之人尙如此，更何論後世哉！宜紀氏輩不識長吉之佳處也。

長吉詩派之佳處，首在哀感頑豔動人；其次練字調句，奇詭波峭，故能獨有千古。若無其用意用筆，而強採撮其字面，以欺俗目，則優孟衣冠矣。如長吉詩中喜用『死』字、『泣』字，此等險字，却要用之得當。至於典故，已經長吉運化，亦不宜生剝。玉谿生此種數篇，凡長吉已用之典，一概不用，而獨取未經人道者探尋用之。且語語運以沈思，出之奇筆，讀之如異書古刻，光怪五色，不可逼視，如此方能與長吉代興，如此方許其學長吉之詩。彼徒剝取其字面，自矜爲牛鬼蛇神者，何曾夢見也哉！

贈送前劉五經映三十四韻

建國宜師古，興邦屬上庠。從來以儒戲，安得振朝綱？叔世何多難！茲基遂已亡。泣麟猶委吏，歌鳳更佯狂。屋壁餘無幾，焚坑逮可傷。挾書秦二世，壞宅漢諸王。草草臨盟誓，區區務富強。微茫金馬署，狼藉鬭雞場。盡欲心無竅，皆如面正牆。驚疑豹文鼠，貪竊虎皮羊。南渡宜終否，西遷冀小康。策非方正士，貢絕孝廉郎。海鳥悲鐘鼓，狙公畏服裳。多歧空擾擾，幽室竟倀倀。凝邈爲時範，虛空作士常。何由羞五霸？直自呰三皇。別派驅楊墨，他鑣並老莊。詩書資破冢，法制困探囊。周禮仍存魯，隋師果禪唐。鼎新麾一舉，革故法三章。星宿森文雅，風雷起退藏。縲囚爲學切，掌故受經忙。夫子時之彥，先生跡未荒。褐衣終不召，白首興難忘。感激殊非聖，棲遲到異粻。片辭褒有德，一字貶無良。燕地尊鄒衍，西河重卜商。式閭貞道在，擁篲信謙光。獲預青衿列，叨來絳帳旁。雖從各言志，還要大爲防。勿謂孤寒棄，深憂訐直妨。叔孫讒易得，盜跖暴難當。雁下秦雲黑，蟬休隴葉黃。莫踰一作渝巾履念，容許後升堂。紀云：『步驟清楚，時有累句，長篇鋪敘多而筋骨少，非其至也。』步驟謹嚴，屬對宏整，並無疵累可抉。篇中雖略涉鋪敘，而段段轉折，純任自然，晚唐長律，此其獨焉已。詩中叔世數句，周禮數句，燕地數句，皆一篇筋骨處也。

送千牛李將軍赴闕五十韻

照席瓊枝秀，當年紫綬榮。班資古直閣，勳伐舊西京。在昔王綱紊，因誰國步清？如無一戰霸，安有大橫庚！內豎依憑切，凶門責望輕。中台終惡直，上將更要盟。丹陛祥烟滅，皇闈殺氣橫。喧闐衆狙怒，容易八蠻驚。檮杌寬之久，防風戮不行。素來矜異類，此去豈親征！捨魯眞非策，居邠未有名。曾無力牧御，甯待雨師迎。火箭侵乘石，雲橋逼禁營。何時絕刁斗？不夜見欃槍。屢亦聞投鼠，誰其敢射鯨？世情休念亂，物議笑輕生。大鹵思龍躍，蒼梧失象耕。靈衣沾愧汗，儀馬困陰兵。別館蘭薰酷，深宮蠟燄明。黃山遮舞態，黑水斷歌聲。縱未移周鼎，何辭免趙坑。空拳轉鬭地，數板不沈城。且欲憑神算，無因計力爭。幽囚蘇武節，棄市仲由纓。下殿言終驗，增埤事早萌。蒸雞殊減膳，屑麴異和羹。

否極時還泰，屯餘運果亨。流離幾南度，倉卒得西平。神鬼收昏黑，姦兇首滿盈。官非督護貴，師以丈人貞。覆載還高下，寒暄急改更。馬前烹莽卓，壇上揖韓彭。扈蹕三才正，回軍六合晴。此時惟短劍，仍世盡雙旌。顧我由羣從，逢君嘆老成。慶流歸嫡長，貽厥在名卿。隼擊須當要，鵬摶莫問程。趨朝排玉座，出位泣金莖。幸藉梁園賦，叨蒙許氏評。中郎推貴婿，定遠重時英。政已標三尙，人今佇一鳴。長刀懸月魄，快馬駭星精。披豁慚深眷，睽離動素誠。蕙留春晼晚，松待歲崢嶸。異縣期迴雁，登時已飯鯖。去程風刺刺，別夜漏丁丁。庾信生多感，楊朱死有情。弦危中婦瑟，甲冷想夫箏。會與秦樓鳳，俱聽漢苑鶯。洛川迷曲沼，烟月兩心傾。紀云：「『隼擊』四句與下文接筍未淸。『幸藉』八句自敍亦近鄙。若去此六韻，竟以『披豁』句接『名卿』句，則完美矣。文人每患才多，故班孟堅不滿傅武仲也。」

『隼擊』四句，當有實事。疑千牛中遭廢黜，沈淪幕僚，觀『出位』字可悟，故卽以『幸藉』二句接之。以下則述千牛婚於茂元，與義山爲僚壻。『政已』四句謂其又復起用也。如是解之，轉折分明矣。紀氏誤會詩意，乃以接筍未淸詆之，眞強作解事者耳。

『辛耤』二句用典極雅，不得以鄙致譏。『辛耤』八句，仍是指千牛，至『拔谿』以下，始屬自敍耳。紀氏詩法尙未深會，便執筆以訶古人，妄已。若從紀氏說，以『拔谿』句竟接『名卿』下，則失去赴闕送行之意，通篇茫無頭腦，尙以爲完美，豈不可笑！

詠懷寄祕閣舊僚二十六韻

年鬢日堪悲，衡茅益自嗤。攻文枯若木，處世鈍如鎚。敢忘垂堂戒，寧將暗室欺。懸頭曾苦學，折臂反成醫。僕御嫌夫懦，孩童笑叔癡。小男方嗜栗，幼女漫憂葵。遇炙誰先噉？逢虀卽便吹。官銜同畫餠，面貌乏凝脂。典籍將蠡測，文章若管窺。圖形反類狗，入夢肯非羆。自哂成書簏，終當呪酒卮。懶霑襟上血，羞鑷鏡中絲。橐籥言方喻，樗蒱齒詎知。事神徒惕慮，佞佛愧虛辭。曲藝垂麟角，浮名狀虎皮。乘軒寧見寵，巢幕更逢危。禮俗拘嵇喜，侯王忻戴逵。途窮方結舌，靜勝但搘頤。糲食空彈劍，亨衢詎置錐。柏臺成口號，芸閣暫肩隨。悔逐遷鶯伴，誰觀擇蝨時？甕間眠太率，牀下隱何卑。奮跡登弘閣，一作閣 摧心對董帷。校讐如有暇，松竹一相思。紀云：『病同送劉五經詩而氣格又薄。』

此篇語皆樸實，不尙宏麗，氣格與溫飛卿相類，在本集中則爲別調。然較送劉五經詩又自不同，未可病其薄弱也。

戊辰會靜中出貽同志二十韻

大道諒無外，會越自登眞。丹元子何索？在已莫問鄰。蒨璨玉琳華，翺翔九眞君。戲擲萬里火，聊召六甲旬。瑤簡被靈誥，持符開一作關七門。金鈴攝羣魔，絳節何兟兟！吟弄東海若，笑倚扶桑春。三山誠迥一作迴視，九州揚一塵。我本玄元胄，一作胤稟華由上津。中迷鬼道樂，沈爲下土民。託質屬太陰，鍊形復爲人。誓將覆宮一作官澤，安此眞與神。龜山有慰薦，南眞爲彌綸。玉管會玄圃，火棗承天姻。科車遏故氣，侍香傳靈氛。一作芬飄颻被青霓，婀娜佩紫紋。林洞何其微，下仙不與羣。丹泥因未控，萬劫猶逡巡。荆蕪既以薙，舟壑永無湮。一作因相期保妙命，騰景侍帝宸。紀云：『骨力亦頗蒼勁，雜之通明眞誥中，殆不可辨。然終恨有章咒氣。』

此等題安得不用道家典故邪？

桐鄉馮氏定此篇爲東都習靜所作。因謂義山桂州府罷，先返洛下，然後出遊巴蜀，明年春，始行赴京。以余攷之，大中二年義山桂管春間府罷，夏初卽由荆門入蜀，其時西川李回方貶湖南，回爲義山座主，則義山此行，必大有望於湖幕，故詩中有岳陽樓諸篇。及李回避嫌，義山不能相從，必有隱恨，故又有北禽諸詩。其後回已赴鎭，義山獨留巴蜀之境，別有所圖，時已交秋，故又有夜雨寄北、因書諸詩。而宣州寓書又無好音，故又有涼思一篇。然後方由荆南陸行，一至故鄉洛下，冬間赴京，無緣未遊巴蜀之前，先至東都也。況道家會靜，何時不可，何地不可，豈必限定東都哉？馮氏之說疎舛武斷，無一合。余故不憚贅，列而辨之。後有讀玉谿集者，無爲所惑可也。至其詳，已別見余玉谿生年譜補證中矣。

起一段至『九州揚一塵』，暗述生平抱負，屬望遠大，本期立致要津。『我本玄元胄』一段，言爲黨局牽累，從此沈淪一世。『龜山有慰薦』一段，比婚於王氏。『林洞何其微』一段言李黨疊敗，遂致無所依恃。結言尙擬入京與令狐重修舊好也。篇中皆假求仙寓意，確係大中二年所作，當在由荆門歸洛後也。

和鄭愚贈汝陽王孫家箏妓二十韻

冰一作水霧怨何窮，秦絲嬌未已。寒空烟霞高，白日一萬里。碧嶂愁不行，濃翠遥相倚。茜袖捧瓊姿，皎日丹霞起。孤猿耿幽寂，西風吹白芷。回首蒼梧深，女蘿閉山鬼。荒郊白鱗斷，別浦晴霞委。長彴壓河心，白道連地尾。秦人昔富家，一作貴綠窗聞妙旨。鴻驚雁背飛，象牀殊故里。因令五十絲，中道分宮徵。斗粟配新聲，娣姪徒纖指。風流大堤上，悵望白門裏。蠹粉實雌絃，燈光冷如水。羌管促蠻柱，從醉吳宮耳。滿內不掃眉，君王對西子。初花慘朝露，冷臂凄愁髓。一曲送連錢，遠別長於死。玉砌銜紅蘭，粧窗結碧綺。九門十二關，清晨禁桃李。紀云：『刻意爲之，墨痕不化，澀處、廓處，不一而足。』

此乃長吉體極派，正以生峭見姿趣，勝人處全在此，何謂墨痕不化耶？且篇中造語澀麗處則有之，亦未見有廓落處也。紀氏不曉長吉派，乃故作此夢語耳。

四年冬以退居蒲之永樂渴然有農夫望歲之志遂作憶雪又作殘雪詩各一百言以寄情於游舊

憶雪

愛景人方樂，同雲候稍愆。徒聞周雅什，願賦朔風篇。欲俟千箱慶，須資六出妍。詠留飛絮後，歌唱落梅前。庭樹思瓊蕊，粧樓認粉綿。瑞邀盈尺日，豐待兩岐年。預約延枚酒，虛乘訪戴船。映書孤志業，披氅阻神仙。幾向霜階步，頻將月幌褰。玉京應已足，白屋但顒然。

殘雪

旭日開晴色，寒空失素塵。遶牆全剝粉，傍井漸消銀。刻獸摧鹽虎，爲山倒玉人。珠還猶照魏，璧碎尚留秦。落日驚侵晝，餘光怯惜春。簷冰滴鵝管，屋瓦鏤魚鱗。嶺霽嵐光拆，松喧翠粒新。擁林愁拂盡，著砌恐行頻。焦寢忻無患，梁園去有因。莫能知帝力，空此荷平均。紀云：『憶雪詩一無可采，殘雪詩極意刻畫，又多累句。』

二詩皆用當時帖體，在集中偶爾戲筆，聊備一格，不當過爲苛責也。

憶雪、殘雪二篇，不過寫景，別無寓感。故不能工妙。此可見爲詩當相題也。此種皆非義山所長，偶爾弄筆，藉以酬應，後人過而存之，過譽固非，過貶亦可不必也。

玉谿詩境，盤鬱沈著，長於哀豔，短於閒適，摹山範水，皆非所擅場。集中永樂諸詩，一無出色處，蓋其時母喪未久，閒居自遣，別無感觸故耳。其後屢經失意，嘉篇始多，此蓋境遇使然，閱者宜分別觀之。

大鹵平後移家到永樂縣居書懷十韻寄劉韋二前輩二公嘗於此縣寄居

驅馬遶河干，家山照露寒。依然五柳在，況值百花殘。昔去驚投筆，今來分挂冠。不憂懸磬乏，乍喜覆盂安。甑破甯迴顧，舟沈豈暇看？脫身離虎口，移疾就豬肝。鬢入新年白，顏無舊日丹。自悲秋穫少，誰懼夏畦難？逸志忘鴻鵠，淸香披蕙蘭。還持一杯酒，坐想二公懽。紀云：「『依然』句藏得劉韋二人故居在，故末句不妨直出二公。」

『依然』句似義山自謂故居尙存，玩『昔去』、『今來』可見。況前四句皆敍還居事，無緣突入二公也。若結語直出，則固無傷也。

義山喪母，當寓居懷州，適茂元移河陽，遺表及劉稹書皆在故鄉代作，非入河陽幕也。

茂元帥陳許，義山當至其幕，有淮陽路一首可證。祭文所謂『公在東藩，愚當再調。貢帛賚費，銜書見召』也。茂元帥陳許，史無年月。攷祭文云：『許下舊都，淮陽勁卒。獯育潛動，偏裨遠出。』指會昌二年八月討迴紇事。是年義山又以書判拔萃，重入祕書省爲正字，見曾祖妣狀，與『再調』語合，是茂元於會昌二年出鎭陳許也。及移河陽亦當在是年，而義山亦於是年丁母憂矣。祭文云：『政頓水之辭違，戍洛陽之赴弔。』則指茂元之卒。豈義山丁憂後仍在河陽幕耶？觀爲茂元遺表，可見此詩『甑破』二句，蓋暗指茂元死事，疑義山於茂元死後，始移家永樂也。義山從前未嘗於永樂寓居，『昔去』句不過泛言當日入幕耳。『依然五柳在』句，自指二公舊居而言。馮注甚誤，至謂『甑破』比李石，云義山與石不必往來，是說也，余亦信之。惟集中殊少顯證，只有太原同院及故府中交城舊莊二首可以旁證。然二詩尙在可疑之列，餘則無一相合耳。茂元會昌三年九月卒於軍，義山楊弁平後始移仕永樂。其葬姊及姪女諸事，當皆在未至永樂之前。至會昌五年又還洛下，自此與永樂無涉矣。馮譜於此數年中蹤跡，攷證頗疎，閱者宜取補編錢氏注參觀之可也。

又案文集重祭外舅文云：『及移秩農卿，分憂舊許，覊牽少暇，陪奉多違。』是義山丁憂正在陳許幕時，故此敍其分離之感。又云：『屬纊之夕，不得聞啓手之言；祖庭之時，不得在執紼之列。』是義山於茂元死時，已不在河陽也。而此篇所述，却似茂元死時，義山親遭景況。細玩『舟沈』、『甑破』二語，豈義山丁憂後，曾馳赴河陽而茂元已前卒耶？此段細蹤，眞無從索解矣。

河陽詩

黃河搖溶（一作落）天上來，玉樓影近中天臺。龍頭瀉酒客壽杯，主人淺笑紅玫瑰。梓澤東來七十里，長溝復塹埋雲子。可惜秋眸一臠光，漢陵走馬黃塵起。南浦老魚腥古涎，眞珠密字芙蓉篇。湘中寄到夢不到，衰容自去拋涼天。憶得蛟（當作鮫）絲裁小卓，蛺蝶飛迴木棉薄。綠繡笙囊不見人，一口紅霞夜深嚼。幽蘭泣露新香死，畫圖淺縹松溪水。楚絲微覺竹枝高，半曲新辭寫緜紙。巴陵夜市紅守宮，後房點臂斑斑紅。堤南渴雁自飛久，蘆花一夜吹西風。曉簾串斷蜻蜓翼，羅屏但有空青色。玉灣不釣三千年，蓮房暗被蛟龍惜。溼銀注鏡井口平，鸞釵映月寒錚錚。不知桂樹在何處？仙人不下雙金莖。百尺相風插重屋，側近嫣紅伴柔綠。百勞不識對月郎，湘竹千條爲一束。（朱云：『補注謂悼其妻王氏之詩也。茂元嘗爲河陽節度，故以名篇。』紀云：『不甚可解，或以題曰「河陽」，定爲悼亡，亦似近之。』）

此篇與燕臺四首多相印合，乃豔情，非悼亡詩也。義山悼亡之年，茂元久卒，安得以父之官閥，稱其女哉？

義山之遇燕臺，必於人家飲席見之。其人必先爲達官後房也。時在故鄉，故以『河陽』名篇。首句記初見之地。『龍頭』二句 記初見之時，主人壽客，敍燕席也。『梓澤』二句，言閉置後房，無異埋之長溝複塹，可望而不可親。『可惜』二句，言纔得一面，而其人又遠赴他處矣，故曰『漢陵走馬黃塵起』。『南浦』四句，記私約湘川相見之事。『眞珠密字』，寫其手書湘中寄到，即『內記湘川相識處』也。(案見燕臺詩)『憶得』以下，提起追述其後房含愁冷落之態。『新詞緜紙』，想像其私寫書信景況，所謂『歌唇銜雨』也。(見燕臺詩)此段敍述稍晦，意爲使事所隱，閱者通其大意可也。『堤南』二句，寫義山至湘，其人又復遠去之恨，即『天東日出天西下』意。(見燕臺詩)『曉簾』二句，寫室邇人遐之恨，即『青溪白石不相望，堂中遠甚蒼梧野』意。(燕臺詩中語)『玉灣』以下，皆對景懷人。『蓮房暗被蛟龍惜』，言取去者直據爲己有也。『濕銀』二句，述冷落無聊之景。『不知』二句，言其人不知飄流何處，好合無期也。『百尺』四句，總結在湘中所作，相風依然，只有嫣紅柔綠相伴耳。對月垂淚，誰知我心之悲哉！此爲開成五年留滯江鄉時賦矣。解作悼亡固謬，若彙柳枝言之，亦不合也。

柳枝相遇在洛，後爲東諸侯取去；燕臺則相遇在河陽，其人已先爲人後房矣，後隨其主至金陵、至湘中，與柳枝蹤跡全不相符。據贈柳等詩，似柳枝後又至郢；據河內詩，似燕臺後又流轉吳郡。兩人始末，亦復判然。馮氏合而爲一，未免讀詩不細矣。

自桂林奉使江陵途中感懷寄獻尚書

下客依蓮幙，明公念竹林。原注：『公與江陵相國韶敍叔侄。』縱然膺使命，何以奉徽音？投刺雖傷晚，酬恩豈在今。迎來新瑣闥，從到碧瑤岑。水勢初知海，天文始識參。固慚非賈誼，惟恐後陳琳。前席驚虛辱，華樽許細斟。尙憐秦痔苦，不遺楚醪沈。既載從戎筆，仍披選勝襟。瀧通伏波柱，簾對有虞琴。宅與嚴城接，門藏別岫深。閣涼松冉冉，堂靜桂森森。社內容周續，鄉中保展禽。白衣居士訪，烏帽逸人尋。佞佛將成傳，耽書或類淫。長懷五羖贖，終著九州箴。良訊封鴛綺，餘光借玳簪。張衡愁浩浩，沈約瘦愔愔。蘆白疑粘鬢，楓丹欲照心。歸期無雁報，旅抱有猿侵。短日安能駐？低雲只有陰。亂鴉衝曒網，寒女簇遙砧。東道違寧久，西園望不禁。江生魂黯黯，泉客淚涔涔。逸翰應藏法，高辭肯浪吟。數須傳庾翼，莫獨與盧諶。假寐憑書簏，哀吟叩劍鐔。未嘗貪偃息，那復議登臨！彼美迴淸鏡，其誰受曲針？人皆向燕路，無乃費黃金。紀云：『頗乏警策。』又云：『末四句歸美於鄭，然突出無端緒，頗恨草草。尾句近於戲語，亦嫌太佻。』又云：『原注：「韶敍叔侄」當是「昭穆敍叔侄」，脫一穆字，又訛昭爲韶。』

原注『韶敍叔侄』句之『韶』，當時荊南乃鄭肅，『韶』疑『諧』字之譌脫也。

『佞佛將成傳』之『傳』字，當從孝轅本作『縛』。案孝轅明胡震亨字。震亨撰有唐音統籤，所謂孝轅本，即謂統籤也。

紀氏譏末四句歸美於鄭，爲『突出無端』，案紀評『端』下有『緒』字。而不知『逸翰』以下已轉到鄭亞，脈絡分明，不得以爲『突出無端』也。結言朝局已換人皆改路，趨附他門，而己獨蒙厚愛，無乃虛費黃金乎？蓋其時衞公叠貶，令狐內召，黨局反復，鄭亞漸危，故以此言自鳴心迹耳。案鳴似應作明謂近佻戲，詩意荒矣。此詩鋪敍，波瀾壯闊，屬對亦精，謂其頗乏警策，豈非違心之論耶？

送從翁從東川弘農尙書幕

大鎭初更帥，嘉賓素見邀。使車無遠近，歸路更一作便烟霄。穩放驊騮步，高安翡翠巢。御一作愈風知有在，去國肯無聊。早忝諸孫末，俱從小隱招。心懸紫雲閣，夢斷赤城標。素女悲清瑟，秦娥弄玉一作碧簫。山連玄圃近，水接絳河遙。豈意聞周鐸，翻然慕舜韶。皆辭喬木去，遠逐斷蓬飄。薄俗誰其激？斯民已甚恌。鸞凰期一舉，燕雀不相饒。敢其頹波遠？因之內火燒。是非過別夢，時節慘驚飆。末至誰能賦？中乾欲病痟。屢曾紆錦繡，勉欲報瓊瑤。我恐霜侵鬢，君先綬掛腰。甘心與陳阮，揮手謝松喬。錦里差鄰接，雲臺閉寂寥。一川虛月魄，萬崦自芝苗。瘴雨瀧間急，離魂峽外銷。非關無燭夜，其奈落花朝！幾處逢鳴珮，何筵不翠翹。蠻童騎象舞，江市賣鮫綃。南詔知非敵，西山亦屢驕。勿貪佳麗地，不爲聖明朝。少減東城飲，時看北斗杓。莫因乖別久，遂逐歲寒凋。盛幕開高宴，將軍問故僚。爲言公玉季，早日棄漁樵。紀云：『沈雄飛動，此亦得杜之藩籬者。中晚纖穠淺之作。舉不足以當之。』又云：『末一段以勉爲送，主意正大，勝於送李千牛詩。』又云：『結四句帶出望薦之意，收繳前路兩大段。』

此詩波瀾反覆，人己分合，筆飛墨舞，應接不暇，可謂極行文之樂事，得諸長律，尤爲罕覯。少陵不能專美於前矣。紀氏獨蒙擊賞，堪稱具眼。若能篇篇虛心細繹如此，吾何責哉！表而出之，以見余愛今人而亦不薄古人也。

送李千牛是赴闕，送從翁是入幕，故一以重晤爲結，一以規勉作收，義山措辭，各有分寸，不得以愛憎妄分優劣也。

李肱所遺畫松詩書兩紙得四十韻

萬草已涼露，開圖披古松。青山徧滄(一作偏蒼)海，此樹生何峯？孤根邈無倚，直立撐鴻濛。端如君子身，挺若壯士胸。樛枝勢夭矯，忽欲蟠拏空；又如驚螭走，默與奔雲逢。孫枝擢細葉，旖旎狐裘茸。鄒顚蓐髮軟，麗姬眉黛濃。視久眩目睛，倏忽變輝容。竦削正稠直，婀娜旋敷(一作數)峯。又如洞房冷，翠被張穹籠；亦若暨羅女，平旦粧顏容。細疑襲氣母，猛若爭神功。燕雀固寂寂，霧露常衝衝。香蘭愧傷暮，碧竹慚空中。可集呈瑞鳳，堪藏行雨龍。淮山桂偃蹇，蜀郡桑重童。枝條亮(一作修)眇脆，靈氣何由同？昔聞咸陽帝，近說稽山儂。或著仙(一作佳)人號，或以大夫封。終南與清(一作靑)都，烟雨遙相通。安知夜夜意？不起西南風。美人昔清興，重之猶月鏥。寶笥十八九，香緹千萬重。一旦鬼瞰室，稠疊張羉罿。赤羽中要害，是非皆怱怱。生如碧海月，死踐霜郊蓬。平生握中玩，散失隨奴童。我聞照妖鏡，及與神劍鋒。寓身會有地，不爲凡物蒙。伊人秉茲圖，顧盼擇所從。而我何爲者？開顏捧靈蹤。報以漆鳴琴，懸之眞珠櫳。是時方暑夏，座內若嚴冬。憶昔謝四騎，學仙玉陽東。千株盡若此，路入瓊瑤宮。口詠玄雲歌，手把金芙蓉。濃藹深霓袖，色映琅玕中。悲哉墮世網，去之若遺弓。形魄天壇上，海日高曈曈。終騎紫鸞歸，持寄扶桑翁。紀云：『若刪去孫枝以下十韻，直以「默與」句接淮山句，便爲完璧。』

『淮山』四句，乃總結前層層鋪敍一大段文字，且李肱爲宗室，故又以淮王、先主暗美之，氣方完足。若刪去『孫枝』十韻，而以淮山直接『默與』句，則局勢促迫矣。紀氏持論不通多類此，由其不能細心體究詩律也。

戲題樞言草閣三十二韻

君家在河北，我家在山西。百歲本無業，陰陰仙李枝。尙書文與武，案朱鶴齡注：『尙書謂王茂元。』戰罷幕府開。君從渭南至，我自仙遊來。平昔苦南北，動成雲雨乖。逮今兩攜手，對若牀下鞵。一作鞋 夜歸碣石館，朝上黃金臺。我有苦寒調，君抱陽春才。年顏各少壯，髮綠齒尙齊。我雖不能飲，君時醉如泥。政靜籌畫簡，退食多相攜。掃掠走馬路，整頓射雉翳。春風二三月，柳密鶯正啼。清河在門外，上與浮雲齊。欹冠調玉琴，彈作松風哀。又彈明君怨，一去怨不迴。感激坐者泣，起視雁行低。翻憂龍山雪，却雜胡沙飛。仲容銅琵琶，項直聲淒淒。上貼金捍撥，畫爲承露雞。君時臥棖觸，勸客白玉杯。苦云年光疾，不飲將安歸？我賞此言是，因循未能諧。君言中聖人，坐臥莫我違。榆莢亂不整，楊花飛相隨。上有白日照，下有東風吹。青樓有美人，顏色如玫瑰。歌聲入青雲，所痛無良媒。少年苦不久，顧慕良難哉！徒令眞珠肶，裛入珊瑚腮。君今且少安，聽我苦吟詩。古詩何人作？老大徒傷悲！

紀云：『「對若」句粗俚。』又云：『中段寫景有致，後段尤佳，結四句長慶劣調，最忌效之。』

此篇在徐州幕中作。尙書乃指盧弘正，非王茂元也。義山大中二年由桂入朝，選爲盩厔尉。三年十月承徐州之辟，所謂『我自仙遊來』也。與茂元何涉哉？

古詩一筆寫成，如長江大河，精粗巨細，悉入其中，要以氣機爲主，不在尋章摘句而論工拙也。如此詩『對若』句，李、杜、長吉往往有之，何害爲粗俚哉？

此篇波瀾起伏，音節錯落，純用古法，豈元白滔滔如話所能及。後段承『褱入』句說入，含蓄不盡，機杼遂別，不得更以長慶劣調病之矣。

偶成轉韻七十二句贈四同舍

沛國東風吹大澤，蒲青柳碧春一色。我來不見隆準人，瀝酒空餘廟中客。征東同舍鴛與鸞，酒酣勸我懸征鞍。藍山寶肆不可入，玉中（一作山）仍是青琅玕。武威將軍使中俠，（案朱鶴齡注謂王茂元）少年箭道驚楊葉。戰功高後數文章，憐我秋齋夢蝴蝶。詰旦九門傳奏章，高車大馬來煌煌。路逢鄒枚不暇揖，臘月大雪過大梁。憶昔公爲會昌宰，我時入謁虛懷待，衆中賞我賦高唐，迴看屈宋由年輩。公事武皇爲鐵冠，歷廳請我相所難。我時顦顇在書閣，臥枕芸香春夜闌。明年赴辟下昭桂，東郊慟哭辭兄弟。韓公堆上跋馬時，迴望秦川樹如薺。依稀南指陽臺雲，鯉魚食鉤猿失羣。湘妃廟下（一作中）已春（一作春江）盡，虞帝城前初日曛。謝遊橋上澄江館，下望山城如一彈。鷓鴣聲苦曉驚眠，朱槿花嬌晚相伴。頃之失職辭南風，破帆壞槳荊江中。斬蛟斷（一作破）璧不無意，平生自許非忽忽。歸來寂寞靈臺下，著破藍衫出無馬。天官補吏府中趨，玉骨瘦來無一把。手封狴牢屯制囚，直廳印鎖黃昏愁。平明赤帖使修表，上賀嫖姚收賊州。舊山萬仞青霞外，望見扶桑出東海。愛君憂國去未能，白道青松了然在。此時聞有燕昭臺，挺身東望心眼開。且吟王粲從軍樂，不賦淵明歸去來。案朱鶴齡注：『通鑑大中三年五月，甯武軍亂，逐其節度李廓。詔以弘正代之，時義山從，爲掌書記。』彭門十萬皆雄勇，首戴公恩若山重。廷評日下握靈蛇，書記眠時吞綵鳳。之子夫君鄭與裴，何甥一作生謝舅當世才。青袍白簡風流極，碧沼紅蓮傾倒開。我生麤疎不足數，梁父哀吟鸜鵒舞。橫行闊視倚公憐，狂來筆力如牛弩。借酒祝公千萬年，吾徒禮分常周旋。收旗臥鼓相天子，相門出相光青史。紀云：『直作長慶體，接落平鈍處，未脫元白習徑；中間沈鬱頓挫處，則元白不能爲也。』

此詩音節殊類高常侍，頓挫沈壯，絕不平鈍，不得以元白擬之。紀評強作解事，可笑也！

盧弘正，范陽人。此稱『武威』，不知何指？竊意『武威』疑是『武寧』之誤，徐州正武寧軍所治也。前有武威公舊莊詩，亦難得主名。

武威將軍乃指盧弘正，卽上篇『尙書文與武，戰罷幕府開』意也。注家動指茂元，遂使通篇全無脈絡眞臆說矣。

『破帆壞槳』，『斬蛟斷璧』，皆暗寓大中二年桂州府罷希望李回，及閩中失意之事。細味詩語自見。馮氏謂歸洛後始作蜀遊，謬以千里。別詳年譜中矣。

通鑑載盧弘正出鎮武寧於大中三年五月。據樊南乙集序，弘正辟義山判官在三年十月，義山由桂還京爲大中二年冬間，使弘正果於三年五月出鎮，何以遲至十月始奏辟耶？攷補編有爲度支盧侍郎賀畢學士啓，弘正大中初轉戶部侍郎領度支，畢諴於宣宗卽位，改職方郎中，期年，爲翰林學士，舊紀大中二年載翰林學士畢諴爲刑部侍郎，則諴充學士必在前矣。啓文有『坎坷藩維』及『映淮之月』語，似在弘正初鎮徐州時，約當大中二年，由是推之，通鑑三年出鎮之文，洵不足據也。攷乙集序，弘正當歿於大中五年。弘正傳云：『鎮徐四年。』若二年出鎮，至五年正得四年，此尤一顯證矣。

五言述德抒情詩一首四十韻獻上杜七兄僕射相公

帝作黃金闕，仙開白玉京。有人扶太極，惟嶽降元精。耿賈官勳大，荀陳地望淸。旂常懸祖德，甲令著嘉聲。經出宣尼壁，書留晏子楹。武鄉傳陣法，踐土主文盟。自昔流王澤，由來仗國楨。九河分合沓，一柱忽崢嶸。得主勞三顧，驚人肯再鳴。碧虛天共轉，黃道日同行。後飲曹參酒，先和傅說羹。即時賢路闢，此夜泰階平。願保無疆福，將圖不朽名。率身期濟世，叩額慮興兵。感念殽屍露，咨嗟趙卒坑。儻令安隱忍，何以贊貞明？惡草雖當路，寒松實挺生。人言眞可畏，公意本無爭。故事留臺閣，前驅且旆旌。芙蓉王儉府，楊柳亞夫營。淸嘯頻疎俗，高談屢析酲。過庭多令子，乞墅有名甥。南詔應聞命，西山莫敢驚。寄辭收的博，端坐掃欃槍。雅宴初無倦，長歌底有情？檻危春水暖，樓迥雪峯晴。移席牽緗（一作湘）蔓，迴橈撲絳英。誰知杜武庫？只見謝宣城。有客趨高義，於今滯下卿。登門慚後至，置驛恐虛迎。自是依劉表，安能比老彭。雕龍心已切，畫虎意何成？豈有（一作省）曾黔突？徒勞不倚衡。乘時乖巧宦，占象合艱貞。廢忘淹中學，遲迴谷口耕。悼傷潘岳重，樹立馬遷輕。隴鳥悲丹觜，湘蘭怨紫莖。歸期過舊歲，旅夢遶殘更。弱植叨華族，衰門倚外兄。欲陳勞者曲，未唱淚先橫。紀云：『「碧虛」二句太過分，「衰門」句欠雅。』

『碧虛』二句，乃以比喻出之，不嫌過分。『衰門』句法，唐律如此者極多，何謂欠雅？長篇本以氣機爲主，不得摘句，余前已言之矣。

此爲義山大中五年冬由梓幕赴西川推獄時所上。六年春還梓，故曰『歸期過舊歲』；五年秋義山悼亡，故又云『悼傷潘岳重』。蓋杜悰爲義山外兄，餘哀未忘，不覺其言之親昵耳。補編有獻京兆公啓，即指此上詩事。當時兼託悰向令狐轉圜，後壬申七夕詩所以有『待曉霞』及成都過卜肆之感也。馮注不知義山赴梓是大中五年，取此詩係諸六年，不但壬申七夕二篇費解，即悼亡諸詩亦錯亂無緒矣。此篇『悼傷』句遂不甚切合。雖義山伉儷情深，一二年豈必暫忘，然終不如繫之悼亡之年，尤爲確切不移耳。餘已詳年譜補徵，玆再申其說於此，學者可以參觀也。

集中以舊詩一百首上相國京兆公啓云：『某爰自弱齡，側聞古義。流連薄宦，感念離羣』云云。竊謂『流連薄宦，感念離羣』二語，足以盡玉谿生全集之妙。後人紛紛詮釋，而不知義山早自下定評矣。此京兆公即指杜悰，當即初至西川推獄時所上。啓云：『東至泰山，空吟梁父；南遊郢澤，徒和陽春。』上指崔戎兗海之幕，下指鄭亞桂管之行，亦兼大中二年留滯荆門之事而言。馮氏謂此文爲韋琮，且謂南遊指開成五年江鄉之遊，皆誤矣。楞仙補注已見及此，今再詳核之。『東至』句亦兼徐幕言，轉韻詩已用『梁父哀吟』矣。言此兩處篇什最多也。

今月二日不自量度輒以詩一首四十韻干瀆尊嚴伏蒙仁恩俯賜披覽獎踰其實情溢於辭顧惟疎蕪曷用酬戴輒復五言四十韻詩獻上亦詩人詠嘆不足之義也

家擅無雙譽，朝居第一功。四時當首夏，八節應條風。滌濯臨清濟，巉巖倚碧嵩。鮑壺冰皎潔，王珮玉丁東。處劇張京兆，通經戴侍中。將星臨迥夜，卿月麗層穹。下令銷秦盜，高談破宋聾。含霜太山竹，拂霧嶧陽桐。樂道乾知退，當官蹇匪躬。服箱青海馬，入兆渭川熊。固是符眞宰，徒勞讓化工。鳳池春瀲灩，雞樹曉曈曨。願守三章約，還期九譯通。薰琴調大舜，寶瑟和神農。慷慨資元老，周旋値（一作直）狡童。仲尼羞問陣，魏絳喜和戎。欵欵將除蠹，孜孜欲達聰。所求因渭濁，安肯與雷同？物議將調鼎，君恩忽賜弓。開吳相上下，全蜀占西東。銳卒魚懸餌，豪胥鳥在籠。疲民呼杜母，鄰國仰羊公。置驛推東道，安禪合北宗。嘉賓增重價，上士悟眞空。扇舉遮王導，樽開見孔融。烟飛愁舞罷，塵定（一作起）惜歌終。岸柳兼池綠，園花映燭紅。未曾周顗醉，轉覺季心恭。繫滯喧人望，便蕃屬聖衷。天書何日降，庭燎幾時烘？早歲乖投刺，今晨幸發蒙。遠途哀跛鼈，薄藝獎雕蟲。故事曾尊隗，前修有薦雄。終須煩刻畫，聊擬更磨礱。巒嶺晴留雪，巴江晚帶楓。營巢憐越燕，裂帛待燕鴻。自苦誠先蘖，長飄不後蓬。容華雖少健，思緒即悲翁。感激淮山館，優游碣石宮。待公三入相，丕祚始無窮。紀云：「精力盡於前篇，此爲強弩之末矣。」

左宜右有，用典如瓶瀉水，筆陣縱橫，才情博大，與前詩異曲同工，少陵以後，誰復堪爲敵手哉？紀氏稱爲弩末，眞不識詩律之謬言耳。

驕兒詩

袞師我驕兒，美秀乃無匹。文葆未周晬，固已知六七。四歲知名姓，眼不視梨栗。交朋頗窺覰，謂是丹穴物。前朝尚器一作氣貌，流品方第一。不然神仙姿，不爾燕鶴骨，安得此相謂？欲慰衰朽質。青春妍和月，朋戲渾甥侄。繞堂復穿林，沸若一作石金鼎溢。門有長者來，造次請先出。客前問所須，含意不吐實。歸來學客面，闒敗秉爺笏。或謔張飛胡，或笑鄧艾吃。豪鷹毛崱屴，猛馬氣佶傈。截得青篔簹，騎走恣唐突。忽復學參軍，按聲喚蒼鶻。又復紗燈旁，稽首禮夜佛。仰鞭罥蛛網，俯首飲花蜜。欲爭蛺蝶輕，未謝柳絮疾。階前逢阿姊，六甲頗輸失。凝走弄香奩，拔脫金屈戌。抱持多反側，威怒不可律。曲躬牽窗網，衉唾拭琴漆。有時看臨書，挺立不動膝。古錦請裁衣，玉軸亦欲乞。請爺書春勝，春勝宜春日。芭蕉斜卷箋，辛夷低過筆。爺昔好讀書，懇苦自著述。顦顇欲四十，無肉畏蚤蝨。兒愼勿學爺，讀書求甲乙。穰苴司馬法，張良黃石術。便爲帝王師，不假更纖悉。況今西與北，羌戎正狂悖。誅赦兩未成，將養如痼疾。兒當速成大，探雛入虎穴。當爲萬戶侯，勿守一經帙。

此詩難定處在『青春妍和月』及『春勝宜春日』數句。祭姪女文在會昌四年，時袞師未生，此云『四歲知名姓』，則生於會昌五年，至大中二年正四歲。余定義山生於元和五年，至大中二年年三十九，亦與『顦顇欲四十』合。然大中二年罷桂州還京，則在冬間，非春時也。若謂大中三年所作，『四歲』句係追述之詞，時義山正在京，似與寫景合，但是年義山正四十矣，何以更云『欲四十』耶？或古人年歲，以生日起算，未至生日，故云然耶？此數說余交惑於中，更難使之畫一矣。

據此詩，似當從錢氏說，定義山生於元和六年。此詩大中三年春在京作。由元和六年至大中三年，義山三十九歲，正與『顯頹欲四十』合。『四歲知名姓』乃追述之詞，時袞師已五歲矣，於文義亦順。使袞師正四歲，則措詞不得與『文葆周晬』並敘。此可細玩詩語而得其意也。余所次年譜恐謬。

行次西郊作一百韻

蛇年建丑月，我自梁還秦。南下大散關，北濟渭之濱。草木半舒坼，不類冰雪晨；又若夏苦熱，燋卷無芳津。高田長檞櫪，下田長荆榛。農具棄道旁，饑牛死空墩。依依過村落，十室無一存。存者皆面啼，無衣可迎賓。始若畏人問，及門還具陳。右輔田疇薄，斯民常苦貧。伊昔稱樂土，所賴牧伯仁。官清若冰玉，吏善如六親。生兒不遠征，生女事四鄰。濁酒盈瓦缶，爛穀堆荆囷；健兒庇旁婦，衰翁舐童孫。況自貞觀後，命官多儒臣。例以賢牧伯，徵入司陶鈞。降及開元中，姦邪撓經綸。晉公忌此事，多錄邊將勳。因令猛毅輩，雜牧昇平民。中原遂多故，除授非至尊。或出倖臣輩，或由帝戚恩。中原困屠解，奴隸厭肥豚。皇子棄不乳，椒房抱羌渾。重賜竭中國，強兵臨北邊。控弦二十萬，長臂皆如猿。皇都三千里，來往同彫鳶。五里一換馬，十里一開筵。指顧動白日，煖熱迴蒼旻。公卿辱嘲叱，唾棄如糞丸。大朝會萬方，天子正臨軒。綵旂轉初旭，玉座當祥烟。金障旣特設，珠簾亦高褰。捋須蹇不顧，坐在御榻前。忤者死艱屨，附之升頂顛。華侈矜遞衒，豪俊相併吞。因失生惠養，漸見徵求頻。奚寇西北來，揮霍如天翻。是時正忘戰，重兵多在邊。列城遶長河，平明插旗幡。但聞虜騎入，不見漢兵屯。大婦抱兒哭，小婦攀車轓。生小太平年，不識夜閉門。少壯盡點行，疲老守空村。生分作死誓，揮淚連秋雲。廷臣例讋怯，諸軍如羸奔。爲賊掃上陽，捉人送潼關。玉輦望南斗，未知何日旋。誠知開闢久，遘此雲雷屯。送者問鼎大，存者要高官。搶攘互間諜，孰辨梟與鸞？千馬無返轡，萬車無還轅。城空鼠雀死，人去豺狼喧。南資竭吳越，西費失河源。因令左（一作右）藏庫，摧毀惟空垣。如人當一身，有左無右邊。筋體半痿痹，肘腋生臊膻。列聖蒙此恥，含懷不能宣；謀臣拱手立，相戒無敢先。萬國困杼軸，內庫無金錢。健兒立霜雪，腹歉衣裳單。饋餉多過時，高估銅與鉛。山東望河北，爨烟猶相聯。朝廷不暇給，辛苦無半年。行人榷行資，居者稅屋椽。中間遂作梗，狠籍用戈鋋。臨門送節制，以錫通天班。破者以族滅，存者尙遷延。禮數異君父，羈縻如羌零。一作連直求輸赤誠，所望大體全。巍巍政事堂，宰相厭八珍。敢問下執事，今誰掌其權？創疸幾十載，不敢扶其根；國蹙賦更重，人稀役彌繁。近年牛醫兒，一作師城社更扳援。盲目把大旆，處此京西藩。樂禍忘怨敵，樹黨多狂狷。生爲人所憚，死非人所憐。快刀斷其頭，列若猪羊懸。鳳翔三百里，兵馬如黃巾。夜半軍牒來，屯兵萬五千。鄉里駭供億，老少相扳牽。兒孫生未孩，棄之無慘顏。不復議所適，但求死山間。爾來又三歲，甘澤不及春。盜賊亭午起，問誰多窮民。節使殺亭吏，捕之恐無因。咫尺不相見，旱久多黃塵。官健腰佩弓，一作刀自言爲官巡。常恐值荒迥，此輩還射人。愧客問本末，願客無因循。郿塢抵陳倉，此地忌黃昏。我聽此言罷，冤憤如相焚。昔聞舉一會，羣盜爲之奔；又聞理與亂，在人不在天。我願爲此事，君前剖心肝；叩頭出鮮血，滂沱污紫宸。九重黯已隔，涕泗空沾脣。使典作尚書，廝養爲將軍。愼勿道此言，此言未忍聞！何云：「統籤：『天寶事何可復道，未及開成事，是近事，乃生色耳。』「創疸幾十載，不敢扶其根。」近事卽天寶事也。』

此詩專慨牧伯非人，述天寶事所以追原禍始也。與鋪敘亂離者有別，胡說非也。案胡說謂胡震亨統籤說。

井泥四十韻

皇都依仁里，西北有高齋。昨日主人氏，治井堂西陲。工人三五輩，輂出土與泥。引水不數尺，積共庭樹齊。他日井甃畢，用土益作堤。曲隨林掩映，繚以池周迴。下去冥（一作寂）寞穴，上承雨露滋。寄辭別地脈，因（一作固）言謝泉扉。昇騰不自意，疇昔忽已乖（一作垂）。伊余掉行鞅，行行來自西。一日下馬到，此時芳草萋。四面多好樹，旦暮雲霞姿。晚落花滿地，幽鳥鳴何枝？蘿幄既已薦，山樽亦可開。待得孤月上，如與佳人來。因茲感物理，惻愴平生懷。茫茫此羣品，不定輪與蹄。喜得舜可禪，不以瞽瞍疑。禹竟代舜立，其父吁咈哉！嬴氏并六合，所來因不韋。漢祖把左契，自言一布衣。當塗佩國璽，本乃黃門攜。長戟亂中原，何妨起戎氏。不獨帝王爾，臣下亦如斯。伊尹佐興王，不藉漢父資。磻溪老釣叟，坐爲周之師。屠狗與販繒，突起定傾危。長沙啓封土，豈是出程姬？帝問主人翁，有自賣（一作竇）珠兒。武昌昔男子，老苦爲人妻。蜀王有遺魄，今在林中啼。淮南雞舐藥，翻向雲中飛。大鈞運羣有，難以一理推。顧於冥冥內，爲問秉者誰？我恐更萬世，此事愈云爲。猛虎與雙翅，更以角副之。鳳凰不五色，聯翼上雞棲。我欲秉鈞者，竭來與我偕。浮雲不相顧，寥泬誰爲梯？悒怏夜將半，但歌井中泥。

此篇感念一生得喪，贊皇輩無端遭貶，令狐輩無端秉鈞，武宗忽而殂落，宣宗忽而得位，皆人事天時，難以理推之意；有所觸，不覺累累滿紙，怨憤深矣。觀『行行來自西』，豈梓州府罷還東都時作耶？即以詩格論之，意緒頹唐，亦近晚年。馮氏謂指衞公初當國時，爲牛黨致慨，因係諸會昌年間，所見甚謬。蓋不知義山久居東洛，故不能得其往來之跡耳。

新添集外詩

夜思

銀箭耿寒漏，金釭凝夜光。綵鸞空自舞，別雁不相將。寄恨一尺素，含情雙玉璫。會前猶月在，去後始宵長。往事經春物，前期託報章。永令虛粲枕，長不掩蘭房。覺動迎猜影，疑來浪認香。鶴應聞露警，蜂亦爲花忙。古有陽臺夢，今多下蔡倡。何爲薄冰雪？消瘦滯非鄉。紀云：『此乃豔詞，西崑下派，雖雕琢而不工。』

此詩雖用典極自然，中多豔詞，則香奩體宜然也，無所謂琱琢而不工處。豈西崑所能及耶？紀評未公。

思賢頓

內殿張絃管，中原絕鼓鼙。舞成青海馬，鬬殺汝南雞。不見華胥夢，空聞下蔡迷。宸襟他日淚，薄暮望賢西。紀云：『五六太露骨，遂爲全篇之累。』

五六借古以喻，並不覺露骨，紀氏吹毛索瘢，豈知詩律哉！

無題

萬里風波一葉舟，憶歸初罷更夷猶。碧江地沒元相引，黃鶴沙邊亦少留。益德寃魂終報主，阿童高義鎮橫秋。人生豈得長無謂？懷古思鄉共白頭。紀云：『此是佚去本題而編錄者署曰「無題」，非他寓言之比。』

此玉谿桂州府罷，留滯荆江，感念遇合之作。義山於大中二年鄭亞貶後，卽屬望李回湖南幕府，以鄭亞、李回皆李黨也。首二句言桂州罷歸，更有所圖。『碧江』句言我之赴蜀，原望李回援引，回爲府主，並非冒昧。『黃鶴』句言無如其畏讒疎我，致使小滯於荆門。『益德』二句，則言古人受恩圖報者甚多，如益德之寃魂，猶思報主，阿童之高義，尙且橫秋，我非不欲盡忠於故主，而朝局反復，李黨叠敗，並一窮交而不能護庇，人生如此無謂，安能常此終古乎？此所謂『懷古思鄉共白頭』也。『懷古』卽指益德二事。義山初心依恃贊皇，於此可見。其後向令狐屢啓陳情，皆其不得已之苦心也。此篇爲玉谿一生出處關鍵，晦其旨，故以『無題』命篇。

益德、阿童皆用巴閬故事，此二句亦兼閬中遇合無成而言。詩具兩意：一則慨己之不能始終報恩故主；一則假古人之高義，哀憐舊交，以見今人不然也。閩中不知屬望何人？疑其人亦李黨歟？

有懷在蒙飛卿

薄宦頻移疾，當年久索居。哀同庾開府，瘦極沈尚書。城綠新陰遠，江清返照虛。所思惟翰墨，從古待雙魚。紀云：『第三句太過，唐雖亂而未亡，義山亦非竄身別國也。』

『哀同』句祇是用典，祇取具哀字耳。紀評太泥，如此隸事，固哉高叟矣。

春深脫衣

睥睨江鴨集，堂皇海燕過。減衣憐蕙若，展帳動烟波。日烈憂花甚，風長奈柳何！陳遵容易學，身世醉時多。紀云：『五六寓意，然五句太拙。』

五六以寫景寓比興，故不露骨。五句沈著可誦，非拙筆也。

懷求古翁

何時粉署仙，傲兀逐戎旃。關塞猶傳箭，江湖莫繫船。欲收棊子醉，竟把釣車眠。謝朓眞堪憶，多才不忌前。

求古翁，李遠也。遠曾官宣州，義山寓使南陵，必蒙其雅意，此歸而懷之也。約當大中二年。『關塞傳箭』，指党項寇邊也。義山屬望蜀閫無成，故感於謝脁不忌之事，亦當時心事矣。

五月十五夜憶往歲秋與徹師同宿

紫閣相逢處，丹巖議宿時。墮蟬翻敗葉，棲鳥定寒枝。萬里飄流遠，三年問訊遲。炎方憶初地，頻夢碧琉璃。

觀『萬里炎方』二句，是在桂管追憶而作。『三年問訊遲』，言與徹師相別有三年之久，非指在桂幕有三年也。義山大中元年赴桂，二年罷歸。

城上

有客虛投筆，無憀獨上城。沙禽失侶遠，江樹著陰輕。邊遽稽天討，軍須竭地征。賈生游刃極，作賦又論兵。紀云：『五六不成句，七八佻薄。』

未至不成句，結乃得意語，亦非佻薄也

如有

如有瑤臺客，相難復索歸。芭蕉開綠扇，菡萏薦紅衣。浦外傳光遠，烟中結響微。良宵一寸焰，回首是重幃。紀云：『不甚可解，語亦未工。』

紀氏既不能解，安能定其工拙耶？評語自相矛盾，可笑！

朱槿花二首錄一

蓮後紅何患？梅先白莫誇。纔飛建章火，又落赤城霞。不卷錦步障，未登油壁車。日西相對罷，休澣向天涯。紀云：『前六句拙鄙之甚。』

前六句寫景極佳，何謂拙鄙？

寓懷

綵鸞餐顥氣，威鳳入卿雲。長養三清境，追隨五帝君。烟波遺汲汲，矰繳任云云。下界圍黃道，前程合紫氛。金書惟是見，玉管不勝聞。草爲迴生種，香緣却死熏。海明三島見，天迥九江分。褰樹無勞援，神禾豈用耘。鬬龍風結陣，惱鶴露成文。漢嶺一作殿霜何早？秦宮日易曛。星機抛密緒，月杵散靈氛。陽烏西南下，相思不及羣。何云：『義山太爲詞所使，要亦不可學也。』紀云：『略涉鋪排，句法尙健。』

篇中皆假學仙致慨，與會靜一首疑同時所作，蓋暗指令狐也。

句法老健，乃玉谿本色，雖涉鋪排，而皆以氣機運之，不同塗附，無庸強爲分辨也。

木蘭

二月二十二，木蘭開坼初。初當新病酒，復自久離居。愁絕更傾國，驚新聞遠書。紫絲何日障，油壁幾時車？弄粉知傷重，調紅或有餘。波痕空映襪，烟態不勝裾。桂嶺含芳遠，蓮塘屬意疎。瑤姬與神女，長短定何如？紀云：『累句太多，語亦浮泛。』

玉谿詩篇篇皆有本事，不解其本事，宜其以『浮泛』二字了之，吾欲爲古人不平矣。大中二年正月，子直召拜考功員外郎，其到京必在二月。此首句『二月二十二，木蘭開坼初』，蓋暗記子直至都之日。令狐家木蘭最盛，故借以寓意，言從此位致通顯矣。觀『驚新聞遠書』句，則此詩乃義山在桂管聞而賦之者，故下又曰『桂嶺含芳遠』也。義山自婚王氏，久爲李贊皇一黨，從鄭亞，從柳仲郢，亦皆爲衞公所厚者。令狐因茂元之故，遷怒義山，詩所以云『弄粉知傷重』者，卽指此。『紫絲』

二句，言何時復居門館。『波痕』二句，寫遠客了然情況。結則言牛李二黨果何者眗我哉！『長短定何如』，問之之詞。時義山尙在桂幕，故詞中不乘失意之語。蓋未幾而府罷，屢啓陳情矣。

細雨成詠獻尙書河東公

灑砌聽來響，卷簾看已迷。江間風暫定，雲外日應西。稍稍落蝶粉，斑斑融燕泥。颭萍初過沼，重柳更緣堤。必擬和殘漏，寧無晦暝鼙。半將花漠漠，全共草萋萋。猿別方長嘯，烏驚始獨棲。府公能八詠，聊且續新題。紀云：『「必擬」二句太拙。』

『必擬』二句用意頗深，百讀始知之，以爲太拙，眞孟浪立言矣。

回中牡丹爲雨所敗二首

下苑他年未可追，西州今日忽相期。水亭暮雨寒猶在，羅薦春香暖不知。舞蝶殷勤收落蘂，佳朱鶴齡注：一作有，非。人惆悵臥遙帷。章臺街裏芳菲伴，且問宮腰損幾枝？紀云：『蝶無收落花之理，舞字應是無字之誤。無蝶有人，感慨得神，大勝舞蝶。「佳人」字似因訛「無」爲「舞」，校者嫌其不對，故改爲佳人就之也。長孺注非。』

浪笑榴花不及春，先期零落更愁人。玉盤迸淚傷心數，錦瑟驚絃破夢頻。萬里重陰非舊圃，一年生意屬流塵。前溪舞罷君迴顧，併覺今朝粉態新。

首二句言從前爲令狐所賞，今日追攀不及，又傍他家門戶，比已婚於茂元也。『水亭』一聯，言雖然失意，且樂室家之好，暮寒猶在，比尚未顯達也。『無蝶』一聯，言更無舊交哀憐收恤，惟妻子代爲抱恨耳。結語不知自己腰肢瘦損，翻問他人。妙筆，妙筆！次首起句言自信身世必不能得意，而豈料反先期零落若是耶？『玉盤』句寫自己愁思。『錦瑟』句述妻子悵恨。『萬里』句新傍他家之感。『一年』句自斷此生之悲。結言他日當更有甚於此者，應覺今之零落，尚爲得意矣。

二章乃鴻博不中，歸至涇原所作。其鴻博不中，蓋因婚於茂元之故。首二句言無端拼合。『水亭』二句，言我之婚於王氏，本望茂元援引，而豈知暮寒猶在！特『羅薦春香』，不知其中心事也。『無蝶』句言舊交無人憐之者。『有人』句言只有妻子代爲抱恨耳。結言章臺同伴，應亦不料其瘦損至是矣。後首更推進一層，言我之成婚，亦自知必爲令狐所怒，然豈知零落若此速耶！『萬里』二句，言從此榮枯判然。結則言他日當更有甚於斯者，翻覺今日之不中選，尚爲得意矣。眞語語沈痛也。

擬意

悵望逢張女，遲迴送阿侯。空看小垂手，忍問大刀頭！妙選茱萸帳，平居翡翠樓。雲屏（一作衣）不取暖，月扇未遮羞。上掌眞何有，傾城豈自由？楚妃交薦枕，漢后共藏鬮。（一作鈎）夫向羊車覓，男從鳳穴求。書成祓禊帖，唱殺畔牢愁。夜杵鳴江練，春刀解若榴。象牀穿幰網，犀帖釘窗油。仁壽遺明鏡，陳倉拂綵毬。眞防舞如意，佯蓋臥箜篌。濯錦桃花水，濺裙杜若洲。魚兒懸寶劍，燕子合金甌。銀箭催搖落，華筵慘去留。幾時銷薄怒？從此抱離憂。帆落啼猿峽，樽開畫鷁舟。急絃腸對斷，翦蠟淚爭流。璧馬誰能帶？金蟲不復收。銀河撲醉眼，珠串咽歌喉。去夢隨川后，來風貯石郵。蘭叢銜露重，榆莢點星稠。解珮無遺迹，臨波有舊遊。曾來十九首，私識詠牽牛。

此篇蓋爲柳枝敍別而作。『悵望』四句，一篇總冒，『張女』指柳枝，『阿侯』自喻。『妙選』二句，從其居處敍起。『雲屏』二句，言其婉媚。『上掌』四句，悲其淪落樂籍，供人歡謔。『夫向』四句，言其求人而事，良時久稽，卽柳枝序所謂『聞之十年相與尙不娉』之意。『夜杵』十二句，敍與其歡會之跡。『濯錦』一聯，亦序中『鄰當濺裙水上，以博山香待與郎俱過』也。『銀箭』四句，實敍離別，爲一篇轉關處。『急絃』二句，寫不忍分手之態。『璧馬』二句，言不能覊絆行蹤也。『銀河』二句，預想其思念之苦。『去夢』二句，分寫彼此離情。『蘭叢』二句，借點時景。『解珮』四句，總結在洛歡蹤。詩中全用洛神事作點染，以柳枝洛中里娘也。無一語涉及爲人取去之恨，則此詩當在柳枝未歸東諸侯之前所作矣。柳枝序述柳枝相約俱過，卽云『余諾之。會所友有偕當詣京師者，戲盜余臥裝以先，不果留。』是柳枝與義山兩情相慕，實未交歡也。然據此詩中段所敍，則實有歡會之跡。蓋序文不無迴護。不然，豈有一面之緣，卽繾綣戀戀如是耶？當以此詩爲憑。

此篇多假洛神寄慨，確爲柳枝而發，中數聯寫得最旖旎動人。

謝往桂林至彤庭竊詠

辰象森羅正，勾陳翊衞寬。魚龍排百戲，劍珮儼千官。城禁將開晚，宮深欲曙難。月輪移枍詣，仙路下欄干。共賀高禖應，將陳壽酒歡。金星壓芒角，銀漢轉波瀾。王母來空闊，羲和上屈盤。鳳皇傳詔旨，獬廌冠朝端。造化中台座，威風上將壇。甘泉猶望幸，早晚冠呼韓。紀云：『廉衣曰：「魚龍」句欠莊，「王母」句無謂，「羲和」句未渾成。』

『魚龍』句必當時實事，故義山藉以寫景，何以見其欠莊？豈以妄作粉飾語爲莊耶？『王母』、『羲和』，用典未詳，不宜強解也。無謂、未渾評語，均不甚切。

燒香曲

鈿雲蟠蟠牙比魚，孔雀翅尾蛟龍鬚。漳宮舊樣博山鑪，楚嬌捧笑開芙蕖。八蠶繭緜分小炷，獸䍐微紅隔雲母。白天月澤寒未冰，金虎含秋向東吐。玉珮呵光銅照昏，簾波日暮衝斜（一作依）門。西來欲上茂陵樹，柏梁已失栽桃魂。露庭月井大紅氣，輕衫薄細當君意。蜀殿瓊人伴夜深，金鑾（一作鑾）不問殘燈事。何當巧吹君懷度？襟灰爲土塡淸露。紀云：『此長吉體之不佳者，句句僻澀。』

長吉體正以僻豔峭澀見長，其源出於騷辨，紀氏不喜長吉一派，因以不佳抹殺之，然則屈宋之騷辨亦當付之一炬耶？甚矣！門戶腐見，不足以論定古人也。

此篇語太迷離，寓意未詳，亦非豔體詩之比。程午橋謂指杜秋娘事，馮氏申之，說近穿鑿，似未然也。杜秋娘事，杜牧之已張之篇章，何必作此謎語哉？案馮注引程午橋云：『程箋泥漳宮二字，以爲嘆杜秋娘之流落，說似可通，而解之未細。余聊爲演證曰：杜秋娘爲漳王傅姆，王被罪廢，秋歸故鄉，時爲太和五年。以鄭注之誣告，貶漳王爲巢縣公，宰相宋申錫爲開州司馬也。秋爲金陵人，故曰楚嬌。秋寵於憲宗，而穆宗卽位，乃命傅皇子。果如程箋，則茂陵當爲穆宗，栽桃取結子之義，比撫養皇子也。「蜀殿」二句，當指舊寵於憲宗也。且舊書漳王傳：「鄭注誣構時言，十六宅宮市典晏敬則將出漳王吳綾汗衫一領，執線稜一匹，以答宋申錫。」「輕衫」句或指此。大紅氣赤青，新書五行志：「太和元二年皆有赤氣之異，其元年八月見於京師滿入。」是則上文「金成」謂秋八月。「向東吐」謂京師在西方也。鄭注傳見亦歸告於一時之沴氣矣。』

送從翁從東川弘農尚書幕

昔帝迴沖眷，維皇惻上仁。三靈迷赤氣，萬彙叫蒼旻。刊木方隆禹，陞陑始創殷。夏臺曾圯閉，汜水敢逡巡？拯溺休規步，防虞要徙薪。蒸黎今得請，宇宙昨還淳。纘祖功宜急，貽孫計甚勤。降災雖代有，稔惡不無因。宮掖方爲蠱，邊隅忽遘迍。獻書秦逐客，間諜漢名臣。北伐將誰使？南征決此辰。中原重板蕩，玄象失鈎陳。詰旦違清道，銜枚別紫宸。茲行殊厭勝，故老遂分新。去異封於鞏，來寧避處豳。永嘉幾失墜，宣政遽酸辛。元子當傳啓，皇孫合授詢。時非三揖讓，表請再陶鈞。舊好盟還在，中樞策屢遵。蒼黃傳國璽，違遠屬車塵。雛虎如憑怒，縶龍性漫馴。封崇自何等？流落乃斯民。逗撓官軍亂，優容敗將頻。早朝披草莽，夜縋達絲綸。忘戰追無及，長驅氣益振。婦言終未易，廟算況非神。日馭難淹蜀，星旄要定秦。人心誠未去，天道亦無親。錦水湔雲浪，黃山掃地春。斯文虛夢鳥，吾道欲悲麟。斷續殊鄉淚，存亡滿席珍。魂銷季羔竇，衣化子張紳。建議庸何所，通班昔濫臻。浮生見開泰，獨得詠汀蘋。何云：『此篇終是義山擬杜工部之作；不然則工部之詩而誤收於此也。』又云：『篇中所賦，乃是太宗創業，至代宗遇吐蕃之難出走事。』紀云：『題既訛誤，詩末六句亦似天寶朝臣作於亂定之後者。義山時不相及，必他作誤收李集也。語自蒼健可誦。』

此篇蓋隨扈明皇幸蜀者所賦。時肅宗已即位，尚未收復兩京也。紀氏謂：『作於亂定之後。』何氏謂：『述代宗遇吐蕃之難。』均與詩意不合。尚非少陵遺篇，何況義山原編集外，當是以筆趣近玉谿而誤收入耳，若謂義山借述舊事，以試才藻，則必無此理。然詩語極健，洵屬名篇，雖不得主名，終不朽也。

晉昌晚歸馬上贈

勇多侵路去，恨有礙燈還。嗅自微微白，看成沓沓殷。坐來疑（一作疑忘）物外，歸去有簾間。君問傷春句？千辭不可刪。紀云：『前四句不成語，亦不可解。』

既不能解，即不當妄下雌黃，紀氏武斷，不值一笑。

哭虔州楊侍郎虞卿

漢網疏仍漏，齊民困未蘇。如何大丞相，翻作弛刑徒？中憲方外易，尹京終就拘。本矜能弭謗，先議取非辜。巧有凝脂密，功無一柱扶。深知獄吏貴，幾迫季冬誅！叫帝青天闊，辭家白日晡。流亡誠不弔，神理若爲誣。在昔恩知忝，諸生禮秩殊。入韓非劍客，過趙受鉗奴。楚水招魂遠，邙山卜宅孤。甘心親垤蟻，旋踵戮城狐。陰騭今如此，天災未可無。莫憑牲玉請，便望救焦枯。紀云：『措語多未渾成，結句太盡，不及哭遂州蕭侍郎詩。』

此詩故以樸實見骨氣，極盡哭理，筆筆老潔，何等渾成！結則因事寄哀，悲痛之深，不假修飾，豈嫌太盡也哉？

寄太原盧司空三十韻

隋艦臨淮甸，唐旗出井陘。斷鰲撐四柱，卓馬濟三靈。祖業隆盤古，孫謀復大庭。從來師俊傑，可以煥丹青。舊族開東岳，雄圖奮北溟。邪同獬廌觸，樂伴鳳凰聽。酣戰仍揮日，降妖亦鬭霆。將軍功不伐，叔舅德惟馨。雞塞誰生事？狼烟不暫停。擬塡滄海鳥，敢競太陽螢。內草纔傳詔，前茅已勒銘。那勞出師表，盡入大荒經。德水縈長帶，陰山繞畫屏。祇憂非綮肯，未覺有膻腥。保佐資沖漠，扶持在杳冥。乃心防暗室，華髮稱明廷。按甲神初靜，揮戈思欲醒。羲之當妙選，孝若近歸甯。月色來侵幌，詩成有轉櫺。羅含黃菊宅，柳惲白蘋汀。神物龜酬孔，仙才鶴姓丁。西山童子藥，南極老人星。自頃徒窺管，於今愧挈瓶。何由叨末席？還得叩玄扃。莊叟虛悲雁，終童漫識鼮。幕中雖策畫，劍外且伶俜。俁俁行忘止，鰥鰥臥不瞑。身應瘠於魯，淚欲溢爲滎。禹貢思金鼎，堯圖憶土鉶。公乎來入相，王欲駕云亭。紀云：『前半氣象自偉，後半淺弱不稱。且「羲之」二句，「禹貢」二句，轉折皆不分明；「羅含」六句亦雜湊不聯貫。不及上杜僕射詩。』

時盧鈞方爲北都留守，『按甲』句謂其閑適。『揮戈』句言其無意功名，故即以『羲之』二句接之，略寫家庭之樂，而後以『羅含』二句祝其頤養。『禹貢』二句，曰思、曰憶，則義山自敍，望盧入相也。通篇轉折極爲分明，並無所謂雜湊之處矣。

長律當看氣機，不宜摘句，紀氏未免有意嗤點古人也。

安平公詩

丈人博陵王名家，憐我總角稱才華。華州留語曉至暮，高聲喝吏放兩衙。明朝騎馬出城外，送我習業南山阿。仲子延岳年十六，面如白玉欹烏紗。其弟炳章猶兩丱，瑤林瓊樹含奇花。陳留阮家諸姪秀，邐迤出拜何駢羅。府中從事杜與李，麟角虎翅相過摩。淸詞孤韻有歌響，擊觸鐘磬鳴環珂。三月石堤凍銷釋，東風開花滿陽坡。時禽得伴戲新木，其聲尖咽如鳴梭。公時載酒領從事，踴躍鞍馬來相過。仰看樓殿撮淸漢，坐視世界如恆沙。面熱腳掉互登陟，靑雲表柱白雲崖。一百八句在貝葉，三十三天長雨花。長者子來輒獻蓋，辟支佛去空留鞾。公時受詔鎭東魯，遣我草詔隨車牙。顧我下筆卽千字，疑我讀書傾五車。嗚嘑大賢苦不壽！時世方士無靈砂。五月至止六月病，遽頹泰山驚逝波。明年徒步弔京國，宅破子毀哀如何？西風衝戶捲素帳，隟光斜照舊燕窠。古人常歎知己少，況我淪賤艱虞多。如公之德世一二，豈得無淚如黃河。瀝膽呪願天有眼，君子之澤方滂沱。紀云：『眞樸無纖態，自是正聲，然非佳篇也。』又云：『「瀝膽」俚鄙。』

未見鄙俚。

此詩乃義山少作，賦此時方踰弱冠，故骨格淸整，尙未能老健揮斥，然已度越後人矣。可見才人發軔之始，已自不同流俗。非具此力量，不能得盛名於此藝苑也。紀氏聾妄以非佳篇抹之，而不細攷義山行年，何其自作聰明如是耶？

宰相世系表：『崔戎子四人，雍、福、裕、厚。』此明言仲子，則延岳爲福字無疑。炳章或裕之字耶？雍字順中，與延岳不相配，馮注疑之，非也。

垂柳

垂柳碧髯茸，樓昏雨帶容。思量成晝夢，束久廢春慵。梳洗憑張敞，乘騎笑稚恭。碧虛隨輔笠，紅燭近高春。怨目明秋水，愁眉淡遠峯。小闌花盡蝶，靜院醉醒蛩。舊作琴臺鳳，今爲藥店龍。寶奩抛擲久，一任景陽鐘。何云：『「廢」統籤作「發」，宋版作「廢」，然似當作「發」。』紀云：『琱琢煩瑣。』

『束久廢春慵』當作『來去發春慵』。然『小闌』二句亦不甚可解，疑尚有訛字。此詩意逕極似義山，但沈思處稍別耳。非細玩不能辨之。亦見唐彥謙集，唐本學義山者，蓋後人因其相近互見於此耳。紀氏以爲『雕琢煩瑣』，既不知彥謙，又安知義山哉？自命通裁，眞可笑也。

淸夜怨

含涙生春宵，聞君欲度遼。綠池荷葉嫩，紅砌杏花嬌。曙月當窗滿，征雲出塞遙，晝樓終日閉，淸管爲誰調？紀云：『詩自不失體格，詞氣亦不似義山。』詩境命意運典皆不似義山，洵如紀評。

定子

檀槽一抹廣陵春，定子初開睡臉新。卻笑喫虛隋煬帝，破家亡國爲何人？紀云：『末二句不成語。』『喫虛』唐人俗語，運用原不傷雅，紀評無取。

中華語文叢書

玉谿生年譜會箋

作　　者／張爾田 著
主　　編／劉郁君
美術編輯／鍾　玟

出 版 者／中華書局
發 行 人／張敏君
副總經理／陳又齊
行銷經理／王新君
地　　址／11494 台北市內湖區舊宗路二段181巷8號5樓
客服專線／02-8797-8396　　　傳　　真／02-8797-8909
網　　址／www.chunghwabook.com.tw
匯款帳號／華南商業銀行　西湖分行
179-10-002693-1　中華書局股份有限公司

法律顧問／安侯法律事務所
製版印刷／維中科技有限公司　海瑞印刷品有限公司
出版日期／2019年3月台三版
版本備註／據1979年5月台二版復刻重製
定　　價／NTD 500

國家圖書館出版品預行編目（CIP）資料

玉谿生年譜會箋 / 張爾田編著.-- 台三版. --
臺北市 : 中華書局, 2019.03
面 ;　公分. -- (中華語文叢書)
ISBN 978-957-8595-66-8(平裝)

1.(唐)李商隱 2.年譜

782.9418　　　108000152

NO.H2070
ISBN 978-957-8595-66-8（平裝）

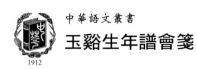